郭齐勇 主编

魏晋南北朝卷 —— 下册

麻天祥
秦 平 著
乐胜奎

中国哲学通史

U0654729

A
HISTORY
OF
CHINESE
PHILOSOPHY

江苏人民出版社

中国哲学发展史

目　录

第五章　慧远法性无性的体极论及果报哲学

慧远在中国佛教史上有不可取代的地位。汤用彤先生曾给予高度的赞扬。他说：

> 夫教化之礼，在能移风易俗。释慧远德行淳至，厉然不群。卜居庐阜，三十余年，不复出山。殷仲堪国之重臣，桓玄威震人主，谢灵运负才傲物，慧义强正不惮，乃俱各倾倒。非其精神卓绝，至德感人，曷能若此！两晋佛法之兴隆，实由有不世出之大师先后出世，而天下靡然从同也。暨乎晚近，释子偷惰，趋附势利，迎合时流，立寺以敕建为荣，僧人以恩赉为贵，或且外言弘道，内图私利，日日奔走于权贵之门，号称护法，不惜声誉，而佛法竟衰颓矣。提婆之毗昙，觉贤之禅法，罗什之三论，三者东晋佛学之大业。为之宣扬且特广传于南方者，俱由远公之毅力。慧远受道安之命，广布教化，可谓不辱师命矣。《僧传》云，安公在襄阳分张徒众，各被训诲，远不蒙一言。远乃跪曰："独无训勖，惧非人例。"安曰："如汝者岂复相忧。"呜呼，和尚可谓能知人矣。[1]

---

[1] 汤用彤：《汉魏两晋南北朝佛教史》，第230页。

汤先生还指出,庐山在东晋初叶为栖逸之地,后因慧远莅止,"北方佛法因之流布江左","远公风格学问,感人至深,在宋齐之世已然矣"。

第一节　慧远行状

慧远生平,慧皎《高僧传》有详细记载:

> 释慧远,本姓贾氏,雁门楼烦人也。弱而好书,圭璋秀发。年十三随舅令狐氏游学许洛,故少为诸生,博综六经,尤善庄老。性度弘博,风鉴朗拔,虽宿儒英达,莫不服其深致。年二十一,欲渡江东,就范宣子共契嘉遁,值石虎已死,中原寇乱,南路阻塞,志不获从。
>
> 时沙门释道安立寺于太行恒山,弘赞像法,声甚著闻,远遂往归之。一面尽敬,以为真吾师也。后闻安讲波①若经,豁然而悟,乃叹曰:"儒道九流,皆糠秕耳。"便与弟慧持,投簪落彩,委命受业。既入乎道,厉然不群。常欲总摄纲维,以大法为己任,精思讽持,以夜续昼,贫旅无资,缊纩常阙,而昆弟恪恭,终始不懈。有沙门昙翼,每给以灯烛之费。安公闻而喜曰:"道士诚知人矣。"

透过上述信息,我们可知慧远俗姓贾,雁门楼烦(今山西代县)人。幼而聪慧,尤好读书,十三岁便随舅父游学中原,综六艺,善老庄,显然受当时玄学风气的熏染。二十一岁闻道安立寺太行,遂归就安公,并因闻安公宣讲般若性空之理,"豁然而悟",于是视诸子百家为糠秕,改宗释氏,落发披薙,委命受业于道安,以弘扬佛法为己任,虽然穷困,乃至衣食匮乏,但无改其志,而获得沙门的敬重。

如汤用彤所言,《高僧传》叙慧远事,"常不依年岁先后",并考订其年历。据此可知,慧远生于晋成帝咸和九年(334),大概在晋穆帝永和十年(354)出家。自此,中国历史上便少了一个博综六经、玩习庄老的名士,而有了一个厉然不群、彪炳青史的佛学大师。佛教在中国的传播和佛教的中

---

① 即般若之"般",显然是当时的音译。"般若"之译应当说是一种神圣化的取向。

国化,显然也有赖于这些兼通儒道的中国僧人,以及他们以儒、老、庄解佛的"格义"的方法。再请看《高僧传》的介绍:

> 远藉慧解于前因,发胜心于旷劫,故能神明英越,机鉴遐深。安公常叹曰:"使道流东国,其在远乎。"年二十四,便就讲说,尝有客听讲,难实相义,往复移时,弥增疑昧,远乃引《庄子》义为连类,于是惑者晓然。是后安公特听,慧远不废俗书。安有弟子法遇、昙徽,皆风才照灼,志业清敏,并推伏焉。后随安公南游樊沔,伪秦建元九年,秦将符丕寇斥襄阳,道安为朱序所拘,不能得去,乃分张徒众,各随所之,临路诸长德皆被诲约,远不蒙一言。远乃跪曰:"独无训勖,惧非人例。"安曰:"如汝者岂复相忧!"远于是与弟子数十人,南适荆州,住上明寺。后欲往罗浮山,及届浔阳,见庐峰清静,足以息心,始住龙泉精舍。此处去水大远,远乃以杖扣地曰:"若此中可得栖,立当使朽壤抽泉。"言毕清流涌出,后卒成溪。其后少时,浔阳亢旱,远诣池侧,读《海龙王经》。忽有巨蛇从池上空,须臾大雨。岁以有年,因号精舍为龙泉寺焉。

佛教义理,思深意密,与中国传统思想和思维方式大相径庭,而且不同文化的接触也常常扞格而不相入。慧远二十四岁讲论佛经,便采用比较格义的方法,用庄子解说实相无相之义,豁然贯通于有无之上,使听众之疑昧冰解冻释。慧远这种"不废俗书"解读佛经的方法正是佛教中国化的文化背景和社会基础。安公"道流东国,其在远乎"之感喟,恰恰反映的就是这样的文化背景和社会基础。前秦建元九年(373),道安分张徒众,慧远与弟子数十人南下荆州,住上明寺,时年四十。五年后,即晋孝武太元三年(378),慧远途经浔阳,见庐山清幽,便住庐峰龙泉精舍,后称龙泉寺。①

---

① 汤用彤考,符丕寇襄阳不在建元九年,"建元九年东下之说误"。前者同慧远入住庐山并无关系,《高僧传》所记慧远东下实为南适荆州之后数年,与汤氏考证无误。见汤用彤《汉魏两晋南北朝佛教史》,第 231 页。

之后，恒伊为刺史（太元九年至十七年间），"乃为远复于山东更立房殿，即东林是也"。慧远遂住东林寺，并于寺内别置禅林，"背山临流，营筑龛室"。慧远题铭曰：

> 廓矣大象，理玄无名。体神入化，落影离形。回晖层岩，凝映虚亭。在阴不昧，处暗愈明。婉步蝉蜕，朝宗百灵。应不同方，迹绝两冥。（其一）
>
> 旋踵忘敬，罔虑罔识。三光掩晖，万象一色。庭宇幽蔼，归途莫测。悟之以靖，开之以力。慧风虽遐，维尘攸息。匪圣玄览，孰扇其极。（其三）

无须全部引述，铭中大象无形、理玄无名、体神入化、玄览匪圣、处暗愈明，无疑是老庄思想的再现。佛教的中国化、庄老化，在慧远这里同样开其端绪，驾轻就熟，并以之流诸久远了。

其间，浔阳陶侃经镇广州，得阿育王像，先送至武昌寒溪寺。侃后移镇，以像有威灵，遣使迎接，竟不能获。故荆楚之间有民谣广为传颂，曰："陶惟剑雄，像以神标。云翔泥宿，邈何遥遥。可以诚致，难以力招。"至慧远祈心奉请，"乃飘然自轻，往还无梗。方知远之神感证在风谣矣。于是率众行道，昏晓不绝，释迦余化于斯复兴"。其中虽然夹杂了一些民间传说，无非是凸显慧远励操高蹈，精神卓绝，至德感人，从而使佛法流布江左罢了。

公元385年，道安于长安圆寂。六年后（即公元391年），罽宾僧伽提婆，南至庐山，依慧远，住南山精舍，慧远请其重译《阿毗昙心》及《三法度论》，于是二学振兴。《高僧传》盛赞慧远"孜孜为道，务在弘法，每逢西域一宾，辄恳恻咨访"。公元401年，慧远"闻罗什入关，即遣书通好"。之后，鸠摩罗什亦答书慧远，往返切磋大乘要义，并且各有长偈交流。[1]

---

[1] 罗什偈："既已舍染乐，心得善摄不。若得不驰散，深入实相不。毕竟空相中，其心无所乐。若悦禅智慧，是法性无照。虚诳等无实，亦非停心处。仁者所得法，幸愿示其要。"慧远偈："本端竟何从，起灭有无际。一微涉动境，成此颓山势。惑相更相乘，触理自生滞。因缘虽无主，开途非一世。时无悟宗匠，谁将握玄契。末问尚悠悠，相与期暮岁。"

还有弗若多罗,于关中诵《十诵》梵本,罗什为之翻译,后因多罗弃世,半途而废。慧远闻昙摩流支入秦,善诵此部,便派遣弟子昙邕,致书祈请于关中,使"十诵一部具足无阙","葱外妙典,关中胜说,所以来集兹土者,远之力也。外国众僧,咸称汉地有大乘道士,每至烧香礼拜,辄东向稽首,献心庐岳"。由此亦可见慧远当时在国际上的影响。

佛教传入中土,于魏晋之际,般若性空之学一枝独秀,"泥洹常住之说"罕有传译,"但言寿命长远而已"。慧远认为:"佛是至极,至极则无变。无变之理,岂有穷耶?因著《法性论》曰:至极以不变为性,得性以体极为宗。罗什见论而叹曰:边国人未有经,便暗与理合。岂不妙哉?"从记载中可以看出慧远对涅槃实相的佛教哲学的创造性诠释,同道生"一阐提成佛"的超前觉悟有异曲同工之妙,也为其神不灭论创获了理性的前提。

公元 402 年,慧远年近古稀,与刘遗民等 123 人于庐山般若云台精舍阿弥陀佛像前建斋立誓,结白莲社,共期往生西方净土。这就是历史上著名的白莲结社,也是有组织的净土信仰的滥觞。慧远也因此被后世尊为净土宗初祖。誓文曰:

> 惟岁在摄提秋七月戊辰朔二十八日乙未,法师释慧远贞感幽奥,霜怀特发,乃延命同志,息心贞信之士百有二十三人,集于庐山之阴,般若云台精舍阿弥陀像前,率以香华敬荐而誓焉。推斯一会之众,夫缘化之理既明,则三世之传显矣。迁感之数既符,则善恶之报必矣。推交臂之潜沦,悟无常之期切。审三报之相催,知险趣之难拔。此其同志诸贤,所以夕惕宵勤,仰思攸济者也。盖神者可以感涉,而不可以迹求。必感之有物,则幽路咫尺。苟求之无主,则渺茫何津。今幸以不谋而佥心西境。叩篇开信,亮情天发。乃机象通于寝梦,欣欢百于子来。于是云图表晖,影伫神造。功由理谐,事非人运。兹实天启其诚,冥运来萃者矣。可不剋心,重精叠思,以凝其虑哉!然其景绩参差,功德不一,虽晨祈云同,夕归攸隔,即我师友

之眷良可悲矣。是以慨焉胥命，整衿法堂，等施一心，亭怀幽极，誓兹同人，俱游绝域。其有惊出绝伦，首登神界，则无独善于云峤，忘兼令于幽谷。先进之与后升，勉思汇征之道。然复妙观大仪，启心贞照，识以悟新，形由化革。藉扶容于中流，荫琼柯以咏言。飘云衣于八极，泛香风以穷年。体忘安而弥穆，心超乐以自怡。临三涂而缅谢，傲天宫而长辞。绍众灵以继轨，指太息以为期。究兹道也，岂不弘哉！

此前（公元 399 年），桓玄征殷仲堪，军经庐山，逼慧远出虎溪，遭慧远称疾拒绝。桓玄虽"不觉致敬"，但仍"以震主之威苦相延致，乃贻书骋说劝令登仕。远答辞坚正，确乎不拔，志逾丹石，终莫能回"。于是桓玄便"欲沙汰众僧"。安帝元兴三年（404），慧远致书桓玄，谓"沙门不应致敬王者"，并著《沙门不敬王者论》凡五篇：

一曰在家。谓在家奉法，则是顺化之民。情未变俗，迹同方内。故有天属之爱，奉主之礼。礼敬有本，遂因之以成教。

二曰出家。谓出家者，能遁世以求其志，变俗以达其道。变俗则服章不得与世典同礼，遁世则宜高尚其迹。大德故能拯溺俗于沉流，拔玄根于重劫。远通三乘之津，近开人天之路。如令一夫全德，则道洽六亲，泽流天下，虽不处王侯之位，固已协契皇极，在宥生民矣。是故内乖天属之重，而不逆其孝；外阙奉主之恭，而不失其敬也。

三曰求宗不顺化。谓反本求宗者，不以生累其神，超落尘封者，不以情累其生。不以情累其生，则其生可灭；不以生累其神，则其神可冥。冥神绝境，故谓之泥洹。故沙门虽抗礼万乘，高尚其事，不爵王侯，而沾其惠者也。

四曰体极不兼应。谓如来之与周孔，发致虽殊，潜相影响。出处咸异，终期必同。故虽曰道殊，所归一也。不兼应者，物不能兼受也。

五曰形尽神不灭。谓识神驰骛,随行东西也。此是论之大意,自是沙门得全方外之迹矣。

所论大意虽有出家、在家之别,但也是从根本上说明佛教哲学铸就的沙门的超越精神:既遁世求志,亦变俗达道,道恰六亲,泽流天下。于家亲不逆其孝,于王者不失其敬。之所以能够如此者,在于佛教求宗反本、冥神绝境,而进至泥洹之境,和形尽神不灭的常在与不朽。在此基础上提出"体极不顺化"(得性以体极为宗,在家奉法为顺化)的命题。这里,慧远显然还是以道解佛,同玄学家一样,尤其强调如来之与周孔潜相影响,终期必同,殊途同归,充分表现其志已在融会儒释。也正是因为其中的形尽神不灭的说法,激起了哲学界神灭和神不灭论争的波澜。

及桓玄西奔,义熙元年(405),晋安帝自江陵旋返京师。辅国何无忌劝远候迎,远称疾不行。帝遣使劳问。远修书致答,以重疾、年衰拒辞。安帝于是有诏,既表示其渴慕之情,又言其不得相见之"叹恨"。

义熙六年至七年间(410—411),佛陀跋陀罗(觉贤)在长安遭罗什门下排拒,因其弟子慧观曾在慧远门下,觉贤便与慧观等弟子四十余人南至匡庐,往就慧远。慧远遣人致书关中众僧,出面调停,并请出《禅经》。于是,禅法始得在江东流行。

义熙十二年或十三年,慧远于庐山东林寺圆寂,时年八十三四。"门徒号恸,若丧考妣。道俗奔赴,毂继肩随。""既而弟子收葬,浔阳太守阮保于山西岭凿圹开隧,谢灵运为造碑文,铭其遗德,南阳宗炳又立碑寺门。"由于慧远"善属文章,辞气清雅。席上谈吐,精义简要。加以容仪端整,风彩洒落。故图像于寺,遐迩式瞻。所著论序铭赞诗书,集为十卷五十余篇,见重于世"。

《高僧传》评之曰:"远内通佛理,外善群书,夫预学徒,莫不依拟——其化兼道俗斯类非一。""谢灵运负才傲俗,少所推崇,及一相见,肃然心服。""自远卜居庐阜,三十余年,影不出山,迹不入俗,每送客游履,常以虎溪为界焉。"后世有《虎溪三笑图》,不仅烘染了慧远卓尔不群的超然气象,同样也体现了慧远汇通三教、推动佛教中国化的历史真实。由此亦可见汤用彤之评价言之不虚也。

第二节 体极论——法性无性

汤用彤先生曰:"慧远学问兼综玄释,并擅儒学。"其自言"畴昔游心世典"。"据此则其经学,当已成一家言矣。""慧远固亦不脱两晋佛学家之风习,于三玄更称擅长。《僧传》称其少时博综六经,尤善《庄》、《老》。又谓其释实相引《庄子》为连类,听者晓然。《世说》载其与殷仲堪谈《易》,谓《易》以感为体。其行文亦杂引《庄》、《老》,读其现存之篇什,触章可见,不待烦举。故远公虽于佛教独立之精神多所扶持,而其谈理之依傍玄言,犹袭当时之好尚也。""故虽推佛法为'独绝之教,不变之宗',然亦尝曰:'内外之道,可合而明。'又曰:'苟会之有宗,则百家同致。'又曰:'如今合内外之道,以求弘教之情,则知理会之必同,不惑众涂而骇其异。'则其融合内外之趣旨,甚显然也。"他还指出:"三玄与《般若》,当时视为同气。远公之佛学宗旨亦在《般若》。""其擅长《般若》,亦北方所公认。远又因《智论》文繁,初学难寻,乃抄其要为二十卷(书已佚,序存《祐录》卷十),则其年事虽高,仍寻求《般若》不辍。"[1]显而易见,慧远之学,以般若为核心,旨趣亦在玄释,并借儒道之说,释般若之理,从根本上融汇世出世法,是印度佛教中国化的积极推动者。

慧远著作有:

经序(《祐录》载《阿毗昙心序》《三法度序》《庐山出禅经序》,均出经序。又《祐录》十二陆澄《目录》著录《妙法莲华经序》。又有《般若经问论序》,当即姚兴请作者);

谈理之文(如《与什公书》问大义。又《祐录》陆澄《目录》著录《无三乘统略》,及《与释慧远书论真人至极,释慧远答》,又有《释神名》《辩心意

---

[1] 参见汤用彤《汉魏两晋南北朝佛教史》,第242—243页。

识《验寄名》《问论神》等）；

弘教之文（《弘明集》载《答桓玄料简沙门书》《沙门不敬王者论》《沙门袒服论》《答桓玄劝罢道书》《释三报论》《明报应论》《与刘遗民等书》）；

节度僧尼之文（陆澄《目录》著录《法社节度序》《外寺僧节度序》《节度序》《比丘尼节度序》）；

杂诗文（如《庐山记》《与罗什书》《与昙摩流支书》《念佛三昧诗集序》《佛影铭》《襄阳金像铭》）。

后人集其所著论序铭赞诗书为十卷五十余篇（此据《高僧传》。《隋书·经籍志》曰：《慧远集》十二卷。《旧唐书·经籍志》曰：十五卷。《宋史·艺文志》曰：慧远《庐山集》十卷）。而其在佛学上最重要之作为《法性论》（已佚。据慧达《肇论疏》所记，论作于庐山，在得罗什《大品经》之前。应在元兴三年之后）。《高僧传》引其文曰："至极以不变为性。得性以体极为宗。"汤氏解释说："体极者，在于冥符不变之性。不变至极之体，即为泥洹。"①可见，慧远之法性即至极不变之性，亦即涅槃。法性本体便是涅槃本体。如此以法性说般若，便融会贯通了般若性空和涅槃实相。印度佛教的缘起性空，则由法性、涅槃，直通佛性、心性本体了。"得性"便是后世禅宗的"见性"，慧远的法性论实在是"体极论"。首先看慧远对法性的界定：

　　生途兆于无始之境，变化构于倚伏之场。咸生于未有，灭于既有而无。推而尽之，则知有无回谢于一法，相待而非原，生灭两行于一化，映空而无主。于是乃即之以成观，反鉴以求宗。鉴明则尘累不止，而仪象可睹。观深则悟彻入微，而名实俱玄。将寻其要，必先于此，然后非有非无之谈，方可得而言。尝试论之，有而在有者，有于有者也；无而在无者，无于无者也。有有则非有，无无则非无。何以知其然？无性之性，谓之法性。法性无性，因缘以之生。生缘无自相，虽有而常无。常无非绝有，犹火传而不息。夫然则法无异趣，

---

① 参见汤用彤《汉魏两晋南北朝佛教史》，第243—244页。

始末沦虚，毕竟同争，有无交归矣。故游其樊者，心不待虑，智不待缘，不灭相而寂，不修定而闲，非神遇以期通焉。识空空之为玄，斯其至也，斯其极也。（《大智度论抄序》，《出三藏记集》卷十）

万物生于无始，变化成于运动，生生为有，灭有为无，有无皆源于"法"之生灭，或生灭之法，实乃相对而非本源。这里显然沿袭的是老子关于有、无和道的关系的论述，只不过把有、无看作现象，把因缘视作"一化"的本源罢了。他特别强调事物"非有非无"之性，所谓"有有则非有，无无则非无"，无疑同僧肇不真空说同气相求。他的结论是：无性之性，谓之法性。"识空空之为玄，斯其至也，斯其极也。"也就是说，法性就是空性，就是缘生之性，就是谓之"玄"的至极不变之性。般若之理尽在其中，玄学家的思辨也尽在其中。这里还以"火传而不息"比喻法性，也为其"薪尽火传"的神不灭论奠定了基础。其中"法性无性，因缘以之生"，同样说明法性即因缘，不变不灭之性也就是缘生之性，不灭之神实际上是不生不灭的因缘而已。

法性非有非无，至极不变，所以"运群动以至一而不有，廓大象于未形而不无。无思无为，而无不为"（慧远：《庐山出禅经序》）。不一不异，大象未形，故神游法性而无不在，如此法性则是法身，也就是涅槃实相了。慧远状法身曰："法身之运物也，不物物而兆其端，不图终而会其成。理玄于万物之表，数绝乎无形无名者也。""求之法身，原无二统。形影之分，孰际之哉！"（《佛影铭序》）法性无性，法身无形，二者名异而实同，都是超越有无、至极不变，生成而不被生成的终极或本体。所以说：

> 故反本求宗者，不以生累其神。超落尘封者，不以情累其生。不以情累其生，则生可灭。不以生累其神，则神可冥。冥神绝境。故谓之泥洹。泥洹之名，岂虚称也哉！（《沙门不敬王者论》）

显而易见，无性之法性，无形之法身，既是空无之本，那么，反本就是体认法性，就是合道，就是情归虚无。用慧远的话说就是"体极"，所谓"得性以体极为宗"者。如此生可灭、神可冥，冥神绝境，便是佛家的终极追求——涅槃之境。所以慧远说"经称泥洹不变","冥神绝境。故谓之泥洹"。① 这些说法与王弼的"贵无"之说、道安的"本无"之理遥相呼应,为佛教哲学的玄学化又增加了一些思辨的色彩。慧远就是这样把佛教缘生哲学的非本体论,借助无性之性的法性本体、无形之形的法身本体之诠释,转化为涅槃本体,并祈向心性本体论,而成为体极论的。简单地说:

缘 起 性 空—法 性 性 空—法 身 无 形—法 性 本 体—涅 槃 实 相—心 性本 体

这里不仅反映了佛教缘生论向心性本体论转化的哲学历程,而且体现了佛教对终极的追求——由"体极"趋向"见性"。当然,法身概念的标举,也在为其果报之说确定轮回的载体。诚如汤用彤先生谓:"法身者,圣人成道之神明耳。实则神明不灭,愚智同禀,神之传于形,犹火之传于薪。"②他说的也是这个意思。慧远在《沙门不敬王者论》中还指出:

> 神也者圆应无生,妙尽无名,感物而动,假数而行。感物而非物,故物化而不灭。假数而非数,故数尽而不穷。有情则可以物感,有识则可以数求。数有精粗,故其性各异。智有明暗,故其照不同。推此而论,则知化以情感、神以化传。情为化之母,神为情之根。情有会物之道,神有冥移之功。但悟彻者反本,惑理者逐物耳。

神契无生,妙尽无名,感物非物,化物而不被物化,汤氏称之为"无生无名之精神",应当说是对慧远法性本体的深入浅出的界定。换句话说,称之神也好,识也罢,或谓之涅槃,或奉为净土,从现实(俗)层面看,实际上就是超越有无、超越生死的缘生之性,在超越(真)的层面上,就是体极——"冥符不变之性",只不过慧远谓之法性罢了。

---

① 泥洹,梵文 Nirvāna,是"涅槃"的早期翻译,也有翻译成"无为"。从佛教哲学概念译名的变化中也可看出佛教中国化的一些脉络。
② 汤用彤:《汉魏两晋南北朝佛教史》,第 246 页。

第三节　三报论——无尽因果[①]

　　法性本体论是慧远佛教哲学的基本纲领,是缘起性空的般若学和涅槃实相的综合,是缘生论向心性论转化的一个环节,也是慧远兼综玄释的理性创获。仅此而言,其贡献远不如道安、僧肇、道生,甚至不如慧皎等。无尽因果的三报论才是慧远对中国佛教哲学的突出贡献。这是对中国古代承负说的批判吸收,是对佛教果报思想的丰富和细化。他把普遍的因果转换为人生的因果,由是而成为"扬善弃恶"的伦理依据。正因为如此,它在中国社会的影响源远流长,家喻户晓,在世界哲学史上的因果性论述中独树一帜。

　　人们普遍认为,佛家善谈因果,以因果论著称于世,但因果学说绝非佛家独有。中国古代有承负之说,所谓"天命有德","天讨有罪"(《尚书·皋陶谟》),"积善之家,必有余庆;积不善之家,必有余殃"(《周易·坤·文言》),"天道无亲,常与善人"(《老子》第七十九章),讲的就是德、善和罪、恶的因果关系。马克思主义哲学认为,因果性是客观世界普遍互存的形式;康德断言,因果性是先于经验而存在的先验的范畴;休谟说因果性无非是习惯性思维。就连我们普通人也均以因果性思维面对现象世界和经验世界,在理性的层面上以因求果,以果溯因。这往往是被许多人忽视的事实。

　　佛说诸法因缘生,强调事物的生成皆赖于因缘,是多因论而非单因论,[②]并以十二缘生界说三世二重因果。由是打造了善有善报、恶有恶报的善恶果报论,把宇宙生成论一变而为惩恶扬善的道德观。佛教传入中国,更与承负思想一拍即合,于是,"善恶有报"便成为无助的人们的口头禅。然而,事实却不尽然,有所谓"积仁洁行",饿死首阳的伯夷叔齐,亦有"糟糠不厌,而卒夭夭"的颜回,甚至有后来"好善的受贫穷更兼命短,

---

[①] 与通常义有别,指因果必然性在时间上的无限延伸。

[②] 详见麻天祥《中国佛学非本体的本体诠释》,《中国社会科学》2001 年第 6 期。

造恶的享富贵又寿延"的愤怒抗争,以致不断有人对因果报应之说提出责问:所谓"大而无征","修短穷达,自有定分,积善积恶之谈,盖是劝教之言耳"。①　面对这些追问,佛家不止谈因果,而讲述因缘,有四缘、十缘、二十四缘之别,处处突出的是缘,即条件,强调"遇缘成果",以多因的条件论,和多重多世因果,把因果论说得滴水不漏。不过,佛家说俱有因、异熟果之类的概念,佶屈聱牙,而慧远的三报论则显得简易明晰,妇孺皆知,因此对佛教哲学的贡献无与伦比。其文开宗明义:

> 经说业有三报,一曰现报,二曰生报,三曰后报。现报者,善恶始于此身,即此身受。生报者,来生便受。后报者,或经二生,三生,百生,千生,然后乃受。(《三报论》,《弘明集》卷五)

慧远据《阿毗昙心论》②说明,人有三业——身、语、意,业分善恶,善恶有三报——现报、生报和后报。现报者,业作于此生,此生受报,不待来世;生报者,今生造业,延至来世受报;后报者,现世作业,今生来世皆未酬报,但已作不失,或经"二生,三生,百生,千生",因缘聚合,然后乃报。其中也明确指出,善恶之报由自身所作之业而受,也就是自作自受。这里说的有几层意思:

第一,人的善恶报应也是有因果性的。

第二,人身、语、意所造之业是因,报是果。善业结善果,恶业结恶果。善恶之报,言之不爽。也就是说,因果关系是必然的。

第三,因果的必然性并不存在于有限的时间之内,固有现、生和后的差别,即在时间上的无限延伸才表现因果的必然,也就是要"遇缘成果"。这就不单纯是因果论,而是因缘结合的缘生论了。

第四,还有就是自作自受。

上述四点,充分体现了佛教哲学因果论的特点:已作不失,未作不得;遇缘成果;自作自受。

---

① 〔晋〕戴安公:《与远法师书》,〔唐〕释道宣:《广弘明集》卷十八。
②《阿毗昙心论》卷一云:"业现法报,次受于生报,后报亦复然。"见《大正藏》二十八卷,第84页。

但是,果报何以有迟有速? 虽说是遇缘成果,但缘又因何而有早晚?
慧远解释说:

> 受之无主,必由于心,心无定司,感事而应。应有迟速,故报有
> 先后。先后虽异,咸随所遇而为对。对有强弱,故轻重不同,斯乃自
> 然之赏罚,三报之大略也。(《三报论》)

在慧远看来,果报非授之形体,而是授之于心。心非具象①,依感而
应②,或者说依业报之善恶而有回应。回应有迟速,故果报来得也有早晚
的不同。不仅时间上有先后,而且轻重也有差别,关键在于心对业报之
果的感应有强弱,所以果报就有轻重之别。简单地说,慧远把心作为果
报的主体,把感应作为内缘,因为有应之迟速、对之强弱,不仅有三报,而
且报也有轻重。这里以感应诠释因果,显然是对佛教因果哲学观念发
展,也是玄佛结合的产物,同样显示出佛教哲学心性本体转化的趋势。

但是,慧远还是强调因果的必然性。他指出:

> 三业殊体。自同有定报。定则时来必受。非祈祷之所移。智
> 力之所免也。(《三报论》)

毫无疑问,业因虽有不同,报果自有定数,已作不失,作者必受。任
你祈祷,任你机关算尽,都是没有用的,只是由因生果的时间长短不同罢
了。慧远首先从信仰的角度,依其净土观念,说明现报的非普遍性:

> 凡在九品,非其现报之所摄。然则现报绝夫常类,可知类非九
> 品,则非三报之所摄。何者? 若利害交于目前,而顿相倾夺,神机自
> 运,不待虑而发。发不待虑,则报不③旋踵而应。此现报之一隅,绝

---

① 心无定司,很多解释称指职司,应当说是指神识,而不是作为器官的心和"心之官则思"的心,
故说非具象。
② 这里方立天的解释切中肯綮。他说,"因情致报,乘感而应"。慧远十分重视"感"在报应中的作
用,并引述《世说新语·文学》答殷荆州"以感为体"的故事,同样可以看出慧远以《周易》解佛的
思想和方法。见方立天《中国佛教哲学要义》上卷,第89页,北京,中国人民大学出版社,2002。
③ 从文义上看,这个否定失之偏颇,或为衍字。

夫九品者也。(《三报论》)

慧远的意思是,凡念佛往生净土世界者,无论是上生上品,还是下生下品,都不会现报,只有往世来生,才能有九品往生的结果。而现报者,利害倾夺,不虑而发,旋即报应,自然不是念佛往生者的事了。也就是说,只有不信奉佛教的人才会得到现报。显然这是信仰,而非教说,但也是为其因果必然性在时空中无限延长而做的铺垫。接着慧远就因果不相应的现实,指出原因在于人的认知的有限性——只知一生,不明多世。他说:

> 世或有积善而殃集,或有凶邪而致庆。此皆现业未就,而前行始应。故曰"祯祥遇祸,妖孽见福。"疑似之嫌,于是乎在。何以谓之然?(《三报论》)

慧远的意思是,现实中所以善而得殃,恶而获福,招致许多人对因果必然性的怀疑,其实,这完全是误解。因为人们视听所见所闻之殃福,实在是前世业因的感应,而非现业造就。这就是生报,或者后报。俗语云:"不是不报,时候未到。"说的也是这个意思。有副对联说得很好:

> 为恶必灭,若有不灭,祖宗遗德,德尽必灭;
> 为善必昌,若有不昌,祖宗遗殃,殃尽必昌。

其中,善与昌、恶与灭,作为因果关系,虽然最终成必然的态势,但它是建立在前世祖宗之德、殃的条件之上。德殃之厚薄,决定昌灭之迟速,把因果的必然性在无限延续的时序中予以完成。由此可见三报之说在中国社会的普遍渗透。

当然,慧远毕竟是博综六经,由中国传统文化熏陶出来的知识分子,而且三世三报之说要行之华夏,首先还要得到儒家传统的认同。因此慧远着重说明:

> 谓积善之无庆,积恶之无殃,感神明而悲所遇,慨天殃之于善人。咸谓名教之书,无宗于上,遂使大道翳于小成。以正言为善诱。

应心求实,必至理之无此。原其所由,由世典以一生为限,不明其外。其外未明,故寻理者自毕于视听之内。此先王即民心而通其分,以耳目为关键者也。如今合内外之道,以求弘教之情,则知理会之必同,不惑众涂而骇其异。若能览三报以观穷通之分,则尼父之不答仲由,颜冉对圣匠而如愚,皆可知矣。(《三报论》)

如此会通儒释,显然还是有偏右佛家的倾向。孔子也好,先王也罢,孔门弟子如子路、颜回亦然,皆以一生为限,而不知有三世之存在,故对死亡问题而无所答,亦"如愚"了。如果合儒释之道,其理则一。实际上,慧远还是欲混同佛儒,借儒家之学弘扬佛法的。再请看:

亦有缘起,而缘生法虽预入谛之明,而遗爱未忘,犹以三报为华苑,或跃而未离于渊者也。推此以观,则知有方外之宾,服膺妙法,洗心玄门。一诣之感,超登上位。如斯伦匹,宿殃虽积,功不在治,理自安消,非三报之所及。因兹而言,佛经所以越名教、绝九流者,岂不以疏神达要,陶铸灵府,穷源尽化,镜万象于无象者也。(《三报论》)

在慧远看来,缘起之理,虽为佛家说理之根基,但并不舍弃孔子"仁者爱人"之学,三报之说,犹以因果彰显儒家善恶祸福的道德教化。换句话说,三报论以缘生为基础,而入于儒家伦理学说,佛、儒本无二致。所以他又说,释迦虽方外之祖,却服膺孔门之理,以儒家感应之玄奥,超越轮回之上。正因为如此,佛家经典才能越名教、绝九流,穷源尽化,反本归心,既"止于至善",亦成于"大象无形"的境界。这就远远超乎"三报"之上了。

应当特别说明,慧远的这段话,不仅表现了以儒解佛,以及佛教中国化的发展态势,其实还是向缘起性空的般若学的回归——"三报"的因果论并非终极,并非疏神达要、穷源尽化的"觉悟",只是无明导致的轮回而已!认识不到这一点,就无法全面认识慧远的佛教哲学,更无法解释佛教"善不受报""不昧因果"的超越追求,当然也就分不清佛教说理的"权"

与"实"、"方便"与"究竟"。慧远三报论的价值和哲学意义也远在通常的理解之上。

毫无疑问,佛教哲学以缘生为基础,置因果的必然关系于多重条件构成的偶然性之中,凸显条件对因果的限制,实际上是对因果必然性的否定!

佛说四谛、十二因缘是佛学因果理论的基础和系统表述。苦为迷之果,集为迷之因。这是世间流转因果。灭为悟之果,道为悟之因。此为出世间的还灭之果。佛说十二因缘,构成三世二重因果。高僧大德,巧舌如簧,力图证明宇宙、人生因果相续的无限性和必然性。其意谓:事物的生成和发展,必有一定的因;一定的因必有相应的果。因果相续,生生不已。依此而论,事物的存在与发展,势必沿着确定的方向和已成之轨迹,而呈现必然的逻辑趋势。然而,变化纷纭的大千世界,并非如此。佛家的聪明也远在因果论之上,故多说因缘,而不只说因果。因缘之说,相对于果,除了说因之外,处处突出的是缘,即条件,故佛门有二十四缘①、十缘②等烦琐论说。至于《中论·观因缘品》中所说,"一切所有缘,皆摄在四缘,以是四缘,万物得生",进一步突出了条件的作用。而通常所说的四缘(因缘、等无间缘、所缘缘及增上缘)中的因缘,也视因为缘,即生成果的主要条件。因缘说强调,缺乏足备的条件,因便不能生果,果同样不能转化为因。因果论的必然性,只有在条件论的偶然性中才能实现。以四谛而论,实际上,迷是苦之因,集则是苦之缘;悟为灭之因,道却是灭之缘。十二因缘,以缘起为说理中心。它的三世二重因果,便是以涉及范围最为普遍的增上缘为基础而立论的。其循环往复,是成就增上果的主要条件。通俗地讲,具有强势力、能起重要作用的条件,在生成生命基本果的过程中,同样起强力作用,如眼的器官,可以生视之果,无明便生盲目行为之果。这里的眼是条件,而非原因。由于某种需要,要求视物

---

① 见《法聚论》。
② 见《舍利弗毗昙》。

才是原因,但无眼的器官,想也白想! 所以,就本体的势用而言,与其说佛学是因果论,自然不如说是条件论了。

佛说因果,不仅说"此有则彼有,此生则彼生",彼此相互为缘,相聚成果,互为因果,而且强调"已作不失,未作不得"。因不得果则不去,因不起则无果,即因必生果,果必有因。因果呈现必然的逻辑关系。但它又指出,任何一因皆不能生成果;一切果必须有两个或两个以上的因,才能生成。也就是说,事物生成,必须具备至少一个因和一个缘的充分条件。如此而言,缘可以说是因的助力——条件,因也可以被视为缘的助力,也是缘。这就是佛学缘起论中的范畴之一,俱有因或共有因①。于是,多因的因果论实质上变成了多缘的条件论。佛家因果论既是对一因论(尤指梵、神我创世的本体论)的否定与发展,也是对因果论与条件论的融会贯通。

从果这方面说,佛家不仅说一果有多因,而且在一定程度上指明,某种因也可能生成另类果,即五果中的异熟果,或称报果。此果既不随因在同一时空而生,而且与因性质不同,甚至因果背离。佛家称之为"无定"。如前世、今生的善因(道德性思想、行为),结今生、来世之善果(实质性利益之报),这是性质不同。也可以前生、现世之善因、恶因,而得今生、来世的非善、非恶之果,善恶之果,有待后报。说得明白一些,佛家在某种程度上认为,植善因者不一定结善果,施恶业者也不一定得恶报,因果的必然性,尚有待于时间这个条件,才能显现出来。这是因果背离。因果性质不同甚至背离,谓之异熟。所谓异熟就是多果! 多果是在空间上否定因果的必然性,与多因相比较,多果尤其体现了佛家因果关系的不确定性,即"无定"性。佛家的聪明于此亦可见一斑。

异熟不只说明多果,在思维的深层,它倾向于把因果必然性置于时间的无限延续性之中。换句话说就是,在有限时间的空间中因果的不相应性,即对必然因果的否定。慧远《三报论》"报有迟速"的观念,不仅在

---

① 分互为果俱有因与同一果俱有因。此处尤指后者,同时成就一果的多数因缘。

现实中坚定了人们因果报应不爽的信念，而且在理论层面展示佛学因果必然关系只有在无穷轮回中才能实现的时空条件。即所谓"后报"，"或经二生、三生、百生、千生，然后乃受"。因果的必然性如是而已。

慧远无尽因果的三报论，目的固然在于强化因果的必然关系，但它的隔世，乃至百生、千生、无尽之果，实际上借时间否定了因果的必然性。生报者，便是对现世因果的否定；后报者，则是对两世因果乃至千百世因果的否定。必然的因果关系，须借不确定的条件，即时间的无限延续而实现。中国有句无论雅俗皆耳熟能详的话，"不是不报，时候未到"，表面上看，只是人们对因果报应的信念，或无可奈何的自慰与解脱之道，深入其逻辑内核便可触摸到佛学条件论的偶然性对因果论必然性的决定作用。

上述多因（实际上也是多缘）、多果、三世二重因果，实为多重多世因果。这里所说明的，恰恰在于条件的偶然性，而非因果的必然性，因果的必然还是寓于条件的偶然之中。佛学表面上的因果论，显然是在条件论的架构中运作的。

还需要说明，通常所说的本体论，同样建立在因果论基础之上。本体即生成万物，唯一无对（无待或绝对）之因，据此可以说，本体论即一因论。佛学互为因果的缘起论，或者多因、多果、多重多世因果的条件论，无疑是对作为一因的本体的否定，即非本体。上述因果论的必然性寓于条件论偶然性之中的思辨，正是我们一再强调的，佛学与其他哲学不同，是非本体的本体论的理论依据，也是慧远由非本体向无性之性的法性本体再向心性本体转化的逻辑根据。

第四节　神不灭论——薪尽火传或指穷火传

人有三世，业有三报，自作自受，如是而论，势必存在三生或多世轮回的主体，即果报的载体。然而，主体论即有我论，与佛说"诸法无我"显然成相互冲突的悖论。这是佛教哲学，也是慧远法性本体、三报论必须解决的理论问题。如前所言,慧远的法性本体,不仅沟通了般若性空和涅槃实相,也沟通了无我和主体,并且引入神、心和感、应的儒家传统范畴解释"报有迟速"的三报论,还借鉴庄子的薪火之说①,指出:"火之传于薪,犹神之传于形;火之传异薪,犹神之传异形。前薪非后薪,则知指穷之术妙。前形非后形,则悟情数之感深。惑者见形朽于一生。便以为神情俱丧,犹睹火穷于一木,谓终期都尽耳"(《沙门不敬王者论》),以此对他的"神不灭论"作综合佛道的阐述。

人生最大的悖论就是死亡的必然性。死亡是不可知的,但却是残酷的、无法回避的现实;死亡的世界存在于我们有限的知识之外。人们都希望超越死亡,也因此分析死亡后是否还有一种不死的东西存之久远,于是有灵魂说与无神论的冲突,无论东方还是西方,无论古代还是现在。至于,佛教说无我、无常,无论从逻辑上,还是就事实而言,在佛家哲学中都不应当有"不灭的灵魂"的栖身之所。无我论的佛教哲学,本质上就是无神论的哲学。

推源溯始,印度佛教以无我论挑战婆罗门梵我合一的神我之说,在哲学史上开辟了一条新的道路。但无我论同其轮回思想显然存在理论上的冲突。与之前后有顺世派提出"补特伽罗"的概念,承担轮回的主体,后佛教亦予以吸收。佛教既讲多世多重因果,也就不能回避有承担果报的载体。如是,无我论就变成了有我论。但是,佛家显然不会给自己的理论抹上自相矛盾的色彩,而授人以柄,于是提出"中阴"之说,既弥补了轮回思想的缺陷,也调和了"我"与"无我"的悖论。实际上,还是向缘生论的回归。

简单地说,佛家以否定性思维表现其超二元对立的中道观,根本上持不生不死的超越精神。不生指"有非真生",即无我;不死指"死非真灭",也不是无我,粗浅地讲可以说是"不灭",应当说这是语言表述的问题。中阴指的就是不生不死的存在——和合生成生命的色、受、想、行、

---

① 《庄子·养生主》:"指穷于为薪,火传也,不知其尽也。"

识之五蕴,故中阴也称中蕴。死后形尽,但中阴,或中蕴不灭,故能承担轮回的主体。如此,既非强调连续性的"常见"——神我永存,也非否认连续性的"断见"——无神,是非常非断的"中阴",或者说因缘。佛家否定性哲学在这里同样表现得淋漓尽致。只不过常常采用的是"神""识"具有的肯定性表述。这同样只是语言的问题。

再简单一点说,生命乃因缘聚合,缘聚则生,缘灭则散,但聚合而生成形体的因缘不灭,也就是中阴不灭。认识到这一点,就不至于把慧远的神不灭论视作一般的有神论了。更何况,轮回是无明的果,自然不是佛家的终极追求,当然也不是慧远的终极追求,这一点常常被忽视了。

首先,还是要注意慧远的法性本体,它的内涵是法性无性,作为本体而言,也是超越有无、超越生灭的。所以,其作为果报的承载者,不是我,也不是非我。或者说,不是生,也不是灭。这既为缘生的佛教哲学向心性本体的转化创设了逻辑的前提,同样也为无我的轮回提供了理论上的依据。慧远在《沙门不敬王者论》第五,以答问的形式,专讲形尽神不灭。他说的"神"是佛教非断非常的"神识",而非永存的灵魂或神我。具体内容请看慧远的论述:

> 问曰:神虽妙物,故是阴阳之所化耳。既化而为生,又化而为死;既取而为始,又散而为终。因此而推,固知神形俱化,原无异统,精粗一气,始终同宅。宅全则气聚而有灵,宅毁则气散而照灭;散则反所受于天本,灭则复归于无物。故庄子曰:"人之生,气之聚。聚则为生,散则为死。若死生为彼徒苦,吾又何患?"

> 答曰:夫神者何耶? 精极而为灵者也。精极则非卦象之所图,故圣人妙物而为言,虽有上智,犹不能定其体状,穷其幽致。而谈者以常识生疑,多同自乱,其为诬也亦已深矣。将欲言之,是乃言夫不可言,今于不可言之中,复相与而依稀。

> 神也者,圆应无生,妙尽无名,感物而动,假数而行。感物而非物,故物化而不灭;假数而非数,故数尽而不穷。有情则可以物感,

有识则可以数求。数有精粗,故其性各异;智有明暗,故其照不同。推此而论,则知化以情感,神以化传,情为化之母,神为情之根,情有会物之道,神有冥移之功。但悟彻者反本,惑理者逐物耳。古之论道者,亦未有所同,请引而明之。庄子发玄音于《大宗》曰:"大块劳我以生,息我以死。"又,以生为人羁,死为反真。此所谓知生为大患,以无生为反本者也。文子称黄帝之言曰:"形有靡而神不化,以不化乘化,其变无穷。"庄子亦云:"特犯人之形,而犹喜之。若人之形,万化而未始有极。"此所谓知生不尽于一化,方逐物而不反者也。二子之论,虽未究其实,亦尝傍宗而有闻焉。论者不寻无方生(方)死之说,而惑聚散于一化;不思神道有妙物之灵,而谓精粗同尽,不亦悲乎? 火木之喻,原自圣典,失其流统,故幽兴莫寻,微言遂沦于常教,令谈者资之以成疑。向使时无悟宗之匠,则不知有先觉之明,冥传之功,没世靡闻。何者? 夫情数相感,其化无端,因缘密构,潜相传写,自非达观,孰识其变? 自非达观,熟识其会? 请为论者验之以实。

　　火之传于薪,犹神之传于形;火之传异薪,犹神之传异形。前薪非后薪,则知指穷之术妙;前形非后形,则悟情数之感深。惑者见形朽于一生,便以为神情俱丧,犹睹火穷于一木,谓终期都尽耳。此由从养生之谈,非远寻其类者也。就如来论,假令神形俱化,始自天本,愚智资生,同禀所受。问所受者,为受之于形邪? 为受之于神邪? 若受之于形,凡在有形,皆化而为神矣;若受之于神,是以神传神,则丹朱与帝尧齐圣,重华与瞽叟等灵,其可然乎? 如其不可,固知冥缘之构,著于在昔,明暗之分,定于形初。虽灵均善运,犹不能变性之自然,况降兹已还乎? 验之以理,则微言而有征;效之以事,可无惑于大道。

引述颇长,但有助于对慧远思想的全面理解。慧远首先以阴阳一气的传统观念设问,并引征庄子,说人之生死乃气之聚散,"神之处形,犹火之在木",灭则归于无物。形尽神灭,这是不言而喻的道理。

针对上述阴阳、气化、薪火、形神之说,慧远以其六经、庄、老之所长,游刃有余,对形神关系展开了全面论述,并提出"薪尽火传"的著名哲理。要而言之,其义有三:

一、界定"神"的概念。说明神是无形无相的"精极"或"灵",是超越常人,甚至"上智"之识的神妙之物,因此也是不可言说的。同时指出,通常论及神者,常常囿于见闻,把神理解成别样东西,就是通常的有神论。这里,慧远明确地界定,神是不可言说的超越存在,而非"常识"中的有或无。实际上他就是要把人们引向佛教不常不断的中阴,可聚可散的因缘。如此则同一般的有神论者已经开始分道扬镳了。采用的不可言说的方法,显然也是玄学家的言意之辨。

二、神不仅无形,而且无生、无名,也就是说它是超越生死的永存或常在,并借感应这个概念,说明神与物、神与形、神与情识的关系。所以说,"感物而非物,故物化而不灭;假数而非数,故数尽而不穷"。"情为化之母,神为情之根,情有会物之道,神有冥移之功。"由此可见,无形、无名、无生的"神",自然不会像"形"一样有生有灭。然而,一些人不明庄子的方生方死之理,却高谈气的聚散;不知神是无生无死的精灵,而说形尽神灭,其实是对《庄子》的误解。

三、批评上述"火木之喻",虽源自《庄子》,却"失其流统","此由从养生之谈,非远寻其类者也"。也就是说,形神俱丧,如睹火穷于一木,是对《庄子·养生主》的片面理解,而失其根本宗旨。同时,慧远活用庄子"指(脂)穷""火传""不知其尽"的譬喻,形成其"薪尽火传"的神不灭的观念。如此形尽神不灭的观念,实以佛教不生不灭、不常不断的缘起哲学为基础,视庄生"指穷火传"之思辨为同道,其所谓不灭之神识,实为佛法之中阴、聚散之因缘,而非普通有神论之神。此则非深究细察不可明辨者也。最后他还以"丹朱与帝尧齐圣,重华与瞽叟等灵"为喻,突出神不灭"验之以理,则微言而有征;效之以事,可无惑于大道"。于理于事,圆融无碍。

总而言之:不灭,非生也非死,不是相对于死的不灭,而是与不生共存的不灭。神不灭者,乃"业"因不灭,即因缘不灭,或者说"中阴"不灭。

第五节　体极不顺化的净土信仰

众所周知,慧远与刘益民等十八高贤,123 人结莲社,共期往生西方净土,被后世尊为净土初祖。所谓净土,正是建立在上述体极论、三报论、神不灭论基础上的终极追求。

用慧远的话说,"至极以不变为性,得性以体极为宗"。不变者泯其生灭,非有非无,"运群动以至一而不有,廓大象于未形而不无。无思无为,而无不为"(《庐山出禅经序》)。体极者,在于冥符不变之性,亦是对顺化而言;顺化指"在家奉法(谓国家礼法)则是顺化之民"①。据此可知,慧远的思想和行为有两个方面:一是体极,即非生非灭、非有非无的终极追求——超越生死的净土信仰;二是顺化,尊奉国家礼法,而为顺化之民。体极者不顺化,既是成佛的终极关怀,又是"沙门不敬王者"的理论支点,而三报、神不灭论则是慧远针对顺化之民因材施教,方便说法的具体内容。就终极而言,体极而不顺化,以往生净土为归宿;从现实上讲,业有三报,报有迟速,业不灭,神亦不灭。前者以法性、涅槃为之彰显;后者借三报论、神不灭为之警戒,慧远的佛教哲学就是这两个方面相互对待而成的。进一步讲,只有超越轮回,才能往生净土;往生净土则不堕轮回。其净土思想也应作如是解。汤用彤评之曰:

> 远公既持精灵不灭之说,又深怵生死报应之威。故发弘愿,期生净土。②

诚哉斯言,不再赘述。

---

① 汤用彤:《汉魏两晋南北朝佛教史》,第 244 页。
② 同上书,第 246 页。

第六章　僧肇与玄学化的中国佛学

　　缘生,佛教哲学的基点。它突出世间万物,包括宇宙的本身皆因缘和合而生,缘聚则起,缘散则灭,故无永恒不变的自性,而谓之空。经云:诸法因缘生,我说即是空,亦为是假名,亦是中道义。其意即此。因缘生法而谓之空,空非不存,只是假名,也可以说是超越有无二元对立的中道。空则非空,即色即空,非有非空,非非有也非非空,佛家就是如此谈空的。佛法东渐,历经半个世纪的传承,适逢玄风飙起,名僧名士,谈无说有,同声相应。僧肇既好玄微,每以庄老为心要,又为佛家弟子,以"不真"畅述空观,而得"解空第一"之誉。事实上,僧肇为佛教哲学的中国化奠定了纯思辨的基础,也为佛教的中国化开拓了发展的方向和前进的道路。应当说,日后兴起的天台、华严、三论尤其是禅宗等中国化的佛教,无不同僧肇的思想有千丝万缕的联系。

第一节　僧肇其人其事

　　僧肇(384? 或374—414),俗姓张,京兆(今陕西西安)人。慧皎《高僧传》义解篇有《晋长安释僧肇》,兹录全文如下:

　　　　释僧肇,京兆人。家贫以佣书为业,遂因缮写,乃历观经史,备尽坟籍。爱好玄微，每以庄老为心要。尝读老子德章，乃叹曰："美则美矣，然期神冥累之方，犹未尽善也。"后见旧《维摩经》，欢喜顶受，披寻玩味，乃言始知所归矣。因此出家，学善方等，兼通三藏。及在冠年，而名振关辅。时竞誉之徒，莫不猜其早达，或千里趋负①，入关抗辩。肇既才思幽玄，又善谈说，承机挫锐，曾不流滞。时京兆宿儒，及关外英彦，莫不挹其锋辩，负气摧衄。

后罗什至姑臧，肇自远从之，什嗟赏无极。及什适长安，肇亦随返。姚兴命肇与僧叡等入逍遥园，助详定经论。肇以去圣久远，文义多杂，先旧所解，时有乖谬，及见什咨禀，所悟更多。因出《大品》之后，肇便著《波若无知论》，凡二千余言，竟以呈什，什读之称善。乃谓肇曰："吾解不谢子，辞当相挹。"时庐山隐士刘遗民见肇此论，乃叹曰："不意方袍，复有平叔。"因以呈远公，远乃抚机叹曰："未常有也。"因共披寻玩味，更存往复。遗民乃致书肇曰："顷餐徽问，有怀遥仰。岁末寒严，体中何如，音寄壅隔，增用悒蕴。弟子沉疴草泽，常有弊瘵，愿彼大众康和，外国法师休愈不。去年夏末，见上人《波若无知论》，才运清俊，旨中沈允，推步圣文，婉然有归，披味殷勤，不能释手，真可谓浴心方等之渊，悟怀绝冥之肆，穷尽精巧，无所间然。但暗者难晓，犹有余疑，今辄条之如左，愿从容之暇，粗为释之。"肇答书曰："不面在昔，伫想用劳。得前疏并问，披寻反覆，欣若暂对。凉风戒节，顷常何如，贫道劳疾每不佳，即此大众寻常，什师休胜。秦主道性自然，天机迈俗。城堑三宝，弘道是务。由使异典胜僧，自远而至，灵鹫之风，萃乎兹土。领公远举，乃是千载之津梁。于西域还得方等新经二百余部。什师于大寺出新至诸经，法藏渊旷，日有异闻。禅师②于瓦官寺教习禅道，门徒数百，日夜匪懈，邕邕肃肃，致自欣乐。三藏法师于中寺出律部，本末精悉，若睹初制。毗

---

① 金陵本作"负粮"。
② 汤用彤按及佛陀跋陀罗。注意，僧肇在这里特称禅师、禅道，显然也是在菩提达摩来华之前。

婆沙法师于石羊寺出《舍利弗毗昙》梵本,虽未及译,时问中事,发言新奇。贫道一生猥参嘉运,遇兹盛化,自恨不睹释迦泥洹之集,余复何恨,但恨不得与道胜君子同斯法集耳。称咏既深,聊复委及。然来问婉切,难为郢人。贫道思不关微,兼拙于华①语,且至趣无言,言则乖旨,云云不已,竟何所辩。聊以狂言,示訓来旨也。"

肇后又著《不真空论》、《物不迁论》等,并注《维摩》,及制诸经论序,并传于世。及什之亡后,追悼永往,翘思弥厉。乃著《涅槃无名论》。其辞曰:"经称有余无余涅槃。涅槃秦言无为,亦名灭度。无为者,取乎虚无寂寞,妙绝于有为②。灭度者,言乎大患永灭,超度四流。斯盖镜像之所归,绝称之幽宅也。而曰有余无余者,盖是出处之异号,应物之假名。余尝试言之,夫涅槃之为道也,寂寥虚旷,不可以形名得;微妙无相,不可以有心知。超群有以幽升,量太虚而永久,随之弗得其踪,迎之罔眺其首,六趣不能摄其生,力负无以化其体,眇漭③惚恍,若存若往。五目莫睹其容,二听不闻其响,窈窈冥冥,谁见谁晓。弥纶靡所不在,而独曳于有无之表。然则言之者失其真,知之者返其愚,有之者乖其性,无之者伤其躯。所以释迦掩室于摩竭,净名杜口于毗耶。须菩提唱无说以显道,释梵乃绝听而雨花。斯皆理为神御,故口为之缄默。岂曰无辩,辩所不能言也。经曰:'真解脱者,离于言数。寂灭永安,无终无始。不晦不明,不寒不暑。湛若虚空,无名无证。'论曰:'涅槃非有,亦复非无。言语路绝,心行处灭。'寻夫经论之作也,岂虚构哉?果有其所以不有,故不可得而有;有其所以不无,故不可得而无耳。何者?本之有境,则五阴永灭,推之无乡,则幽灵不竭。幽灵不竭,则抱一湛然;五阴永灭,则万累都捐;万累都捐,故与道通同。抱一湛然,故神而无功;神而无功,故至功常在。与道通同,故冲而不改;冲而不改,不可为有;至功

---

① 此字有误,金陵本作"笔",也是谦语。
② 《金藏》作"无为",但从文义上看应当是"有无"。
③ 亦作"漭"。

常在,不可为无。然则有无绝于内,称谓沦于外,视听之所不暨,四空之所昏昧。恬兮而夷,泊焉而泰,九流于是乎交归,众圣于此乎冥会。斯乃希夷之境,太玄之乡,而欲以有无题榜其方域,而语神道者,不亦邈哉。"其后十演九折,凡数千言,文多不载。

论成之后,上表于姚兴曰:"肇闻天得一以清,地得一以宁,君王得一以治天下。伏惟陛下睿哲钦明,道与神会,妙契环中,理无不晓,故能游刃万机,弘道终日,依被苍生,垂文作范。所以域中有四大,王居一焉。涅槃之道,盖是三乘之所归,方等之渊府。眇茫希夷,绝视听之域;幽致虚玄,非群情之所测。肇以微躯,猥蒙国恩,得闲居学肆,在什公门下十有余年。虽众经殊趣,胜致非一,涅槃一义,常为听习先。但肇才识暗短,虽屡蒙诲喻,犹怀漠漠,为竭愚不已,亦如似有解。然未经高胜先唱,不敢自决。不幸什公去世,咨参无所,以为永恨。而陛下圣德不孤,独与什公神契,目击道存,决其方寸,故能振彼玄风,以启末俗。一日遇蒙答安成侯嵩问无为宗极,颇涉涅槃无名之义。今辄作《涅槃无名论》。有十演九折,博采众经,托证成喻,以仰述陛下无名之致,岂曰开诣神心,穷究远当。聊以拟议玄门,班喻学徒耳。若少参圣旨,愿敕存记,如其有差,伏承旨授。"兴答旨殷勤,备加赞述。即敕令缮写,班诸子侄,其为时所重如此。

晋义熙十年卒于长安,春秋三十有一矣。[1]

慧皎在论中言简意赅,勾画出僧肇的经历及其影响,介绍了他的著述,并画龙点睛、简明扼要地阐述了僧肇玄学化的佛教哲学。

关于僧肇生平,史料甚少,《高僧传》仅言"京兆人。家贫以佣书为业","晋义熙十年卒于长安,春秋三十有一矣"。据此推定,其生年当为公元384年。但有学者指出,《高僧传》也曾说僧肇早在未至姑臧追随罗什之前,"及在冠年,而名振关辅",已经是20岁的青年人了。之后若干

---

[1] 〔南朝梁〕释慧皎:《高僧传》卷六,第248—252页。

年,至弘始三年(401),鸠摩罗什至长安,"肇自远从之"。那么,自弘始三年至十六年,中经十三四年,即便其 20 岁后至从罗什于姑臧之间的若干年不计,僧肇亦当在 33 岁去世。日本学者认为,当时 40 写作"卌",与"卅"形似,辗转抄写,讹为"卅",相沿成习,故有 31 岁卒的讹误。僧肇卒年应当是 41 岁,生年也就是公元 374 年了。此说有一定道理,而且和僧肇的贡献更相符契。

僧肇少年,家境贫寒,但显然也是书香门第,而有课读的便利,才得以"佣书为业",并因此而"历观经史,备尽坟籍"。在当时的风气熏染中,僧肇也崇尚玄理,"每以庄老为心要",但是更喜庄生之说,认为《道德经》之言,虽美而未为至善。后读早期译出的旧本《维摩经》①,而视为枕中秘宝,对经中不可思议的不二法门"披寻玩味",终于找到自己思想的归宿,于是披剃出家,潜心佛典,尤其擅长大乘佛理,兼通经、律、论三藏。刚满 20 岁,便名振京畿、关中。当时魏晋清谈之风流所及,而又有骛名竞誉之徒,也不远千里,奔赴长安,同僧肇逞辩才于三辅。僧肇学识渊深,辩才无碍,折冲樽俎,令京中宿儒、外埠英彦叹为观止。

20 岁以后,僧肇闻鸠摩罗什至姑臧(今甘肃武威),便跋涉千里,师从罗什,时在公元 386 年前后②。僧肇在姑臧五六年,问道受学,备受罗什赏识。后秦弘始三年(401)岁末,姚兴迎罗什至长安,"待以国师之礼",僧肇也就随之返回长安,"与僧叡等入逍遥园",协助罗什译经弘法。此后,"在什公门下十有余年","不幸什公去世,咨参无所,以为永恨",并于"晋义熙十年卒于长安"。③ 公元 414 年,僧肇应当年逾不惑,非而立之

---

① 指东汉严佛调或三国时期吴支谦的译本。
② 据《高僧传》卷二《晋长安鸠摩罗什》记载,苻坚于前秦建元十八年(382)遣将吕光等,"率兵七万,西伐龟兹及乌耆诸国",谈及"若剋龟兹,即驰驿送什"。吕光破龟兹,后采纳罗什建议,回师凉州,并窃号关外,改元太安。"太安元年正月,姑臧大风",有罗什云云语。此年为公元 386 年。僧肇若生于 384 年,两岁的儿童西行跋涉,自然是不可能的。据此,31 岁之说显然是讹误。
③《高僧传》卷二《晋长安鸠摩罗什》载,罗什于弘始十一年(409)卒于长安,或云七年、八年,《高僧传》卷六《晋长安释僧肇》也只说"及什之亡后,追悼永往"。

后。僧肇生平著述有《般若无知论》《不真空论》《物不迁论》《涅槃无名论》四论,"并注维摩,及制诸经论序,并传于世"。

至于僧肇的佛教哲学,显然是以庄老为心要的佛玄式哲学。

首先,其基础完全是老子的"道"和"玄",这在上姚兴的表中比比皆是。其开篇即借《老子》语,言致治之道,所谓"天得一以清,地得一以宁,君王得一以治天下"①。他是以"道生一"之"一"阐述"道与神会,妙契环中"的,也就是用"一"沟通终极的"道"和现实政治(即"神""环中");同时,他还套用"希夷"这一概念,说明涅槃之道"绝视听之域,幽致虚玄,非群情之所测"的超越有限的终极性质②,如此以道释佛,老子——神道——希夷——涅槃,为佛教的玄学化奠定了理论基础。当然,僧肇在这里对姚兴不切实际的称颂,"陛下圣德不孤,独与什公神契,目击道存,决其方寸,故能振彼玄风,以启末俗"云云,或许是迫于威权,言不由衷;抑或是"不依国主,法事难立",欲借助政治兴隆佛法。

其次,僧肇以涅槃为纲要,十演九折,涉及名实、言意、有无等玄学的基本问题,自然也就成为佛学的基本问题,同样是对佛学的玄化。当然,如此选择性地摘录,也折射出慧皎的思想;由此也可以看出,佛教在南北朝时期中国化思维的轨迹。

慧皎在僧肇传中说,僧肇著《涅槃无名论》,论曰:"涅槃,秦言无为,亦名灭度。无为者,取乎虚无寂寞,妙绝于有无。灭度者,言乎大患永灭,超度四流。"用"无为"注释"涅槃"或"灭度",既是汉代译经通常采用的格义之法,也是佛教由趋附黄老向形上思维的玄理转化的关捩。他对涅槃的诠释不仅包括道家的虚无寂寞,而且涵盖了"妙绝有无""超度四流③",完全用传统的语言文字解说佛教无人相、无我相、超越有无的终极追求。同时他还指出,"至趣无言,言则乖旨",涅槃之道,"寂寥虚旷,不

---

① 《老子》第三十九章:"天得一以清。地得一以宁。神得一以灵。谷得一以盈。万物得一以生。侯王得一以为天下贞。其致之,一也。"

② 《老子》第十四章:"视之不见名曰夷,听之不闻名曰希。"

③ 四流,指欲、有、见、无明四类烦恼。

可以形名得；微妙无相，不可以有心知"，"眇漭惚恍，若存若往"，"言之者
失其真，知之者返其愚，有之者乖其性，无之者伤其躯"，采用的也都是
老、庄、玄学中言意之辨的概念和方法。非有非无、不落言诠的"涅槃之
道"，就是这样被灌注在玄学风气之中，并推动了佛教哲学全面中国化的
适应性改造。

　　总之，僧肇一生，总不过三四十年，难免有"时不我与"之叹，但其早
年以庄老为心要，振玄风于关辅，后又在什公门下十余年，"浴心方等之
渊，悟怀绝冥之肆"，鞠躬尽瘁，不遗余力，对佛教哲学的中国化诠释作出
了无与伦比的贡献。于中国佛教哲学研究，僧肇可谓独占鳌头。

第二节　即体即用的不真空论

　　宇宙缘何而起？万物由谁而生？这是哲学首先要回答的问题。章
太炎说："言哲学，创宗教者，无不建立一物以为本体"，并视之为宇宙万
物之源。在中国，儒家讲天人合一，虽然规避了本体问题，但五行生克，
阴阳调谐，还是强调变易生成一切，直到后来的理、心、气本体说；老子认
为，"道生一，一生二，二生三，三生万物"，"无，名天地之始。有，名万物
之母"①，显然已经把有、无作为本体论的基本范畴引入道家哲学；庄子有
始、无始之说尤其包含了对世界原初性质的深刻理解，与佛教否定本体的
缘生学说有更多相似之处。正因为如此，魏晋清谈之风扶摇而起，论无说
有，玄学对本体的探讨也是大势所趋。僧肇"欲言其有，有非真生；欲言其
无，事象既形。象形不即无，非真非实有"的不真空论，无疑是借玄学思辨
的他山之石，攻错中国佛学本体论之玉。还是汤用彤先生说得好："僧肇悟
发天真，早玩庄老，晚从罗什"，"于体用问题有深切之证之"，"肇公之学说，
一言以蔽之曰：即体即用"。即体即用是中国哲学的显著特点，当然这也是
佛教般若学和玄学结合的产物。请看他对佛家中空的诠释：

---

① 接上句"名可名"云云，笔者认为应当这样断句。

夫至虚无生者,盖是般若玄鉴之妙趣,有物之宗极者也。自非圣明特达,何能契神于有无之间哉?是以至人通神心于无穷,穷所不能滞;极耳目于视听,声色所不能制者。岂不以其即万物之自虚,故物不能累其神明者也?是以圣人乘真心而理顺,则无滞而不通,审一气以观化,故所遇而顺适。无滞而不通,故能混杂致淳;所遇而顺适,故则触物而一。如此,则万象虽殊,而不能自异。不能自异,故知象非真象。象非真象,故则虽象而非象。[①]

用僧肇的话说,道家的"至虚无生"就是佛门的"般若玄鉴",也就是超越有限之"宗极"。虚无、般若、终极(宗极)三位一体,异名一义,般若性空,也便是道家的虚无了,当然也是"有物",即"有"或宇宙万物生成的本源。一言以蔽之,这还是道家"有"生于"无"的思维方式。不过依佛家的般若之说,二者并非截然对立,"圣明特达"常游行自在于有、无之间——万象虽殊而本质实无差异;本质既无差异,则可知千差万别之象并非真象;象非真象,也就是虽然有象,实际无象。僧肇正是如此以玄学家的有无之辨,导引出"象非真象""虽象而非象"的不真空论。

然而,终极之体毕竟"潜微幽隐",不是每个人都能把握的。但在玄学"贵无""崇有""独化"各派风气的影响下,六家七宗,"顷尔谈论",各逞异说,均难以尽"般若性空"之意。僧肇有代表性地针对心无、即色、本无三家,条分缕析,言简意赅,在对比评析中,指出它们背离"不无不有"真谛的偏颇之处,为深入阐释"不真故空"的体用之说做理论上的铺垫。

心无者,无心于万物,万物未尝无。此得在于神静,失在于物虚。

即色者,明色不自色,故虽色而非色也。夫言色者,但当色即色,岂待色色而后为色哉?此直语色不自色,未领色之非色也。

本无者,情尚于无多,触言以宾无。故非有,有即无;非无,无亦

---

① 本节所引文字,皆为僧肇《不真空论》。

无。寻夫立文之本旨者，直以非有非真有，非无非真无耳。何必非有无此有，非无无彼无？此直好无之谈，岂谓顺通事实，即物之情哉？

第一段是针对心无义而言。僧肇认为，心无义视万物为空，但万物还是存在，其错误是仅仅从心的角度谈空，尚未注意到万物的存在只是假，也就是"有非真生"，所以说"此得在于神静，失在于物虚"。换句话说，"无心于万物"便可以神静，即破除我执而达到诸法无我的境界；但无视万物的存在，却背离了或者说掩盖了物质世界的性质，难免有掩耳盗铃之意。因此对于心无宗"种智之体，豁如太虚。虚而能知，无而能应"的观点，僧肇并不认同。他认为根本就没有"无用之寂，而主于用"，应是寂用相即，体用一如。心无义之所以"偏而不即"，关键在于心、色分离，而且仅仅从心无的角度谈空，还是导致了心无色有的结果，即我空法有。简单地说就是"空"得不够彻底。

其次是对即色义的批判。佛说："色不异空，空不异色，色即是空，空即是色"（《般若波罗蜜多心经》），即色宗只强调，色不自生，即一切事物皆不能自己生成，所以说色，即事物的相状只是假象、空象，而非本有、真相。僧肇指出，此说虽然把握了色不自生的规律，但却肯定色就是色，不解因缘和合，依他而生，故"色之非色""即色即空"，也就是"有非真生"，或者说"有即非有"、当体即空的根本精神，仍然不得中观学派般若空观之真谛。

僧肇的《不真空论》着重批评的是"本无"说。他认为"本无"（包括慧远的"法性"）虽然也讲"非有非无"，但最终还是将大千世界的本体认作"无"或"虚"（"情尚于无多，触言以宾无"）；如此好无之谈，偏向于说明"此有非有""彼无非无"，依然背离了"非有非真有，非无非真无""非有非无""即有即无"，或者索性说"有即无""无即有"的般若空观。显而易见，此说割裂了有、无，有体用分离的倾向。所以僧肇批评"本无"一家的说法既不通顺事实，也不是判断事物的正确方法。（"岂谓顺通事实，即物之情哉？"）

依僧肇之说，"本无"义偏于"无"而有所不及，无论言"非有"，还是言"非无"，落脚点都在"无"。而大乘佛教哲学的"空"，以事物为"非有"而不是"真有"，"非无"不是"真无"。僧肇解空，采用的自然是双遣的遮诠法，突出的是本体之相超二元对立的性质，说明"非有"并非无（非 A 不含 B），"非无"也就更非无；非有非无是有、无的超越，或者方便地说是假有假无。用僧肇的话说就是"不真故空"，即"不真空"。

可以看出，僧肇对代表六家七宗的心无即色以及本无三家的批评着眼于两方面：在方法上以"契神于有无之间"为正道，在"事实"上以超越有、无为终极，以"非有非真有，非无非真无"玄学思辨的方法诠释般若性空的学说，并显示"即体即用"的中国哲学本体论的特色。诚如斯言：

> 试论之曰：《摩诃衍论》云："诸法亦非有相，亦非无相。"《中论》云："诸法不有不无者，第一真谛也。"寻夫不有不无者，岂谓涤除万物，杜塞视听，寂寥虚豁，然后为真谛者乎？诚以即物顺通，故物莫之逆；即伪即真，故性莫之易。性莫之易，故虽无而有；物莫之逆，故虽有而无。虽有而无所谓非有，虽无而有所谓非无。如此则非无物也，物非真物。物非真物，故于何而可物？故经云："色之性空，非色败空。"以明夫圣人之于物也，即万物之自虚，岂待宰割以求通哉？是以寝疾有不真之谈，《超日》有即虚之称。然则三藏殊文，统之者一也。故《放光》云："第一真谛，无成无得，世俗谛故，便有成有得。"夫有得即是无得之伪号，无得即是有得之真名。真名故，虽真而非有；伪号故，虽伪而非无。是以言真未尝有，言伪未尝无。二言未始一，二理未始殊。故经云："真谛俗谛，谓有异耶？"答曰："无异也。"此经直辩真谛以明非有，俗谛以明非无。

这段话思辨性很强，听起来也佶屈聱牙，其实简单地说就是四个字：非有非无。一切经论莫不以此为关注和论述的重心——有相无相也好，不有不无也罢，有成有得、无成无得等等，统统是上述四字的不同表述。

言虽不同,理则不殊,真谛偏向于说"非有";俗谛显然倾向于说"非无"。有无之辨,如是而已。僧肇此论,可以说是把有无的辩证关系发挥得淋漓尽致。日后中国佛教各宗各派,尤其是禅宗哲学,谈空说有,皆以此为绳墨;否则,不是落于"顽空",便是执于"实有"。僧肇此论在中国哲学史上的重要地位于此可见一斑。雍正将其作为禅宗哲学收入《御选语录》,可以看出肇论的深远影响。僧肇继续说明:

> 《道行》云:"心亦不有亦不无。"《中观》云:"物从因缘故不有,缘起故不无。"寻理即其然矣。所以然者,夫有若真有,有自常有,岂待缘而后有哉?譬彼真无,无自常无,岂待缘而后无也?若有不能自有,待缘而后有者,故知有非真有。有非真有,虽有不可谓之有矣。不无者,夫无则湛然不动,可谓之无。万物若无,则不应起,起则非无。以明缘起,故不无也。故《摩诃衍论》云:"一切诸法,一切因缘,故应有。一切诸法,一切因缘,故不应有。一切无法,一切因缘,故应有。一切有法,一切因缘,故不应有。"……言有是为假有,以明非无,借无以辨非有。此事一称二,其文有似不同,苟领其所同,则无异而不同。

万物"非有非无"皆以缘生。如果是有,则无需缘起而后有;若是无,更无需缘灭而后无。一切事物的生成皆赖于因缘,所以既不是有,也不是无。需要说明的是,僧肇在这里把"非有非无"的存在既扩展于"心",也说明适用于有(为)法和无(为)法,显然在于强调缘生的普遍性,当然也为中国化佛教的心性本体奠定了坚实的理论基础。[①] 僧肇的结论是:

> 欲言其有,有非真生;欲言其无,事象既形。象形不即无,非真非实有。然则不真空义,显于兹矣。

显而易见,僧肇不真空义包含两层意思:一是事物皆非真生,故谓之

---

① 时至今日,对中国佛教心性本体的不同见解多数轻忽了这里的论说。即便是作为本体的心,以及包括有法、无法的各种存在,也都是因缘生成的,不只是"一切有为法"。如果把心看作是不变的本体,显然和缘生论形成悖论;如果否定"心亦不有亦不无",势必得出"中国佛教不是佛教"的错误结论。佛教中国化的性质在这里已经彰显出来了。

"空";二是形非实有,所以说是"不真",因此名之曰"不真空"。他形象地譬喻说:"故《放光》云:'诸法假号不真。'譬如幻化人,非无幻化人,幻化人非真人也。"与"白马非马"的名辩不同,这里不是概念指称的逻辑问题,而是真假的实际问题——幻化人非无虽有,但幻化人并非真人。世间万物皆如此,虽有而假,非无而幻。当然,从本体论上考究,僧肇解空,既不同于道家"无生有",也不同于其他学说,如基督教哲学的"有生有",更不是"有生无",而是因缘和合的般若之性生成了大千世界。用在性中,体也在性中,体用一如,走的还是中国哲学的路子。可见,正是"有非真生""形非实有"这两层意思,构建起僧肇非有非无、即有即无、即体即用的"不真空"论,也建设起具有典型思辨色彩的中国佛教非本体的本体哲学。

另外,僧肇还进一步指出:

> 夫以名求物,物无当名之实。以物求名,名无得物之功。物无当名之实,非物也。名无得物之功,非名也。是以名不当实,实不当名。名实无当,万物安在? 故《中观》云:"物无彼此。"而人以此为此,以彼为彼,彼亦以此为彼,以彼为此。此彼莫定乎一名,而惑者怀必然之志。然则彼此初非有,惑者初非无。既悟彼此之非有,有何物而可有哉? 故知万物非真,假号久矣。是以《成具》立强名之文,园林托指马之况。如此,则深远之言,于何而不在? 是以圣人乘千化而不变,履万惑而常通者,以其即万物之自虚,不假虚而虚物也。故经云:"甚奇世尊,不动真际,为诸法立处。"非离真而立处,立处即真也。然则道远乎哉,触事而真;圣远乎哉,体之即神。

这里僧肇又从名实、彼此关系上凸显"万物非真,假号久矣",目的还在于强调,人不远道,"立处即真""体之即神",把体用一如的理论落在实处,落在非有非无的"不真空"论上。

第三节 法无来去的动静观

无论事物的性质如何,有也好,无也罢,其生灭都在变化之间,如川之逝水,日月升沉,寒来暑往。换句话说,宇宙万物都在生、住、异、灭的运动中变化并实现其发展;当然,也可以从相对论的角度解释,不是事物的运动,而是时间的流逝、空间位置的变换。总而言之,动静的形成,或者是事物本身的运动,或者是时间、空间的变化。佛家认为,因缘和合,诸法无常,突出的是变,而非不变。不过,变和不变,也就是动和静,也处在变动不居之中,无所谓动,也无所谓静,是超越时间和空间的动和静。所以佛说"如来者,无所从来,亦无所去"。"不来不去"显然是佛教哲学的动静观。僧肇的"物不迁论"在玄学的时间、空间中自由驰骋,纵横捭阖,详尽地论述了法无来去、动静一如的动静观。首先,僧肇在破斥"人之常情"的同时,提出了他的命题:

> 夫生死交谢,寒暑迭迁,有物流动,人之常情。余则谓之不然。何者?《放光》云:"法无去来,无动转者。"寻夫不动之作,岂释动以求静,必求静于诸动。必求静于诸动,故虽动而常静。不释动以求静,故虽静而不离动。……试论之曰:《道行》云:"诸法本无所从来,去亦无所至。"[①]

事物有生有死,四季寒来暑往,世间万物都在不停地迁流变动,如此触目皆是的现象,无人存有异议。但是僧肇认为,这是习而不察的错误。根据佛经"法无来去"之说,他提出"动而常静""静不离动"的观念,给予佛教经典哲学上的诠释。

现代物理学研究的结果表明,运动是物质固有的属性和存在方式,静止是从特定的关系考察运动时的特殊形式,而且,所有存在的物质,实际上都是由速度不同、大小不同的粒子组成的"动态凝聚物"。用恩格斯的话说就是,"没有运动的物质和没有物质的运动是同样不可想象的"。物质是运动的,但有动和静的不同形式;静的物质也在不停地变化,动的态势在空间、时间的四维关系中看起来又是静止的。换句话说,动不离

---

① 本节所引文字,皆为僧肇《物不迁论》。

静,静不离动,动静是在时间、空间存在的不同形式。僧肇早在 1600 年前对物质性质的大胆猜测与现代物理学如此相近,显然也是一种奇迹。僧肇如此论述运动和时空的关系:

> 《中观》云:"观方知彼去,去者不至方。"斯皆即动而求静,以知物不迁,明矣。夫人之所谓动者,以昔物不至今,故曰动而非静。我之所谓静者,亦以昔物不至今,故曰静而非动。动而非静,以其不来;静而非动,以其不去。然则所造未尝异,所见未尝同。逆之所谓塞,顺之所谓通。苟得其道,复何滞哉!伤夫人情之惑也久矣。目对真而莫觉,既知往物而不来,而谓今物而可往。往物既不来,今物何所往?何则?求向物于向,于向未尝无。责向物于今,于今未尝有。于今未尝有,以明物不来;于向未尝无,故知物不去。覆而求今,今亦不往。是谓昔物自在昔,不从今以至昔。今物自在今,不从昔以至今。故仲尼曰:"回也见新,交臂非故。"如此,则物不相往来明矣。既无往返之微朕,有何物而可动乎?然则旋岚偃岳而常静,江河竞注而不流,野马飘鼓而不动,日月历天而不周,复何怪哉!

从空间(方)上看,物质位置的变换谓之"动",设若物体脱离了空间,或者如《中观》所言"去者不至方"(不再返回空间),也就无所谓动。换个角度看,也可以说是空间的改变,而非物体在动。其实"静"是相对于"动"的存在形式,所谓"即动而求静",看似动,其实静,因此也可以说是静,也就是"物不迁"。

由时间(今昔)上说,过去的一去不返,通常认为是走向过去,是动而非静;但僧肇认为,去而不返只是因为时间的流逝,物体被留在过去,所以说是"静而非动"。言其动,因其离开了现在;言其静,则因其没有和时间一起走向未来而留在过去。其实都只是时间如川逝水而无不同,但有动静之见不同而已。这就是"昔物在昔非从今至昔""今物在今非从昔至今","物不迁"的意思即此。换句话说,时间在流逝,交臂之间,物换星移,我亦非我,过去的留在过去,现在的正在现在。时间的变化看起来却好像事物的运动,显而易见,离开时间和空间也就无所谓动静。僧肇正是如此强调这一合理性悖论的:旋岚偃岳,江河竞注,野马飘鼓,日月历天,都可以说是不动,即"不迁"。

不过严格地说,上述僧肇关于动静的思辨依然植根于中国传统。《庄子》天下篇末,在介绍以惠施为首的名家学派的同时,特别指出"飞鸟之景未尝动也。镞矢之疾,而有不行、不止之时"的命题。僧肇既然以庄老为心要,"物不迁"的论说显然与此有割不断的内在联系。魏晋玄风飙起,郭象为《庄子》养生主"不知其尽也"注释曰:"夫时不再来,今不一停。故人之生也,一息一得耳。向息非今息,故纳养而命续。前火非后火,故为薪而火传。火传而命续,有夫养得其极也。世岂知其尽而更生哉?"这谈的也是运动和时间的关系。僧肇适逢其会,以庄解佛的自我意识的觉醒,在这里同样表现得淋漓尽致。事物如此,生命亦然,再请看僧肇如何驾轻就熟,以往圣之言诠释佛家"法无来去"的生命现象:

> 《摩诃衍论》云:"诸法不动,无去来处。"斯皆导达群方,两言一会,岂曰文殊而乖其致哉?是以言常而不住,称去而不迁。不迁,故虽往而常静;不住,故虽静而常往。虽静而常往,故往而弗迁;虽往而常静,故静而弗留矣。然则庄生之所以藏山,仲尼之所以临川,斯皆感往者之难留,岂曰排今而可往?是以观圣人心者,不同人之所见得也。何者?人则谓少壮同体,百龄一质。徒知年往,不觉形随。是以梵志出家,白首而归,邻人见之曰:"昔人尚存乎?"梵志曰:"吾犹昔人,非昔人也。"邻人皆愕然。非其言也,所谓有力者负之而趋,昧者不觉,其斯之谓欤?

庄子认为,自然给人以形体,乃至生和老、死,"故善吾生者,乃所以善吾死"。因为从时间上看,生是"常而不住",死是"去而不迁",是无所谓来也无所谓去的,即"少壮同体,百龄一质"。之所以有来去动静之别,只是视角不同而已。庄生藏山、子在川上,皆有感于去而难留,非能离今而过去。其实,藏山于泽,"夜半有力者负之而走,昧者不知也"。若"藏天下于天下",也就无所谓走不走了("不得所遁")①。所以梵志说：我既是过去的我，又不是过去的我。对于生命而言，同样是无去来者。这就是佛法的不生不灭。

需要强调的是，"不迁"之意并非通常所说的静止，而是非动非静，即动即静。从逻辑学上讲，是超二元的多值逻辑。不动不等于静，不静也不等于动。以此诠释佛法"八不"的"不来不去"，确立"法无来去"的动静观，显然是以儒道解佛的产物，当然也是中国哲学在理性思维方面深化的具体表现。像他的即体即用的不真空论一样，这一非动非静、即动即静的辩证思维，无疑为中国佛学尤其是禅宗哲学奠定了思辨的理论基础。

第四节　有名无名、有知无知的涅槃论

僧肇在《不真空论》中明确指出"万物非真，假号久矣"，从终极的角度标明名实的辩证关系，显然也是对中观学派"三是偈"②空、假观念的经典概括。然而僧肇的名实论远不至此。其对涅槃的诠释，尽见于涅槃两论③之间。首先他指出："夫般若虚玄者，盖是三乘之宗极也。……有天竺沙门鸠摩罗什者，少践大方，研机斯趣，独拔于言象之表，妙契于希夷之境。"(《般若无知论》)佛所谓涅槃，在僧肇的诠释下也就是超越言象之表、契神于希夷之境的虚玄、宗极，名实问题也就不得不辨了。他接着说：

> 《放光》云："般若无所有相，无生灭相。"《道行》云："般若无所知无所见。"此辨智照之用，而曰无相无知者，何耶？果有无相之知，不知之照明矣。何者？夫有所知，则有所不知。以圣心无知，故无所不知。不知之知，乃曰一切知。故经云："圣心无所知，无所不知。"

①《庄子·大宗师》："若夫藏天下于天下而不得所遁，是恒物之大情也。"
② 即诸法因缘生，我说即是空，亦为是假名，亦是中道义。
③ 前辈考证《涅槃无名论》为后世伪作，但其思想与三论一脉相承，而且部分内容亦见慧皎《高僧传》本传中，故可作为僧肇思想的依据。

信矣！是以圣人虚其心而实其照,终日知而未尝知也。……

夫圣心者,微妙无相,不可为有;用之弥勤,不可为无。不可为无,故圣智存焉;不可为有,故名教绝焉。是以言知不为知,欲以通其鉴;不知非不知,欲以辨其相。辨相不为无,通鉴不为有。非有,故知而无知;非无,故无知而知。是以知即无知,无知即知。无以言异,而异于圣心也。(《般若无知论》)

般若无相,涅槃无相;般若无知,涅槃亦无知。当然,无相并非无,乃非有非无;无知非不知,乃无知而知,知一切知,或者说知不可知知。这显然是老子"不可视"(曰夷)、"不可听"(曰希)、"不可得"(曰微)亦"不可见"("忽恍"的"无状之状""无物之象")的道论,以及"知者不博,博者不知""知不知,上;不知不知,病"的知论对涅槃的照见,其中的措辞如"圣人虚其心而实其照"也是对《老子》的活用①。这里还涉及"心"的范畴,以"心"为般若,也显示出佛教由外在的超越向内在的超越的转化,即向心性哲学的转化。请再看:

既曰涅槃,复何容有名于其间哉? 斯乃穷微言之美,极象外之谈者也。(《奏秦王表》)

夫涅槃之为道也,寂寥虚旷,不可以形名得。微妙无相,不可以有心知。(《涅槃无名论》)

经云:"真解脱者离于言数,寂灭永安,无始无终,不晦不明,不寒不暑,湛若虚空,无名无说。"论曰:"涅槃非有,亦复非无,言语道断,心行处灭。"(《涅槃无名论》)

以上论涅槃无名,也就是说道体无名,即"道可道,非常道"的意思。既然作为道的涅槃,非有非无,"离于言数""不可以形名得""不可以有心知",自然"不可名",也就是无名。然而,说是无名,毕竟有名,就名而言,僧肇的解释是:

----

① 《老子》第三章:"是以圣人之治,虚其心,实其腹。"

> 有名曰,夫名号不虚生,称谓不自起。经称有余涅槃、无余涅槃者,盖是返本之真名,神道之妙称者也。(《涅槃无名论》)

简单地说,涅槃,或者说道,虽不可名,却又有名,名不是没有依据的虚构,而是直指道体的"真"名,是符契终极的妙称,也就是名副其实的称谓。当然,符"真"之名也是假名。

> 经曰:菩提之道,不可图度。高而无上,广不可极;渊而无下,深不可测;大包天地,细入无间。故谓之道。然则涅槃之道,不可以有无得之,明矣。而惑者睹神变,因谓之有,见灭度,便谓之无。有无之境,妄想之域,岂足以标榜玄道而语圣心者乎?(《涅槃无名论》)

"有无之境"实在是"妄想之域",无名冠之以名,实在也是为了破斥妄想而施设的假名。和老子的道不同的是,它不是有,也不是无,但其指向和论述的语词,却还是似曾相识的老子论道的语言。

> 总而括之,即而究之,无有异有而非无;无有异无而非有者明矣。而曰:有无之外,别有妙道。(《涅槃无名论》)

毫无疑问,涅槃在有无之外,非有异于有,却不是无;非有异于无,却不是有。它不可名,却又有名;如此同《老子》"无名,天地之始;有名,万物之母"的有无之辨虽然相似,却越来越接近言、象、意之辨,表现出更多的辩证思维色彩。

上述关于涅槃的有名无名、有知无知之说,既是对静趋空灵、即体即用的不真空论的补充,也是在老子思想影响下的名实之辨。只不过与当时的社会思潮不同,其辨析名实问题的特点有三:

第一,以涅槃比附道,道不可说,不可名,故涅槃无名。然而,涅槃毕竟是名,而且有有余无余之别,它不是"万物之母"的"有",而是返本归真之名,是直指"非有非无"的终极之境的概念,或者说假名。

第二,万物非真,假号久矣。佛说因缘生法,诸法无我,一切皆幻,所以"名"也是幻,也是假,假名而已。也就是说,就佛法而言,一切事物都没有自性,故不真(若言其有,有非真生),也就是"空"。假名之说实际上是对"有"的否定。然而,非"有"并不是"无";无自性,并非不存在(若言其无,事象既形)。从俗谛看,一切存在虽然是虚妄,但却有形有象,也不能说是"无"。假名恰恰反映了事物"非无"的特性。从某种意义上说,也就承认了事物的存在,排斥了绝对的虚无。

第三,不可名之名,也是副实之名,多少还是受到当时社会风气的影响而包含了名实之辨。不过僧肇更强调,无名之名,才是"真"名,是最高的"神道之妙称"。显而易见,僧肇的名实观念已经走出了汉魏名实思潮的藩篱,由原本作为品鉴人物的政治需要,开始转向言意之辨的形而上的思辨哲学了。

需要说明的是,名实关系也是中国哲学的基本问题。从白马非马、离坚白直到汉魏之间的循名责实,都是这一问题的表现形式。名实的一致性是人类的不断追求,然则名不当实、名实相违的事实却层出不穷,汉末魏晋尤其泛滥于社会政治生活之中,因而有循名责实的政治要求。董仲舒也曾经论述名实关系曰:"名生于真,非其真弗以为名。名者,圣人之所以真物也。"又说:"欲审曲直,莫如引绳;欲审是非,莫如引名。名之审于是非也,犹绳之审于曲直也。诘其名实,观其离合,则是非之情不可以相谰矣!"(《春秋繁露·深察名号》)在董仲舒看来,物的本质是真实,真实的物应有真实的名,因此,审名实之是非,察名实之离合,便可知人、事之真妄曲直。这便是后来的循名责实。僧肇的名实观虽渊源于此,而又不同于此。其以道家之说,释涅槃非有非无;以缘生之法,说万物假号不真。正像他的譬喻和结论:"譬如幻化人,非无幻化人,幻化人,非真人也。夫以名求物,物无当名之实;以物求名,名无得物之功。物无当名之实,非物也。名无得物之功,非名也。是以名不当实,实不当名,名实无当,万物安在?"名非名,物非物(实非实),名和实纯粹是思辨的概念,在中国哲学中全面渗透并尽显风流。

第七章　道生的佛性论及其对中国心性哲学的建设

佛教传入中国,在中国传统文化肥腴的土壤中植根、发芽、成长;历经汉魏,集数百年之精华,至晋宋与玄风同气相求而风采卓然。道生尤其得风气之先,集般若、涅槃、毗昙于一身,对佛教哲学的中国化作出了系统全面的贡献,为其后中国化的佛学、佛教,尤其是禅宗和禅宗哲学奠定了思维的基础。汤用彤先生早在20世纪30年代,对此就有过切中肯綮的评判:

> 晋宋之际佛学上有三大事。一曰《般若》,鸠摩罗什之所弘阐。一曰《毗昙》,僧伽提婆为其大师。一曰《涅槃》,则以昙无谶所译为基本经典。竺道生之学问,盖集三者之大成。于罗什、提婆则亲炙受学。《涅槃》尤称得意,至能于大经未至之前,暗与符契,后世乃推之为《涅槃》圣。[1]

汤先生的评价足以说明,道生汲纳众流,集般若性空与涅槃实相于一体,以实相无相、佛性本有之说,问鼎中国哲学,开启中国佛教心性本体论之先河。

---

[1] 汤用彤:《汉魏两晋南北朝佛教史》,第406页。

第一节　道生生平与著作

佛教文化及哲学的中国化,托命在于翻译,道安之后,一切有部、般若三论、涅槃经典相继弘传中土,并与玄学风气混融结合而风行当时。道生以其睿智慧解,承接三家源流,开创中国佛学新局面。汤用彤称赞其"固是中华佛学史上有数之人才"①,时人(王微)以之比郭林宗,为之立传,旌其遗德。宗门有释慧琳撰《竺道生法师诔》,推崇备至,曰:"于是众经云披,群疑冰释。释迦之旨,淡然可寻。珍怪之辞,皆成通论。聃、周之伸名教,秀、弼之领玄心,于此为易矣。"②

聃、周自然指的是老子和庄周,秀、弼则是郭象和王弼,后者一是注老,一是解庄,亦可见时人对道生以道解佛、推动佛教哲学中国化认识的肯定。

道生事迹,《高僧传》之记载可谓言简意赅,全文摘引如次:

> 竺道生,本姓魏,钜鹿人,寓居彭城,家世仕族。父为广戚令,乡里称为善人。生幼而颖悟,聪哲若神。其父知非凡器,爱而异之。后值沙门竺法汰,遂改俗归依,伏膺受业。既践法门,俊思奇拔,研味句义,即自开解,故年在志学,便登讲座,吐纳问辩,辞清珠玉。虽宿望学僧、当世名士,皆虑挫词穷,莫敢酬抗。
>
> 年至具戒,器鉴日深。性度机警,神气清穆。初入庐山,幽栖七年,以求其志。常以入道之要,慧解为本,故钻仰群经,斠酌杂论,万里随法,不惮疲苦。后与慧叡、慧严同游长安,从什公受业。关中僧众,咸谓神悟。后还都,止青园寺。寺是晋恭思皇后褚氏所立,本种青处,因以为名。生既当时法匠,请以居焉。宋太祖文皇深加叹重。后太祖设会,帝亲同众御于地筵,下食良久,众咸疑日晚。帝曰:"始

---

① 汤用彤:《汉魏两晋南北朝佛教史》,第411页。
② 〔南朝宋〕释慧琳:《龙光寺竺道生法师诔》,〔唐〕释道宣:《广弘明集》卷二十三。

可中耳。"生曰："白日丽天，天言始中，何得非中。"遂取钵便食。于是一众从之。莫不叹其枢机得衷。王弘、范泰、颜延之并抾敬风猷，从之问道。

生既潜思日久，彻悟言外，乃喟然叹曰："夫象以尽意，得意则象忘。言以诠理，入理则言息。自经典东流，译人重阻，多守滞文，鲜见圆义。若忘筌取鱼，始可与言道矣。"于是校阅真俗，研思因果。乃立善不受报，顿悟成佛。又著《二谛论》、《佛性当有论》、《法身无色论》、《佛无净土论》、《应有缘论》等。笼罩旧说，妙有渊旨。而守文之徒，多生嫌嫉，与夺之声，纷然竞起。又六卷《泥洹》先至京师，生剖析经理，洞入幽微，乃说阿阐提人皆得成佛。于时大本未传，孤明先发，独见忤众。于是旧学以为邪说，讥愤滋甚，遂显大众，摈而遣之。生于大众中，正容誓曰："若我所说反于经义者，请于现身，即表厉疾。若与实相不相违背者，愿舍寿之时，据师子座。"言竟拂衣而游。

初投吴之虎丘山，旬日之中，学徒数百。其年夏，雷震青园佛殿，龙升于天，光影西壁，因改寺名号曰龙光。时人叹曰："龙既已去，生必行矣。"俄而投迹庐山，销影岩岫。山中僧众，咸共敬服。后《涅槃大本》至于南京，果称阐提悉有佛性，与前所说合若符契。生既获斯经，寻即讲说。以宋元嘉十一年冬十一月庚子，于庐山精舍升于法座。神色开朗，德音俊发，论议数番，穷理尽妙。观听之众，莫不悟悦。法席将毕，忽见麈尾纷然而坠，端坐正容，隐几而卒，颜色不异，似若入定。道俗嗟骇，远近悲泣。于是京邑诸僧，内惭自疚，追而信服。其神鉴之至，征瑞如此，仍葬庐山之阜。

初生与叡公及严观同学齐名，故时人评曰："生、叡发天真，严、观洼流得，慧义彭享进，寇渊于默塞。"生及叡公独标天真之目，故以秀出群士矣。初关中僧肇始注《维摩》，世咸玩味。生乃更发深旨，显畅新典及诸经义疏，世皆宝焉。王微以生比郭林宗，乃为之立传，旌其遗德。时人以生推阐提得佛，此语有据。顿悟、不受报等，时亦为宪章。宋太祖尝述生顿悟义,沙门僧弼等皆设巨难,帝曰:"若使逝者可兴,岂为诸君所屈。"

后龙光又有沙门宝林,初经长安受学,后祖述生公诸义,时人号曰游玄生。著《涅槃记》,及注《异宗论》、《檄魔文》等。林弟子法宝,亦学兼内外,著《金刚后心论》等,亦祖述生义焉。近代又有释惠生者,亦止龙光寺。蔬食,善众经,兼工草隶。时人以同寺相继,号曰"大小二生"。①

仅据此说,道生生年不详,大约在晋宋之间②。家系仕族,原籍钜鹿,寓居彭城,父为彭城治下广戚县令,幼而改俗,从竺法汰出家。志学之年,便登讲座,才思敏捷,辩才无碍,名士名僧,莫能酬对。《诔文》赞之曰:"于时望道才僧,著名之士,莫不穷辞挫虑,服其精致。鲁连之屈田巴,项托之抗孔叟,殆不过矣。"

据汤用彤考,南京瓦官寺立于兴宁年中,竺法汰于兴宁三年(365)随道安至襄阳,后经荆州辗转东下,抵京都,居该寺,拓房宇,修众业,大概在简文帝在位的那两年间(371—372)。法汰历经宁康至太元十二年(387)卒于南京,道生出家皈依法汰当在这 23 年之间。另据《高僧传》,简文帝请法汰宣讲《般若》,"三吴负帙至者数千",故推定道生出家在 371年至 372 年之间。之后又数年,道生十五,乃志学之年,设若为 375 年,"死于公元 434 年,则道生寿六十岁"③。又经五年,道生二十,受具足戒。《祐录》曰:"年至具戒,器见日跻,讲演之声,遍于区夏。王公贵胜,并闻风造席。庶几之士,皆千里命驾。生风雅从容,善于接诱。其性烈而温,其气清而穆。故豫在言对,莫不披心焉。"

这就是说,道生皈依法汰不可能早于 371 至 372 年,后数年便开坛讲座,其年十五。汤先生假定是年为 375 年,也是顺理成章的。那么道

---

① 〔南朝梁〕释慧皎:《高僧传》卷七,第 255—257 页。
② 生年当在公元 360 年前后。也有人说在 355 年,见王仲尧《中国奇僧》,第 99 页,北京,国际文化出版公司,1992。
③ 此说或计算错误,或误排,应当是 75 岁。

生则生于 360 年前后,至宋文帝元嘉十一年,即 434 年,早已过了古稀之年。之后受具,或许在二十岁前后,便已"讲演之声,遍于区夏"。

大概在东晋太元年间(公元 395 年前后),道生初入庐山,幽居七年。当时慧远居庐山东林寺,僧伽提婆渡江后先登庐山,在慧远协助下译出《阿毗昙心》四卷。道生适逢其会,从提婆习一切有部义,并一起研习毗昙学说。[1] 道生以慧解为本,"钻仰群经,斟酌杂论",为其后融会贯通、汲纳综合的佛教哲学奠定了基础。

而后(公元 401 年以后),道生与慧叡、慧严同游长安,从鸠摩罗什受学,尤其接收了"龙树大乘之源",对般若学的宗趣,"咸畅斯旨,究举其奥。所闻日优,所见愈赜"。(《诔文》)生在关中,僧众多为其折服,"咸谓神悟"。《续高僧传·僧旻传》引王俭语曰:"昔竺道生入长安,姚兴于逍遥园见之,使难道融义,往复百翻,言无不切,众皆睹其风神,服其英秀。"由此也可见道生在当时的影响。另外,《肇论》转引刘遗民与僧肇书曰:"去年夏末,始见生上人,示《无知论》。"僧肇亦曰:"生上人顷在此同止数年。至于语话之际,常相称咏。"又可知两位法界精英同气相求的亲密关系。

据《祐录》云,义熙五年(409),道生还京,住建业青园寺,后改为龙光寺。由法显携来,并同佛陀跋陀罗合作翻译的六卷本《大般泥洹经》于义熙十三年(417)十月一日问世,也就是道生还建业后八年。涅槃佛性之说,道生早有所悟,所谓"潜思日久,悟彻言外",道生对涅槃哲学的汲纳当在此时。汤用彤说:

> 生公在匡山,学于提婆,是为其学问第一幕。在长安受业什公,是为其学问之第二幕。及于其晋义熙五年(公元 409 年)南返至建业,宋元嘉十年(公元 434 年)[2]卒于庐山。中经二十五年,事迹殊少见记载,且不能确定其年月。但其大行提倡《涅槃》之教,正在此

---

[1] 见任继愈《中国佛教史》第三卷,第 331 页注,北京,中国社会科学出版社,1988。
[2] 卒年应为宋元嘉十一年(434),此处误。

时。是则为其学问之第三幕。①

也就是说,道生对佛经的学习及对中国哲学的研究,分三个阶段:一是在庐山从提婆习毗昙;二是于长安受业罗什,究般若之理;三是在建业研究涅槃佛性之说。

道生回京之后,六卷《泥洹》译出,佛性问题已成为佛学的重要课题。道生于此,早已心有灵犀,而有所悟,更是借玄学的方法以庄解佛,立善不受报、顿悟成佛之义;着重论法身无色,佛性当有,独步当世,而致"守文之徒""与夺之声,纷然竞起"。所谓"潜思日久,悟彻言外",显然"不必与《泥洹》之译有关"②。但是,也正因为如此,当六卷《泥洹》传至京师,道生则进一步"剖析经理,洞入幽微",孤明先发,不拘守已成之说,公开提出"一阐提人皆得成佛"之说,而与《泥洹》经义悖谬。于是僧界大哗,群起而攻之为邪说,并"摈而遣之",将道生逐出佛门。然而道生确信自己理念的正确,于广众中发大誓愿曰:"若我所说反于经义者,请于现身,即表厉疾。若与实相不相违背者,愿舍寿之时,据师子座。"言竟拂衣而游,充分表现了其对学术自由的矢志追求,以及励操幽栖、宅心世外的任达和潇洒。正所谓名僧风格,酷肖清流,魏晋名士的风采跃然纸上。

毫无疑问,佛性问题既是实际问题,更是理论问题。佛说缘生,故性空,"凡所有相皆是虚妄"。故法显远寻真本,持之扬都,佛陀跋陀罗"参而译之,详而出之"③,云:"泥洹不灭,佛有真我。一切众生,皆有佛性。"显然同般若性空、无我之义成鲜明对比,也和本无、心无、即色空、不真空说形成极大的反差,因而在当时佛学界产生了极大的影响。撇开复杂的逻辑辨析不说,佛性实有,显然迎合了传统心性学说而得以广泛传扬,于是真空、妙有之义凝结而成中国佛学对立并存的两个亮点彪炳于世。但是该经又特别说明:一阐提人,即断灭善根的恶人,既无佛性,更不能成

①② 汤用彤:《汉魏两晋南北朝佛教史》,第 415 页。
③〔南朝宋〕慧叡:《喻疑论》,〔南朝梁〕僧祐:《出三藏记集》卷五。

佛，于是在逻辑上也成为悖论。道生正是注意到这一点，或者说以更为彻底的心性学说，合乎逻辑地说明，既然众生皆有佛性，一阐提人也是众生，故一阐提人也有佛性，故"一阐提人皆得成佛"。一石击水，在学界引起大波澜。支持道生的虽不乏人，如慧叡者，但毕竟势单力薄，而导致道生奋起抗争。

道生被逐，先居虎丘，相传旬日之间从学者数百人。继而于元嘉七年（430 年），投迹匡庐，"山中僧众，咸共敬服"。同年稍后，大本《涅槃》（昙无谶译四十卷本）传至京师，改治后送达庐阜，经中有阐提成佛之语，与道生之说不谋而合。这与其说是道生的先见卓识，不如说是传统心性学说特别是性善观念长期积淀的结果。

生既获新经，寻即建讲。于宋元嘉十一年（434）冬十月，升座说法，并在讲经结束之际，"忽见麈尾纷然而坠，端坐正容，隐几而卒，颜色不异，似若入定"，实现了据狮子座辞世的誓言。

道生著作主要有：

《维摩经义疏》见《祐录》十五（任继愈《中国佛教史》均注为《出三藏记集》卷十五本传，下同）。《东域录》作三卷。今存之《维摩经注》及《关中疏》均摘抄生公之义疏。

《妙法莲华经疏》上下二卷。今存，载日本《续藏经》第一辑第二篇乙第二十三套第四册中。《四论玄义》卷十引道生释白牛车故事，亦出自此疏。

《泥洹经义疏》应为六卷本之疏。据现存《大般涅槃经集解》七十一卷引道生言，另有大本之注疏。任继愈在《中国佛教史》中注明：此或即唐道暹《涅槃经玄义文句》卷下所说的《疏义》）。

《二谛论》见《高僧传》本传，《祐录》未著录。《涅槃经集解》卷三十二略引道生二谛之见解。

《小品经义疏》亦见《祐录》，不见于任继愈著作中。

其他还有《佛性当有论》《法身无色论》《应有缘论》《佛无净土论》，以及《涅槃十六问》《竺道生答王问》等。其中善不受报、顿悟成佛等，应当是关于佛教心性学说的理论,而非著作,由后人著述,由于句读或其他原因,而导致的误读和以讹传讹。

第二节　觉与心性——与佛性论相关的顿、渐和本有、当有之争

佛(Buddha)称觉悟有自觉、觉他和觉行圆满等不同阶级,"觉"显然是佛家的终极追求。觉,就是要觉悟大千世界、诸法万象,一切皆幻,其根本就在于缘生,而不在于"本生"或者说"创生"。这是佛教哲学的显著特点,也是佛学区别于其他本体论哲学的本质精神。然而,觉的主体是人,觉的载体是心性,换句话说,觉是人性之觉,觉性就是佛性,佛性就是心性。如是,觉的主体、载体和觉的内涵,也就逻辑地联系在一起,原来对觉的追求,顺理成章地成为对心性的诠释和印证;"缘起性空"的辩证思维,摇身一变而为"真常唯心"的心性本体论。自表面看,二者成明显的悖论,但又可以说是殊途同归。诚如汤用彤所言:

> 《般若》、《涅槃》,经虽非一,理无二致。(《涅槃》北本卷八,卷十四,均明言《涅槃》源出《般若》)《般若》破斥执相,《涅槃》扫除八倒。《般若》之遮诠,即所以表《涅槃》之真际。明乎《般若》实相义者,始可与言《涅槃》佛性义。而中华人士则每不然。①

汤先生进一步明确指出:"实相无相,故是超乎象外。佛性本有,则是直指含生之真性",说的就是缘起性空和唯心真常之间看似针锋相对,却又相辅相成,真空妙有,契合无间,一起打造了中国佛教哲学的基础。

就另一方面而言,心性问题恰恰是中国传统哲学的精髓。除了生理器官的心之外,无论是"心之官则思"思维的心,还是儒家的仁人的道德之心,特别是老子的虚心、无心,庄子的心斋之道心,即超越有为,与道合一之心,同佛教哲学"凡所有相皆是虚妄"的无上正等正觉,都有更多的

---

① 汤用彤:《汉魏两晋南北朝佛教史》,第425页。

契合。显而易见，谈心论性的佛性之说，是中国传统哲学对佛学渗透的结果，当然，也可以说是佛教哲学对传统哲学的吸收和适应性的自我调适的结果。"觉性——佛性——心性"的逻辑推演，中国佛学非本体的本体至心性本体的建设，不待隋唐，其实在道生时期已经开始了它的无痕换骨的转化。这也是佛教中国化的主要内容。

第三节　正因佛性论

佛教追求觉悟，而以成佛为最高果位，显然佛是果，而非因。但是，成佛之果，也必有因，成佛之因，便是佛性。正因佛性说显然突出的是佛性本有，于是便产生了佛性是因还是果、本有还是始有的讨论。

佛性问题的讨论，在道生前后显露端倪。其实，佛性为何，当时多有异说。据汤用彤考，"吉藏《大乘玄论》卷三出正因佛性十一家。《涅槃游义》说佛性本有、始有共三家。元晓《涅槃宗要》出佛性体有六师。均正（即慧均僧正）《大乘四论玄义》卷七则言正因佛性有本三家、末十家之别。虽各有殊异，而大致相同"。详列如下：

本三家：

除道生"当有为佛性体""当果为正因佛性"外，其余两家是：

1. 昙无谶，本由中道真如为佛性体，或者说以中道为佛性体。

2. 安瑶，于道生和昙无谶二说之间，执得佛之理为正因佛性。

末十家：

1. 白马寺爱法师，述当果为正因，与道生同趣。

2. 灵根寺慧令，持安瑶义，以得佛之理为正因佛性。

3. 灵味宝亮，以真如为佛性，与梁武帝同气。

4. 梁武帝，真神为正因体，或正因佛性。

5. 中寺法安，以冥传不朽为正因佛性。

6. 光宅寺法云，以避苦求乐为正因佛性，亦常用宝亮真如性为正因体。

7. 河西道朗、庄严寺僧旻等，说众生为正因体，以众生为正因佛性。

8. 定林寺僧柔、开善寺智藏，假实皆为正因，即以六法①为正因佛性。经云：不即六法，不离六法，非我不离我。

9.《地论》师，以第八识阿赖耶识（意译为无没识）自性清净心为正因佛性。

10.《摄论》师，以第九无垢识②为正因佛性。此真谛三藏之义。

这里所谓佛性并谓之正因者，就是为了说明佛性之不生不灭，既是永恒，亦是超越的存在，而与"缘因"相区别，也是由于"佛性实有"和"缘起性空"之间所形成的悖论的消解，并最终证成佛性本有。也正因为如此，佛性之辨，众说纷纭，多达十余种。任继愈归纳为六法、心识和理三种。其实，无论多少种，说法看来似乎不同，指向则一，都是借以论证佛性实有，不待缘生，只不过进路不同。所以说"各有殊异，而大致相同"。

事实上，佛性（真如）和缘生，一直是中国佛教哲学剪不断、理还乱的难题。有华严的无尽缘起，亦有法相的识有境无，更有禅宗离念离相的本心，都力图证实佛性的常在和诸法因缘生的一致性。直到近代，章太炎在《建立宗教论》中欲建立真如本体论时，也特别注意到这两个方面，并借助《成唯识论》说明外境非有，内识非无，必以因缘生，还指出般若学"心境皆空"，"到底无心无境，不能成立一切缘起"③，"缘起本求之不尽，无可奈何，乃立此名耳"。章氏就是如此差强人意，构建了一个既"无有缘起"又"必以因缘生"的真如本体论。

汤用彤还列举了一些与道生同时的佛性学说，如法瑶"得佛之理为佛性"，也就是以理为佛性。法瑶，"少而好学，寻问万里"，"贯极众经，傍通异部"，"平生好读《老子》，日百遍。以义理业知名"，"每岁开讲，三吴

---

① 六法指五蕴（色受想行识）及由此五蕴和合而成的人。五蕴实有，人乃和合而为假，故云假实。

② 另译作阿末罗识或庵摩罗识（音译），其实是阿赖耶识的另一种说法，真谛在第八识外另立此识，也称真如识，实在也是对性空、真常悖论的消解，是非本体的本体的进一步诠释。

③ 章太炎：《论佛法与宗教、哲学及现实之关系》，中国哲学编辑部：《中国哲学》（第六辑），北京，生活·读书·新知三联书店，1981。

学者,负笈盈衢"。① 可知其也是一位博学多闻且好道家玄思之学的中国僧人。法瑶以理为正因佛性,以理为常,为本有,具理本体的性质。瑶释涅槃云:妙绝于有无之域,玄越于名教之分,常理显时,自超于万域之外,而理显即是证体也。其余慧令等也持理佛性论。显而易见,理佛性论同《周易》穷理尽性之说遥相呼应,"晋代人士多据此而以理字指本体。佛教学人如竺道生,渐亦袭用。似至法瑶而其说大昌,用其义者不少。吉藏亦赞美其义'最长'"②。汤用彤最后特别强调:"此于中国哲学理论之发展有甚深之关系,学者所当详研也。"③佛教哲学中国化由此也可见一斑。

以理为佛性,自然要研理、穷理,对理的领悟需有一个过程,是分阶段的,所以入道之途也就只能是"渐"。这也是法瑶与道生立异之处。还有"应无缘"论,也和道生不同。

其次是宝亮,师青州道明法师,道明亦义学高僧,名高当世,宝亮就业专精,齐竟陵文宣王请为法匠,梁武帝"以亮德居时望,亟延谈说"。其学说以真如(或真谛)为正因佛性。宝亮认为:无我之说,偏而失中,乃小乘义,并非圆教。涅槃大经,乃在开神明之妙体也。神明妙体,超乎有无,绝于生死,恒常不动,故即为佛性。由是强调,真俗二谛共成真如之法。如是排斥无我,而有神明妙体之说,即神识本体,这显然是借庄老心性之说对佛家义理的解诠。

再次是梁武帝。其兼同儒道,有《老子讲疏》六卷,于佛教兼崇《般若》《涅槃》,著《注解大品经序》曰:"《涅槃》是显其果德,《般若》是明其因行",并举二经,该摄佛法,其治学宗要,大体也是融合三教,以般若为行、奉涅槃为果的综合之路。元晓《涅槃宗要》指明:"心神为正因体","我即是如来藏义,一切众生悉有佛性,即是我义",此是梁武萧衍天子义也。换句话说就是,佛性即我,即我之神明,与道生"生死中我,非佛性我"异趣。如是无我之佛教哲学,焕然而成神我之说教,当然也为心性本体的

---

① 参见汤用彤《汉魏两晋南北朝佛教史》,第464—465页。
②③ 同上书,第470页。

建设作出了应有的贡献。如是神我之义,与灵魂之说如出一辙,虽然流于固陋,却挑起了当时神灭和神不灭之争。

其余不再赘述。

上述佛性之说虽多异解,但目的不殊,均在于说明佛性实有。直接和道生佛性思想发生冲突并具学术价值的是佛性本有还是始有(当有)、渐悟还是顿悟之争。

第四节　本有和始有

上述正因佛性之说,虽然都在于说明"一切众生皆有佛性",但其间细微的差异,却反映出对心性问题的不同理解。应当说,大小《涅槃》传入中国之后,佛性学说全面渗透佛学界。然而,真常之佛性和缘起之性空如何在理论上统一这一问题,向中国佛教学者提出了新的挑战,于是而有众说纷纭的佛性论出而应答。原本有和无之间的辨析,一变而为心性本体的讨论,即"始有"和"本有"之争。如果说佛性本有,那么就无所谓缘生,佛性既是成佛的因,亦是成佛的果;若说是始有、当有,或者索性说是"后"有,那么就不能说众生本来就有佛性,而有待于成佛后才有佛性,佛性只是成佛的果,故称"当果佛性"。

前面介绍,道生主张"当有为佛性体",尝著《佛性当有论》,是"始有"说的代表,白马寺爱引申其说。《经》云,"佛果从妙因生",众生杂染不净,自非妙因;众生成佛,始有佛性。譬如从乳有酪,乳中无酪。这就是"当果佛性"的"当果"论。

本有之说,自然说的是众生本具佛性,经中喻之为暗室瓶瓮、力士额珠、贫女宝藏、雪山甜药,"本自有之,非适今也"。《涅槃》经师,多持此说。比如宝亮,专门标举有心则有真如佛性;还有梁武帝言心性是一,常住不迁,以及法云之避苦求乐、法安之冥传不朽,实际上都是本有之说。

然而,始有之当果论的妙因又是什么?《涅槃》经文又明确地说成佛必在将来,何以有佛性本有? 这些也都是理论上的漏洞。于是"本有于

"当"的调和论便应运而生。依照任继愈的说法，道生的《佛性当有论》久佚，从现有资料看，道生其实是"本有"论者，并举昙爱《四论玄义》之论曰："无明初念不有而已，有心则有当果佛性"，说的就是众生都有达成佛果之性，故必能成佛，其实还是佛性本有。吉藏又说："佛性本有必得义，故本有，而本时是未得，得时是始得，实是生义。"其义是众生必当成佛，故必有佛性。这里既说本有，又讲始得，明显有调和本有、始有的倾向。这就是"本有于当"，均正义曰：

> 但解本有有两家。一云本有于当。谓众生本来必有当成佛之理，非今始有成佛之义。《成实论》师宗也。

这就是说，必当成佛看起来是果，其实也是成佛之因，因果似成一体。另一方面有《地论师》之说，见吉藏《玄论》三：

> 佛性有两种，一是理性，二是行性。理非物造，故言本有。行藉修成，故言始有。

另，均正也指出：

> 《地论》师云：分别而言之有三种。一是理性，二是体性，三是缘起性。隐时为理性，显始为体性，用时为缘起性也。

说法虽然不尽相同，但调和本有、始有之意则无不同，只不过是作为"理"的佛性和"行"的佛性、"体"的佛性、"缘起"的佛性表现形式不同而已。因此，无论从哪个方面讲，道生的佛性论都可以认为是"本有"。于是而有"顿悟"之义和"一阐提皆有佛性"之论。换句话说就是：佛性本有是顿悟和"一阐提皆有佛性"的理论依托。

第五节　道生的佛性论

一、实相无相的佛性论

　　首先，我们先看道生在《大涅槃经·师子吼品》中对佛性的解读。他

说:"佛者即佛性,何以故? 一切诸佛以此为性。"道生对此的进一步解释是:

> 夫体法者,冥合自然,一切诸佛,莫不皆然。所以法为佛性也。
>
> 法者,理实之名也。
>
> 体法者为佛,法即佛也。

一切诸佛以佛为性,所以说佛即佛性。这是从信行上说的,无需逻辑印证。但就学理上讲,则不足为凭,而且以佛为性也有视佛性为成佛之果即当果佛性之歧义。此前,法护就以"自然"译真如,即以自然为佛性,凸显佛性本有。道生显然注意到上述推证缺乏逻辑,因此转借道家"道法自然"的观念,引入"法"和"自然"的概念,提出"法即佛性"的佛性论——法冥合自然,佛亦冥合自然,故法即佛;自然本在,法亦本在,故佛性本有。这里又是以道释佛的杰作。道生还说:

> 智解十二因缘,是因佛性也。今分为二:以理由得解,从理故成佛果,理为佛因也。解既得理,解为理因,是为因之因。
>
> 成佛得大涅槃,是佛性也。今亦分为二。成佛从理,而至是果也。既成,得大涅槃,义在于后,是为果之果也。
>
> (《涅槃经集解》卷五十四)

理为佛因,成佛乃从理之果;成佛得大涅槃是佛性,又是果之果。由是理为佛因,解为因之因,为本有,为常在,为成佛之正因;而成佛得大涅槃为修正之果,前者是果佛性,后者则是果之果,即果果佛性。如此不惮繁难,佶屈聱牙,诠释佛经因之因、果之果①,显然是《庄子》有始无始之说的翻版,是对佛性本有和始有的调和,当然也表现了佛教哲学无尽因果学理的辩证思维,以及缘起性空(无我)与佛性实有(有我)之悖论的消解。如此,佛性无论是本有,还是始有或当有,都可以视为正因佛性,也就是佛性本有。这里同样可以看到道生自觉建设中国佛教哲学的理论素养。

---

① 《大涅槃经·师子吼品》:"佛性者有因,有因因;有果,有果果。"

诸法因缘生，是佛教哲学的基点，故佛说诸法无我。然而，若说无我，佛性何在？若言佛性实有，则成有我。《大涅槃经·如来性品》就是这样表述的——"佛性即是我义"。我和无我的矛盾是佛教哲学尤其是佛性论不能回避的问题。所以佛经中提出"佛性我"的概念，以及大我、真我、真如、大涅槃、如来藏种种，强调还有一个超越"个体我"的"佛性我"的存在，力图调和我与无我。上述因因、果果的正因佛性之说，目的也在于说明佛性我的存在。道生是这样论述的：

> 无我本无生死中我，非不有佛性我也。(《注维摩诘经》卷三)①
> 佛法中我，即是佛性，是则二十五有②，应有真我，而交不见，犹似无我。
> 种相者，自然之性也。佛性必生于诸佛。向云：我即佛藏；今云：佛性即我，互为辞耳。(《涅槃经集解》卷十八)

事实上，自佛教传入中土，华夏人士往往以神灵不灭为佛法根本。至般若学流布，僧人则转向无我性空之说，而疑存神之论。此佛学之一变化。继而涅槃学昌盛，标举佛性常住实有，同无我性空之义又成悖论。此佛学之又一大变化。道生孤明独发，多遭非议，也是促进佛教义理完善的理论背景。在这样的背景下，道生反复论证，实相无相，故超乎象外；佛性本有，直指含生之真性。无相曰无，万象曰有。有生于惑，无生于解。佛性我与般若无我不仅无抵牾，实则相辅相成。汤用彤陈述道生佛性义曰：本有和自然(或曰法)。《涅槃集解》卷一引道生"真理自然"之说，一则指出"理既不从我为空"(《维摩》注)，二则说明，"夫体法者，冥合自然"(《涅槃经集解》卷五四)。所以说，见性成佛，即自然本性之显发，或者说是本性、心性之学说。佛性、法性、真理、自然，名殊实同，道生就是这样以道释佛，对佛学进行创造性转化的。

---

① 汤用彤引文稍异："无我本无死生中我，非不有佛性我也。"见汤用彤《汉魏两晋南北朝佛教史》，第 429 页。
② 泛指三界众生及所居之境。见任继愈《中国佛教史》第三卷，第 343 页按。

诸法无我,佛性即我,我即无我,般若性空与涅槃佛性就是在如此艰难辩说之中连接在一起的。① 中国佛教心性本体哲学也是在"佛性我"的基础上建设起来的。所以,汤用彤先生说:"生公与禅宗人之契合,又不只在顿悟义也。"②对于道生的佛性论,汤氏详细予以说明:"一实相无相,二涅槃生死不二,三佛性本有,四佛性非神明"③。由实相无相入手,依"真理自然"之说,剥茧抽丝,深辟透析,集中说明佛性"即本性(或本心)之自然显发也"④。同时,他还特别强调,"生注《维摩》曰:'理既不从我为空。'(此句下文提出'有佛性我'义)《法华注》曰:'穷理乃睹。'(穷理,见法身之全也。睹者,顿悟也。)皆所以状佛性也。此开后来以理为佛性之说,而于中国学术有大关系"⑤,这是充分注意到中国佛教佛性论同传统哲学的密切关系。

应当说明,魏晋以来,佛教般若学依附玄学,以诸法性空和即空即有、空有不二的思维方式,与玄学的本末、体用、有无的本体论相呼应,而对于实现解脱的内在依据的心性问题,仅在隐显之间。道生的佛性论,客观上适应了南北朝时期宗教哲学演变的需要,把般若性空的缘生论与涅槃实相的佛性说有机地结合起来,论证法身、法性、实相,或者说超越的本体就在众生的本性(心性)之中,此即佛性我,是众生自迷至悟也就是成佛的内在依据。由此可见,道生的佛性论是中国宗教哲学由宇宙本体研究的自然哲学转向心性本体探究之滥觞,也就是汤用彤上述的两大变化。

---

① 其实,无我和佛性我的界定可以作如是理解:无我乃无生死中我、个体生命之我;佛性我即超越个体的普遍的存在,与理符契的普遍的我,也就是通常说的大我。之后中国化的佛教宗派如天台、禅宗、唯识等,都是在这一基础上建设其心性哲学的。
② 汤用彤:《汉魏两晋南北朝佛教史》,第 426 页。
③ 同上书,第 427 页。
④ 同上书,第 434 页。
⑤ 同上书,第 433 页。

二、顿悟与一阐提有性说

其实,无论是顿悟,还是一阐提有性,都是同佛性本有直接相关的命题。简单地说,佛性本有,众生皆有成佛之因,即成佛的内在依据,那么,反观自性,识得本心,便是觉悟,自然成佛,而无须向外追索;一阐提人也是众生之生,故也当有佛性,而能成佛。前者说的是方法,后者指的是根据。

道生虽然集般若、涅槃、毗昙于一身,但却以"涅槃圣"传扬当时及后世,其学说以佛性为根据,以成佛为核心,对中国佛教心性哲学建设的突出贡献就是上述"本有于当"的正因佛性论,以及由此派生的方法论——顿悟,和一阐提人皆能成佛的"应有缘"论。如是,在佛学中国化的道路上又作出了新的贡献——调和"本有"和"缘生"。

1. 顿悟

顿渐之辨虽不始于道生,但道生主大顿悟而彪炳史册。

据南齐刘虬《无量义经序》,顿悟之说,"寻得旨之匠,起自支、安"。支乃支遁,安即道安。而《世说新语·文学》篇刘孝标注引《支法师传》云:"法师研十地,则知顿悟于七住。"可见,顿悟之说始于支道林。

十地亦称十住,菩萨进修,必循十住,即由初欢喜地,至十法云地。第七远行地,为十住中的特殊阶段。汤用彤总结有四端:一、菩萨住此,超越尘劳;二、初得无生法忍;三、具足道慧;四、寂用双起,有无并观。"以此四端,故十住之中,第七亦甚重要。"[①]中心意思就是说,修行只要达到第七地,便可以"圆照一切,诸结顿断,即得佛之摩诃般若,即于此而有顿悟"。简单地说就是,至于第七个阶段,便可顿悟。这就是通常说的小顿悟。主张七地顿悟者尚有僧肇、慧远、法瑶等。

然而,此说虽有经典的依据,但绝非究竟圆满之义。如此繁难艰涩,亦与中国即体即用的传统思维大不相合。觉悟真如,就是觉悟道或理,

---

① 参见汤用彤《汉魏两晋南北朝佛教史》,第442页。

道、理不可说,亦不可分。于是,道生提出"理不可分,悟语极照,以不二之悟,符不分之理"的顿悟义,融会贯通真如和道、理本体,从方法论上重塑了中国佛教哲学。

道生论顿悟文久已缺失,但与此相关的文字尚可在其他文献找到蛛丝马迹。《涅槃经集解》卷一引道生序曰:

> 夫真理自然,悟亦冥符。真则无差,悟岂容易?(汤注:故悟须顿。)不易之体,为湛然常照,但从迷乖之,事未在我耳。(汤注:故悟系自悟。)①

文中所谓"真理""真""体",实际上都是超越的本体,或者说是真如的别名,是佛教终极追求的对象,即成佛的最高境界。它们自然遍在,无为无造,湛然常照。"无为则无伪妄,常照则不可宰割。"因此是一而非异——不可分,故悟此不分之理,自然要以不二之悟。如此豁然贯通,涣然冰释,也就是顿悟了。但是,芸芸众生不明此理,因无明而生分别乖异,"断鹤续凫以求通达。是皆迷之为患也"②。所以说悟只能是自悟。

据此,汤用彤先生指出,"道生主大顿悟"③,并进一步解释说,"理不可分,法身全济,则入理之悟,应一时顿了。悟之于理,相契无间。若有间隔,则未证体,而悟非真悟矣"④。同时还指出,"道生言及工夫,有顿有渐。顿者真悟(汤注:极慧,大悟),渐者教与信修",也就是说,"教可渐,修可渐,而悟必顿"。⑤直接地说,悟就是顿悟!道生同时又说明顿悟与渐修的关系,"悟不自生,必借信渐"。但悟是对理的亲合,所谓"见解名悟";信则是听闻教法(即渐修),所谓"闻解名信",因此,"信解非真,悟发信谢"(慧达:《肇论疏》)。可见,悟是终极,信是暂时,只是悟的方便和从权。道生进一步说明:

---

① 转引自汤用彤《汉魏两晋南北朝佛教史》,第446页。
②⑤ 同上书,第447页。
③ 同上书,第445页。
④ 同上书,第446页。

> 得无生法忍，实悟之徒，岂须言哉！……夫未见理时，必须言
> 津。既见乎理，何用言为！其犹筌蹄以求鱼兔，鱼兔既获，筌蹄何
> 施？（道生：《法华注》）

这里说的又是悟和言的关系。悟的境界，得无生法忍，而超越言象，故得意忘言。言只是指，而非月；是筌而非鱼；是蹄而非兔。所以说，悟"岂须言"。道生的佛性论显然也是"象外之学"，当然采用的还是魏晋玄学"筌蹄鱼兔"和"得意忘言"的思辨方法。

不仅如此，道生顿悟说兼取儒佛，而以折中自许。谢灵运有《辨宗论》，借道生之言表述其折中孔释二家的倾向：

> 释氏之论，圣道虽远，积学能至，累尽鉴生，方应渐悟。孔氏之
> 论，圣道既妙，虽颜殆庶，体无鉴周，理归一极。有新论道士，以为寂
> 鉴微妙，不容阶级。积学无限，何为自绝。今去释氏之渐悟，而取其
> 能至；去孔氏之殆庶，而取其一极。一极异渐悟，能至非殆庶。

王弼有言曰："圣人体无"，这里的"体无"代指孔子。"一极"乃道生用语，所谓"极不可二，故谓之一也"。谢氏不仅借道生语讲述"理不可分"的"顿悟说"，而且认为道生儒佛合取"能至""一极"而成顿悟之义，"得意之说，敢以折中自许"，同样可以看出道生的佛性论、顿悟说还是与中国传统哲学联袂结缡的结果。

总而言之，顿悟是一时[1]之悟，整体之悟，不容阶级、不借言语之悟，当然也是自悟。如是，"《般若》无相义，经生公之精思，与《涅槃》心性之理契合，而成为一有名之学说"[2]。以后中国化的佛教，尤其是禅宗的成佛论便是以此说为理论基础，以顿悟说风靡于世的，只不过"识得本心，便能成佛"远比道生的顿悟说更为简易直接罢了。

---

[1]《大毗婆娑论》卷六十三："此中顿言欲显何义？答：显一时义。"
[2] 汤用彤：《汉魏两晋南北朝佛教史》，第451页。

2. 一阐提有性与应有缘义

既然佛性本有,而且众生皆有佛性,那么一阐提人(善根断尽之人)也当有佛性,也可成佛。这是道生的佛性论中最具挑战性的命题,也是备受责难的观点。

一阐提,梵文 Icchantika 之音译,亦译"一阐提迦"等,意为不具信、断善根。佛经谓其"如世死尸,医不能治",也就是无可救药之人。早期传入的六卷本《泥洹》无阐提有性并成佛说,是同《大涅槃经》的显著差别。六卷本《泥洹》卷三云:

> 如一阐提懈怠懒惰,尸卧终日,言当成佛。若成佛者,无有是处。

而《大涅槃经》北本卷五于同处增改为:

> 如一阐提,究竟不移,犯重禁,不成佛道,无有是处。何以故?是人于佛正法中,心得净信,尔时便灭一阐提。若复得作优婆塞者,亦得断灭。于一阐提犯重禁者,灭此罪已,则得成佛。

又如《泥洹》卷四,虽然说众生皆有佛性,但特别强调一阐提除外。曰:

> 一切众生皆有佛性在于身中。无量烦恼悉除灭已,佛便明显,除一阐提。

大本卷七于同段表述殊为不同,且无"除一阐提"之说,突出的是如何"断坏烦恼":

> 一切众生皆有佛性,烦恼覆故,不知不见。是故应当勤修方便,断坏烦恼。

当然还有,不再列举。总之,早期(东晋末年)所传六卷本《泥洹》为法显所得,与北凉昙无谶所译四十卷本《涅槃经》(北本),以及后来由慧严、慧观和谢灵运改编的三十六卷本(南本)有诸多不同。应当说,六卷本实未窥涅槃经义之全豹。道生孤独发明,依义不依文,从逻辑上说明,众生皆有佛性，一阐提若为众生，一阐提固有佛性；并且大胆断言《泥洹》未必尽善，自然不足为据，也可以看出道生在佛学中国化的过程中敢于标新理、立异义的开拓精神。他说："禅提是含生之类，何得独无佛性！盖此经传度未尽耳。""一阐提者，不具信根，虽断善犹有佛性事。"[①]显而易见，所谓"传度未尽"虽然后经证实，但在当时只是一种委婉的说法，实际上，道生如此解经自然有其传统文化的背景，不仅对扩大佛教的影响起到积极的作用，而且也是为佛教文化在中国更为广泛地传布，或者说适应性地自我调适，提供了理论基础。难怪汤用彤先生说他"独具只眼"，"以理为宗，依了义而不依不了义，故敢畅言也"。[②]

然而，从另一方面讲，既然一阐提必有佛性，那么按照逻辑推论，包括一阐提在内的一切众生皆能成佛，如此何用修道？又何以做如是艰难的理论说明？"譬如七人浴恒河中，而有没有出，则因有习浮不习浮也。故众生成佛，必须藉缘。"[③]换句话说，众生虽有佛性为成佛之因，但仍需有缘，即有条件方能成佛。这就是道生的"应有缘论"，实际上是有条件的成佛论。如此不仅弥合了一阐提有无佛性的冲突，同时也以佛教"缘生"的基本理论，消除了涅槃实相、佛性实有和般若性空的悖论。

道生所作《应有缘论》至今无从查考，仅可由慧观之《肇论疏》以及《大乘四论玄义》卷六中略窥其端绪。慧观指出：

> 生法师云，感应有缘，或因[④]生苦处，共于悲悯，或因爱欲，共于结缚，或因善法，还于开道，故有心而应也。

《玄义》曰：

> 生法师云，照缘而应，应必在智。此言应必在智，(此)即是作心而应也。

①《名僧传抄·说处》。
②③ 汤用彤：《汉魏两晋南北朝佛教史》，第440页。
④ 汤氏注：原文作"同"。其实从上下文看，均可。

为了说明成佛的有条件性,即"应有缘",道生又提出了"心"和"智"这两个概念,强调成佛必借助"心""智"。在这里,心、智仅仅是作为"缘"(条件)而同佛性相互呼应的。根据汤先生的解释,"应必在智""作心而应"实际上是不作而作。他依据"均正"原文解释说:"佛智异于众生,无心于彼此,应无作心。但圣人之智,方便应物,任运照境,即为作心。非同二乘凡夫有相之心。故圣人忘彼此,而心能应一切。"①显而易见,心、智之辨还是对佛学的中国化诠释,而忘彼此、应一切则又见老庄思想的痕迹,这里的"心"无疑是"应无所住而生其心"之心了。

另外,一阐提虽断善根,但却是爱欲之结晶,梵文亦为"一遮案提"。"一遮"为贪欲,"案提"为鹄的,即以贪欲为唯一鹄的之人。既然"苦处""爱欲""善法"皆为"缘"(条件),那么一阐提则借爱欲之恶缘感佛,圣人再依缘起智,以心相应,一阐提成佛的结论也就顺理成章了。此说固然艰涩,但总的意思很明显,就是"众生成佛,必须藉缘"。一阐提若得佛智之应化,自然能够成就无上正觉。佛性论同缘生论相互印证,应当说也是道生思辨哲学的特点。

第六节　法身无色、佛无净土与善不受报

道生密契象外,以"实相无相""真理自然"佛道结合的理论解说佛性,故多发"珍怪之词"。在道生看来,凡所有相,皆是虚妄,所以佛无人相,佛性也是"实相无相"。无相即无色身,无身而言身,只是方便说法,由是而立"法身无色""佛无净土"乃至"善不受报"的命题。

诸法因缘生,我说即是空,般若性空就是建立在"缘生"基础上的普遍观念;涅槃学以佛性实有,同样以实相无相与般若相互印证。所以在佛教哲学中,不仅色空、法空、性空,而且一切用语言文字表述的、欲念中追寻的佛、法身,都是超越的终极存在,自然非有限的"有";佛家的追求,

---

① 汤用彤:《汉魏两晋南北朝佛教史》,第440页。

超越象外，福罪并舍，而不在福报，故皆不可执着，而亦为空。如此解佛，尤其显示道生对佛教哲学缘生学说的深入会契。

在佛学经典中，法身实为觉悟的最高果位，也以"真如""法性""实相""如来藏""第一义谛""阿赖耶识"诸多概念予以表述，虽然含有本体的性质，但无形无相，非常非断，非生非灭。因此经云："莫以色身而观如来"（《放光般若经·法上品》），"若心取相，即为着我、人、众生、寿者"，"离一切诸相，即命诸佛"。所以《金刚经》有偈云："若以色身见我，以音声求我，是人行邪道，不能见如来。"（《金刚般若波罗蜜经》）"法身无色"，就是对这一理论的阐释。因为法身即真如，即如来，就是觉行圆满的诸法实相。实相无相，若说有相，便是凡夫，便等于承认法身也是五阴和合而成，而有生灭，如此也就不是法身，而是芸芸众生之身了。故佛无人相，自非色身，完全符合佛法缘生本义和实相非相的辩证思维，也是对佛身论的深刻认识。道生《法身无色论》虽无传，但在《维摩注》中道生对此已有辩说。其中《阿閦佛品注》强调"如来非四大起，同于虚空"，并论曰：

> 人佛者（意指人即是佛，有色身），五阴合成耳。若有便应色即是佛。若色不即是佛，便应色外有佛也。色外有佛，又有三种。佛在色中，色在佛中，色属佛也。若色即是佛，不应待四①也。若色外有佛，不应待色也。若色中有佛，佛有分也。若色属佛，色不可变也。

这段话虽然佶屈聱牙，显然也是在说不可说，但意思并不复杂，无非是从反面论证"佛无色身"或"法身无色"——说色即是佛、色外有佛，或者色中有佛、色属于佛，都不能得法身之真相，因为佛无对待、超越无常和变易，总之是不可言说的超现实的存在。道生还用简单的话作如此结论：

> 若有人佛者，便应从四大起而有也。夫从四大起而有者，是生

---

① 四，指五蕴中的受想行识。

死人也,佛不然矣。

佛无生死,故无色身。反过来讲,有色身可求者,则是凡夫俗子,而非法身了。

道生的"佛无净土"说,是和"法身无色"论并行不悖的,亦见诸《维摩注》。他说:

> 夫国土者,是众生封疆之域也。其中无秽,谓之为净。无秽为无,封疆为有。有生于惑,无生于解。其解若成,其惑方尽。

这里说的不甚明朗,意思是:"净土"就是无秽,就是"无"。道生在《法华经疏》中也说过:"无秽之净,乃是无土之义。寄土言无,故言净土。"所谓净土只是为了施教的方便。从超越的层面讲,因为众生有惑才有国土,成佛断惑,自然也就无土可言。以此强调法身至极,无为无造,罪福并舍,也就无所谓佛国净土了。这既同《维摩经》中"随其心净,则佛土净",以否定在彼岸另建净土的净土观声气相求,又和中国宗教哲学"此岸即彼岸"的超越观遥相呼应,在客观上也为《坛经》"直心净土"的心性学说的开展廓清了道路,自然也就成为中国禅宗、禅净合一的净土宗"唯心净土"的前驱先路。

众所周知,佛家善谈因果,而以果报闻名于世,所谓"善有善报,恶有恶报",和中国传统"积善之家,必有余庆;积不善之家,必有余殃"的"承负"说如出一辙。事实上,佛教哲学依缘生建立起来的因果论,是对事物乃至宇宙生成的认识,归根结底是一种觉悟大千世界的超越追求,而非"我",或者说个体利益、福德的索取和回报。《金刚经》指出:"以福德无故,如来说得福德多。"姑且不言施小善而求大福报,也是佛家属意破除的执着,即使从现实层面看也有悖于佛家觉悟众生、救度众生、利他利人的超越精神和献身精神。而且世俗之果报并无征验,"善受报"之说只是施教之方便和社会的需要,属于教化的、政治的,而不是哲理的。换个角度讲,果报是因缘的果报,而不是个人欲念和个人追求的果报。所以道生认为,"无为是表里之法,无实功德利也。"据此道生提出"善不受报"

论,无论就当时,还是现在,都具有极大的挑战性。

道生"善不受报论"也无书卷留存,仅有陆澄《目录》"述《竺道生善不受报义》",故难言其详。慧远《释三报论》不仅将善恶之报的必然性寓于无限延长的时间长河,而且分类为有报、无报两种:一为圣贤,体极超乎报应,即不受报;二乃凡夫俗子,报应有征。由此也可看出"善不受报"的痕迹。

毫无疑问,佛教终极追求无生无灭的"无为法",故无所谓利益和功德,也就无福报可言。所以道生认为如果带着贪欲的目的修行,是达不到解脱的。他说:

> 贪报行禅,则有味于行矣。既于行有味,报必惑焉。夫惑报者,缚在生矣。(《维摩经注》)

味,指食味,有味是执着食味。《无量寿经》下云:"虽有此食,实无食者。但见色闻香,自然饱食。身心柔软,无所味著。"这里的意思指有所贪求。有贪求执着,其报必惑,自然得不到解脱。道生如此破斥贪爱之心,力主依理而不依利益功德,虽行善而不求回报,不仅同佛教"缘起性空"的哲学理念和破执的方法相一致,而且尤其彰显了宗教超越的、非功利的情怀。与通常类似福善祸淫"承负"的报应说相比,"善不受报"显然在理论上尤为圆融,也更符合佛家的悲悯情怀;而同慧远的"三报论"对照,显然各有千秋。然而可惜的是,无论在社会生活中,还是在理论上,对此都缺乏足够的重视。

上述道生在佛教哲学理论上的深化,以佛性论为核心,在本有始有的争论中,孤独发明,以顿悟、一阐提有性、应有缘、善不受报义等彪炳于世,不仅用老庄解佛,而且开始摆脱对玄学的依附,全面推动佛教哲学走上了中国化的道路,对于佛教心性哲学的建设作出了显著的贡献,并以之呼唤佛教鼎盛时期的到来,直接或间接地影响后世宗教哲学长达千年之久。

第八章　法显对佛教中国化的贡献

汤用彤先生说："佛典之来华，一由于我国僧人之西行，一由于西域僧人之东来。……然去者常为有学问之僧人，故类能吸受印土之思想，参佛典之奥秘。归国以后，实与吾国文化以多少贡献，其于我国佛教精神之发展，固有甚大关系也。"① "晋宋之际，游方僧人虽多，但以法显至为有名。"② 他还指出："海陆并遵，广游西土，留学天竺，携经而返者，恐以法显为第一人，此其求法所以重要者一也。"③ "我国人游历天竺、西域之传记十余种，其现全存者极少，西人均视为鸿宝。法显《佛国记》，载其时西域情形甚详，居其一焉。此其求法之所以重要者二也。"④ 法显归国，参与"译经约百余万言，其中《摩诃僧祇律》为佛教戒律五大部之一。而其携归之《方等涅槃》⑤，开后来义学之一支，此其求法所以重要者三也"⑥。

汤先生的意思是，佛教自印度传入中华，除了西域僧人东来弘法外，中国知识分子亦推波助澜，西行求法运动如日中天。而西行求法者，亦为博学深思的学者型僧人，故能广搜精求异域文化，于中国传统和佛

---

① 汤用彤：《汉魏两晋南北朝佛教史》，第 255—256 页。
②③④⑥ 同上书，第 257 页。
⑤ 在各种版本中，均为《方等》《涅槃》，误。

教思想之发展作出了开拓性的贡献。梁启超谓之"时代的运动"(Periodical Movement)和"留学运动"。梁氏言:"比诸基督教徒之礼耶路撒冷,天方教徒之礼麦加,与夫蒙藏喇嘛之礼西天,其动机纯为异种。""故法显、玄奘之流,冒万险,历百艰,非直接亲求之于印度而不能即安也。质而言之,则西行求法之动机,一以求精神上之安慰,一以求'学问欲'之满足。惟其如此,故所产之结果,能大有造于思想界。"①梁启超同样强调的是西行求法或者说"留学运动"在思想上的贡献,特别是对佛教中国化的贡献。其中法显首出群伦。汤先生概括为三条:其重要者之一,留学天竺,陆去海还,携佛经归国者②,"第一人"的殊荣,非法显莫属。其二对西域风俗、人情、地理之记述,亦甚精详,尤为国际学术界所关注,故亦无须赘言。唯有其三,实为西行求法的主要产品——携归之佛教经典,为佛教义学输入提供了文本的依据,奠定了佛教中国化思想基础,但由于各种原因,关注甚少。这不能不说是历史的遗憾。这里,我们拾遗补阙,专就第三点论述法显的贡献。

第一节　法显生平

法显,俗姓龚,《历代三宝纪》《大唐内典录》等称其"平阳沙门"③。法显有三兄,俱于髫龄夭亡。其父惧祸及法显,显三岁便出家为沙弥。十岁时丧父,继而母亡,二十岁受具足戒。传,尝与寺僧数十人刈稻于田中,有饥民欲夺其谷,诸沙弥皆惊恐逃避,唯法显不卑不亢,对强抢者说:"若有需要,可随意取。但你们往日无布施,故今生有此饥贫,若再抢夺,

---

① 梁启超:《千五百年前之中国留学生》,《中国佛教史研究》,第 27—28 页,上海,生活·读书·新知三联书店上海分店,1988。

② 梁启超统计,自魏朱士行至唐玄宗悟空,西行求法者 105 人,佚名 28 人,参见上文。

③《高僧传》《出三藏记集》《开元录》等,均称"平阳武阳人",汤用彤也沿袭此说。然平阳境内并无武阳县或地名,武阳或系传抄时平阳之误。《三宝纪》中直称"平阳"人。当时平阳郡治所在平阳县,县城故址即今山西临汾西南。

将万劫不复。"说罢扬长而去。强抢稻谷者闻言羞愧,弃谷而逃。

如前所言,后汉至魏晋,僧人东来西去,佛经传译及西行求法如日中天,但早在印度,佛经缺载,率凭口传,传来佛经虽多,但篇章不全、移译失真者已屡见不鲜,而律藏残缺,尤其难以满足已经在中国本土制度化的佛教之需要。所谓"经法虽传,律藏未阐"①,正反映了当时对戒律的需求。也正是在这样的环境中,"志行明洁,仪轨整肃",年近花甲的法显,"常慨经律舛阙,誓志寻求"戒律于天竺,于东晋隆安三年,即后秦弘始元年(399),从长安出发,开始了长达 15 年②陆去海还的西行求法的艰难历程。

据僧祐《出三藏记集》卷十五《法显法师传》末记载:"后到荆州,卒于新寺,春秋八十有二。"慧皎《高僧传》谓之"辛寺","春秋八十有六"。另据智昇《开元释教录》卷三,法显回国后同佛陀跋陀罗(觉贤)在南京道场寺共译六卷《泥洹》《摩诃僧祇律》等,直到东晋义熙十四年(418)二月末结束;据《高僧传》卷三《佛驮什传》,法显圆寂在宋景平元年(423)七月以前,因此可以推定,法显卒年当在 418 年至 423 年之间。按 82 岁计算,法显生年应为公元 336 年到 341 年;按 86 岁算,应为 332 年到 337 年。据此计算,法显西行至少在 58 岁,甚或可能在 60 岁以上了。

如是,法显怀"律藏残缺"之忧,于耳顺之年,"西渡流沙,上无飞鸟,下无走兽","唯以死人枯骨为标识",经鄯善,游天竺,巡礼佛教故迹,"凡所历三十余国",艰难险阻,九死一生,陆去海还,历经 15 个春秋。诚所谓,"盖自大教东流,未有忘身求法如显之比也"。③ 唐代高僧义净也曾就法显和玄奘西行求法予以比较,他说:"观夫自古神州之地,轻生殉法之宾,显法师则开辟荒途,奘法师乃中开王路。"(义净:《大唐西域求法高僧

---

① 〔南朝梁〕释慧皎:《高僧传》卷二,第 60 页。
② 据汤用彤考,弘始元年(399)出发,"六年而到中国(即中印度),停六年,三年而达青州,前后共十五年,应为义熙八年也(公元 412 年)"。义熙八年实为公元 413 年,前后总计 15 年。
③ 汤用彤:《汉魏两晋南北朝佛教史》,第 260 页。

传》)其竭蹶艰难,又远在玄奘之上。更何况,玄奘西去东回,皆取道陆上,上有唐王室之庇护,沿途又有"诸国王侯礼重";而法显不仅年逾花甲,为求法不惜身命,且始终是一介普通的行脚僧人,孑然一身,苦心孤诣,百折不回,携归经律十余部、六十余卷,译经百余万言[1],相比之下,也就显得更胜一筹了。

第二节 法显对佛教中国化的贡献

正如梁启超所说,我国人西行求法,目的在于学问,而不在信仰。法显显然也是一个学问僧,其西渡流沙,开辟荒途,其目的自然也在于佛教义学之传播。除戒律外,六卷《泥洹经》之翻译,并流布晋土,使"一切众生悉成平等如来法身"之涅槃佛性论,同般若性空说并驾齐驱,开中国佛学心性论之先河,为中国佛教哲学作出了显著的贡献。具体有三:

其一,《法显传》开宗明义,首先说明,"昔在长安,慨律藏残缺","至天竺寻求戒律"。可见,法显西行,原初动机就是寻求戒律。其结果也不负所望,在天竺获得戒律多部,有《摩诃僧祇众律》一部、《萨婆多众律》一部、弥沙塞藏本。事实上,佛家戒律五部,即《萨婆多部十诵律》、《四分律》、《五分律》(弥沙塞部)、《摩诃僧祇众律》和《迦叶毗律》,其中《迦叶毗律》在中国无传,其他四部,法显携归者有三部。《高僧传》明律部末亦论之曰:"并法显得梵本"[2],其贡献之巨不言而喻。

其二,法显对毗昙学的贡献。毗昙,意为"对法""无比法",亦有"论"的意思,也是三藏中的"论"藏。毗昙学实为一切有部之学,东晋以下,由道安、慧远提倡,采用名相分析的方法,论证我空法有,有六因四缘之说。其中南方有慧集,北方有慧嵩,号称毗昙师,而成毗昙学派,多兼治其他

---

[1]《出三藏记集》卷二载经律名 12 种,其注曰:右十一部,定出六部,凡六十三卷,晋安帝时沙门释法显以隆安三年游西域,云云。

[2]〔南朝梁〕释慧皎:《高僧传》卷十一,第 443 页。

经典。法显由天竺获得《杂阿毗昙心》《摩诃僧祇阿毗昙》《杂阿毗昙心》等，并且于归国后同觉贤一起翻译了这些经论。这些翻译经论虽然阙佚，但法显于毗昙学的传译显然不容忽视。

其三，佛经的携归与翻译尤为重要。法显对中国佛教哲学，尤其是心性学说的贡献，虽是无心插柳，但实际上确实起到了弄潮涛头、推波助澜的作用。法显自印度取回的《长阿含经》《杂阿含经》都是极其重要的佛教经典，特别是他和佛陀跋陀罗即觉贤在建康共同翻译的《大般泥洹经》（即六卷本的《泥洹经》），公开倡导"涅槃实相""佛性实有"，与当时广为流行的般若性空之学相反相成、相得益彰。虽然其后道生的"一阐提人皆有佛性"之说，因此备受责难，但此争论也加深了对心性学说的认识和论证，从中亦可见中国佛教哲学，乃至整个中国哲学心性学说的不断发展与深化。据《出三藏记集》卷十五记："显既出大《泥洹经》，流布教化，咸使见闻。有一家，失其姓名，居近扬都朱雀门，世奉正化，自写一部读诵供养。无别经室，与杂书共屋。后风火忽起，延及其家，资物皆尽，唯《泥洹经》俨然具存，煨烬不侵，卷色无异。扬州共传，咸称神妙。"此虽系传闻，但也反映出法显所传《泥洹经》在当时人们心目中的神圣地位。

综上所述，法显"慨律藏残缺"，举年近花甲之身，不惜身命，孑然西行，前后历经 15 年，取得佛教经律论三藏十余种，六十余卷，翻译百余万言，在律学、毗昙学，以及涅槃佛性说和其他佛教哲学方面，均有重大的贡献。

法显十五年西行求法历程表

古代地名或国名	现在地名	活动时间	人物及活动	寺院或佛教遗迹
长安	陕西省西安市	公元 399 年	法显、慧景、道整、慧应、慧嵬西行出发	
乾归国	甘肃省兰州市		夏坐	
耨檀国	青海省西宁市		翻越养楼山（今祁连山）	

续表

古代地名或国名	现在地名	活动时间	人物及活动	寺院或佛教遗迹
张掖镇	甘肃省张掖市	公元 400 年	与智严、慧简、僧绍、宝云、僧景相遇，共同夏坐，后一同西行求法	
敦煌	甘肃省敦煌市		渡沙河(亦称流沙，指沙漠地带，此处指新疆塔克拉玛干大沙漠)，走了 17 天，行程 1500 里	
鄯善国	新疆维吾尔自治区若羌县		在此住一个月	
焉耆国	新疆维吾尔自治区焉耆县		向西北行走 15 天到，并住 2 个月，智严、慧简、慧嵬 3 人返回高昌	瞿摩帝寺
于阗国	新疆维吾尔自治区和田县		行走 1 个月零 5 天到，同行中又多 1 人(慧达)，慧景、道整、慧达先行到竭叉国，法显等停留 3 个月并观行像(每年佛诞日佛像放在车上巡行)，僧绍去了罽宾	大型佛教寺院 14 座，其中一座叫王新寺
子合国	新疆维吾尔自治区叶城县		行走 25 天到，并在此住 15 天后进入葱岭山(帕米尔高原)	
于麾国	新疆维吾尔自治区莎车县	公元 401 年	在此处夏安居	
竭叉国	新疆维吾尔自治区喀什市		向北行走 25 天到，与慧景、道整、慧达会合，并参加国王的般遮越师(汉地叫五年供养大会)	有石佛唾壶、佛齿塔
陀历国	克什米尔地区的达地斯	公元 401 年	向西行走一个月后出葱岭	立有木制高八丈、足跌长达八尺的罗汉像

续表

古代地名或国名	现在地名	活动时间	人物及活动	寺院或佛教遗迹
乌苌国	巴基斯坦境内斯瓦特河流域	公元 402 年	行走 15 天后,攀缘悬绳过印度河到此,并在此夏坐,这里是北天竺,汉代张骞、甘英也没有到达过这里	有 500 座僧伽蓝。有佛的足迹、佛的晒衣石和佛度恶龙处
宿阿多国	巴基斯坦境内曼格勒城		慧景、道整、慧达先行出发到佛影那竭国,法显等人在此夏坐	有纪念佛"割肉贸鸽"的塔
犍陀卫国	巴基斯坦境内喀布尔河流域		向东行走 5 天后到此	有纪念佛"以眼施人"的塔
竺刹尸罗国	巴基斯坦境内拉瓦尔品第		行走 7 天后到此	有纪念佛"以头施人"和"投身饲馁虎"的两座大塔
弗楼沙国	巴基斯坦境内白沙瓦		行走 4 天后到,先行到那竭国的 3 人只有慧达 1 人回来,慧景病在那里,道整留下照看。慧达、宝云、僧景回国,慧应在佛钵寺去世	有高 40 余丈的塔,以及供养"佛钵"的寺院和塔
那竭国	阿富汗境内贾拉拉巴德		法显 1 人单独行进 16 由延(1 由延约 30 里)到此,与先行到此的慧景、道整会合,并在此越冬居住 3 个月	有供养佛顶骨的寺和供奉佛牙、佛锡杖的寺,还有佛及其弟子建的塔
罗夷国	巴基斯坦境内勒吉	公元 403 年	法显、道整、慧景 3 人过小雪山时,慧景冻死在山上。在此地夏坐	
跋那国	巴基斯坦境内邦努		向南行走 10 天后到	
毗荼国	巴基斯坦境内旁遮普		向东行走 3 天,再次过印度河	
摩头罗国	印度境内马图拉		向东南行进约 80 由延	沿捕那河有 20 多座寺院

古代地名或国名	现在地名	活动时间	人物及活动	寺院或佛教遗迹
僧伽施国	印度北方邦法鲁卡巴德	公元404年	向南行走18由延到,法显、道整2人在此夏坐	有阿育王纪念上忉利天为母说法的寺和石柱,有收藏佛发、佛爪的塔,还有过去三佛和释迦牟尼的塔
罽饶夷城	印度北方邦卡瑙季城		向东南行进7由延到	佛曾在此处说一切无常、苦,人身如泡沫的道理,建有纪念塔
沙祇大国	印度北方邦阿约底		向东南行10由延到	有四佛(拘楼秦佛、拘那含牟尼佛、迦叶波佛、释迦牟尼佛)足迹
拘萨罗国舍卫城	印度北方邦塞特马赫特		向南行8由延到,法显、道整参拜了舍卫城、祇洹精舍、得眼林、毗舍伝精舍、论议处精舍、影覆天寺、98座僧伽蓝、都维城、那毗伽城、拘那含牟尼佛城	佛在此生活25年,有须达长者为佛修建的祇洹精舍,有纪念佛说法、度僧、与外道辩论的塔,精舍周围有98座僧伽蓝
迦维罗卫城	尼泊尔境内提罗拉科特		向东行1由延到,法显、道整参拜了城内的白净王故宫、王田、王园、佛成道处、转法轮处、佛与外道辩论处、佛上忉利天为母说法处	有佛的父亲白净王的故宫,建有佛的母亲形像,有不少佛塔和纪念塔,有诸佛常定处

续表

古代地名或国名	现在地名	活动时间	人物及活动	寺院或佛教遗迹
蓝莫国	尼泊尔境内过马里		向东行5由延到	有佛舍利塔
拘夷那竭城	尼泊尔境内巴伐沙格脱		向东行3由延参拜太子遣车匿、白马还处,再向东行4由延参拜炭塔,复向东行12由延到该城,并参拜了佛涅槃处和八国国王分佛祖舍利的地方	有太子遣车匿、白马还处,炭塔、佛涅槃处和八国国王分佛祖舍利的地方,皆建有纪念塔
毗舍离国	印度比哈尔邦的巴沙尔		向东行5由延到毗舍离城,再向东行3里多到检校律藏处,复向东行4由延到五河谷口	有佛居住和说法的大林重阁精舍、阿难半身塔、佛灭后百年第二次结集纪念塔
摩竭提国巴连弗城	印度比哈尔邦的巴特那	公元405—407年	渡河向南1由延到巴连弗城,在这里参拜佛迹,并居住3年,学梵书梵语,抄写经律《摩诃僧祇律》《萨婆多众律》《方等泥洹经》《摩诃僧祇阿毗昙》《杂阿毗昙心》十三卷等,道整留此不归	有阿育王塔、阿育王所造大塔和石柱、摩诃衍僧伽蓝、佛迹,佛诞节有盛大行像
王舍新城	印度比哈尔邦的拉杰吉尔		向东南行9由延到小孤山,再向西行1由延到罗聚落后再向西南行1由延到	有佛舍利塔、旧王舍城、佛住过的迦兰陀竹园精舍、"车帝"石窟和佛灭后迦叶主持五百比丘结集佛经处和纪念塔

古代地名 或国名	现在地名	活动时间	人物及活动	寺院或 佛教遗迹
伽耶城	印度比哈尔邦的伽雅城		向西 4 由延到城,向南行 20 里到佛原来苦行的地方,向西行 3 里到佛下河洗澡的地方,向北行 2 里到达弥家女子给佛祖施牛奶粥的地方,向北 2 里到菩提树下,向东北半由延到达佛影洞,向南行 3 里到鸡足山	有佛六年苦行觉悟成道处,菩提树处有塔,有阿育王地狱和大迦叶入定的鸡足山
迦尸国	印度北方邦的贝那勒斯		顺恒河西行 12 由延到迦尸国的波罗捺城	有鹿野苑精舍,纪念佛初转法轮塔
拘睒弥国	印度北方邦的阿拉哈巴德		向西北行 13 由延到该国,向东行 8 由延到佛度恶鬼处	有瞿师罗精舍、佛度恶鬼处
瞻波大国	孟加拉国的巴迦尔普尔		顺恒河东行 18 由延到	有佛走过和四位佛(过去三佛和释迦牟尼佛)坐过的地方
多摩梨帝国	印度加尔各答的坦姆拉克	公元 408 年—409 年	向东行 50 由延到,法显在此住 2 年抄写佛经和画佛像	有佛寺 24 座
师子国	斯里兰卡国	公元 410 年—411 年	乘商人大船出海西南行 14 昼夜到,法显在此留住 2 年抄写《弥沙塞律》《长阿含经》《杂阿含经》,又收集到一部《杂藏经》	建有高 40 丈的大塔,塔旁有无畏山寺,寺内供玉佛。有佛齿精舍、跋提精舍、摩诃毗诃罗寺。每年三月国王主持盛大的佛牙游行和供养大会

续表

古代地名或国名	现在地名	活动时间	人物及活动	寺院或佛教遗迹
耶婆提国	印度尼西亚苏门答腊或爪哇	公元 412 年	乘商船向东行驶 2 天后遇大风,船漏水,13 个昼夜后靠一小岛,补塞漏船后继续行驶 90 天左右到该国,在此停留 5 个月并在船上安居	
东晋长广郡牢山	山东省青岛市崂山	公元 412 年 9 月 5 日(东晋义熙八年七月十四日)	从四月十六日开始向东北方向的广州出发,1 个多月后遇狂风暴雨,经过 70 多天粮食和水将要用完,改向西北方向再行进 12 个昼夜在崂山靠岸	
建康	江苏省南京市	公元 413 年—414 年	法显登陆后南下彭城、京口住一冬一夏,夏坐结束后到南京。在佛陀跋陀罗和宝云的配合下译经,共译有:《摩诃僧祇律》40 卷、《摩诃僧祇比丘尼戒本》1 卷、《大般泥洹经》6 卷、《杂阿毗昙心》13 卷、《杂藏经》1 卷、《方等泥洹经》2 卷	

第九章　僧稠与北方禅法
——兼论禅定分途

　　"暂借好诗消永夜,每逢佳处辄谈禅。"每论及禅,总会想到南顿北渐、慧能、神秀,其实,早在汉代,已有安世高发其先声,所谓"专务禅观"①是也。至两晋南北朝,更有鸠摩罗什、觉贤,以及庐山慧远、凉州宝云、陇西玄高、关中僧实,乃至"阐导江洛"的菩提达摩,特别是少林之佛陀与其弟子僧稠,还有慧皎、僧肇、道生等对禅的创造性诠释,一时成为禅学禅法之大观。毫无疑问,他们所说的禅,各不相同,其中觉贤、佛陀、僧稠、达摩等修习之禅,尤其同以《坛经》为本的禅宗之禅"名同实异"。以佛陀、僧稠、达摩为代表的北方禅法,显然是"坐禅"的方法、修持的实践,而非禅学追求的不落两边、超二元对立的思维方式,或者说是理论与境界。可见,我们通常说的禅有两种:坐禅之禅,以及禅宗思想或禅学之禅。这是境界与方法、理论与修持的分野,万万不可混为一谈。这就是其后《坛经》所说的禅定分途。

　　道宣在《续高僧传》习禅篇中尝言:"稠怀念处,清范可崇;摩法虚宗,玄旨幽赜。可崇者情事易显,幽赜者理性难通。"显而易见,早在隋唐以

---

① 见道安《阴持入经序》及僧祐《祐录》六。

前,禅法遍布北方,不仅有鸠摩罗什与觉贤"浅深殊风,支流各别"之禅法①,而且有僧稠与达摩的并相径庭之止观;直到道宣那个年代,达摩的影响仍然在僧稠之下,充其量也只能算是与僧稠各领风骚而已。亦可见,一直被奉为"禅宗初祖"的达摩,其显赫之声名,都是后世传说渲染出来的。汤用彤先生在他的著作中论及北方禅法时,于佛陀禅师项下,也刻意说明,"(慧)光、(僧)稠均不世出之人物也。光以学显,稠以禅著"②,"禅著"二字,充分说明僧稠当时在北方禅法中的中坚地位。再请看:

> 高齐河北,独盛僧稠;周氏关中,尊登僧实……惟此二贤,接踵传灯,流化靡歇。(《续高僧传·习禅篇》)

也就是说,独盛河北并受北齐高洋父子推重的僧稠,和在北周关中地区传灯的僧实,并称"二贤",实为当时流化传衍禅法的高僧,他们的影响持续不绝。

第一节 生平事迹、禅法传承及其同国主的周旋

关于僧稠,道宣《续高僧传》卷十六有《齐邺西龙山云门寺》专章论述,兹撮要如次:

> 释僧稠,姓孙,元出昌黎,末居钜鹿之瘿③陶焉。性度纯懿,孝信知名,而勤学世典,备通经史。征为太学博士,讲解坟索,声盖朝廷。……一览佛经,涣然神解。时年二十有八,投钜鹿景明寺僧寔法师而出家。落发甫尔,便寻经论。……初从道房禅师受行止观。房即跋陀之神足也。既受禅法,北游定州嘉鱼山,敛念久之,全无摄证,便欲出山诵《涅槃经》。忽遇一僧,言从泰岳来。稠以情告,彼遂苦劝,修禅慎无他志,由一切含灵,皆有初地味禅,要必系缘,无求不

---

① 语见《祐录》慧观《修行不净观经序》,《高僧传》也有"唯贤守静,不与众同"语。
② 汤用彤:《汉魏两晋南北朝佛教史》,第534页。
③ 应为"廮"。

遂。乃从之。旬日摄心,果然得定。当依涅槃圣,行四念处法,乃至眠梦觉见,都无欲想。岁居五夏,又诣赵州障供山道明禅师,受十六特胜法。钻仰积序,节食鞭心。九旬一食,米惟四升。单敷石上,不觉晨宵。布缕入肉,挽而不脱。或煮食未熟,摄心入定,动移晷漏,前食并为禽兽所啖。又常修死想,遭贼怖之,了无畏色。方为说诸业行,皆摧其弓矢,受戒而返。尝于鹊山静处,感神来娆,抱肩筑腰,气嘘项上。稠以死要心,因证深定,九日不起,后从定觉,情想澄然。究略世间全无乐者,便诣少林寺祖师三藏,呈己所证。跋陀曰:“自葱岭已(以)东,禅学之最,汝其人矣。”乃更授深要,即住嵩岳寺。

这里除了介绍僧稠出身,勤奋好学,备通经史,而与佛经神契之外,着重说明了僧稠的师承。其师初为钜鹿僧寔,继从道房禅师受止观法门,行四念处法。道房即少林寺创立者佛陀禅师之高足。继而又从道明受十六特胜法。简单地说,僧稠师从禅门,一开始修行的就是类似瑜伽的摄心入定之法——绝欲想,证深定,乃至九旬一食,九日不起,不畏死之恐怖,不受情色之诱惑;终于觉悟人生皆苦,因此登嵩山少林,皈依佛陀,呈己所证,而受到佛陀高度赞扬,谓之“葱岭已(以)东,禅学之最”,遂住嵩山嵩岳寺。僧稠在禅法上,师出名门,学有专攻,是以禅定之法享誉天下的,也是少林门下青出于蓝的出类拔萃者。

需要说明的是,僧稠的老师佛陀禅师,乃孝文帝时少林寺创立并住持者,《释老志》中亦名跋陀(应当说是不同的音译,即 Buddha,既可译作佛陀,也可译作跋陀),虽然也是天竺人(《释老志》作西域人),但不是称作觉贤的佛陀跋陀罗。佛陀才是真正的少林寺寺主。据汤用彤先生考证,魏孝文帝礼佛,敬奉佛陀,别设禅林,凿石为龛,结徒定念,为其“坐禅”之用[①]。后随文帝南迁,于洛复设静院,敕以居之。而佛陀性爱幽栖,屡往嵩岳,故帝为之敕,就少室山立寺,公给衣食,而嵩山少林也因佛陀禅法驰誉古今。僧稠禅法即源于此。再看:

---

① 汤用彤先生专门强调:“凿窟多为坐禅。”见汤用彤《汉魏两晋南北朝佛教史》,第 534 页。

（僧稠）后诣怀州西王屋山，修习前法。闻两虎交斗，咆响振岩，乃以锡杖中解，各散而去。一时忽有仙经两卷在于床上，稠曰："我本修佛道，岂拘域中长生者乎？"言已，须臾自失。其感致幽现，皆此类也。……因屡入定，每以七日为期。又移怀州马头山。魏孝明帝夙承令德，前后三召，乃辞云："普天之下，莫非王土。乞在山行道，不爽大通。"帝遂许焉，乃就山送供。魏孝武永熙元年，既召不出，亦于尚书谷中为立禅室，集徒供养。又北转常山，定州刺史娄睿、彭城王高攸等请，至又默之大冥山，创开归戒，奉信者殷焉。燕赵之境，道未通被，略言血食，众侣奔赴，礼觊填充。时或名利所缠者，稠为说偈止之，闻者惭色而止，便为陈修善偈，预在息心之俦，更新其器。既道张山世，望重天心。

之后，僧稠离开少林，驻锡怀州，独立弘法。其间，受魏孝明、孝武帝之礼重，数召数辞，帝乃于山中设禅室供养。上述僧稠辞召，措辞委婉，既反映了当时"不依国主，法事难立"的政教关系，也可以看出僧稠同皇权保持距离之超然。继而北上，于定州等地弘传定念、息心之禅法。一时之间，名动燕赵。

齐文宣天保二年下诏曰："久闻风德，常思言遇。今敕定州，令师赴邺，教化群生，义无独善。希即荷锡，暂游承明。思欲弘宣至道，济斯苦坏。至此之日，脱须还山。当任东西，无所留絷。"

稠居山积稔，业济一生。闻有敕召，绝无承命。苦相敦喻，方遂元请，即日拂衣，将出山阙。……帝躬举大贺，出郊迎之。稠年过七十，神宇清旷，动发人心。……帝扶接入内，为论正理。因说三界本空，国土亦尔，荣华世相，不可常保；广说四念处法。帝闻之，毛竖流汗，即受禅道。学周不久，便证深定。尔后弥承清诲，笃敬殷重，因从受菩萨戒法，断酒禁肉，放舍鹰鹞，去官畋渔，郁成仁国。又断天下屠杀，月六年三，敕民斋戒。官园私菜，荤辛悉除。帝以他日告曰："道由人弘，诚不虚应。愿师安心道念，弟子敢为外护檀越，何

475

如?"稠曰:"菩萨弘誓,护法为心。陛下应天顺俗,居宗设化,栋梁三宝,导引四民,康济既临,义无推寄。"即停止禁中四十余日,日垂明诲,帝奉之无失。后以道化须布,思序山林,便辞还本住。帝以陵阜回互,咨谒或难。天保三年,下敕于邺城西南八十里龙山之阳,为构精舍,名云门寺,请以居之,兼为石窟大寺主。两任纲位,练众将千,供事繁委,充诸山谷。并敕国内诸州,别置禅肆。令达解念慧者,就而教授,时扬讲诵,事事丰厚。帝曰:"佛法大宗,静心为本。诸法师等,徒传法化,犹接嚣烦,未曰阐扬,可并除废。"稠谏曰:"诸法师并绍继四依,弘通三藏,使夫群有识邪正,达幽微,若非此人,将何开导?皆禅业之初宗,趣理之弘教,归信之渐,发蒙斯人。"帝大喜焉。因曰:"今以国储,分为三分,谓供国自用,及以三宝。"自尔彻情归向,通古无伦。佛化东流,此焉盛矣,具如别纪。即敕送钱绢被褥。接轸登山。令于寺中置库贮之,以供常费。稠以佛法要务,志在修心,财利动俗,事乖道化,乃致书返之。帝深器其量也,敕依前收纳,别置异库,须便依给,未经王府。尔后诏书手敕,月别频至,寸尺小缘,必亲言及。又敕侍御徐之才、崔思和等,送诸药饵,观僧疾苦。帝常率其羽卫。故幸参觐。稠处小房宴坐,都不迎送。弟子谏曰:"皇帝降驾,今据道不迎,众情或阻。"稠曰:"昔宾头卢迎王七步,致七年失国。吾诚德之不逮,未敢自欺,形相冀获福于帝耳。"时亦美其敦慎,大法得信于人。

　　黄门侍郎李奖,与诸大德请出禅要,因为撰止观法两卷。味定之宾,家藏本据。以齐乾明元年四月十三日辰时,绝无患恼,端坐卒于山寺。春秋八十有一,五十夏矣。当终之时,异香满寺,闻者悚神。敕遣襄乐王宣慰曰:"故大禅师,志力精苦,感果必然。栖心寂默,虚来实返。业畅玄风,事高缁素。运往神迁,寔深嗟悯。资崇有嘉,用申凄敬。可施物五百段,送千僧供于云门,以崇追福。"至皇建二年五月,弟子昙询等奏请为起塔。下诏曰:"故大禅师,德业高迥,三宝栋梁。灭尽化终,神游物外。可依中国之法,阇毗起塔,建千僧斋,赠物千段,标树芳迹,示诸后代。"敕右仆射魏收为制碑文。其为时君所重,前后皆此类也。既而克日准敕。四部弥山,人兼数万。香柴千计,日正中时,焚之以火。莫不哀恸断绝,哭响流川。登有白鸟数百,徘徊烟上,悲鸣相切,移时乃逝。仍于寺之西北建以砖塔。每有灵景异香应于道俗。

公元 552 年,僧稠年逾古稀,北齐皇帝高洋下诏,苦相敦请,于是方赴京师邺城。入城之前,帝出郊迎之,入城之后,帝搀扶接入大内,礼节至隆,空前绝后。翌年,于京师近郊龙山之阳,为僧稠构建精舍,曰云门寺,并兼石窟大寺主,此即北响堂石窟①。帝也归从受菩萨戒,甚至将国库一分为三,以其中一份供养三宝。此举在历史上也可以说是绝无仅有。僧稠影响之巨,正所谓"其为时君所重,前后皆类此也"。传记中特别标明,黄门侍郎李奖与诸大德请出禅要,僧稠有《止观法》两卷问世,应当说这是僧稠禅法的精粹,遗憾的是这一著作至今不存。八年后,即北齐乾明元年(560),僧稠于寺中端坐而逝,寿 81 岁,僧腊 50 年。

---

① 距此不远,安阳小南海石窟有石碑记载,"国师大德稠禅师重莹修成",稠禅师应当便是僧稠。碑在石窟外壁上方,全文如次:"大齐天保元年,灵山寺僧方法师、故云阳公子林等率诸邑人刊此岩窟,仿像真容。至六年中,国师大德稠禅师重莹修成,相好斯备,方欲刊记金言,光流末季。但运感将移,暨乾明元年,岁次庚辰,于云门帝寺奄从迁化。众等仰惟先师,依准观法,遂镂石班经,传之不朽。"崖面右侧,刻有《华严经偈赞》和《大般涅槃经·四念处法》。碑文中的"观法",和"四念处法",与僧稠禅法相吻合。原碑如图:

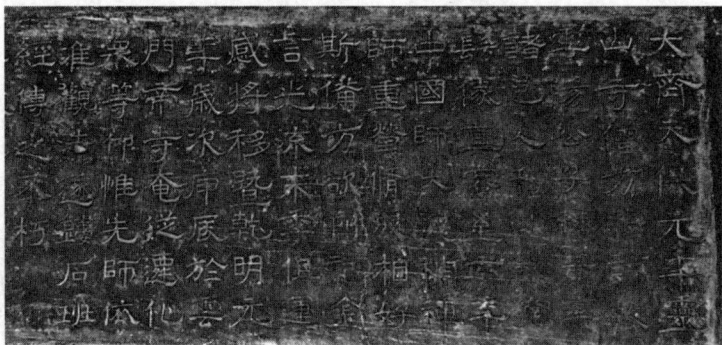

　　僧传中也有许多关于僧稠的神异描述,无非在于说明,僧稠"克志禅业,冠绝后尘。而历履大行,往还朝野",还有"鸣谦抱素,能扇清风","大儒皇氏,躬为负粮。青罗猎客,执刀剪发。或德感上玄,泽流奉敬之苗。幽诚所致,粟满信心之室",云云。特别是在那个动乱的年代,僧稠同他的支持者——有生死予夺之权的北齐皇帝高洋的周旋,本也是一种因势利导的方便之法。当时高洋一方面对僧人顶礼有加,另一方面又嗜杀成性,僧稠借用一些方术对其稍示警戒,同样起到了减少杀戮、保护生命等一定的积极作用。如下三事之描述,颇耐人寻味:

　　　　时或谗稠于宣帝,以倨傲无敬者。帝大怒自来加害。稠冥知之,生来不至僧厨,忽无何而到云:"明有大客至,多作供设。"至夜五更,先备牛舆,独往谷口,去寺二十余里,孤立道侧。须臾帝至,怪问其故。稠曰:"恐身血不净,秽污伽蓝,在此候耳。"帝下马拜伏,愧悔无已。谓尚书令杨遵彦曰:"如此真人,何可毁谤也?"乃躬负稠身往寺。稠磬折不受。帝曰:"弟子负师遍天下,未足谢愆。"因谓曰:"弟子前身曾作何等?"答曰:"作罗刹王,是以今犹好杀。"即咒盆水,令帝自视,见其影如罗刹像焉——尝以暇日,帝谓曰:"弟子未见佛之灵异,颇得睹不?"稠曰:"此非沙门所宜。"帝强之,乃投袈裟于地。帝使数十人举之不能动。稠命沙弥取之,初无重焉。因尔笃信兼常,寺宇僧供,劳赐优渥。

　　僧稠深知,同高洋这样嗜杀而又生性多疑并位居权力顶峰的人交往,实在是如履薄冰,就要利用神异的方法示之以威,并以之坚固其信仰。僧稠的"未卜先知",其实一定是于事前获得了可靠的情报,因此让高洋视为"真人",而令其折服。僧稠一则不屑于灵异之术,坚持佛门自觉觉他、济世度人的立场,另一方面又以幻术戏法,实施告诫,既在至无定轨的乱世中减少了杀戮,也为佛教的发展争取了一席之地。这些同僧稠的禅法实在没有直接关系。《坛经》中也有类似"投袈裟于地"的故事,抑或撷取于此。

第二节　僧稠禅法的形式和内容

根据道宣《续高僧传》所记，僧稠师从道房、佛陀，早年在道房门下"受行止观"，后又修习"四念处法"和"十六特胜法"，所谓"稠怀念处"，说的就是这个意思。道房的止观法，其实就是佛陀的禅法，而且僧稠也曾撰著《止观法》两卷，以为禅要。虽然《止观法》这部重要著作早已亡佚，我们无从知道它的详细内容，但还是可以通过上述相关资料，追寻其禅法的内容和形式。因此，可以这样说，僧稠禅法实以"止观"为是，以"定"为特征，注重的是坐的形式，故岩居穴处，凿石为龛，坐禅定念，与印度的瑜伽相仿。两晋南北朝时期的北方禅法多类于此。

汤用彤论及北方禅法时，尝引《洛阳伽蓝记》中胡太后的一则故事，意在说明当时禅法的倾向。请看：

> 崇真寺比丘惠凝死，一七日还活。……具说过去之时，有五比丘同阅。一比丘云是宝明寺智圣。坐禅苦行，得升天堂。有一比丘是般若寺道品。以诵四十卷《涅槃》，亦升天堂。有一比丘云是融觉寺昙谟最。讲《涅槃》、《华严》，领众千人。（汤注：据《伽蓝记·融觉寺》条，谓最初亦善禅学）阎罗王云："讲经者心怀彼我，以骄凌物，比丘中第一粗行。"……敕付司，即有青衣十人，送昙谟最向西北门，屋舍皆黑，似非好处。有一比丘云是禅林寺道弘。自云教化四辈檀越，造一切经，人中像十躯。阎罗王曰："沙门之体，必须摄心守道，志在禅诵，不干世事，不作有为。虽造作经像，正欲得他人财物。既得他物，贪心即起。既怀贪心，便是三毒不除，具足烦恼。"亦付司，仍与昙谟最同入黑门。有一比丘云是灵觉寺宝明，自云，出家之前，尝作陇西太守，造灵觉寺成，即弃官入道。虽不禅诵，礼拜不缺。阎罗王曰："卿作太守之日，曲理枉法，劫夺民财，假作此寺，非卿之力，何劳说此！"亦付司，青衣送入黑门。太后闻之，遣……访……皆实有之。议曰："人死有罪福。"即请坐禅僧一百人，常在殿内供养

之。……自此以后，京师比丘，悉皆禅诵，不复以讲经为意。①

汤用彤据此指出："此故事或虽伪传，然颇可反映当时普通僧人之态度。后魏佛法本重修行，自姚秦颠覆以来，北方义学衰落。一般沙门自悉皆禅诵，不以讲经为意，遂致坐禅者或常不明经义，徒事修持。"②他还引道宣《续高僧传》习禅篇予以旁证：

> 顷世定士，多削义门。随闻道听，即而依学。未曾思择，扈背了经。每缘极旨（汤注：缘亦作指。上文意不明），多亏声望。吐言来诮，往往繁焉。或复耽著世定，谓习真空。诵念西方，志图灭惑。肩颈挂珠，乱掐而称禅数。衲衣乞食，综计以为心道。又有依托堂殿，绕旋竭诚。邪仰安形，苟存曲计。执以为是，余学并非。冰想铿然，我倒谁识。斯并戒见二取，正使现行，封附不除，用增愚鲁。向若才割世网，始预法门，博听论经，明闲慧戒。然后归神摄虑，凭准圣言。动则随戒策修，静则不忘前智。固当人法两镜，真俗四依。达智未知，宁存妄识。如斯习定，非智不禅。则衡岭台崖扇其风也。③

汤先生进一步说明，"道宣所言，虽指隋唐僧人，然禅法兴盛，智学废替，自更易发生此类现象。北朝末叶，衡岳慧思、天台智顗极言定慧之必双修，或亦意在纠正北朝一般禅僧之失欤！"④

我们姑且不论"失"还是"不失"。如是而言，北朝禅法显然注重的是"定"和"修持"。指责它"不明经义，徒事修持"也好，"如斯习定，非智不禅"也罢，其意均在强调，包括僧稠在内的北方禅法"俱修定法"，"当属于瑜伽师宗"，与离相、离念、不落两边，非有非真有、非无非真无，反观本心、见性成佛的禅学境界，是完全不同的两个领域，或者，至少可以说是不尽相同的进路。

首先看僧稠对禅的理解。

---

① 汤用彤对原文之节引。见汤用彤《汉魏两晋南北朝佛教史》，第535页。
②③④ 同上书，第536页。

据敦煌文献《稠禅师意》:

问曰:"何云名禅?"

答曰:"禅者定也,由坐得定,故名为禅。"

问曰:"禅名定者,心定身定?"

答曰:"结跏身定,摄心心定。"

问曰:"五停十八境,见物乃名为定。眼须见色,心须见境,云何名定?"

答曰:"见境即心生,物动即风起;风息而境安,心息即境灭。若心境俱灭,即自然寂定。"①

僧稠还说:"欲修大乘之道,先当安心。""言安心者,顿止诸缘,妄想永息。"在僧稠看来,禅就是"定","坐"能得"定",所以也可以说,禅就是"坐",或者说"坐"是实现禅的唯一法门。如此"坐——定——禅"的逻辑推衍,故称之"坐禅"。最终的结果就是"心息境灭""心境俱灭""自然寂定"。僧稠以"止观"为内容的禅要根本如斯,也是《洛阳伽蓝记》《续高僧传·习禅篇》乃至汤用彤先生所指的"俱修定法","属于瑜伽师宗"的北方禅法。

如此"定""坐",乃至心境俱灭的"寂定",自然以其"止观法"为指导和理论依据。两卷《止观法》虽然不存,无法直接窥见僧稠的止观法门,但就"止观"而言,还是有很多资料可以帮助我们把握僧稠禅法的蛛丝马迹。

简单地说,从因果上讲,止、观是因,止、观成就,便可得果,就是定、慧。止是对治心思散乱,观是在止的基础上,对治昏沉的内观。念念归一为"止",了了分明为"观"。当然,由止而定,因观而慧,因此,也可以说,止、观是方法,定、慧则是目的。

然而,"止观法"显然是从方法上入手的。由止入定,依靠的就是静

---

① 转引自冉云华《敦煌文献与僧稠的禅法》,《华冈佛学学报》(台北)1983年第6期。

坐;观是用心观,而且是在定、静中观。无论怎么说,止、静、定、坐,都是当时北方禅法不可须臾或缺的基本形式。

至于观法,并非如其后天台的一心三观——观空、观假、观中,而是观身、观受、观心、观法。这就是"四念处",或者叫"四念处观",亦称"四念住"。在原始佛典中,四念住,就是指修行;修行就是修习四念住。四念住和修行同义。所谓"住",尤其凸显"定"的特征。甚至也有人说四念住是学习静坐用的,视之为静坐的专利。具体对应的关系如下表示:

四法	四念处	四种念	四颠倒
不净	身念处	观身不净	净:执着身心是干净的
苦	受念处	观受是苦	乐:执着世间有快乐
无常	心念处	观心无常	常:执着世间有一个永恒的我
无我	法念处	观法无我	我:执着有一个我

佛说"诸法因缘生",无常、无我,痛苦生于执着贪爱,生于净、乐、常、我之颠倒,破除这四种颠倒才能臻至觉悟的大智慧。僧稠入宫,便为高洋"广说四念处法。帝闻之,毛竖流汗",足见僧稠对四念处法的重视和熟稔。上述所谓四念处观,就是在身、受、心、法四处,以不净、苦、无常、无我四个方面的正念,观身不净、观受是苦、观心无常、观法无我,乃至观一切诸法毕竟空,从而破除净、乐、常、我之颠倒。

例如,观人身为臭皮囊,为秽物,甚至为骷髅;观人之所受,若生老病死者皆苦,如是种种。又如《心经》开宗明义,说"观自在菩萨行深般若波罗蜜多时,照见五蕴皆空",其中"照见五蕴皆空"就是观。又如《金刚经》所说"凡所有相,皆是虚妄。若见诸相非相,则见如来",以及"一切有为法,如梦幻泡影,如露亦如电,应作如是观",如是观一切法空。但是后者与四念处的观法显然不同,不是观身不净之类的具体对象,而是以心观心的形而上的思考,这就是其后继起的天台智𫖮的一心三观,也是在天台思想影响下的禅宗思想的慧观。

需要说明的是，禅宗之禅，溯源于创造性的翻译，并在其后不间断地汲取庄老的智慧，最终至《坛经》集成，逐步形式中国化、大众化的哲人之慧；是以离相、离念的方法，摆脱思维羁绊，超越相对，涵盖相对，达到游行自在的意境，而非坐、定、寂、静状态。这就是我们说的禅定分途。详细内容颇繁，不再赘述，可参阅《中国禅宗思想发展史》①。事实上，作为修行方法的禅法，与作为意境和哲学范畴的禅宗之禅，无论在南北朝，还是在禅宗形成之后常常纠结在一起，歧义并存。磨砖作镜的故事，充分说明禅宗之禅对坐、定、止、寂的禅法有意识地纠偏救缪。当然，后世禅僧也有偏向于止、定，以及四观之禅法的，或者借禅法的修习以求一逞。比如坐禅禅修（也有叫止的禅修）、四禅八定；又如近代禅僧敬安深信妄见为分别之本，故专入茅厕中参干屎橛，"遂悟入心地法门"②，如此正是观身不净。这样的禅法甚至对思想家也产生过重大的影响。如康有为在青年时期，"忽绝学捐书"，"静坐养心"，"入西樵山，居白云洞"，"夜坐弥月不睡，恣意游思"，"视身如骸，视人如豕"。③　其真实性姑且不论，但他这样说，显然也是受到四念处观身、观受、观心、观法的潜在影响。

僧稠早年尝诣道明禅师，学习"十六特胜法"，应当说也同其"止观法"或多或少有一些关系。据《选佛谱》卷第四曰：

> 十六特胜者，一知息入，二知息出，三知息长短，四知息遍身，五除诸身行，六受喜，七受乐，八受诸心行，九心作喜，十心作摄，十一心作解脱，十二观无常，十三观出散，十四观离欲，十五观灭，十六观弃舍。此十六法，亦名阿那波那念。言特胜者，从因缘得名；如外道等，并能修得四禅四空，而无对治观行，则不出生死。此十六法，有定有观，具足诸禅，能发无漏，故名特胜也。

这里不仅有"定"有"观"，而且有"数息"，所谓息出、息入者，还有观

---

① 麻天祥：《中国禅宗思想发展史》，武汉，武汉大学出版社，2007。
② 冯毓孳：《中华佛教总会会长天童寺方丈寄禅和尚行述》。
③ 参见康有为《康南海先生自编年谱》。

灭、观舍弃,方法更为具体,无疑这些还是止观法门,重视的也是坐和定的修持之法,而与形而上的禅境大不相同。僧稠存世的资料有限,这里就不再做无端的推测了。

总而言之,僧稠依四念处观为根本,参照十六特胜法的禅法,是同禅宗之禅完全不同的概念。其重视的是坐、止、定,以及观身、受、心、境具体对象的修持方法。加之,在当时"不明经义,徒事修持"之风熏染下的北方禅法的影响,原本就偏向定念、缺少慧观、专事修习的禅法,更是同形而上的心性关怀无缘,同还识本心、见性成佛的内在超越的禅的追求大相径庭,所谓"定慧双修"也就徒成画饼。慧能以下,虽说是禅定分途,但定、止的方法掺和其间;对心性问题的形而上思考、否定性思维与任性逍遥的意境,又裹挟着静坐入定的方法,把作为哲学范畴的禅宗或者说禅学之禅,与作为具体方法的止、定,有意无意地混为一谈,使原本显而易见的区别变得模糊不清了。它们虽然都表现了对经典的淡薄,但性质不同,趋向也不同:一个是因为"道不可说",一个只是由于"时尚所致";一个是趋向于对终极的关怀,一个却是对修持实践的关注。

第三节　僧稠禅法引发的思考

首先,南北朝时期,北方僧侣特重禅定,俱修定法,觉贤、佛陀郁为大观。僧稠师出名门,学有专攻,晚年居邺城,以四念处法为止观之禅要,教授学人,一时间名动燕赵,备受高齐皇室之隆遇。其止观之法,既是当时禅法之支脉,也成北方禅法之中心。

其次,僧稠之师佛陀,或跋陀,或佛陀扇多,初"凿石为龛,结徒定念","当属于瑜伽师宗";"后随帝南迁","有敕就少室山为之立寺。公给衣食,即有名之少林寺也","自此嵩山少室,更以禅法驰誉"。[1] 僧稠正是从少林佛陀门下走向河北,享誉大河上下的。佛陀既是真正的少林寺寺

---

[1] 参见汤用彤《汉魏两晋南北朝佛教史》,第534页、536页。

主和创立者，又是北方禅法的渊薮。菩提达摩"阐导江洛"，以"息缘""壁观"为特征，虽然也是止观之法，属于瑜伽禅法之流，但与少林大不相干。

其三，禅有二义，并分两途：一是以坐、止、定为基本形式，即观身不净、观受是苦、观心无常、观法无我的"止观"之法；二是力图摆脱思维羁绊，超越相对，于相离相，于念离念，返观自性，彰显自性的意境。前者是修持方法，后者是形而上的终极关怀。正像"道"有不同意蕴：一是"生成一切，而不被生成"、不可言说的本体之道；二是作为方法、道路、规范之类可以言说的应用之道。二者绝不相伴。

其四，达摩"壁观""乃禅法名称"①，亦属于北方止观禅法之一流。道宣专门比较僧稠与达摩之禅法，所谓"情事易显""理性难通"者，明显有褒贬之意。僧稠之望，当在达摩之上；而且，他们均同后世禅宗无所关涉，而无可无不可。

其五，僧稠禅法之所以能够得以传播，亦有赖于皇权之推重。前有魏文帝对佛陀的支持，后有北齐高洋对僧稠之膜拜，在至无定轨的乱世祸福中，起到了一定的积极作用，同样表现了北方佛法"不依国主，法事难立"的特点和现实关怀，也反映了佛教同政治相辅相成的和惬。

如是云云，不一而足。

---

① 汤用彤：《汉魏两晋南北朝佛教史》，第 539 页。

第十章　三教之争之一：儒释之争

　　自董仲舒以来，儒教作为正统文化的代表，不仅登上了政治舞台，而且渗透到社会生活的各个领域，以"天不变道亦不变"为圭臬，把三纲五常作为不可动摇的天道人伦秩序，尊天命（君权天授、祸福天定）、奉先祖（慎终追远、祭祀祖宗）、崇圣贤（尊崇儒圣、奉习五经），奠定了儒教哲学的思想基础。时至魏晋，佛、道兴盛，玄风飙起，儒家思想独尊之说发生了根本的动摇，但在思想文化领域仍然保持其持续的影响和正统地位。儒学也以其固有的兼包并容的特性，在一定的范围内接纳佛、道。但是，不同文化的冲突，无论是在实践还是在理论上都在所难免。如牟子《理惑论》既表明时代精神之转换，也反映了外来宗教同本土文化的冲突。当然，不同文化也在冲突中交相渗透。

　　佛教得庄老之滋养，玄学化的佛教哲学在理论上占有明显的优势，其谈空说有，理致幽玄，不仅高于古代儒学，较之儒道合流的玄学也略胜一筹。即使在玄学风行之时，般若性空、涅槃佛性之说也代表了当时哲学的最高水平。不过佛教毕竟是外来文化，其价值观念、思维方式乃至生活习俗，与中国传统心理无处不存在矛盾、冲突而受主流文化的排拒。所以佛教对儒、道两家的反击，一方面显示了自身的存在价值，另一方面也逐渐对自身理论予以适应性改造，从而推进佛教哲学中国化的过程。

汉代以降，儒教作为主流文化意识形态，不仅是官方之正统思想，其"三纲六纪"等宗法礼教观念，亦渗透至社会生活各领域，普被民风。然佛教传入中国后，亦逐渐扩张影响，三国时洛阳、建邺已有佛寺，若魏明帝曹叡、吴大帝孙权，均敬重西来僧人。西晋时般若学流行，在名士之推崇下，与玄风并进，影响益大。至东晋时，若明帝、成帝雅好佛法，安帝则亲接法事，支遁等名僧兼为清谈领袖，慧远于庐山则俨然为一代宗师，佛寺"乃至一县数千，猥成屯落"（恒玄：《与僚属沙汰僧众教》）。佛教势力的增强，难免引起儒教的警惕而发生摩擦，魏晋南北朝时期，儒释两教在思想领域内有过多次交锋，并在争论中交融互补。

第一节　沙门敬不敬王者之争

西晋佛学，因名士之推崇，与玄风互相煽动，般若理趣，同符老、庄，名僧风格，酷肖清流，佛教势力的增强导致与王权、名教发生摩擦，首先是与朝仪发生抵触，引发一场沙门敬不敬王者之争论，围绕礼仪问题讨论夷夏同异，旁及其他。三教冲突发端于此。

在印度，佛教徒具有很高的社会地位，他们礼拜佛祖，而对世俗任何人，包括帝王和父母都不跪拜，甚至还可以接受父母的跪拜。这种教仪与天、祖、圣合一的传统纲常伦理相悖，也是使佛教备受责难、必须改造的部分。东晋成帝时庾冰、何充辅政，前者反佛，后者崇佛。庾冰代帝作诏书，令沙门跪拜王者，认为名教不可弃，礼典不可违，礼敬乃"为治之纲"，又谓"王教不得不一，二之则乱"，沙门不敬王者，将破坏礼制的尊严与统一，力图恢复"王教"和独尊儒术的局面。何充等人则力言佛教乃修善之法，"寻其遗文，钻其要旨，五戒之禁，实助王化"，"今一令其拜，遂坏其法，令修善之俗，废于圣世"，不如"因其所利而惠之，使贤愚莫敢不用情"，充分发挥佛教辅政治国的作用。何充等还说："直以汉魏逮晋，不闻异议，尊卑宪章，无或暂亏"。沙门虽然礼仪有殊，但尊重王权，"每见烧香咒愿，必先国家，欲福佑之隆，情无极已"。所以，跪拜与否只是枝节，应许存异。由于何充的反对，庾冰议寝，沙门最终不施礼敬。——此事为"沙门敬不敬王者之争"的第一阶段①，其始末略如下述。

在《弘明集》的序言中，对于此事的起因有扼要的记述：

> 晋咸康六年，成帝幼冲，庾冰辅政，谓沙门应尽敬王者，尚书令何充等议不应敬。下礼官详议，博士议与充同，门下承冰旨为驳，尚书令何充及仆射褚翌、褚葛恢，尚书冯怀、谢广等，奏沙门不应尽敬。

针对庾冰之"沙门应尽敬王者"的意见，何充等表示反对，主张沙门不应尽敬的主要理由，乃提及"先帝故事"，也就是，既然前代帝王都不作如此要求，现在亦不宜改变。他们说：

> 世祖武皇帝以盛明革命，肃祖明皇帝聪圣玄览，岂于时沙门不易屈膝。顾以不变其修善之法，所以通天下之志也。②

何充等此表上奏后，庾冰回应其中强调的"先帝故事"这一维护僧人的反对意见，代成帝下诏，其大意是，前代帝王不要求僧人尽敬王者，乃是因习俗不同，是从权的办法而已，更重要的是体会"先王所以尚之意"，对于统治者而言，作为权力保障的名教与礼制最为重要，断不可废，所谓"因父子之敬，建君臣之序，制法度，崇礼秩，岂独然哉，良有以也，既其有以，将何以易之！"并列举如下理由：

首先，需辨明"佛"是否真实存在。从两个方面讲，如果佛是虚构的观念，僧人不礼敬王者自然无从谈起了；就算佛是真实存在的，那么这则是"方外之事"，属于一种精神追求，但"方内之事"的世俗规范还是要尊重，所以，如果真的有佛，佛是大神，"吾将通之于神明，得之于胸怀耳，轨宪宏模，固不可废之于正朝矣"，当然不能要"矫形骸，违常务，易礼典，弃名教"。

---

① "沙门敬不敬王者之争"前后有三个阶段，参见刘立夫《弘道与明教——〈弘明集〉研究》，第209—243页，北京，中国社会科学出版社，2004。
② 〔晋〕何充等：《奏沙门不应尽敬表》，〔南朝梁〕僧祐：《弘明集》卷十二。

其次，庾冰强调"名教有由来，百代所不废"。如果"弃礼于一朝，废教于当世"，使凡夫俗子傲视宪章，逃避法度的制约，则将礼崩乐坏，规矩荡然，将破坏统治者的合法性基础。

最后，信佛修道者，皆为国家普通臣民（晋民），才智皆"常人"，岂能因他们讲那一套玄理，就可以让其"假服饰以陵度，抗殊俗之傲礼，直形骸于万乘"？对于这些"常人"而言，当然无此资格。①

庾冰代成帝下诏后，何充等仍不服，复上二奏，进一步阐述其反对理由，主要为以下两点：

其一，针对庾冰对佛是否存在的辨析，何充等表示"有佛无佛，固非臣等所能定也"，认为"沙门敬不敬王者之争"问题的关键与佛存在与否无关，而是佛教确起到了协助"王化"的作用。他说："五戒之禁，实助王化"，沙门"贱昭昭之名行，贵冥冥之潜操，行德在于忘身，抱一之心清妙"。而且，沙门出家修道之崇尚者，乃精神的超越，非世俗所能禁锢者，非礼教所能勉强。

其二，世历三代（指汉、魏、晋），佛教均无损于国家。佛教"兴自汉世，迄于今日，虽法有隆衰，而弊无妖妄，神道经久，未有其比也"，故三代以来，都没有改变对沙门的要求，"世经三代，人更明圣，今不为之制，无亏王法"。而如今若一旦"坏其法"，不仅令"修善之俗，废于圣世"，甚至可能"习俗生常，必致愁惧"，会破坏佛教现有的那些比较稳定的规范，可能会导致意想不到的变故。何充等人最后的结论是，维持佛教的现状于国有益，应该因循旧例为好。②

庾冰览奏，仍然坚持己见，针对何充等上述意见，又代成帝下诏反驳，提出"殊俗"不可以"参治"，为政不当"两行"。他认为：

> 百王制法，虽质文随时，然未有以殊俗参治，怪诞杂化者也。岂曩圣之不达，而来圣之宏通哉？

---

① 以上引文见〔晋〕庾冰《代晋成帝沙门不应尽敬诏》，〔南朝梁〕僧祐：《弘明集》卷十二。
② 以上引文见〔晋〕何充等《沙门不应尽敬表》，〔南朝梁〕僧祐：《弘明集》卷十二。

这是说,佛教属异方殊俗的制度,若与华夏先王之礼教相混淆而治理国家,实为怪诞不堪;制度应该是应时而变革更迭的,前代帝王虽未如此做过,但今后也不必因循守旧。对于何充等"五戒之禁,实助王化"之说,庾冰认为"五戒"只不过是与儒家之礼法略有相似,没有那么夸大的作用,岂能因此而成为对世主不恭的借口?

庾冰进一步强调说:

> 礼重矣,敬大矣,为治之纲尽于此矣。万乘之君,非好尊也;区域之民,非好卑也。而尊卑不陈,王教不得不一,二之则乱。斯曩圣所以宪章体国,所宜不惑也。

故庾冰以佛教"修之于家可矣,修之于国及朝则不可",为政若"两行",为致乱之源,故佛教不能"参治",沙门自当致礼于王者。①

何充等人仍表不满,重新上表,还是持沙门不敬王者之论,他们仍强调不能变革成法,"直以汉魏逮晋,不闻异议,尊卑宪章,无或暂亏也",还指出,沙门笃守戒律,牺牲身体亦在所不惜,"何敢以形骸而慢礼敬哉?"而且,沙门"每见烧香咒愿,必先国家,欲福佑之隆,情无极已,奉上崇顺,出于自然,礼仪之简,盖是专一守法",是以"先圣御世,因而弗革"。②

庾冰与何充等人的"沙门敬不敬王者之争",最终的结果是,庾冰因反对意见众多,压力甚大,不能再坚持己见。而立足于佛教立场,维护沙门利益的何充等人占得了此阶段论争的上风。

继庾冰之后,东晋末年,权臣太尉桓玄又重提此议,欲使沙门礼敬王者,是为论争的第二阶段。桓玄先致信于朝中掌握重权的"八座"③,希获得支持。信中说:"旧诸沙门皆不敬王者,何、庾已论之,而并率所见,未是以理屈也。庾意在尊主,而理据未尽;何出于偏信,遂沦名体。"④桓玄

---

① 本段引文见〔晋〕庾冰《重代晋成帝沙门不应尽敬诏》,〔南朝梁〕僧祐:《弘明集》卷十二。
② 本段引文见〔晋〕何充等《重奏沙门不应尽敬表》,〔南朝梁〕僧祐:《弘明集》卷十二。
③ 东晋时有吏部、祠部、五兵、左民、度支五部尚书,加上尚书左、右仆射、尚书令,此八大臣合称为"八座"。
④ 〔晋〕桓玄:《与八座论沙门敬事书》,〔南朝梁〕僧祐:《弘明集》卷十二。

认为,当年庾冰之论,因为只是重在"尊主",但理据未张,未能服人;而何充则偏袒佛教,结果致使名教受损。因此,桓玄提出自己进一步的见解,认为无论佛教教理如何,均受庇于王化之下,"以敬为本,此处不异"。他认为:

> 老子同王侯于三大,原其所重,皆在于资生通运,岂独以圣人在位,而比称二仪哉？将以天地之大德曰生,通生理物,存乎王者,故尊其神器,而礼实惟隆,岂是虚相崇重,义存君御而已哉？沙门之所所以生生资存,亦日用于理命,岂有受其德而遗其礼,沾其惠而废其敬哉？既理所不容,亦情所不安。[①]

在此,桓玄援引道家《老子》与儒家《周易》的说法,以论证"王者"无上的政治社会权威。他首先根据《老子》将道、天、地、王(王弼本称"王",通本称"人")列为"域中四大"的观点,其德故可配于天地二仪。又据《周易》"天地之大德曰生"的说法,以作为"圣人"的帝王代天受命,故能"资生通运"或"通生理物"。王者君临天下,其恩其德,如天覆地载,故臣民对王者尽敬,实属天经地义。沙门也是社会的一部分成员,亦蒙王者"生生资存"之恩,既然如此,佛教僧人若"遗其礼""废其敬"而不敬王者,情理难通。

桓玄之书发出后,率先提出反对者,是"八座"之一的桓谦,他提出了自己的反对意见,复信说:

> 佛法与老孔殊趣,礼教正乖。人以发肤为重,而髡削不疑,出家弃亲,不以色养为孝,土木形骸,绝欲止竞,不期一生,要福万劫。世之所贵,已皆落之;礼教所重,意悉绝之;资父事君,天属之至,犹离其亲爱。岂得致礼万乘？[②]

桓谦在此指出,佛教是出世之法,既然已放弃了世俗的一切享受、世

---

① 〔晋〕桓玄:《与八座论沙门敬事书》,〔南朝梁〕僧祐:《弘明集》卷十二。
② 〔晋〕桓谦:《答桓玄论沙门敬事书》,〔南朝梁〕僧祐:《弘明集》卷十二。

间的伦理关系,当然也不再对沙门具有约束力,故也就不必"致礼万乘"。

桓玄见桓谦的答复后,显然未得到自己期望的结果,复将《与八座书》转与吏部尚书、中书令王谧,希望能获得支持。但王谧也不同意其提议,与桓玄多次往返辩难,王谧写了四篇《答桓太尉》的信,桓玄也回应了四篇《难王中令》。

王谧的第一封《答桓太尉》主要阐述三点理由:

首先,王谧认为,佛教虽出于天竺,与中土"殊方异俗","至于君御之理,莫不必同",沙门是否致礼王者,是形式上的虚文,并不重要,重要的是他们"意深于敬",因此与世俗的政治旨趣殊途同归。

其次,王谧与何充一样,仍然强调前代帝王和域外国主皆尊崇佛教。他指出,在天竺乃至西域,不仅僧人不礼拜国王,国王反要致礼僧人;佛教传入中国数百年来,历代君主宽容于佛教的传统,正是因为"独绝之化;有日用于陶渐,清约之风,无害于隆平",佛门保有自身的一定独立性,应有助于淳化风俗,王者自应着眼大局,不应纠结于这些细枝末节之事。

最后,"功高者不赏,惠深者忘谢"。虽帝王对于臣民之恩可配天地,沙门也是受惠者,但应考虑到沙门有大功于国家,其功劳岂能用普通的奖赏来衡量?王者有深惠于沙门,其恩惠也不能靠简单的跪拜来报答。

桓玄的本意当然是希望得到王谧的支持,却事与愿违。于是又作第一封《难王中令》,也提出四点理由,逐一驳斥:

第一,沙门内部也未排除世俗之礼敬仪式,他们在面对佛像和师长时,"忏悔礼拜",笃诚之至,与世俗的"揖跪"基本无异,"既不能忘身于彼,何为勿仪于此?"况且,沙门的师长辈只是助其开悟,而君主则通生理物,相比之下,孰轻孰重?

第二,域外均夷狄之国,"六夷骄强,非常教所化,故大设灵奇,使其畏服",用鬼神福报来慑服民众,故以沙门为尊,但这不是"宗极之道",具有优秀文化的华夏自无须借鉴。

第三,时移势易,西晋以前,沙门多是胡人,故政府听任其俗,给予他们一定的特权照顾；但今日之出家僧侣，多为本土臣民，需用中国的礼制来约束，自不待言。

第四，圣人缘情而制礼，若以"功深惠重"作为沙门不参王者的理由，按此理类推，佛祖对于佛教徒的恩惠更大，如此僧人对于释迦牟尼是否也不须礼拜了？[①]

显然，单纯从论辩的逻辑严密性上着眼，桓玄的四点针锋相对的理由显然是颇为有力的，因此，王谧的第二封答书，只能重复和立足于佛学立场来申辩其原来的那些理由。他们接下来的论辩中，王谧强调问题的关键是佛教能否与王道并行，他的意见当然是肯定的；而桓玄则坚持佛教不能高于王权的立场。最后，王谧一方面顾忌当时桓玄的倾天权势，另一方面在论辩中也的确渐趋下风，终于向桓玄让步妥协。

桓玄与桓谦、王谧之间的辩论，双方的主要观点，基本上都是在重复与何充、庾冰的辩论，而略作深化和发挥而已。克实而言，这一阶段的论辩中，因支持佛教的一方仍仅强调宽容沙门不敬王者是前代惯例，或以"功高者不赏，惠深者忘谢"这种似是而非的道理来立论，或强调沙门应当拜佛而不应当拜君，由于他们在言辞中尚需顾忌世俗政权的权威，很容易被对方抓住言辞中的矛盾和两难之处，处于下风。

对于佛教而言，如欲保持沙门面对世俗权力时至少是表面上的独立性与神圣性，坚持不拜王者，则必须在理论上作出更加深入和具有说服力的论证。也就是说，佛教既要保持一定的社会独立性，又要为世俗政权所容许，不被君主见疑。这显然是一个棘手、两难的课题。最终，名僧慧远成了魏晋南北朝时期沙门敬不敬王者之争的一锤定音者。

桓玄虽在与"八座"的论争中赢得了主动，但由于彼时佛教在士大夫群体中深得人心，一些佛教高僧社会影响巨大，因此，桓玄心中还难免有些顾虑，便向当时的佛教领袖——居于庐山的慧远法师致信，咨询其意

[①] 桓玄与王谧往返书信要点的总结，参见赖永海主编《中国佛教通史》第四卷，第308—309页，南京，江苏人民出版社，2010。

见。信中写道：

> 沙门不敬王者，既是情所未了，于理又是所未喻。一代大事，不可令其体不允。近与八座书，今示君，君可述所以不敬意也。此便当行之于事。一二令详遣，想君必有以释其所疑耳。王领军（王谧）大有任此意。①

慧远接书后，作《答桓太尉书》，这封信即慧远后来《沙门不敬王者论》的底本。他明确表示佛教赞誉王化的立场，阐述佛法与世法小异大同的关系。他在答桓玄的信中说："佛经所明，凡有二科，一者处俗弘教，二者出家修道。处俗，则奉上之礼，尊亲之敬，忠孝之义，表于经文。再三之训，彰于圣典。斯与王制同命，有若符契。"又说："凡在出家，皆隐居以求其志，变俗以达其道。变俗，则服章不得与世典同礼；隐居，则宜高尚其迹。夫然，故能拯溺俗于沉流，拔幽根于重劫。远通三乘之津，广开人天之路。是故内乖天属之重，而不违其孝；外阙奉主之恭，而不失其敬。""如令一夫全德，则道洽六亲，泽流天下。虽不处王侯之位，固已协契皇极，大庇生民矣。"②可见，慧远认为出家修道者的礼仪同世俗形乖而实同，不失孝敬之义，且有助于政教。中国佛教徒既应严守佛教的独立性，又要依附王权，与传统礼教保持一致。

东晋元兴二年（403）十二月，桓玄篡位称帝，因顾忌慧远等名僧的社会影响，并出于希图取得佛教支持的目的，作《许沙门不致礼诏》，容许僧人不参拜王者。但朝中大臣如侍中卞嗣之、黄门侍中袁恪之、门下通事令使臣马范等人揣摩其心思，投其所好，答诏表示沙门应礼敬王者。次年春，刘裕起兵讨桓玄，五月桓玄事败被杀。事后，慧远根据《答桓太尉书》撰《沙门不敬王者论》。此论包括在家、出家、求宗不顺化、体极不兼应、形尽神不灭五大内容，并作序，介绍朝廷讨论沙门敬王事件的始末。

慧远的《沙门不敬王者论》主要是针对桓玄的观点而发，开篇简要回

---

① 〔晋〕桓玄：《与远法师书》，〔南朝梁〕僧祐：《弘明集》卷十二。
② 〔晋〕慧远：《答恒太尉书》，〔南朝梁〕僧祐：《弘明集》卷十二。

顾和介绍了东晋朝廷两次争论情形，以及以桓玄为代表的、主张沙门应致敬王者之论的主要观点：

> 晋咸、康之世，车骑将军庾冰疑诸沙门抗礼万乘。所明理，何骠骑有答。至元兴中，太尉桓公亦同此议，谓庾言之未尽，与八座书云："佛之为化，虽诞以茫浩，推乎视听之外，以敬为本，此出处不异。盖所期者殊，非敬恭宜废也。《老子》同王侯于三大，原其所重，皆在于资生通运，岂独以圣人在位，而比称二仪哉？将以天地之大德曰生，通生理物，存乎王者，故尊其神器，而体实唯隆，岂是虚相崇重，义存弘御而已！沙门之所以生，生资国存，亦日用于理命，岂有受其德而遗其礼，沾其惠而废其敬哉？"于时朝士名贤，答者甚众，虽言未悟时，并互有其美，徒咸尽所怀，而理蕴于情，遂令无上道服，毁于尘俗；亮到之心，屈乎人事。悲夫！斯乃交丧之所由，千载之否运。深惧大法之将沦，感前事之不忘，故著论五篇，究叙微意。岂曰渊墼之待晨露，盖是伸其罔极。亦庶后之君子，崇敬佛教者，式详览焉。①

就当时的普遍情况而言，佛教在面临来自儒家的指摘，诸如认为其违背礼法、破坏纲常的责难，只能曲折委婉地解释，不能直接回应，只能就佛教的社会作用作妥协性地调和。若何充等人便认为佛教同儒家名教并无矛盾，不但对王者不构成任何威胁，而且能起到"上俾皇极"的作用。王谧也强调"独绝之化，有日用于陶渐；清约之风，无害于隆平"。慧远总结了上述看法，将"日用于陶渐"，也就是潜移默化地劝化民风，规定为佛教的社会职能；将"上俾皇极"，也就是协助维护皇权，规定成佛教的政治职能。他进一步指出：

> 佛经所明，凡有二科：一者处俗弘教，二者出家修道。处俗则奉上之礼、尊亲之敬、忠孝之义表于经文，在三之训彰于圣典，斯与王制同命，有若符契。此一条全是檀越所明，理不容异也。出家则是

---

① 〔晋〕慧远：《沙门不敬王者论》，〔南朝梁〕僧祐：《弘明集》卷十二。

方外之宾,迹绝于物。其为教也,达患累缘于有身,不存身以息患;知生生由于禀化,不顺化以求宗。求宗不由于顺化,故不重运通之资;息患不由于存身,故不贵厚生之益。此理之与世乖,道之与俗反者也。①

《沙门不敬王者论》五篇中的核心观念,便是慧远在这里关于"处俗"与"出家"二者不同社会职责的辨析。慧远在这里有针对性地将佛教信徒作出了区分,即"处俗弘教"的居士和"出家修道"的沙门,对于"处俗"者而言,虽皈依三宝,但仍属于在家奉化之民,自然要遵循世俗法章,忠君孝亲,致礼王者。这种区分,其实表明了一种态度,就是说,我们佛教的信徒,肯定都是王权下本分的"顺民",慧远以此作为佛教沟通名教的桥梁,阐明这是佛教"与王制同命"的前提。慧远进一步发挥道:

在家奉法,则是顺化之民,情未变俗,迹同方内,故有天属之爱,奉主之礼。礼敬有本,遂因之而成教……是故因亲以教爱,使民知有自然之恩,因严以教敬,使民知有自然之重……何者? 夫厚身存生,以有封为滞,累根深固,存我未忘,方将以情欲为苑囿,声色为游观,耽湎世乐,不能自勉而特出。是故教之所检,以此为涯,而不明其外耳。其外未明,则大同于顺化,故不可受其德而遗其礼,沾其惠而废其敬。是故悦释迦之风者,辄先奉亲而敬君;变俗投簪者,必待命而顺动,若君亲有疑,则退求其志,以俟同悟。斯乃佛教之所以重资生、助王化于治道者也。②

慧远除了强调在家众应当做"顺化之民",应当享受"天属之爱",接受"奉主之礼","奉亲而敬君"之外,同时他还指出,在家众所以"情未变俗""累根深固",究其根源,则是"功由在昔",都是过去的业力的报应,因此,世俗的礼教恰恰同佛教的因果报应是相辅相成的。慧远认为,王者

①②〔晋〕慧远:《沙门不敬王者论》,〔南朝梁〕僧祐:《弘明集》卷十二。

对臣民的赏罚从根源上说是实施信徒的业力的现报或后报，这也就从佛教的教理上，为君王统治臣民作出了一个颇具用心的合法性论证。接下来，慧远进入主题，开始阐明出家沙门的行为规范的合理性：

> 出家则是方外之宾，迹绝于物。其为教也，达患累缘于有身，不存身以息患；知生生由于禀化，不顺化以求宗。求宗不由于顺化，故不重运通之资；息患不由于存身，故不贵厚生之益。此理之与世乖，道之与俗反者也。若斯人者，自誓始于落簪，立志形乎变服。是故凡在出家，皆遁世以求其志，变俗以达其道。变俗，则服章不得与世典同礼；遁世，则宜高尚其迹。夫然者，故能拯溺俗于沉流，拔幽根于重劫。远通三乘之津，广开天人之路。①

慧远认为，佛教的出家沙门与在家众存在根本的区别，就是僧侣以生命和身体是一种"患累"，也是招致无明烦恼的根源。因此，出家者对于一切世俗欲望均是力求破除的，遁世隐居，迹绝于物，才是出家修道的内在要求，故沙门不礼敬王者应当受到尊重，不能用世俗的要求来勉强他们。更重要的是，慧远所说"远通三乘之津，广开天人之路"云云，这里隐含的一层意思是，维护出家沙门的神圣尊严，还是"处俗弘教"的在家众作为"顺化之民"的有效保障，是所谓"协契皇极，大庇生民"矣。慧远曾在《答桓太尉书》中比较明确地表达过这一层意思：

> 是故内乖天属之重，而不违其孝，外阙奉主之恭，而不失其敬。若斯人者，自誓始于落簪，立志成于暮岁，如令一夫全德，则道洽六亲，泽流天下，虽不处王侯之位，固已协契皇极，大庇生民矣。如此，岂坐受其德、虚沾其惠，与夫尸禄之贤同其素餐者哉！②

慧远在此建议统治者，不要拘泥于沙门是否礼拜，不妨从形式上向沙门让步，抬高僧侣社会身份的目的是树立道德楷模，因此佛教才能更

---

① 〔晋〕慧远：《沙门不敬王者论》，〔南朝梁〕僧祐：《弘明集》卷十二。
② 〔晋〕慧远：《答桓太尉书》，〔南朝梁〕僧祐：《弘明集》卷十二。

广泛、更深入地教化民众避恶趋善，"协契皇极"，这才是佛教从根本上维护统治者的最高利益。通过慧远的精心诠释，佛教对于统治阶级来说，已经不仅仅是某种文化政策的点缀品，而是巩固其政治统治和维护社会秩序的重要手段。佛教由私人的事情，变成了国家和皇权的事业。[1] 显然，慧远最终赢得了王权对沙门的妥协，其深层原因，除了其理论辨析的精细巧妙，更说明了在当时的社会中佛教信仰对民众影响之巨。因此，世俗政权不得不向佛教僧侣进行有限的妥协，以换取合作而稳固自身的统治地位。

慧远《沙门不敬王者论》五篇，除了重申在家奉法不违礼、出家修行不失敬的论点以外，还强调，沙门超俗，释优于儒，周孔之道是方内之教，不关视听以外，而释教超言绝象；从追求终极真理的角度来看，佛教是先合后乖，而后随时制宜，灵活应用，以合世教；尧孔则是先乖后合，因俗施教，有治世之功，长久累积，终归大道。如此说来，佛儒殊途同归，但最终归向却是佛教。因为佛法兼动静、合内外、贯理事；尧孔乃有形之教，只能被佛法所包容而不能兼明内外之道。于是，礼制的争论上升而为儒释优劣的争论。这是不能不辨，却又永无一致结论的问题。

与沙门敬不敬王者之争相关，当时还有关于沙门服饰问题、孝道问题的争论。其实质还是关于传统文化与外来佛教文化能否协调共存的问题。儒教以孝为人伦之首，魏晋统治者标榜以孝治天下，天竺佛教追求个人解脱，视家庭为樊笼，剃发出家，与世绝缘。他们说："周孔之教以孝为首。孝，德之至，百行之本"，孝道要求"子之事亲，生则致其善，没则奉其祀。三千之则，莫大无后，体之父母，不敢夷毁"，"而沙门之道，委离所生，弃亲即疏，刽剃须发，残其天貌"，"此大乖于世教"。孙绰的回应是："故孝之为贵，贵能立身行道永光厥亲"，"夫缘督以为经，守柔以为常，形名两绝，亲我交忘，养亲之道也"。[2]《礼记》有大孝荣亲、博施济众

---

① 参见任继愈主编《中国佛教史》第二卷，第 636 页，北京，中国社会科学出版社，1985。
② 〔晋〕孙绰：《喻道论》，〔南朝梁〕僧祐：《弘明集》卷三。

的说法,孝道并不限于生养死藏。孙绰据此发挥,说佛教奉养不仅能光宗耀祖,而且自度度人,使天下相安无事,应视为大孝。再者,若有兄弟,则服养、弘道二者兼得。他还指出,"佛有十二部经,其四部专以劝孝为事,殷勤之旨可谓至矣"①。

第二节 白黑论之争

这次冲突发生在刘宋时期。深受帝王宠幸,有"黑衣宰相"之称的名僧慧琳作《白黑论》(又称《均善论》《均圣论》),设白学先生、黑学道士之问答,论孔释异同,作者虽系僧人,却颇有贬黜佛学的倾向②。其友人无神论者何承天阅后大加赞赏,并送宗炳,宗炳复书斥慧琳之妄。此即白黑之争。

《白黑论》中首先论及"空"义。黑说:"释氏即物为空,空物为一。"白问:"释氏空物,物信空邪?"黑答,不只是空,而且是空又空。白问:三仪万品就在宇宙天地间,怎能是空? 黑答:"空其自性之有,不害因假之体也",事物"兴灭无常,因缘无主","事用"虽有,"性理"则空。于是白学先生说:"今析豪空树,无伤垂荫之茂,离材虚室,不损轮奂之美。"慧琳以白学先生之口吻,指出佛教般若学虽创造一大堆范畴论证万物自性空而无实,但是丝毫无损事物的实际性质与勃勃生机。

不过,慧琳毕竟身属佛门,其虽对某些教理不满,毕竟不能彻底否定之,因此,《白黑论》之思想归宿,最终仍落实到儒释均善均圣、并行而不悖上,他借"白学先生"之口总结说:

> 夫道之以仁义者,服理以从化;帅之以劝戒者,循利而迁善。故甘辞兴于有欲,而灭于悟理;淡说行于天解,而息于贪伪。是以示来

①〔晋〕孙绰:《喻道论》,〔南朝梁〕僧祐:《弘明集》卷三。
② 亦有说法认为《白黑论》为慧琳因"自毁其法"遭僧团摈斥前为"黑衣宰相"时所作。不过据有关考证,《白黑论》的写作时间可确定是在元嘉十二年(435)以前,此时他尚未参政。参见纪志昌《慧琳〈白黑论〉儒佛交涉之思想探微》,《文与哲》(高雄)2001 年第 18 期。

生者,蔽亏于道、释不得已;杜幽暗者,冥符于姬、孔闭其兑。由斯论之,言之者未必远,知之者未必得,不知者未必失。但知六度与五教并行,信顺与慈悲齐立耳。殊途而同归者,不得守其发轮之辙也。①

显然,这便是《白黑论》的宗旨所在,认为儒释二教在表现形式上虽各有不同,但若着眼于双方教义的根本之处,则多相符契,殊途同归,完全可以"齐立""并行",不可因其"辙"(说教形式),而忘其旨归。儒释二教说到底都是在劝人改恶迁善,最终目的都是教化天下众生。

《白黑论》中的观点得到了何承天的好评。何承天(370—447),当时知名的天文学家、无神论者,元嘉时为著作佐郎。他一向不赞成当时佛教热衷宣扬的因果报应和神不灭论,曾有作品《达性论》申其宗旨。随后他便将《白黑论》寄给了宗炳。宗炳(375—443),当时的隐士。东晋末至宋元嘉中,当局下诏屡征其为官,宗炳俱不就,雅擅书法丹青。他也是佛教居士,曾参加过慧远所主持的"白莲社"。宗炳阅《白黑论》后深不以为然,双方展开论争。《弘明集》卷三有"难白黑论"的主题,内容包括何承天的《答宗居士书》(三篇)、宗炳的《答何衡阳书》(二篇),都是就慧琳的《白黑论》而发的。

首先论争的是有关《白黑论》中对佛家"空"义的理解,宗炳针对慧琳借白学先生之口对"空"的批判,作出如是回应:

> 佛经所谓本无者,非谓众缘合和者皆空也。垂荫轮奂,处物自可有耳,故谓之有谛。性本无矣,故谓之无谛。②

这是援用佛教中观学将知识论区别为真谛与俗谛的角度来回应"白学先生"之语。宗炳认为,在世俗认识的意义上,佛教亦不否定事物的存在的,所谓"空"或"无",乃是就事物的本性而言。宗炳又说:

---

① 〔南朝宋〕慧琳:《白黑论》,石峻、楼宇烈、方立天等编:《中国佛教思想资料选编》第一卷,第259页,北京,中华书局,1981。
② 〔南朝宋〕宗炳:《答何衡阳书》,〔南朝梁〕僧祐:《弘明集》卷三。

自古千变万化之有，俄然皆已空矣。当其盛有之时，岂不常有也，必空之实，故俄而得以空耶？亦如惠子所谓物方生方死，日方中方睨，死睨之实，恒预明于未生未中之前矣。愚者不睹其理，唯见其有，故齐侯摄爽鸠之余伪，而泣恋其乐；贤者心与理一，故颜子庶乎屡空，有若无，实若虚也。①

宗炳认为，由于事物的千变万化，无住无常，可见其本性本身便是虚幻的，这就是"空"。并援引中土先秦诸子之说以为连类，这显然是"格义"的方法。宗炳还指出，华夏先哲中早已明晰此"空"之奥义，若《庄子》的"舟壑潜谢"，其实就是佛经讲的"见在不住"，但华人体悟斯义者少，故其说不彰。

何承天回应宗炳说，中观二谛似是而非，因为"即物常空，空物为一"，物和空是一体之两面，不能说物的存在之外还有一个"空"。显然，这是颇有唯物论思维的见解。他说：

今空有未殊，而贤愚异称何哉？昔之所谓道者，于形为无形，于事为无事，恬漠冲粹，养智怡神，岂独爱欲未除，宿缘是畏，唯见其有，岂复是过？以此嗤齐侯，犹五十步笑百步耳。②

显然，何承天认为《老子》的"无为"之道比佛家空观之说更近情理，他认为太虚之境，本存养于内心，乃是一种人生境界论，而非存在的本体论。体道者心灵恬淡宁静，而不是像佛教那样，一边讲"空"，一边又用因果报应之说来蒙蔽民众。而针对宗炳所引用的《庄子》"舟壑潜谢"之说，何承天认为这是"齐物"之境而非所谓的"空"，道家以天地并生，万物为一，即世间而达真人体道之境，而并非如佛教借"空"义否定现世，诱人以彼岸天堂之乐。

此后双方继续争论，但各自主要的观点已尽于此。宗炳以事物的可

①〔南朝宋〕宗炳：《答何衡阳书》，〔南朝梁〕僧祐：《弘明集》卷三。
②〔南朝宋〕何承天：《答宗居士书》，〔南朝梁〕僧祐：《弘明集》卷三。

析性与变动性否定事物自身的实在性,显然与僧肇《不真空论》相合。关于佛教以有欲邀无欲的问题,宗炳辩解说:"泥洹以无乐为乐,法身以无身为身",可谓"获利于无利","有欲于无欲"。何承天未能对性空学说提出有力的批判,但驳斥了宗炳的无欲无利说,指出:既然"泥洹以离苦为乐,法身以接善为身",那么,"果归于无利,勤者何获?""若有欲于无欲,犹是常滞于所欲。"在这个问题上,何承天显然占据上风,因为世界上只有超功利主义,却没有超功利的事实,问题只在于功利的正当与否,佛教追求安乐解脱的本身也是一种利欲。这正是何承天批评佛教的事实根据。

《白黑论》中还涉及佛教的因果报应问题,文中的"白学先生"曾经批评佛教的因果报应是"所空在于性理,所难据于事用""幽冥之理,固不极于人事矣。周孔疑而不辨,释迦辨而不实",认为其说虚无缥缈,实无所据。就此,何承天质疑宗炳道:

> 若诸佛见存,一切洞彻,而威神之力,诸法自在,何为不曜光仪于当今,使精粗同其信悟,洒神功于穷迫,以拔冤枉之命?而令君子之流,于佛无睹,故同其不信,俱陷阐提之苦。秦、赵之众,一日之中,白起、项籍坑六十万。夫古今彝伦,及诸受坑者,诚不悉有宿缘大善,尽不睹无一缘而悉积大恶,而不睹佛之悲,一日俱坑之痛,憝然毕同,坐视穷酷而不应,何以为慈乎![1]

何承天认为,假若诸佛之威德存在的话,世上何以还有这么多冤屈不平之事?他发挥白学先生"幽冥之理"之"所难据事"的说法,根据日常生活中善恶报应并无一定的日常现象,并以秦赵长平之战白起、项籍一日坑杀赵国六十万众的事实,驳斥佛教以慈悲为怀的虚假性及因果报应的不合理性,对此,宗炳作了这样的回答:

> 夫乾道变化,各正性命,至于鸡彘犬羊之命,皆乾坤六子之所

---

[1] 〔南朝宋〕宗炳:《明佛论》,〔南朝梁〕僧祐:《弘明集》卷二。

一也。民之咀命充身，暴同蛛蚊为网矣。鹰虎非搏噬不生，人可饭蔬而存，则虐已甚矣。天道至公，所布者命，宁当许其虐命，而抑其冥应哉？今六十万人，虽当美恶殊品，至于忍咀群生，恐不异也。美恶殊矣，故其生之所享因固可实殊；害生同矣，故受害之日固亦可同。①

此谓长平之战中的六十万人死在同一天，原因就在于他们皆作杀业，显然，这个辩白是颇为无力的。因为，既然杀生者就该死，若"至于鸡彘犬羊之命"者，那么几乎无人未杀生过，何以此六十万战俘便注定一天死亡？且漠视如此众多的战俘之死亡为罪有应得，恐怕既不符中国传统的道德观念，也不合佛家慈悲爱物之旨。——宗炳认为，解决这个问题的唯一办法就是修佛持戒，诸恶莫作。显然，这更是以感性的信仰来代替理性的论辩了。

白黑论之争中涉及因果报应部分的插曲，是魏晋南北朝报应论之争的一个组成部分。何承天等批判佛教因果论者，多采用近于理性的实证方法，因此其驳难颇为有力，但宗炳等人则立足于佛教，将因果报应之说延伸为三世乃至无数世，虽系诡辩，但当时的人对此也没有什么好的办法来驳斥，所以这种争论注定不会有什么结果可言。

第三节　报应论之争

报应问题实质就是命运问题，从东晋起，便成为思想界论争的焦点。人之吉凶祸福、富贵贫贱、生死寿夭因何而生？虽说是福善祸淫，却为何善恶与祸福并不相应？传统的解释基本上有两种：一是天命论，即所谓"生死有命，富贵在天"，人只能乐天知命，安于所受。此说取消了个人的能动性和纠正或改造社会不公正的责任，缺乏理论上的说服力。二是福善祸淫说，即冥冥中有赏善罚恶的主体，并且赏罚延及子孙后世。《周

---

① 〔南朝宋〕宗炳：《明佛论》，〔南朝梁〕僧祐：《弘明集》卷二。

易》有"积善余庆,积恶余殃"之说,流传甚广。但现实生活中善恶不得其报,甚至报不当报的事实比比皆是,子孙受报的说法同样缺乏事实根据。于是佛教乘虚而入,给予福善因果全新的解释,即因果报应、三世轮回。初起之时,人们常以传统观念予以界说,乃至曲解。如孙绰《喻道论》说:"历观古今祸福之证,皆有由缘",例如,"阴谋之门,子孙不昌;三世之将,道家明忌,斯非兵凶战危积杀所致邪?"这是儒家的报应论,而非佛教的果报论。

对佛教报应论作出可以自圆其说的解释的是慧远。当时戴逵(326—396)作《释疑论》,反对报应说,主张命定论。他给慧远弟子周续之的信中指出,报应之说无验于事实,祸福之报常与现实不合。周续之作书答戴逵说,"福善莫验"的现象也曾使他迷惑,求儒不能解,故转求佛学,才"昭然有归"(见周续之《难释疑论》)。但周续之对佛教报应之说未能作系统论述,于是慧远撰《三报论》投寄戴逵,实际上是对报应问题的全面阐述。《三报论》中说:

> 经说业有三报:一曰现报,二曰生报,三曰后报。现报者,善恶始于此身,即此身受。生报者,来生便受。后报者,或经二生三生,百生千生,然后乃受。受之无主,必由于心;心无定司,感事而应;应有迟速,故报有先后;先后虽异,感随所遇而为对;对有强弱,故轻重不同。斯乃自然之赏罚,三报之大略也。[1]

这肯定了善恶迟早有报,丝毫不爽。如此也就把报应与现实不符的矛盾消解在无限的时间长河之中,也给予"心",也就是神识,以报应的主体地位。由此亦可看出,佛教的报应论必须以神不灭论为立论前提。

慧远的三世报应论有两大特点:一是虽说报应必有,但不受时间限制,把必然性寓于无限延长的偶然性之中,偶然也就变成了必然。二是强调报应无主,乃由心感于事而生,仿佛是一种自然的因果关系,遂使佛

---

[1] 〔晋〕慧远:《三报论》,〔南朝梁〕僧祐:《弘明集》卷五。

教报应说具有客观规律的外观。慧远还说："世典以一生为限，不明其外。其外未明，故寻理者自毕于视听之内。此先王即民心而通其分，以耳目为关键者也。如今合内外之道，以求弘教之情，则知理会之必同，不惑众涂而骇其异。"三报论既符合佛教缘生之理，说明已作不失、未作不得，遇缘成果，自作自受，又对当报不报的社会现实作出了看似合理的解释。若慧远说：

> 或有欲匡主救时，道济生民，拟步高迹，志在立功，而大业中倾，天殃顿集；或有栖迟衡门，无闷于世，以安步为舆，优游卒岁，而时来无妄，运非所遇，世道交沦于其闲习；或有名冠四科，道在入室，全爱题仁，慕上以进德。若斯人也，含冲和而纳疾，履信顺而夭年，此皆立功立德之桀变，疑嫌之所以生也。大义既明，宜寻其对，对各有本，待感而发，逆顺虽殊，其揆一耳。何者？倚伏之契，定于在昔，冥符告命，潜相回换。故令祸福之气，交谢于六府；善恶之报，桀互而两行。①

在慧远看来，忠义才智之士志在立功立德者，往往反而多灾多难，命途多舛，这种反常现象的原因是，每个个体在其三世轮回流转过程中积累的善恶诸业都早已埋下了果报相寻的种子，一旦因缘条件成熟时自然就会表现出来，若仅从此一生的表象上看，当然有看起来正常合理之处，也多有反常之处。这样，那些阴差阳错的人生命运，乃至于不公正不合理的社会现象，便都被慧远用三世因果之说化解了。

总之，慧远的三报论将三世报应说结合到中土的善恶报应说之中，将善恶报应推到了无法验证的将来，比儒教福善祸淫之说更圆通、高明，比宿命论要积极、灵活，故其理论也就具有更大的吸引力，深刻影响于时人与后世。

时至刘宋，《白黑论》对佛教的因果报应说也进行了批判。该文借白

---

① 〔晋〕慧远：《三报论》，〔南朝梁〕僧祐：《弘明集》卷五。

学先生之口说:"美泥洹之乐,生耽逸之虑,赞法身之妙,肇好奇之心,近欲未弭,远利又兴,虽言菩萨无欲,群生固以有欲矣。甫救交敝之氓,永开利竞之俗,澄神反道,其可得乎?"既然佛教以空无立义,因果却用福乐设教,如此增加了人们的利欲之心,岂非自相矛盾?这揭示了佛教禁欲主义说教与施善求报、苦修成佛之间的矛盾。黑学道士辩之曰:"物情不能顿至,故积渐以诱之",来生报应只是权宜方便之说。白学先生进而指出:"道在无欲,而以有欲要之",人们大兴土木,献财事佛,都是为了求得将来的福利,哪里会心性空寂呢?其实这正是宗教组织目的与手段的二律悖反。

继白黑争论之后,何承天又作《达性论》,与颜延之往复问难。《达性论》以儒家的三才说对抗佛教的众生说。《达性论》开宗明义论三才曰:

> 夫两仪既位,帝王参之,宇中莫尊焉。天以阴阳分,地以刚柔用,人以仁义立。人非天地不生,天地非人不灵,三才同体,相须而成者也。①

何承天强调人为万物之灵,人与天地相参,以仁义立足,共成三才,成为万物之灵长,在天地万物造化之中具有特殊的地位,不可与其他众生等同。而万物为人所用,儒家祭祀用牲,王狩取兽,役物以养生,渔猎而有食,都不能绝对禁杀,只需强调顺时少取,而不可行佛教的绝对禁杀。何承天如是阐述人与众生的关系:

> 若夫众生者,取之有时,用之有道。行火俟风暴,败渔候豺獭,所以顺天时也;大夫不鹰卵,庶人不数罟,行苇作歌,霄鱼垂化,所以爱人用也;庖厨不迩,五犯是翼,殷后改祝,孔钓不纲,所以明仁道也。②

最后,何承天的结论是:首先,有生必有死,形毙神散,"犹春荣秋落,四时代换,奚有于更受形哉",他认为人与动物是不可能互相转生的。其

---

①② 〔南朝宋〕何承天:《达性论》,〔南朝梁〕僧祐:《弘明集》卷四。

次，儒家经典上虽有君子求福、"三后在天"等说法，但其本意是说精微之气升归于天，君子以弘道为己任，而非佛家的轮回报应之义。

何承天的《达性论》撰成后，佛教居士颜延之(384—456)激烈反驳其说，双方的辩难信函收录于《弘明集》卷四中，计有《达性论》《释达性论》《答颜光禄》《重释何衡阳》《又释何衡阳》《重答颜光禄》六篇文章。双方的论争主要有两个核心问题：一是人与其他生命能否同称"众生"，二是对儒家经典中记载的鬼神之说应采取什么态度。①

首先，关于人与其他生命能否同称众生的问题，这实际上争论的是人与其他种类的生命是否可在轮回中相互转化的问题。何承天认为人能以仁义相处，能与天地相参，且神明特达，智慧无穷，不应该与其他生命同称众生。颜延之答书虽承认人与生物有异，但说众品同于有生，重申报应是客观必然的规律，"物无妄然，各以类感"，善恶之报"势犹影表，不虑自来"。何承天对此质疑，内容无非是因果乖错，所报迟速相去深远，甚至百生千生之遥，故以为报应之说为妄诞。

其次，是关于对儒家经典中的鬼神采取什么态度的问题。何承天以为生死本如春荣秋落，是自然界的规律；"三后在天""精灵升遐"是圣人神道设教的需要，其核心是教化民众，而不能以此证明鬼神真实存在。颜延之则反驳说，如果人死如草木，圣人讲"三后在天""精灵升遐"岂不自相矛盾？若儒家"三后在天"之说，正是因为善报的原因，完全可以此印证佛教的轮回报应是存在的。另外，颜延之还反问说："若徒有精灵，尚无体状，未知在天，当何凭以立？"何承天则批评颜延之"谓鬼亦有质"，是惑于"天竺之书，说鬼别为生类"，并认为这个问题是"支离之辨"。

《达性论》的争论，实际上表现了人道主义与神道主义之间的对立。何承天重视人和人生，引导人们关注现实，鼓励人们相信自身的创造力，摒弃关于来世幸福的幻想，显然是入世的。颜延之利用儒家神学资料附

---

① 参见刘立夫《弘道与明教——〈弘明集〉研究》，第 78 页。

会佛学,"引释符姬"驳斥何承天的"立姬废释",也说明佛儒在终极关怀上的一致性。另外还有刘少府针对何承天《报应问》辩论因果(见刘少府《答何承天》),凡此种种,内容大同小异,不再转述。

因果报应之辩,虽然在理论上,佛教卫道之士未能彻底征服儒家弟子,但是因果报应并非耳目取证和理性思考的结果,而是心理上的需要。佛教不仅没有在这场争论中相形见绌,反而在积极参与中扩大了自身的影响。

第四节　神灭神不灭论之争

佛教初传中国,不仅与黄老同气,而且与"福善祸淫"的"承负"说相结合,以"轮回果报"之说在民间广为流行。灵魂不死、神不灭论也备受关注。早在牟子《理惑论》中,已经表现出对神灭神不灭的争论。针对神灭论者的怀疑,牟子提出:"魂神固不灭矣,但自身朽烂耳。身譬如五谷之根叶,魂神如五谷之种实。根叶生必当死,种实岂有终亡?"①时至东晋后期,与玄学思辨之风相呼应,神不灭思想的流布,也导致僧俗各界对形神问题的关注,逐步酝酿起一场神灭神不灭的争论。这场争论既反映了不同文化在接触中的冲突,也可以看出文化移植过程中的相互影响与交融渗透。

一、慧远的形尽神不灭论

慧远结合中国传统的灵魂说与佛教因果论,作《形尽神不灭》文,提出神不灭论和形神二元论。他说:"神也者,圆应无生,妙尽无名,感物而动,假数而行。感物而非物,故物化而不灭;假数而非数,故数尽而不穷。"神妙形粗,而不应同灭。这是其后神不灭论者常用的理论依据。他还引《庄子》说明:"火之传于薪,犹神之传于形;火之传异薪,犹神之传异

---

① 〔汉〕牟子:《理惑论》,〔南朝梁〕僧祐:《弘明集》卷一。

形"，将本来由无神论提出的薪火之说，引申为神不灭论的喻证。

《形尽神不灭》作于晋元兴三年（404），是慧远《沙门不敬王者论》的第五篇。该文比较全面地反映了整个东晋时代关于形神之争的主要特点，而慧远对此问题的解释则代表了当时佛教在形神问题上的最高理论水平。

《形尽神不灭》同样以答问的形式为"形尽神不灭"作理论上的辩说。该文首先代玄学家立言，问难"神不灭"，曰：

> 夫禀气极于一生，生尽则消液而同无。神虽妙物，故是阴阳之所化耳。既化而为生，又化而为死，既聚而为始，又散而为终。因此而推，故知形神俱化，原无异统，精粗一气，始终同宅。宅全则气聚而有灵，宅毁则气散而照灭；散则反所受于天本，灭则复归于无物。反复终穷，皆自然之数耳。孰为之哉？若令本异，则异气数合，合则同化，亦为神之处形，犹火之在木，其生必存，其毁必灭。形离则神散而无寄，木朽则火寂而靡托，理之然矣。假使同异之分，昧而难明，有无之说，必存乎聚散。聚散，气变之总名，万化之生灭。故庄子曰：人之生，气之聚，聚则为生，散则为死。① 若死生为彼吾又何患？古之善言道者，必以有得之。若果然邪，至理极于一生，生尽不化，义可寻矣。

神灭论者根据传统的气化理论，坚持气为生命的本体，主张形神皆源于天地之气，即庄子所言"人之生，气之聚，聚则为生，散则为气"，人禀阴阳二气聚合而生、离散而死，因此，"形离则神散而无寄，木朽则火寂而靡托"，所以形神二者随气之聚散而俱生俱灭。如此设问，慧远之答辩自然成竹在胸，他巧妙地引喻，以父子之间形体相似而智慧天隔的事实为依据，反对形神一气、俱生俱灭之论。他说：

> 假令神形俱化，始自天本，愚智资生，同禀所受。问所受者为受

---

① 《庄子·知北游》原文为"散则为气"。

之于形耶,为受之于神耶?若受之于形,凡在有形皆化而为神矣;若
受之于神,是为以神传。神则丹朱与帝尧齐圣,重华与瞽叟等灵,其
可然乎?如其不可,固知冥缘之构着于在昔,明暗之分定于形初。
虽灵钧善运,犹不能变性之自然,况隆兹已还乎。验之以理,则微言
而有征:效之以事,可无惑于大通。

慧远认为,如果像神灭论者所说,形神皆源于元气,那么人的形体、
智慧皆有共同来源,既然如此,代代相承所禀受的是神还是形呢?若以
形相传,那么有其形必"化而为神",其神亦应相似;若受之于神,以神相
传,那么受生者之智慧应与生者相同,则父子必贤愚一致,据此推论,丹
朱与他的父亲尧应当都为圣人,舜的父亲瞽叟也应与舜一样贤明,可是
事实却并非如此,丹朱不肖而瞽叟愚顽。可见,"冥缘之构着于在昔,明
暗之分定于形初",神是"先在"的,形神并非同时生灭。慧远以此为"形
尽神不灭"作立论的事实依据。

从理论上说,慧远认为神"感物而非物,故物化而不灭;假数而非数,
故数尽而不穷"。所以神与形不同,非物亦非数;非物则不灭,非数则无
穷。从根本上说,神"圆应无生,妙尽无名,感物而动,假数而行",是"精
极而为灵者",而且"有冥移之功",故能在生命的流转中传之异形而至于
无穷。故神不仅是"先在"的,而且是"自在"的,所以神不因形尽而灭,而
是在异形之中实现其无生无灭。

具体而言,慧远认为"神"没有具体可感的形象,也不能用常识定义,
无名无形、无生无灭、感应万物、微妙至极,他说:

夫神者何耶?精极而为灵者也。精极则非卦象之所图,故圣人
以妙物而为言,虽有上智,犹不能定其体状,穷其幽致,而谈者以常
识生疑,多同自乱,其为诬也,亦以深矣。将欲言之,是乃言夫不可
言,今于不可言之中,复相与而依稀。神也者,圆应无生,妙尽无名,
感物而动,假数而行。感物而非物,故物化而不灭;假数而非数,故
数尽而不穷。有情则可以物感,有识则可以数求。数有精粗,故其

性各异；智有明暗，故其照不同。推此而论，则知化以情感，神以化传，情为化之母，神为情之根，情有会物之道，神有冥移之功。但悟彻者反本，惑理者逐物耳。

慧远认为，"神"是一种非常灵妙之"精极"，是"先在"和"自在"。其运变不居，感应万物而无生灭。虽感应万物，但不是物；虽缘"四大""五行"等名数而运行，但又非名数，所以即便物穷数尽，神仍周遍运行。这就是慧远说的"情有会物之道，神有冥移之功"。所谓"悟彻者反本，惑理者逐物"，也就是说，神不灭论者功在于"反本"，神灭论者失在于"逐物"。

"薪火之喻"出自《庄子》，多为神灭论者援引，认为薪微火弊，薪尽火灭，慧远同样以引述《庄子》薪火之说，驳斥神灭之说。他强调：

> 火之传于薪，犹神之传于形；火之传异薪，犹神之传异形。前薪非后薪，则知指穷之术妙；前形非后形，则悟情数之感深。

薪火相传，犹如"神"借形体相传。神如火，形体如薪。薪燃烧化为灰烬，火则由此薪传至彼薪，永不熄灭。神也如是，从此形传至彼形，生生不已。

总而言之，当时的神灭论者多以传统的元气论为依据，神不灭论则以道家"妙物""精极"而为言。他们的是非毋庸为之辩。至于慧远关于神不灭论的辩说，其中多引述《庄子》，语言、思维方式也近庄老，佛学的中国化正是如此跬步千里，集腋成裘，在不知不觉中逐步实现的。

二、薪火异解与神灭神不灭的争论

神灭神不灭之争在何承天与宗炳之间也有相应的争辩，针对慧远重新诠释的薪火之喻，天文学家、无神论思想家何承天针锋相对地说："形神相资，古人譬以薪火，薪弊火微，薪尽火灭，虽有其妙，岂能独传？"这里何氏沿袭早期神灭论形神观之说，力挺神灭论。著名山水画家，曾参与慧远白莲结社的宗炳著《明佛论》，以形神二元论予以反击。他不采用慧远改造的薪火之喻以说形神,因为火赖于薪,神则不生于形,而从五个方面论证了神妙形粗、神不随形毁而灭的论点(见《明佛论》)。

其一,群生之神,本已有之。他说:"生育之前素有粗妙矣。既本立于未生之先,则知不灭于既死之后矣。"

其二,形神并非同步不离,如果形生则神生,形灭则神灭,那么必然是形残神毁,形病神困,但是实际情况则是有很多人形伤残而神意平全,病之极而无变德行之主。

其三,精神微妙无比,非粗糙的形体所能比拟。圣贤的形体与愚人并无甚差异,而其特异之处正在于其精神超越,故神不应与形体同生灭。

其四,儒家承认神灵不灭,如"周公郊祀后稷,宗稷文王","则文、稷之灵,不可谓灭也"。

其五,不忆前生,无害精神本有。这是从反面证明神不灭的合理性。他举例说,刚长牙的孩子都不记得在母亲胎中之事,可见一生之事都难以记忆,何况经历生死? 不记得前生也不能说就是"神灭"。

神灭与神不灭争论,至齐梁而达高潮。争论双方是范缜与萧子良。二人以讨论贫富贵贱产生原因的现实问题始,进而讨论因果报应之有无,最终以神灭神不灭为争论的焦点。范缜以"无神"说立论,以偶然论批判因果报应之说,"退而著《神灭论》"。此论一出,朝野哗然,"子良集僧难之而不能屈"(《梁书·范缜传》)。《神灭论》继承了先秦以来的形灭神亡的思想传统,把魏晋玄学的"本末""体用"概念应用于形神观。他提出:"形者神之质,神者形之用,是则形称其用,神言其用,形之与神,不得相异也。"这种形质神用的观点,进一步明确了形体与精神是本体与作用的关系,肯定了精神对本体的依赖性。鉴于"薪火之喻"为佛教拥护者所用,故范缜舍弃薪火之喻,改用"刃利之喻",将形与神比作刀刃和"锋利",进一步明确精神是人体功能的论点,论证形神相与不二、灵魂不能离开肉体独立存在的观点。

《神灭论》撰成后,据说曾"辩摧众口,如服千人",佛教方面的反对意见自然亦随之而来。时人沈约写了《形神论》《神不灭论》《难范缜神灭论》三篇文章，《难范缜神灭论》就是直接针对范缜的。梁武帝即位后，尊奉佛法，自然认为范缜的观点属于异端外道之说，但难能可贵的是，沈约并未利用帝王的权威对范缜进行言论封杀和人身迫害，而是希图"以理服人"，组织佛教学者进行公开辩论，围攻范缜。于是，佛教方面造出了很多文章，最有代表性的是萧琛（476—512）的《难神灭论》和曹思文（生卒年不详）的《难神灭论》《重难神灭论》。其他的文章如《弘明集》中记载的梁武帝《敕答臣下神灭论》和六十二个朝臣的答诏，这些则是应制文字而已，除了少数几个人引用了一些经典上的凭据外，基本上只是出于对帝王权威的服从所作的政治表态。而《神灭论》的原文，《弘明集》出于佛教立场而只将其作为附录编在萧琛的《难神灭论》之后。

当时争论的要点，主要是针对范缜所提出的"形神相即，形质神用"之辨。在范缜看来，刀利之间的关系是物质实体与其所具有的功用和属性的关系，这已经不同于前人的薪火之喻。因为对于薪与火，可以理解为一般的物与物之间的关系，所以容易被神不灭论者反过来借薪尽火传来说明神独立地存在。显然，范缜的刀利之喻则不能再被反对者利用，因为它着眼于同一物的实体与功用的层面。因此，神不灭论者只能另寻途径来进行反驳。

针对范缜的形神相即之论，沈约在《难范缜神灭论》中有所质疑，沈约说神是"对形之名"，人有四肢百体，各有其用。如果神即是形，形即是神，那么人就有四肢百体之神，但为何"神唯一名，而用分百体"？又，若形即是神，神即是形，"二者相资，理无偏谢，则神亡之日，形亦应消"，可如有人半身不遂，身体的一半已无知觉，还能够说半神犹存，半神已灭吗？

萧琛在《难神灭论》中也举例说明形神不相即，他说：

> 今人或断手足，残肌肤，而智思不乱。犹孙膑削趾，兵略愈明；卢浮解腕，儒道方谧。此神与形离，形伤神不害之切证也。

（萧琛：《难神灭论》，《弘明集》卷九）

此外，人在做梦时，神游万里，而形体不动，萧琛亦认为这是形神分离之证：

> 夫人或梦上腾玄虚，远适万里。若非神行，便是形往耶？形既不往，神又不离，复焉得如此？若谓是想所见者，及其安寐，身似僵木，气若寒灰，呼之不闻，抚之无觉，既云神与形均，则是表里俱倦，既不外接声音，宁能内兴思想？此即形静神驰，断可知矣。
>
> （萧琛：《难神灭论》）

人在梦中，身体静若僵木，气若寒灰，呼唤没有应答，触摸亦无感觉，身体静卧在那里，神却远腾万里，飘游别处。若是形神相即，则言形神相随未有片刻分离，那么将如何解释这一客观现象呢？所以萧琛认为，形神相即之论是辩而无征，毫无根据的。

关于范缜所引刃利之喻证明形神相即，萧琛亦用此喻来回应范缜，他说：

> 夫刃之有利，砥砺之功，故能水截蛟璃，陆断兕虎。若穷利尽用，必摧其锋锷，化成钝刃。如此则利灭而刃存，即是神亡而形在，何云舍利无刃，名殊而体一耶？刃利既不俱灭，形神则不共亡，虽能近取于譬，理实乖矣！
>
> （萧琛：《难神灭论》）

萧琛认为，刃之锋利是磨出来的，但穷利尽用，化为钝刃，则利灭而刃存。所以，刃利之喻非但不能证明"名殊而体一"、形神相即，反而证明了"神亡而形在"，形神不相即了。不过，萧琛这种对刃利之喻的解释，认为"利"的性质可亡，相应地也是说"神"之可亡，恰恰却陷入范缜的论点之中了，显然是一个不成功的辩驳。

其后曹思文《难范缜神灭论》也对范缜形神相即说发难，他从经典中寻找依据来反驳形神相即，文曰：

> 昔者赵简子疾，五日不知人；秦穆公七日乃寤，并神游于帝所，帝赐之钧天广乐。此其形留而神游者乎。
>
> （曹思文：《难范缜神灭论》，《弘明集》卷九）

儒家经典中曾言赵简子、秦穆公一度昏迷而神游他所，如果真如范缜所言形神相即、不离不分的话，经典所记之事岂非虚谬？赵简子、秦穆公二人的经历正可证明形留而神逝，是形神不相即的表现。曹思文又结合《庄子》中的话说：

> 斯其寐也魂交，故神游于蝴蝶，即形与神分也。其觉也形开，遽遽然周也，即形与神合也。神之与形有分有合，合则共为一体，分则形亡而神逝也。是以延陵丧子而言曰：骨肉归复于土，而魂气无不之也，斯即形止而神不止也。

> （曹思文：《难范缜神灭论》）

在此，曹思文将形与神的关系理解为不同的物与物的相互交合，自有别于范缜的形神相即关系。既然在梦中神与形分，可以神游蝴蝶，而醒来后神又与形相合，所以证明形神二者可以相分，形体消亡了神必逸散他处，仍然存在。

范缜对曹思文的问难也撰文回应，在其《答曹录事难神灭论》中，范缜对梦的现象作辩驳，他认为秦穆公梦游天宫时，耳听钧天之乐，口尝美味，身披文绣，眼、耳、鼻、舌、身这些形体的感官仍然存在，可知做梦和醒时一样，精神都依赖于形体而存在，倘若离开形体，梦中的见闻、享受也不可能感受得到，"故知神之须待，既不殊人"。至于"神游蝴蝶"之论，范缜反驳道：

> 子谓神游蝴蝶，是真作飞虫邪？若然者，或梦为牛，则负人辕轴，或梦为马，则入人跨下，明旦应有死牛死马，而无其物，何也？又肠绕阊门，此人即死，岂有遗其肝肺，而可以生哉？又日月丽天，广轮千里，无容下从匹妇，近入怀袖，梦幻虚假，有自来矣。一旦实之，良足伟也！明结想霄，坐周天海，神昏于内，妄见异物。岂庄生实乱南园，赵简真登闾阖邪？

范缜认为曹思文的"神游蝴蝶"和萧琛的"据梦以验"是一回事，所以在此一并回复，他认为梦幻中的事物一旦醒来后便消逝无踪，当然是虚假的,根本不能作为论证形神关系的凭证。在此,范缜虽正确地阐明了梦境之不实,但限于当时的科学认识水平,亦难以对梦境的产生给予合理的解释,因此,在这一点上自难从根本上使神不灭论者心服。

引证儒教经典来证明鬼神的存在,也是神不灭论者的惯用手法,在儒教的说法中,虽有"六合之外存而不论""子不语怪力乱神"之说,但并未坚决否定鬼神的实有,因此,儒教这种莫衷一是的态度为他们提供了帮助,神不灭论者总是能从众多的儒教文献中找到其凭据,而这些经典在当时的士人中具有神圣地位,纵然像范缜这样的神灭论者亦不能直接否定其记载,只能曲折婉转地进行解释。

在《神灭论》中,范缜主要是借助儒家"先王以神道设教"之说来对待儒教经典中的鬼神观念。他说:

> 问曰:"形神不二,既闻之矣。形谢神灭,理固宜然。敢问《经》云'为之宗庙,以鬼享之',何谓也?"答曰:"圣人之教然也,所以弭孝子之心,而厉偷薄之意,神而明之,此之谓矣。"

> 问曰:"伯有被甲,彭生豕见,坟素著其事,宁是设教而已邪?"答曰:"妖怪茫茫,或存或亡。强死者众,不皆为鬼。彭生、伯有何独能然? 乍人乍豕,未必齐郑之公子也。"

> 问曰:"《易》称'故知鬼神之情状,与天地相似而不违',又曰'载鬼一车',其义云何?"答曰:"有禽焉,有兽焉,飞走之别也。有人焉,有鬼焉,幽明之别也。人灭而为鬼,鬼灭而为人,则未之知也。"

面对神不灭论者以儒家经典中对祭礼与丧礼仪式的尊崇来论证鬼神的存在,范缜认为经典中对先人的祭祀并不是宣扬鬼神的存在,仅是借此来劝化世人重礼、法行孝道,是出于教化的需要,方法前人已有采用,范缜以"未之知"与"或存或亡"这种不能断然肯定的语气来回应经典中鬼神的存在,显然也缺乏力度。曹思文便抓住这一点,屡屡从儒教典籍中寻找论据来反驳范缜,其前所引曹思文的"神游蝴蝶",赵简子、秦穆公形神分离都是相关的例证。

对此，范缜与曹思文还有往来书信反复论述。曹思文坚持认为圣人经典是承认鬼神存在的，如"《孝经》云：昔者周公郊祀，后稷以配天，宗祀文王于明堂，以配上帝"（《难范缜神灭论》）。他认为，先人郊祀、宗祀的行为都建立在承认神灵存在的基础上，若无神灵，这些行为将无所承受者，岂非成了欺人欺天的行为？有关范缜所论祭祀是世间教化的要求，曹思文在此一并批驳道："斯是人之教，教以欺妄也。设欺妄以立教者，复何达孝子之心，厉浇薄之意哉？"（《难范缜神灭论》）即是说如果不承认有鬼神的存在，却提倡祭祀先人神灵，以此来教化世人，又怎能达到教化世人的结果？进而，曹思文认为，儒教经典中所言之鬼神，皆是真切存在的，他说：

> 孔子菜羹芯，祭祀其祖祢也。《礼》云："乐以迎来，哀以送往"，神既无矣，迎何所迎？神既无矣，送何所送？迎来而乐，斯假欣于孔貌，途往而哀，又虚泪于丘体，斯则夫子之祭祀也，欺伪满于方寸，虚假盈于庙堂。圣人之教其若是乎？而云圣人之教然也，何哉？（《难范缜神灭论》）

曹思文认为迎来送往之礼祀都要有其接受的对象，经典中提倡祭祀祖先，就是已承认祖先魂灵这一接受者的存在，若否认这一点，孔圣人岂不是成了虚伪之徒了？显然，对此，曹思文是有把握预料范缜不敢冒天下之大不韪来触犯礼教的权威的，故深文周纳，这是极具挑战性的姿态。

限于当时的历史条件，范缜当然也无法超越当时政治统治下的意识形态，在回复曹思文的信中，他仍只能颇费苦心地宛转应对以圣人没有明确有无鬼神来作答，若子路问鬼神之事，孔子回答"未能事人，焉能事鬼"，并进一步解释圣人之所以要用神道设教，是源于百姓的愚昧无知："黔首之情，常贵生而贱死。死而有灵，则长畏敬之，死而无知，则生慢易之意。圣人知其若此，故庙祧坛墠，以笃其诚心，肆筵授几，以全其罔已。尊祖以穷郊天之敬，严父以配天明堂之享。"在此，范缜仍坚持认为经典中的鬼神是神道设教的需要，并颇具历史意识地解释了圣人神道设教是一种限于彼时民众认识水平的方便手段,显然,面对以经典压人的攻击,范缜的回应不失为巧妙。

三、范缜对神不灭论的批判

范缜(约 450—约 515),南北朝时期著名的唯物思想家、无神论者。祖籍南乡舞阴(今河南泌阳西北,亦有说内乡、淅川)。祖琛之,官至中书郎;父蒙,早卒。缜少孤贫,弱冠,拜当时名儒刘瓛为师,勤奋好学,卓尔不群。"既长,博通经术,尤精《三礼》","性质直,好危言高论",不为朝廷所重。

范缜的神灭论继承了先秦以来的形灭神亡的思想传统,把魏晋玄学的"本末""体用"概念应用于形神观。他提出:"形者神之质,神者形之用,是则形称其用,神言其用,形之与神,不得相异也。"这种形质神用的观点,进一步明确了形体与精神是本体与作用的关系,肯定了精神对本体的依赖性。

概括起来说,范缜对神不灭论的批判集中在两个方面:

1.“形神相即”与“形质神用”

"形神相即"是范缜《神灭论》的基础命题。他说:"形即神也,神即形也。是以形存则神存,形谢则神灭。"在范缜看来,形、神是既有区别又有联系,"形""神"密不可分,两者"名殊而体一",或曰"形神不二"。所以,范缜认为,形在神在,形亡神灭。这就是范缜神灭论的唯物论思想条件。

在"形神相即"的基础上,范缜进一步提出了"形质神用"的著名论点。他说:"形者神之质,神者形之用,是则形称其质,神言其用,形之与神,不得相异也。"鉴于"薪火之喻"为神不灭论所用,故范缜舍弃薪火之喻,改用"刃利之喻",将形与神比作刀刃和"锋利",进一步明确精神是人体功能,即"形质神用"的论点,论证形神相即不二,灵魂不能离开肉体独立存在。他以刀为喻,论之曰:

> 神之于质,犹利之于刃;形之于用,犹刃之于利。利之名非刃
> 也,刃之名非利也;然而舍利无刃,舍刃无利,未闻刃没而利存,岂容
> 形亡而神在?(《神灭论》)

这就是说,精神与肉体,不仅相即不离,而且相即为用。形是质,神
是形质之用,就如刀刃和刀刃之利钝,刀是形质,利钝是刃之用。利不是
刃,刃也不是利,但是,无刃也就无所谓利钝。所以,作为形的肉体死亡
后,作为形之用的神,还能独立于形之外而不灭永存吗?范缜如此以刃
利为喻,从质和用的关系论证形亡神灭。这里无疑也显示出玄学体用思
辨的痕迹。

2. 质用之辨

不仅如此,范缜对"质"和"用"的范畴也给予了深入的辩证思考。
他说:

> 今人之质,质有知也;木之质,质无知也。人之质非木质也;木
> 之质非人质也。安有如木之质而复有异木之知?
> 死者有如木之质,而无异木之知;生者有异木之知,而无如木之
> 质也。(《神灭论》)

质的不同,决定了人的"有知"和木的"无知",不同的质有不同的作
用,人非木,人质自然非木质,二者没有比较的基础和前提。范缜实际上
是借此驳斥神不灭论"薪尽火传"之喻的,以此强调木质非人质,所以"薪
尽火传"并不能说明人的"形尽神不灭"。值得注意的是,神灭论借薪火
论证神灭,神不灭论也借薪火论证神不灭;范缜则反对以薪、火比喻形、
神。如是可见,神灭和神不灭的争论,其价值并不仅仅在于二者之是非,
事实上反映了不同文化观念的冲突。范缜在回答"知此神灭,有何利用
邪"时说:"浮屠害政,桑门蠹俗,风惊雾起,驰荡不休,吾哀其弊,思拯其
溺",鲜明地表现出"夷夏之防"的传统。

与此同时,范缜还将神分为互相连接的两个阶段,一是"痛痒之知"
(感觉),二是"是非之知"(思维)。范缜认为,"浅则为知,深则为虑","是

非痛痒,虽变有异,亦总为一神矣",强调"人体惟一,神何得二",认为"是非之虑"由"心器所主",以此批驳"虑体元本"的形尽神不灭论,即思维活动不需要物质基础,精神可以离开人的形体而独立存在的唯心主义。所有这些又涉及心理活动的复杂问题了。

神灭神不灭的争论,显然是中国哲学史上有神论与无神论、唯心论与唯物论的冲突,但是也应当注意到,佛教缘生之理无疑是对"有神论"的否定,三世因果与三报之说却以"神我"为轮回的主体,暴露出佛教哲学上的缺陷。而范缜在批判神不灭论的同时,也难免受唯心主义的影响。他在回答萧子良人生"何得有富贵贫贱"时说:"人生如树花同发,随风而堕,自有拂幌坠于茵席之上,自有关篱墙落于粪溷之中。坠茵席者,殿下是也;落粪溷者,下官是也。贵贱虽复殊途,因果竟在何出?"既以此批驳因果的必然,又把差异归之于不可捉摸的偶然。无论怎样讲,这场争论最终的结果,与其他争论一样,事实上在冲突中推动了儒佛的交融渗透,也促进了它们在哲学思维方面的深入,反映了不同文化趋同的总体态势。佛教哲学也是在对儒家挑战的回应中,逐步实现其中国化的过程的。

第十一章　三教之争之二：佛道之争

魏晋南北朝时期道教发展迅速，它在早期民间信仰形态的基础上，将老庄玄理、神仙方术、医药卫生、阴阳五行、纲常礼教等各种不同学派的思想元素尽量予以包容，并有意汲取佛教的义理与仪轨充实己身。就哲理的丰富性而言，道教与佛教相比虽"相形见绌"，然道教却自封为中华文化之正统，地位为佛教所不及。此一时期，佛教和道教在思想文化界都有很大的影响力，它们之间既互相排斥又互相吸收，并在竞争中发展。

第一节　《夷夏论》之争

由于当时佛教对社会的影响日趋加大，在发展上隐隐有胜过作为本土宗教的道教之态势，因此，道教中的一些保守人士开始采用各种方式以抵御佛教的流布，首先拉开争论序幕的是道士顾欢（420—483）所撰写的《夷夏论》。

《夷夏论》的主旨是论述道先佛后的观点，作者指责佛教的教义有别于儒家的忠孝礼义等道德观念，判定佛教是夷狄之教，不可行于中土，华夏之教仍应奉行儒道之说，希望借此达到贬低和打击佛教的目的。《夷夏论》的行文言辞激烈,用"狐蹲狗踞""虫喧鸟聒"等词,语近诋毁,以致此文一出,立即引起众多佛教徒的猛烈反击。佛教方面反驳的文章收录在《弘明集》的有:僧绍《正二教论》,谢镇之《与顾道士书》(又称《折夷夏论》)、《重与顾道士书》,朱昭之《难顾道士夷夏论》,朱广之《咨顾道士夷夏论》,慧通《驳顾道士夷夏论》,僧愍《戎华论折顾道士夷夏论》等。下面就《夷夏论》中的佛道论争略作绍述。

第一,《夷夏论》认为佛道同源,道在佛先。顾欢引道教"化胡"类经典《玄妙内篇》来证明佛教亦出于老子,他说:

> 夫辨是与非,宜据圣典。经云:老子入关之天竺维卫国,国王夫人名曰净妙,老子因其昼寝,乘日精入净妙口中。后年四月八日夜半时,剖右腋而生,坠地即行七步,于是佛道兴焉。此出《玄妙内篇》。佛经云:释迦成佛,有尘劫之数,出《法华》《无量寿》,或为国师道士,儒林之宗,出《瑞应本起》。五帝三皇不闻有佛,国师道士,无过老、庄;儒林之宗,孰出周、孔。若孔、老非圣,谁则当之?然二经所说,如合符契,道则佛也,佛则道也。[1]

显然,顾欢在此所引《玄妙内篇》的内容与当时所流行的《老子化胡经》之类一样,皆为道士伪造,他借此说明佛教出于老子而得出结论:"道则佛也,佛则道也",显然佛教人士不会接受。此外,顾欢进一步认为,佛道虽同源,道教却应在佛教之先,因为三皇五帝之时未闻有佛,道教之祖的老庄却向被历代尊奉,故而道教优于佛教是不言而喻的。

针对顾欢这一观点,当时佛教人士多有批驳。首先,僧绍撰《正二教论》,其中明确指出,顾欢所引《玄妙内篇》是魏晋时的妖妄之书,故据此论证的佛道同源、道先于佛的观点亦属虚妄,其论云:

> 道家之旨,其在老氏二经。敷玄之妙,备乎庄生七章。而得一尽虚,无闻形变之奇;彭殇均寿,未睹无死之唱。故恬其天和者,不

---

[1] 〔南朝宋〕顾欢:《夷夏论》,《南史》卷七十五《顾欢传》。以下所引同此。

务变常。安时处顺，夫何取长生？若乘日之精，入口剖腋，年事不符，托异合说，称非其有。诞议神化，秦汉之妄，妖延魏晋，言不经圣，何云真典乎？①

此外，佛教界亦有与顾欢援用道教伪经这一手法如出一辙者，慧通亦引佛教伪经证明老子和孔子都是释迦牟尼的弟子："经云：摩诃迦叶，彼称老子；光净童子，彼名仲尼"，认为佛教流布于中土，是佛派遣孔、老二弟子"宣德示物祸福"的结果。② 僧愍所撰《戎华论折顾道士夷夏论》，则与慧通的方式一样，引证了佛教疑伪经说："惟有周皇边霸，道心未兴，是以如来使普贤威行西路，三贤并导东都。故经云'大士迦叶者，老子其人也'。"③按照僧愍所说，是如来派遣了三贤来开化中土，其中老子就是佛的弟子大迦叶的化身。既然如此，道教之宗老子的地位就要比佛祖释迦牟尼低，而他所创立的道教自然而然就逊于佛教了。这对于顾欢而言，诚可谓"以彼之道还施彼身"了。

佛陀遣弟子东行教化的传说，是佛教对老子西行化胡说的回应。顾欢所言老子化胡为佛，是当时道教贬低佛教的惯用手法，其后佛教方面也纷纷用疑伪经典来贬低老子。由此，佛、道双方就教主降世先后的问题，展开了一场规模更加浩大的撰造伪经活动。晚至隋唐以后，凡有涉及夷夏之辨，亦多有借伪撰经典来为己张目者。

第二，《夷夏论》认为，佛、道二教虽同是圣道，其功用则异，因此有优劣之别。其论云：

> 寻圣道虽同，而法有左右。始乎无端，终乎无末。泥洹仙化，各是一术。佛号正真，道称正一。一归无死，真会无生。在名则反，在实则合。但无生之教赊，无死之化切。切法可以进谦弱，赊法可以退夸强。佛教文而博，道教质而精。精非粗人所信，博非精

---

① 〔南朝齐〕僧绍：《正二教论》，〔南朝梁〕僧祐：《弘明集》卷六。
② 参见〔南朝宋〕慧通《驳顾道士夷夏论》，〔南朝梁〕僧祐：《弘明集》卷七。
③ 〔南朝宋〕僧愍：《戎华论折顾道士夷夏论》，〔南朝梁〕僧祐：《弘明集》卷七。

人所能。佛言华而引,道言实而抑,抑则明者独进,引则昧者竞前。佛经繁而显,道经幽而简。幽则妙门难见,显则正路易遵。此二法之辨也。

圣匠无心,方圆有体,器既殊用,教亦异施。佛是破恶之方,道是兴善之术。兴善则自然为高,破恶则勇猛为贵。佛迹光大,宜以化物;道迹密微,利用为己。优劣之分,大略在兹。

顾欢认为佛、道二教"圣道同"而"法有左右",它们的名称不同,宗旨与性质刚好相反。佛教追求"无生",道教追求永生;佛教教化速度慢,道教教化速度快;佛教重在破恶,道教重在兴善;佛教文博、语繁易学,非精人所学,道教质精、语简难学,非粗人所能得其精奥。因而二者如物之方圆不同,用处亦不同。显然,顾欢认为佛教是针对天资低劣的人所设,道教则是针对智者所设,抑佛崇道,不言而喻。

针对顾欢这一观点,僧绍《正二教论》认为,顾欢文中对于佛、道二者的区分实为荒谬,因为老、庄乃至孔子的思想仅为世俗的教化所用,无法与佛教的恢弘相媲美,其文曰:

老子之教,盖修身治国,绝弃贵尚。事正其分,虚无为本,柔弱为用,内视反听,深根宁极,浑思天元,恬高人世,皓气养和。失得无变,穷不谋通,致命而俟,达不谋己。以公为度,此学者之所以询仰余流而其道若存者也。安取乎神化无方,济世不死哉?其在调霞羽化,精变穷灵,此自缮积前成,生甄异气,故虽记奇之者有之,而言理者不由矣。稽之神功,爱及物类,大若麟凤怪瑞;小则雀雉之化,夫既一受其形,而希学可致乎?至乃颜孔道邻,亲资纳之极,固将仰灵尘而止,欲从未由,则分命之不妄有,推之可明矣。故仲尼贵知命,而必有所不言。伯阳去奇尚,而固守以无为。皆将以抑其诞妄之所自来也。然则穷神尽教,固由之有宗矣。道成事得,各会之有元矣。夫行业者于前生,而强学以求致其功,积习成于素屡,而横慕以妄易其为。首燕求越,其希至何由哉!故学得所学,而学以成也。为其可为而为可致也,则夫学镜生灵,中天设教,观象测变,存而不论。
经世之深,孔老之极也。①

这是说,无论是老子的固守无为,还是孔子的贵知天命,其所用皆
在"经世之深",不出"在形之教",所以他们"不议殊生",所关心的主要
是以人为中心的现实存在问题。佛教却更胜一筹,不但能"爱尽物
类",关注所有众生,而且"佛开三世",涵盖世间过去、现在与未来。故
佛教从时间、空间两方面讲,所显现出来的气象都要比儒、道二教大得
多。就理论思维水平来讲,佛教经义也要精致得多。因此,僧绍指出:
"夫由佛者固可以权老,学老者安取同佛?"认为道教是没有资格与佛
教相提并论的。

谢镇之曾撰《与顾道士书》《重与顾道士书(并颂)》,批驳顾欢区别
佛、道二教的方式,认为佛教与道教之别不在于繁显简幽之异,而是高下
优劣之别,且佛教应高于道教。他认为:

> 佛法以有形为空幻,故忘身以济众;道法以吾我为真实,故服食
> 以养生。且生而可养,则吸日可与千松比霜,朝菌可与万椿齐雪耶?
> 必不可也。若深体三界为长夜之宅,有生为大梦之主,则思觉寤之
> 道,何贵于形骸? 假使形之可练生而不死,此则老宗本异,非佛理所
> 同。何以言? 夫神之寓形,犹于逆旅,苟趣舍有宜,何恋恋于檐宇
> 哉? 夫有知之知,可形之形,非圣之体。虽复尧孔之生,寿不盈百。
> 大圣泥洹,同于知命。是以永劫以来,澄练神明,神明既澄,照绝有
> 无,名超四句,此则正真终始不易之道也。②

谢镇之认为佛、道二教的本质区别在于,佛教"以有形为空幻,故忘
身以济众",而道教"以吾我为真实,故服食以养生"。佛教所持缘起性空
说,把三界看作是长夜之宅,有生是大梦之主,所以教化世人不要执着于

---

① 〔南朝齐〕僧绍:《正二教论》,〔南朝梁〕僧祐:《弘明集》卷六。
② 〔南朝宋〕谢镇之:《与顾道士析夷夏论》,〔南朝梁〕僧祐:《弘明集》卷六。

此生的苦难,而着眼于彼岸之终极解脱;与佛教相比,道教的眼光显得狭小,只执着于此世的长生,然正如朝菌终不可与万椿比寿,人的生命注定是有限的,长生之说最终会归于虚妄。且只专注于己身羽化登仙的人,其实是十分迂腐与自私的,相形之下,佛教以无上智慧普度众生,明显优于道教。

针对顾欢言二教区别在于佛教为"无生"之教、道教为"无死"之教,朱广之在《疑夷夏论谘顾道士》中批驳此论说:"无生即无死,无死即无生。名反实合,容得赊切之别邪?"他认为生与死二者相辅相成,人的降生既是此世的开始,也代表了前生的结束,对于死亦应如是观之,所以顾欢用生死来喻二教之别乃是不经之谈。此外,对顾欢"佛是破恶之方,道是兴善之术"的说法,朱广之认为"有恶可破,未离于善,有善可兴,未免于恶"。善恶本便是相对而言、相互依存的,既然中土之人有兴善之举,定是因为恶的存在,那么为何又"独高华之风,鄙戎之法耶"?[①] 且中土也有"桀跖凶虐"之徒,西戎也有慈惠之士,可见人性的善恶从来不是天生的,不因环境而有别,也不是绝对不变的,因此,若先入为主,以夷夏之辨的成见来区分佛、道二教,显然是荒谬的。

对于顾欢"泥洹仙化,各是一术"之说,慧通认为佛教"泥洹灭度之说,著乎正典",而道教"仙化入道之唱,理将安附"。对于道家老子的《道德经》,慧通还是持肯定态度的:"老氏著述,文只五千","其余淆杂并淫谬之说也。而别称道经,从何而出?"显然,慧通在此敏锐地抓住了后世道教与先秦老庄道家学说的根本区别,不失为卓见。他认为道教早已背离道家宗旨,"陈黄书以为真典,佩紫篆以为妙术,士女无分、闺门混乱,或服食以祈年长,或淫狡以为瘳疾",实乃愚昧且违背礼教的迷信方术而已,如何与佛教正典相提并论?[②]

僧愍在《戎华论折顾道士夷夏论》中也区分了佛、道名实之分野:"夫

---

① 参见〔南朝宋〕朱广之《疑夷夏论谘顾道士》,〔南朝梁〕僧祐:《弘明集》卷七。
② 参见〔南朝宋〕慧通《驳顾道士夷夏论》,〔南朝梁〕僧祐:《弘明集》卷七。

佛者,是正灵之别号;道者,是百路之都名。老子者是一方之哲,佛据万神之宗。道则以仙为贵,佛用漏尽为研。仙道有千岁之寿,漏尽有无穷之灵。"①这是认为佛教在神格的阶位上是高于道教的。

第三,《夷夏论》认为夷夏两地人民本性不同,风俗各异,因而适于夷狄的佛教不适于中国,中国应尊奉古已有之的儒道二教。其文曰:

> 端委缙绅,诸华之容;剪发旷衣,群夷之服。擎跽磬折,侯甸之恭;狐蹲狗踞,荒流之肃。棺殡椁葬,中夏之风;火焚水沉,西戎之俗。全角守礼,继善之教;毁貌易性,绝恶之学。岂伊同人,爰及异物。鸟王兽长,往往是佛,无穷世界,圣人代兴。或昭五典,或布三乘。在鸟而鸟鸣,在兽而兽吼,教华而华言,化夷而夷语耳。虽舟车均于致远,而有州陆之节;佛道齐乎达化,而有夷夏之别。若谓其致既均,其法可换者,而车可涉川,舟可行陆行乎? 今以中夏之性,效西戎之法,既不全同,又不全异。下弃妻孥,上绝宗祀,嗜欲之物,皆以礼伸;孝敬之典,独以法屈。悖礼犯顺,曾莫之觉;弱丧忘归,孰识其旧? 且理之可贵者,道也;事之可贱者,俗也。舍华效夷,义将安取? 若以道邪? 道固符合矣。若以俗邪? 俗则大乖矣。

顾欢认为,夷邦无论在服饰、日常生活行为、语言、礼仪、文化制度还是在人民性格方面,与中夏之人民皆形成了鲜明的对比,那么两地的教化自应不同。佛道二教虽均系教化之道,却因夷夏有别,不可混用。且华夏文明显然是优于夷狄之法的,岂能用夷变夏? 总之,顾欢是站在颇为极端的民族主义的立场上看待佛教的,他颇为危言耸听地指出,若华夏之民都信佛而落发出家,下弃妻孥,上废宗祀,岂不都断子绝孙,儒家所维系的宗法制度亦行将崩溃。因此,中土只能行儒、道二教,切不可用夷变夏,施行佛教。

顾欢这一观点,亦引起了一系列的争论与辩驳。谢镇之认为,人皆

---

① 〔南朝宋〕僧愍:《戎华论折顾道士夷夏论》,〔南朝梁〕僧祐:《弘明集》卷七。

有三才，"三才所统，岂分夷夏？则知人必人类，兽必兽群。近而征之，七珍人之所爱，故华夷同贵"①。而世间之所以会有三教的存在，是圣人观众生根基有异，才设深浅之教各为所用，但三法"殊引而同归"，其达到的终极理境是一样的，因此，佛法不应有夷夏之分，世人皆应修行。在其后的《重与顾道士书（并颂）》中，谢镇之更是批评"道家经籍简陋，多生穿凿，至如《灵宝》《妙真》，采撮《法华》，制用尤拙"，他敏锐地看出很多道教典籍其实盗用和抄袭了佛经义理，有穿凿附会之嫌，诋毁佛教者实是未解佛教教义之高妙。

针对顾欢舟车不可互换的观点，朱广之在《疑夷夏论谘顾道士》中提出，法者在于法"情"，即是根据具体情况制定教法，情况不同则教法殊途，但"刚柔并驰，戎华必同"，"舟车两乘，何用不可？"②同时，对于顾欢诋毁佛教"蹲夷之仪""虫喧鸟聒"之辞，朱广之认为可以换位思考一下，若"汉音流入彼国，复受虫喧之尤，鸟聒之诮，娄罗之辩"，中土之人又将作何感想呢？既然人同此心，心同此理，又何必强辞诋毁佛教？慧通则以日风之喻驳顾欢的舟车之喻："日不为异物而殊照，风不为殊行而异音"，其实圣教不分夷夏，圣人智周万物，化物导人犹如日月风雨，虽有先后之分，却无不均之别，故佛教"在戎狄以均响，处胡汉而同音。圣人宁复分地殊教，隔寓异风，岂有夷耶？宁有夏耶？"③显然，用现在的话来讲，这些佛教人士的论述颇有一些世界主义的倾向。

总之，顾欢在《夷夏论》中体现出颇极端的民族主义，扬道抑佛的态度不言自明。虽然缺乏理论上的价值，但代表了一部分人维护传统文化尊严、鄙夷和排斥外来文化的民族情绪，所以在社会上的影响还是相当大的，并由此把夷夏之辨推向高潮。论辩双方虽然也涉及一些理论问题，但重点在民族、地域、民俗、礼俗方面，客观而言，虽佛教方面的驳议稍占上风，但双方的门户之见均在所难免。

---

① 〔南朝宋〕谢镇之：《与顾道士析夷夏论》，〔南朝梁〕僧祐：《弘明集》卷六。
② 〔南朝宋〕朱广之：《疑夷夏论谘顾道士》，〔南朝梁〕僧祐：《弘明集》卷七。
③ 〔南朝宋〕慧通：《驳顾道士夷夏论》，〔南朝梁〕僧祐：《弘明集》卷七。

第二节　《三破论》之争

南齐时,有道士假张融(444—497)之名作《三破论》,激烈攻击以致漫骂佛教,刘勰、僧顺、玄光等著论驳斥,这场辩论是《夷夏论》之争的继续。《三破论》的原文已散佚,现在所能看到的仅是刘勰《灭惑论》及僧顺《析三破论》中的部分引文。从这些引文中得见,《三破论》除了继承顾欢的观点,通过夷夏之辨来抬高道教地位外,还针对从佛教的社会作用来进行批判,这就是所谓"三破",即"入国而破国、入家而破家、入身而破身",其论曰:

> 入国而破国者。诳言说伪,兴造无费,苦克百姓,使国空民穷,不助国,生人减损,见人不蚕而衣,不田而食,国灭人绝,由此为失。日用损费,无纤毫之益;五灾之害,不复过此。
>
> 入家而破家,使父子殊事,兄弟异法;遗弃二亲,孝道顿绝;忧娱各异,歌哭不同;骨血生仇,服属永弃;悖化犯顺,无昊天之报;五逆不孝,不复过此。
>
> 入身而破身。人生之体,一有毁伤之疾,二有髡头之苦,三有不孝之逆,四有绝种之罪,五有亡体从诚,唯学不孝,何故言哉?诚令不跪父母,便竟从之,儿先作沙弥,其母后作阿尼,则跪其儿。不礼之教,中国绝之,何可得从![1]

入国破国,意谓佛教传入中国后,由于造佛建寺及供养僧尼,耗费国家财富,且修行佛法需杜绝婚配,从而阻碍国家人口的增长,而人口问题将牵涉诸如赋税、兵力等一系列问题。故认为佛教对国家有百害而无纤毫之利。

就家庭而言,若尊奉佛法,也会导致破家的结果。僧尼出家,舍弃人伦之亲,这与中国儒家之孝悌观念大相径庭,故《三破论》作者认为信仰

---

[1] 〔南朝梁〕刘勰:《灭惑论》,〔南朝梁〕僧祐:《弘明集》卷八。

佛教是背离亲祖,会最终弄得家不成家。

至于"入身而破身"说,作者着眼于佛教行仪与中国传统文化的差异,指责僧尼不重身体发肤,残害自身,且不婚无后,更违反了儒家孝道。尤有甚者,僧徒不跪父母,甚至尼母跪儿,实为离经叛道之至。

总之,《三破论》以维护封建社会根本的政治与经济利益的名义,并针对佛教对传统忠孝礼义的冲击而展开批判,最终还是意在宣扬道教,认为道教"妙在精思得一,而无死入圣",将道教置于佛教之上。《三破论》发表后,佛教方面纷纷发表言论严厉驳斥,为佛教行仪与儒家纲常伦理相违之处进行全力辩护,并着力攻击道教的社会危害性。

僧人玄光撰《辩惑论》,指责道教以符箓、灾醮等方术迷惑愚民,并借历史上民众起事多凭借道教的事实,归纳道教有所谓"五逆""六极",以反击道教对佛教的"三破"说,文中谓:

> 夫大千遐邈,万化无际,尘游梦境,染惑声华,缘相增霭,奚识明政?由淳风漓薄,使众魔纷竞矣。若矫诈谋荣,必行五逆;威强导蒙,必施六极。虫气霾满,致患非一,念东吴遭水仙之厄,西夷载鬼卒之名,闽薮留种民之秽,汉叶感思子之歌。忠贤抚叹,民治凌歇,揽地沙草,宁数其罪!涓流末学,莫知宗本;世教讪辞,诡蔽三宝。老鬼民等,咏嗟盈路,皆是炎山之煨烬,河洛之渣糁。沦湑险难,余甚悼焉。①

文中具体所指,是张陵、张鲁、张角、孙恩、卢循等人利用道教法术聚众造反、危害社会及汉武帝迷信巫蛊而害死太子刘据等事。玄光所谓"五逆"者,其一是"禁经上价",谓道教自秘其经典,非有重金者不得一睹,借此骗取钱财。其二是"妄称真道",这具体指天师道,谓张陵以降的徒众妄称天师,"贩死利生,欺罔天地",以蛊惑民众。其三是"合气释罪",所指是当时道教的仪式"过度仪",这种仪式中有集体性交的行为,

---

① 〔南朝宋〕玄光:《辩惑论》,〔南朝梁〕僧祐:《弘明集》卷八。

败坏纲常,有伤风化。其四是"侠道作乱",即指多次以道教为名义的民众起事。其五是"章书代德",指道教的符箓之术,自称天书而枉费笔墨,只是妖言惑众而已。

所谓"六极",即"畏鬼带符,妖法之极"为一,所说的仍是道教方术的荒诞。"制民课输,欺巧之极"为二,这是将《三破论》攻击佛教破坏经济的说法反过来又栽到道教的身上。"解厨纂门,不仁之极"为三,指道教的祭祀仪式经常搞一些大规模的宴会,大肆杀生。"度厄苦生,虚妄之极"为四,谓道教自称能解厄度苦的虚妄性。"梦中作罪,顽痴之极"为五,谓道教不懂佛教的轮回之说,一旦梦到已逝世者,便大惊小怪,见神见鬼,搞得鸡犬不宁。"转作寒暑,凶佞之极"为六,仍然是攻击道教的方术,那些仪式和修行方法搞得世人阴阳错位,时序颠倒。

玄光此文,用佛教徒的价值观念与道德标准来评判道教徒的修行方式,虽不少地方有夸大其词的嫌疑,但其方法颇为巧妙,特别着眼于跟封建王权有巨大利益冲突的民间道派,如早期的天师道、太平道以及他们所施行的符箓、斋醮、章奏、合气等行仪进行猛烈抨击,显然会得到世俗名教的支持。玄光意在指出,既然道教有这么多违逆世行、为非作乱的行为,却妄称正道来欺瞒世人,三破者应为道教而非佛教。

刘勰(约465—520,《文心雕龙》的作者)所撰的《灭惑论》中,更针对《三破论》攻击佛教造像立寺之类劳民伤财、祸国殃民的说法,指出"塔寺之兴,阐扬灵教,功立一时,而道被千载"。至于说佛教东来,入国而破国,刘勰则列举历史事实为依据:

> 大乘圆极,穷理尽妙,故明二谛以遣有,辩三空以标无,四等弘其胜心,六度振其苦业。诳言之讪,岂伤日月?……昔禹会诸侯,玉帛万国,至于战伐,存者七君。更始政阜,民户殷盛。赤眉兵乱,千里无烟,国灭人绝,宁此之由,亥婴之时,石谷十万,景武之世,集粟红腐。非秦末多沙门,而汉初无佛法也。验古准今,何损于政?①

---

① 〔南朝梁〕刘勰:《灭惑论》,〔南朝梁〕僧祐:《弘明集》卷八。

在此，刘勰阐明佛法未入中土时，国家也常战乱不断，甚至有千里无烟、国灭人绝的时候；而佛法传来后，国家也出现过"石谷十万""集粟红腐"的盛世，由此可见，国家的动乱与佛教无本质联系。

针对"入家破家"说，刘勰认为，"夫孝理至极，道俗同贵，虽内外殊迹，而神用一揆"，即是说，在家与出家都可以尽孝，虽二者尽孝的方式不同，但本质是一致的。刘勰的说法与慧远的《沙门不敬王者论》类似，他认为在家者修儒家孝道，出家者修梵业，为佛家之孝。所以，出家者并非不讲孝，"以咨亲出家，《法华》明其义；听而后学，《维摩》标其例，岂忘本哉？有由然也"。且儒家之孝受时短暂，不过是一时之孝，无助于来生，但佛教出家不仅可以自度，还可以为亲人免去苦难，为死去父母或先祖宗亲追悼供养。由此刘勰认为，佛教修行不仅讲孝，还比儒家之孝更加高明圆融。

针对"入身破身"说，刘勰指出，出家人修行戒、定、慧三学，必然要舍弃尘世生活，"妻者受累，发者形饰。受累伤神，形饰乖道"，之所以舍弃这些都是为了早日修成正果。至于民不跪父母，臣不拜君主，也是严守佛教戒律的缘故，其实"典礼世教，周、孔所制，论其变通，不由一轨"，礼仪的制定，世有变通之处，佛教也可有自己的礼仪制度，不能只用中夏的礼仪制度削足适履地看待佛教行仪。

其后，刘勰又对道家与道教作了严格的区分，他对道教提出了三品之分，即"道家立法，阙品有三：上标老子，次述神仙，下袭张陵，太上为宗"，三品之分，肯定了老庄道家的思想贡献，且否定神仙道教及民间宗教的合法性，并将神仙道教、民间道教与佛教相比，得出佛精道粗、佛真道伪的结论，贬斥道教为"伤政萌乱"之教，《灭惑论》虽有门户之见，但论夷夏相通及道家三品之说，还是很有见地的。

僧顺的《析三破论》将《三破论》中的观点总结为十九条，故其文又题作《答道士假称张融三破论十九条》。其中较重要的有：第一条"泥洹是死，未见学死而得长生，此灭种之化也"，第二条"太子废妻，使人断种"，第六条"丧门者，死灭之门也"，第十条"入国破国"，第十一条"入家破家"，第十二条"入身破身"，第十六条"出家者，未见君子，皆是避役"，第十八条"道家之教，育德成国者"等。要之，《三破论》中的内容不外乎道优佛劣，而僧顺的反驳之论，则持相反的观点，他要力证的是佛优于道，并逐条反驳论述，其所论亦大抵不出于门户之争。

《析三破论》中有代表性的仍是关于"三破"的论述，僧顺认为，佛教其实于国、于家、于身均有益处，而实际破国、破家、破身者是道教。他指出："夫圣必缘感，无往非应……沙法所沾，固助俗为化，不待行戮而淳，无假楚挞而取正，石主师澄而兴国，古王咨勃以隆道。"在此列举了一些帝王崇奉佛法而国强的例证，由此认为，佛教破国之论于史无征。关于破家，僧顺认为："释氏之训，父慈子孝，兄爱弟敬，夫和妻柔，备有六睦之美，有何不善，而能破家？"倒是"末学道士，有赤章咒咀，发摘阴私，行坛被发，呼天叩地，不问亲疏，规相厌杀"，即认为道教的咒诅厌胜方术之类破坏人与人的关系，才是真正的破家之法。关于破身之说，僧顺认为，"老氏以形骸为粪土，释迦以三界为火宅"，其实二者在此点上是相通的，所以出家之人应当"去奢华，弃名利。悟逆旅之难常，希寂灭之为乐"，而那些"流俗道卜"却反其道而行，一味追求长生，所谓"生生者不生也"，追求长生的结果只能是枉自徒劳。而一些"好名道士"更是荒谬至极，企图"克期轻举，白日登天"，最终落得"横坠于地"，"验灭亡于即事，不施踵而受诛"的结果，更有汉末张陵之徒，"诬罔贡高，呼曰米贼，亦被夷翦"，最终家破身亡，这才是真正的"入身破身"。[①] 在此文中，僧顺亦将道家与道教区别开来，肯定了佛教与老子道家思想的融通，反斥道教思想的荒诞不经，从而论述道教才是真正的三破者。

南齐时由《三破论》引发的佛道论争基本延续了刘宋时期《夷夏论》之争的话题，有所不同的是，刘宋时期夷夏之争的焦点是佛道先后及佛道区别的问题，而围绕《三破论》的争论更涉及了佛、道与国家政治、经济和伦理道德之间的关系问题。佛道双方在这场争辩中仍然各据立场，均

---

① 参见〔南朝梁〕僧顺《析三破论》，〔南朝梁〕僧祐：《弘明集》卷八。

有片面失实之论,不过,佛教方面的辩者多把握住了道教方术与庄老道家思想的根本区别,故使论敌陷入了自相矛盾的境地,从而占得上风。

第三节 《笑道论》与《二教论》之争

周武灭佛期间也出现过生动的理论争辩。北周天和四年(569)三月,召名僧、儒者、道士及百官二千余人于正殿论三教先后,欲以"儒教为先,佛教为后,道教最上",试图为灭佛政策作理论准备。当月又集众论三教高下,以为"儒教道教,此国常遵;佛教后来,朕意不立",并命司录大夫甄鸾判定佛、道深浅真伪,试探舆论反映。天和五年(570),甄鸾上《笑道论》,陈述对三教看法,意在揭露道书的荒谬,认为道书记述互相矛盾、内容违背历史常识,更有男女合气之法,秽不可闻,以及多剽窃佛经诸子书等。《笑道论》中的主要观点,要之可分为四个方面。

首先,区分道家思想与道教方术的根本差别,肯定道家而否定道教。甄鸾在《笑道论》的序中即指出:

> 臣窃以佛之与道,教迹不同,出没隐显,变通亦异,幽微妙密,未易详度,且一往相对。佛者以因缘为宗;道以自然为义。自然者无为而成,因缘者积行乃证。守本则事静而理均,违宗则意悖而教伪。理均则始终若一,教伪则无所不为。《老子》五千文,辞义俱伟,谅可贵矣。立身治国,君民之道富焉。所以道有符书厌诅之方,佛禁怪力背哀之术。彼此相形,致使世人疑其邪正,此岂大道自然虚寂无为之意哉? 将以后人背本妄生穿凿故也。又道家方术以升仙为神,因而诳惑偷润目下。昔徐福欺妄分国于夷丹,文成五利妖伪于汉世,三张诡惑于西梁,孙恩搔扰于东越,此之巨蠹,自古称诬。以之匡政,政多邪僻;以之导民,民多诡惑。验其书典,卷卷自违;论其理义,首尾无取。昔行父之为人也,见有礼于其君者,敬之如孝子之养父母;见无礼于其君者,恶之如鹰鹯之逐鸟雀。宣尼云:"君子之事上也,进思尽忠,退思补过,将顺其美,匡救其恶,故上下能相亲

也。"……其《道德》二卷，可为儒林之宗。①

在此，甄鸾着力阐明徐福、张陵、孙恩等道教术士与老子思想的根本不同，认为道家旨在自然无为，而道教之流则热衷于怪力乱神。他还承认了作为道家的老子之学与儒家所说的"立身治国""君民之道"并无二致，甚至以为《老子》之书"可为儒林之宗"。至于佛教宗旨与道家之道的区别，甄鸾用了"因缘"与"自然"来分别概括之。意谓佛教讲因果报应，提倡积德修善来达到解脱的目的；道家则提倡因顺自然、无为而治，此亦有助于社会的教化之用。因此，佛教可以与道家并行不悖。在甄鸾看来，所谓的三教自应属佛教、儒家与老庄道家。至于神仙道教、五斗米道等道教流派，虽伪托老子之名编造了不少经典，但其说妖妄，蛊惑人心，实不应排入三教之列。

其次，力辩道教"化胡说"之谬。对于道教所编造的佛教是老子西出函谷关后所化的说法，甄鸾采用了文献辨别比较方法，将不同道典中叙述的化胡故事列在一起，使道教之书显示出其自相矛盾之处。他在文中广引道教的《造立天地记》《老子化胡经》《文始传》《化胡消冰经》《广说品》《灵宝经》《玄妙经》《度人妙经》等数十种典籍。因为这些不同的道典产生的年代并不一致，对于化胡的主角、对象、地点等方面的说法自然迥异。如文中谓：

> 《玄妙内篇》云："老子入关，往维卫国，入清妙夫人口中，后剖左腋生，行七步曰：'天上天下，惟我为尊。'于是乃有佛法。"
>
> 臣笑曰："《化胡经》云：老子化罽宾，一切奉佛。老曰：却后百年，兜率天上更有真佛，托生舍卫白净王宫，吾于尔时，亦遣尹喜下生从佛，号曰阿难，造十二部经。老子去后百年，舍卫国王果生太子，六年苦行成道，号佛，字释迦文，四十九年，欲入涅槃。老子复见于世，号迦叶，在双树间，为诸大众请启如来。三十六问讫，佛便涅

---

① 〔北周〕甄鸾：《笑道论》，〔唐〕释道宣：《广弘明集》卷九。以下所引同此。

槃。迦叶菩萨焚烧佛尸,取舍利分国造塔,阿育王又起八万四千塔。即以事推,老子本不作佛,若作佛者,岂可老还自烧老尸而起塔耶?且可一笑。且老子诸经多云作佛,或作国师。岂可天下国师与佛必待伯阳乎?度人化俗,要须李耳耶?若云佛不能作要须道者,从始气以来,独一老子,不许余人悟大道而为国师耶?是则老为自伐,惟我能也。然佛经人人修行,皆得佛果,道经不述,惟一老君。如何佛教如此之弘,道经如斯之隘乎?且妄言虚述首尾无据。《蜀记》张陵蛇啖,而注白日升天。《汉书》刘安伏钺,乃言长生不死。道家诬老子作佛,讵可怪哉!"

关于道教"化胡"之故事,《化胡经》之说与《玄妙内篇》本已有异,且甄鸾指出,《化胡经》中言老子托生为佛,后又变成迦叶,迦叶与佛并存于世,本已自相矛盾。甄鸾认为,天地间有史以来能了然大道之奥妙者,自非如道教所说,只有一个老子。且道经之中的多数记载均首尾无据,自是荒唐无稽。

再次,批驳道教神仙方术之妄。当时道教的修仙理论多属外丹之术,不外烧炼、黄赤之道及饵药、服散之类。对此,甄鸾皆斥其说为荒诞。如《笑道论》之二十八引《神仙金液经》云:"金液还丹,太上所服而神。今烧水银,还复为丹,服之得仙,白日升天。求仙不得此道,徒自苦耳(烧丹成水银,烧水银成丹,故曰还丹)。"对此,甄鸾指出:既然老子为"太上万真之主",是"何所不能","而乃须服金液后调阴阳乎?"又说"丹与水银,遍地皆有,火烧成丹,作之不难","何为道士不服,白日升天?"故知"为天仙之主而辛苦叩齿,虚过一生,良可哀哉!若不服者,明知为丹所误,故捕影之谈耳"。此外,道教常借助房中采补修炼,《笑道论》之三十五"道士合气法"条引《真人内朝律》云:"真人曰:礼(凡)男女,至朔望日,先斋三日,入私房诣师。所立功德,阴阳并进,日夜六时。"甄鸾说他"年二十之时,好道术,就观学","先教臣黄书合气、三五七九男女交接之道,四目两舌正对,行道在于丹田",并说"有行者度厄延年",然而结果却是"教夫易妇，惟色为初。父兄立前，不知羞耻"。因为甄鸾早年学习过道教，所以能把道教中那些隐秘之事揭发于人前，虽攻击之语甚烈，但所述内容也可说是据实征引。

最后，反复论证道典之伪，更指出不少道典是对佛典的抄袭与搬用，故认为道教仅是拾人牙慧，行为卑鄙。如《笑道论》之二十九"偷改佛经为道经"条指出，道典中的《如妙真偈》之"假使声闻众，其数如恒沙。尽思共度量，不能测道智"，是改《法华经》中的"佛智"为"道智"。《笑道论》之三十"偷佛经因果"条指出，道经《度王品》之"天尊告纯陀王曰：得道圣众至恒沙如来者，莫不从凡积行而得也。十仙者无数，亦有一兴而致一仙位……"及《度身品》之"尼乾子于天尊所闻法，获须陀洹果"等经文中所述的因果报应思想皆取自佛教的"因缘为义"说，背离了"道以自然为宗"的宗旨。从这些识断中，颇可见甄鸾对佛道二家经典均非常熟悉，可谓证据确凿，颇中要害。

总之，甄鸾在《笑道论》中主要阐述了道教"老子化胡说"之谬、神仙方术之妄，并揭示了道教剽窃佛教经典的行径，援引道教的材料丰富，论证相当有力。不过，当时北周武帝"灭佛"的决心已下，此论显然不合其意图，最终，当权者因《笑道论》"伤蠹道士，即于殿廷焚之"[1]。

甄鸾献《笑道论》被焚后，又有僧人道安（生卒年不详）"慨时俗之混，并悼史籍之沉罔，乃作《二教论》取拟武帝，详三教之极，文成一卷，篇分十二"[2]，今存于《广弘明集》卷八。《二教论》采用问答体的论辩形式，分十二篇进行论述，即归宗显本、儒道升降、君为教主、诘验形神、仙异涅槃、道仙优劣、孔老非佛、释异道流、服法非老、明典真伪、教之通局、依法除疑。总之，《二教论》作者立足于佛教立场，认为习惯所称儒、佛、道三教者，实际只有儒、佛二教而已，道教本属于儒教，而佛教实际上又优于儒教。

道安认为三教之中佛教"穷理尽性"，教人"出世入真"，于义最高。

---

①② 〔唐〕释道宣：《续高僧传》卷二十三。

从三教的社会作用看,虽均能劝善,但"善有精粗,优劣宜异"。佛教讲出世、善恶报应、三世轮回和涅槃解脱,而儒、道难免"方内之谈",不能叫人超脱生死。因而三教相比,佛教精而优,儒、道粗而劣。

道安的《二教论》由于吸收了江南佛教学者的辩论成果,理论色彩比较浓。其要点如下:第一,反对"三教"提法,只承认有内外二教。"救形之教,教称为外;济神之典,典号为内","释教为内,儒教为外"。"释典茫茫,该罗二谛;儒宗略略,总括九流",道教只能算儒的支流。第二,佛教高于孔老。佛教"近超生死,远澄泥洹",乃"穷理尽性之格言,出世入真之轨辙","推色尽于极微,老氏未辨;究心穷于生灭,宣尼又所未言。"第三,儒优于道,孔圣而老贤。"老氏之旨本救浇浪。虚柔善下修身可矣",而不可治国。第四,道优仙劣。老子"虚无为本,柔弱为用",自有其价值,"若乃炼服金丹,餐霞饵玉,灵升羽蜕,尸解形化,斯皆尤乖老庄立言本理"。第五,佛优仙劣。道安反对"释称涅槃,道言仙化;释云无生,道称不死;其揆一也"的佛道调和论,认为佛道有根本不同:"佛法以有生为空幻,故忘身以济物;道法以吾我为真实,故服饵以养生。"涅槃超出生死,非道教长生所能比拟。第六,老学优而鬼道劣。他引用释玄光的《辩惑论》说:"今之道士,始自张陵,乃是鬼道,不关老子","鬼箓之谈""巫觋之说","诳惑生民,败伤王教"。第七,道书剽窃佛经。《黄庭》《元阳》,采撮《法华》,以道换佛,改用尤拙。第八,批判社会上流行的各种反佛观点,斥"人死神灭,更无来生"为"断见",斥"聚散莫穷,心神无间"为"常见",斥"吉凶苦乐皆天所为"为"他因外道",斥"诸法自然,不由因得"为"无因外道"等,重在辨异,反对合同。但他对孔、老的肯定,对丹鼎符箓、尸解形化的仙道、鬼道违背老庄立言之本的论说,无疑具有较高的理论价值,反映了佛家在哲学理论上的追求。

三教争论固然此起彼伏,然而完全互相排斥的偏激主张并不占主流。争论中三教相互碰撞也相互吸收,并在碰撞和吸收中改变着对方也改变着自己,促进了三教融合与趋同。

第十二章　三教融合论

　　在魏晋南北朝时期,三教之间的争论虽相当激烈,但在理论上完全排斥异教、不承认对方合理存在的人,只是极少数;多数学者都是在三教中为自己信奉的教派争高下。三教之间的相互碰撞,成了一个相互影响的过程。当时的三教争论也促进了三教之间相互吸收、渗透和补充。这一时期,三教融合论相当流行,要之可分为三:一为本末内外论,二为均善均圣论,三为殊途同归论。① 有关的观点和态度,散见于儒佛、佛道的种种论争之中。

第一节　本末内外论

　　本末内外的范畴由玄学家作了充分阐述。王弼以本末统一儒道,郭象以内外统一孔庄。这种思维方式,对三教融合产生了重大影响。慧远以"内外"调和佛儒,"求圣人之意,则内外之道可合而明矣"(《沙门不敬王者论》)。宋文帝以儒治国、以佛炼神的说法类似郭象的"内圣外王之道",不过内圣不是老庄而是佛学罢了。北周道安将佛儒视为内外二教,

---

① 参见任继愈主编《中国哲学发展史(魏晋南北朝)》,第 895—900 页。

佛教为内,孔老为外。外亦称世教,有时单指儒教。内外关系也是本末关系,三教自然要以佛教为本。

道教和道教人士论道儒或道佛关系时,多讲本末。东晋道士葛洪在《抱朴子内篇·明本》中说:"道者儒之本也,儒者道之末也。"李充在《学箴》中说:"圣教(按:指周孔)救其末,老庄明其本,本末之涂殊,而为教一也"(《晋书·李充传》)。道教学者有时也接受内外分类法,以道教为内学,故道教著作为"内篇",以道教以外的学说为外学。

从儒学阵营看,自然强调儒为本,其他为末。所谓"夫儒学者,王教之首也"(《晋书·傅玄传》)。宋何承天以为"士所以立身扬名,著信行道者,实赖周孔之教",而佛教不过是一个支流。北周武帝灭佛前亦想调和三教关系,曾宣布"以儒教为先,道教为次,佛教为后"(《周书·武帝上》)。总之,三教都讲本末内外论,但对"本"的理解不同,目的在于巩固自身的核心地位,并在此基础上统合三教。后世虽然儒教哲学始终占据统治地位,但三教一体、诸宗合流的总体趋势也是这一时期融合论发展的必然结果。

第二节　均善均圣论

与本末内外论相比较,此论更强调三教和同,调融三家的倾向更为明显。它承认三教各有其用,也各有其不足或流弊。东晋戴逵评论儒道时说,儒家"本以兴贤也,即失其本,则有色取之行",道家"欲以笃实也,苟失其本,又有越检之行"(《晋书·戴逵传》)。宋沙门慧琳的《白黑论》又称《均善论》,他虽然批评佛教的性空观与报应说,但不否定佛教的劝善功用,主张"六度与五教并行,信顺与慈悲齐立"(《宋书·夷蛮传》)。宋名士谢灵运著《辨宗论》,折中儒佛。他认为"释氏之论"得之于圣道"能至",失之于"渐悟";"孔氏之论"得之于"理归一极",失之于"虽颜殆庶"。他赞赏道生的新论能"去释氏之渐悟,而取其能至;去孔氏之殆庶,而取其一极"。梁代名士沈约著《均圣论》,说"内圣外圣,义均理一",认为佛教教义与儒家思想从来就是相通的。王褒论三教特点："儒家则尊卑等差,吉凶降杀","道家则堕支体,黜聪明,弃义绝仁,离形去智。释氏之义,见苦断习,证灭循道,明因辨果,偶凡成圣",各有所长,三者"虽为教等差,而义归汲引",表示自己"既崇周孔之教,兼循老释之谈"(《梁书·王规传》)。梁武帝作《述三教诗》,说"穷源无二圣,测善非三英","差别岂作意,深浅固物情",认为三教虽有深浅而均善,就是说三教虽有深浅之别,而向善实无不同。

第三节　殊途同归论

殊途同归论也包括了本末内外论和均善均圣论,但本末内外论存同而重异,以本为主,以内为主,本末内外是不平等的;均善均圣论则是存异而重同,以三教为平等;殊途同归论则是先异而后同,或者迹异而理同,承认三教在形式、礼仪、方法上的差别,甚至对立,但三教在基本原理和终极关怀上却是一致的。故谓之"殊途同归论"。其说有三:第一,殊途同归,归在至理。有代表者,若宗炳《明佛论》中说:"凡称无为而无不为者,与夫法身无形,普入一切者,岂不同致哉? 是以孔老如来虽三训殊路,而习善共辙也。"顾欢的《夷夏论》中说:"道则佛也,佛则道也,其圣则符,其迹则反",而圣道即是空寂,"品极则入空寂,无为无名"。肖子良说:"真俗之教,其致一耳。"(《与孔中丞书》)张融《门论》说:"道也与佛宗极无二,寂然不动,致本则同,感而遂通,达迹成异。"齐道士孟景翼造《正一论》,更谓:

> 《宝积》云:"佛以一音广说法。"《老子》云:"圣人抱一以为天下式"。一之为妙,空玄绝于有境,神化瞻于无穷,为万物而无为,处一数而无数,莫之能名;强号为一。在佛曰"实相",在道曰"玄牝"。道之大象,即佛之法身。[1]

───────────────

[1]《南齐书》卷五十四《顾欢传》引。

持此论者,多用玄学去附会佛教哲学。但三教学者对"至理",因各自立场的分野,而各有各的理解,虽讲"殊途同归",却不能真正做到归于一理。特别是对佛学有较深研究的学者,大都反对理同迹异论,认为佛道迹异理也异,如慧远、僧愍及道安等,他们也讲殊途同归,但同归不在其理论上,而在各自的社会功能上。

第二,殊途同归,归在有神。如康僧会说:"《易》称积善余庆,《诗》咏求福不回。虽儒典之格言,即佛教之明训。"(《高僧传·康僧会传》)梁武帝说:"观三圣设教,皆云不灭。"(《敕答臣下神灭论》)其他如孙绰、宗炳、颜延之、僧祐等,都用儒典论证佛教神不灭及报应说。所以,所谓同归于有神论,事实上多是以佛教为主导的说法。

第三,殊途同归,归在教化。这一点着眼于三教社会功能的一致性,最为盛行。慧远认为佛教虽礼乖世俗,而能"助王化于治道","道法之与名教,如来之与尧孔,发致虽殊,潜相影响;出处诚异,终期则同"(《沙门不敬王者论》)。刘勰《灭惑论》中则说:

> 夫孝理至极,道俗同贯,虽内外迹殊,而神用一揆。若命缀俗,因本修教于儒礼;运禀道果,固弘孝于梵业。是以谘亲出家,《法华》明其义;听而后学,《维摩》标其例。

刘勰还谓孔释二教虽有精粗内外之别,但"其弥纶神化,陶铸群生,无异也"。僧顺在《释三破论》中说:"中外二圣,其揆一也。故《法行》云:先遣三贤,渐诱俗教,后以佛经,革邪从正。"北周道安在《二教论》中说:"三教虽殊,劝善义一,涂迹诚异,理会则同。"韦夐在奏献周武帝的《三教序》中说:"三教虽殊,同归于善。"(《周书·韦夐传》)三教都讲劝善化俗,而且善恶标准一致,都是以儒家的纲常名教为准则,所以三教同归,实际上是归于儒家的教化。这里虽然突出的是儒教的主导地位,但是殊途同归之说便于克服对外来文化即佛教的拒斥心理,冷静思考、比较三教异同,异中求同,求同存异,显然有利于佛教的传播和三教的汇通与融合。

三教融合论盛行,道教与儒教联盟,依傍儒教而壮大;同时又用道教思想沟通佛、道的理论,在拒斥中吸收佛教义理,而使道教在哲学上有所升华。其后"重玄"的道教之哲学建构,无疑得力于玄学化的佛教哲学。

　　佛教作为外来文化,在汉末,依附黄老方术而得以植根和流布,魏晋时期又借助玄学丰富自己的理论而得以发展。佛教玄学化,实际上就是三教在哲理上的融合,也是中国化佛教形成的前驱先路。在这个过程中,佛教自觉进行自身的改造,在政治上忠君,在伦理上主"孝",在理论上主张和而不同,实行"儒外佛内"的分工合作,把事功留给儒教,把"内圣"的任务转归佛法,佛儒调协,使天下归心。这也是中国宗教哲学发展的总体态势。

第三篇

玄化的儒家哲学与儒家经典之梳理

　　包括魏晋儒学在内的六朝儒学在儒学史上的地位如何？周予同先生在评价魏晋儒学的价值时认为它是中国文化史上的重要时期，是汉至唐文化思想演化的关键，是经学的中变时期。[①] 我们十分赞同周予同先生对魏晋儒学是经学的中变期的判断，同时认为整个六朝儒学都应该属于经学的中变期范围，因为南朝儒学无疑是魏晋儒学的继承和发展。

----

① 参见周予同《周予同经学史论著选集》，第890—893页，上海，上海人民出版社，1996。

第一章 魏晋时期的儒学概述

　　牟宗三先生有一种说法:从以儒家为中国文化之"正宗"的角度看,魏晋南北朝隋唐七八百年间乃是中国文化生命的"歧出"。歧出并非只有负面的意义,文化生命之歧出是文化生命暂时离其自己,离其自己正所以充实其自己。①

　　钱穆先生也十分重视魏晋南北朝儒学,认为此时是儒学的扩大期,而不是衰败期。他指出,儒学发展到这一时期非但不歧出、不衰败,反而呈扩大趋势。这主要表现在此一时期的学者对十三经的注疏与整理所作出的突出贡献。可以认为魏晋南北朝儒学承续了中国文化之遗绪,进而开启了隋唐之盛世。②

　　如果摆脱牟宗三先生所谓"正宗"的立场,则"歧出"与"变"几乎没有什么不同。

　　变者何谓也?《易传》曰:"穷则变,变则通。"变是穷之果、通之因,正是从变的角度才能理解六朝儒学的价值,否则就只能无可奈何地接受皮锡瑞所谓"经学中衰"的评价了。

---

① 参见牟宗三《才性与玄理》,原版自序二,第1页。
② 参见钱穆《中国儒学与中国文化传统》,《中国学术通义》,台北,台湾学生书局,1975。

第一节　魏晋儒学的背景

魏晋儒学乃至六朝儒学的"变"因在于汉代儒学之"穷"象。三国时鱼豢在其所著的《魏略》中说："从初平之元,至建安之末,天下分崩,人怀苟且,纲纪既衰,儒道尤甚。至黄初元年之后,新主乃复始扫除太学之灰炭,补旧石碑之缺坏,备博士之员录,依汉甲乙以考课。申告州郡,有欲学者,皆遣诣太学。太学始开,有弟子数百人。至太和、青龙中,中外多事,人怀避就。虽性非解学,多求诣太学。太学诸生有千数,而诸博士率皆粗疏,无以教弟子。弟子本亦避役,竟无能习学,冬来春去,岁岁如是。又虽有精者,而台阁举格太高,加不念统其大义,而问字指墨法点注之间,百人同试,度者未十。是以志学之士,遂复陵迟,而末求浮虚者各竞逐也。正始中,有诏议圜丘,普延学士。是时郎官及司徒领吏二万余人,虽复分布,见在京师者尚且万人,而应书与议者略无几人。又是时朝堂公卿以下四百余人,其能操笔者未有十人,多皆相从饱食而退。嗟夫!学业沈陨,乃至于此。"①

汉代儒学的衰微除东汉晚期动荡不安的社会状况以外,名教之治的崩溃和儒学自身的内在问题也是导致儒学一蹶不振的主要原因。

东汉以名教治天下,所谓名教就是因名立教,其中包括政治制度、选举制度以及礼乐教化等。但是到了东汉末年,由于内朝权力的极度膨胀,尤其是宦官集团利用皇帝的名义左右朝政,使得中央政府与士大夫集团和地方势力之间产生尖锐的对立,名教政治已经无法维系人心。

东汉的选举制度是察举征辟制,是以道德行为作为衡量标准的。而这种道德行为乃是儒家理论的实践,即所谓"经明行修"。儒家所提倡的伦理秩序为由内向外、由亲及疏的扩展,将起点放在作为一个家族成员的道德行为上,然后推及乡党。东汉人认为这是人物观察的基础。这一

①《三国志·魏书》卷十三《王肃传》。

类的行为不是可以用临时的测验来评量，而要有经常的观察。因此，家族乡党的评价成为选举上最主要的凭借。但至东汉晚期，一方面，外戚、宦官两大集团将察举制度演变成结党营私、唯亲是举的工具，卿校牧守之选皆出各自私门，或"任其子弟、宾客以为州郡要职"，或委派"年少庸人，典据守宰"，①致使朝廷"侍中并皆年少，无一宿儒大人可顾问者"②。另一方面，朝廷又公开卖官鬻爵。"是岁（中平四年），卖关内侯，假金印紫绶，传世，入钱五百万。"③"灵帝时，开鸿都门榜卖官爵，公卿州郡下至黄绶各有差。其富者先入钱，贫者到官而后倍输。……（崔）烈时因傅母入钱五百万，得为司徒。"④

不管是结党营私还是卖官鬻爵，都是对察举征辟制度的严重冲击，几乎堵死了士人读经修身、察举入仕、干进求禄以建功立业的仕宦之路。一种无可奈何的失落感在人们心中回荡："有秦客者，乃为诗曰：'河清不可俟，人命不可延。顺风激靡草，富贵者称贤。文籍虽满腹，不如一囊钱。伊优北堂上，抗脏倚门边。'鲁生闻此辞，系而作歌曰：'势家多所宜，咳唾自成珠。被褐怀金玉，兰蕙化为刍。贤者虽独悟，所困在群愚。且各守尔分，勿复空驰驱。哀哉复哀哉，此是命也夫。'"⑤

汉代儒学自身也存在着内在矛盾。自汉武帝"罢黜百家、独尊儒术"的政策实施以后，董仲舒依据《公羊春秋》提出的天人感应论成为官学，其他的今文经学家群起仿效，纷纷用神学来解释儒学经典，如《尚书》的"洪范五行"、《礼记》的"明堂阴阳"等。但此种神学化的经学必须以社会对天人感应论存在共识为基础，如果天人感应的基础遭到破坏，整个经学体系必将遭到人们的怀疑甚至唾弃。东汉后期自然灾害的频繁发生

---

①《后汉书》卷五十四《杨秉传》。
②《后汉书》卷六十三《李固传》。
③《后汉书》卷八《灵帝纪》。
④《后汉书》卷五十二《崔寔传》。
⑤《后汉书》卷八十《赵壹传》。

超乎时人的想象,①而朝政的腐败更使士人感到茫然:"逮桓、灵之间,主荒政谬,国命委于阉寺,士子羞与为伍。故匹夫抗愤,处士横议,遂乃激扬名声,互相题拂,品核公卿,裁量执政,婞直之风,于斯行矣。"②天灾人祸的双重打击导致以天人感应论为核心的今文经学无法发挥其维系社会与人心、天道与人性的联系的作用,更使那些信奉儒学思想的士人感到绝望。名士范滂在第一次党锢时被诬下狱,倍受楚毒,不由仰天叹曰:"古之循善,自求多福;今之循善,身陷大戮。身死之日,愿埋滂于首阳山侧,上不负皇天,下不愧夷、齐。"循善与得福在现实中的尖锐对立使得虔诚信仰儒家德福如一主张的范滂感到困惑和极度的矛盾,他临死前对自己的儿子说出这样一段让人心碎的遗言:"吾欲使汝为恶,则恶不可为;使汝为善,则我不为恶?"③

天在作恶,人在作恶,儒学要人循善,然循善则得祸,甚至性命不保,所有这一切都使儒学陷入困境,它所主张的忠义孝悌廉耻受到现实的严重质疑。

从儒学的学术研究来看,其衰微也是事出有因。今文经学自西汉后期就出现了章句之学,其特点是分文析字烦言碎词,寻章摘句、断章取义,使今文经学渐趋烦琐迂阔:"后世经传既以乖离,博学者又不思多闻阙疑之义,而务碎义逃难,便辞巧说,破坏形体,说五字之文,至于二三万言。后进弥以驰逐,故幼童而守一艺,白首而后能言。"④"及东京,学者亦各名家,家有数说,章句多者或乃百余万言,学徒劳而少功,后生疑而莫正。"⑤

以名物训诂和典章制度研究为特征的古文经学也由于其囿于纯学术的考证和研究,故而缺乏理论深度,不能在形而上学的高度为面临困境的儒学构筑新的理论体系。当时以郑玄、王肃等为代表的古文经学家

---

① 参见马良怀《崩溃与重建中的困惑——魏晋风度研究》,第37—44页,北京,中国社会科学出版社,1993。
②《后汉书》卷六十七《党锢列传序》。
③《后汉书》卷六十七《范滂传》。
④《汉书》卷三十《艺文志》。
⑤《后汉书》卷三十五《郑玄传》。

都是学识渊博的学问家而非目光敏锐的思想家,他们只能为新理论提供经典上的依据,而不能创建新的理论。

第二节　魏晋时期的儒学

魏晋时期的儒学有两条主线,一是以郑玄、王肃学派之争而趋至对儒家礼学的深入研究,二是以王弼、郭象倡导的玄学思潮的出现。这两条主线一直延展到南朝时期且渐趋合流,使许多南朝儒者成为"礼玄双修"的学问家。当时被誉为儒宗的学者隗禧就说:"欲知幽微莫若《易》,人伦之纪莫若《礼》。"①就是对此发展趋势的一种预言。

魏晋时期玄学的兴盛只是把焦点集中在儒家形而上领域,并未成为当时学术的主流。统治者仍将以五经为经典的传统儒学作为文化主干加以提倡。魏武帝曹操虽重名法,仍不废儒学:"丧乱以来,十有五年。后生者不见仁义礼让之风,吾甚伤之。其令郡国各修文学,县满五百户置校官,选其乡之俊逸而教学之。"②魏明帝时著名学者高堂隆也说:"夫礼乐者,为治之大本也。"③

这一时期产生的一部留传至今的儒学著作就是何晏的《论语集解》。该书在《隋书·经籍志》中著录为十卷。陆德明《经典释文》云:"魏吏部尚书何晏集孔安国、包咸、周氏、马融、郑玄、陈群、王肃、周生烈之说,并下己意为集解,正始中上之,盛行于世。"何晏《自序》云:

> 汉中垒校尉刘向言,《鲁论语》二十篇,皆孔子弟子记诸善言也。太子太傅夏侯胜、前将军肖望之、丞相韦贤及子玄成等传之。《齐论语》二十二篇,其二十篇中章句颇多于《鲁论》,琅邪王卿及胶东庸生、昌邑中尉王吉皆以教授。故有《鲁论》,有《齐论》。鲁恭王时,尝欲以孔子宅为官,坏,得《古文论语》,《齐论》有《问王》《知道》,多于

①《三国志·魏书》卷十三《王肃传》。
②《三国志·魏书》卷一《武帝纪》。
③《三国志·魏书》卷二十五《高堂隆传》。

《鲁论》二篇；《古论》亦无此二篇。分《尧曰》下章《子张问》以为一篇，有两《子张》，凡二十一篇，篇次不与齐鲁论同。安昌侯张禹本受《鲁论》，兼讲齐说，善者从之，号曰《张侯论》，为世所贵，苞氏、周氏章句出焉。《古论》唯博士孔安国为之训说而世不传。至顺帝之时，南郡太守马融亦为之训说。汉末大司农郑玄就《鲁论》篇章考之《齐》《古》，为之注；近故司空陈群、太常王肃、博士周生烈皆为之义说。前世传授师说虽有异同，不为之训解，中间为之训解，至于今多矣，所见不同，互有得失。今集诸家之善说，记其姓名，有不安者，颇为改易，名曰《论语集解》。光禄大夫关内侯臣孙邕、光禄大夫臣郑冲、散骑常侍中领军安乡亭侯臣曹羲、侍中臣荀顗、尚书驸马都尉关内侯臣何晏等上。

《论语》自西汉时已是家法林立，有《鲁论》《齐论》《古论》之分，三者在篇次、章句、训说等方面都不尽相同。东汉末年的大儒郑玄"就《鲁论》篇章考之《齐》《古》，为之注"，开始把三者综合起来，这是第一次综合。何晏集中了孔安国、苞咸、周氏、郑玄、陈群、王肃、周生烈诸人的义说，并加上自己的意见而形成《论语集解》，它是论语学上的第二次综合，也是由章句训诂向义理之学的发展。南朝皇侃集魏晋二十几家《论语》注而成《论语集解义疏》，实为论语学的第三次综合，此是后话。

何晏的《论语集解》有很浓的"援道入儒"的色彩，如《为政》篇所说："为政以德，譬如北辰，居其所而众星共之"条，何晏引苞咸注曰："德若无为，犹北辰之不移，而众星共之。"此释以道家的无为之德诠解孔子的教化之德，带有明显的时代烙印。何晏在《述而》篇"志于道，据于德，依于仁，游于艺"条的注中说："志，慕也；道不可体，故志之而已。据，杖也；德有成形，故可据。依，倚也；仁者功施于人，故可倚。艺，六艺也；不足据依，故曰游。"他以"道"为不可体，以"德""仁"为可依，又以"六艺"不足据，显源于《老子》之义。

总之，何晏的《论语集解》试图"把经学的传统与玄学的创新有机地结合起来,就其哲学的意义而言,则是致力于探索本体与现象的相互联结,自然与名教的相互联结。但是何晏并没有完成这个任务。当他谈论本体时,却遗落了现象;当他谈论现象时,又丢掉了本体"①。

王弼撰《论语释疑》与何晏的《论语集解》具有相似的特点,且玄学色彩更浓。他认为只有圣人才能达致他所说的"无"的境界,王弼思想中的圣人是最大的玄学家。他在解释《述而》篇"志于道"时直接将所志之道称为"无",他说:"道者,无不称也,无不通也,无不由也。……是道不可体,故但志慕而已。"当他在解释孔子"吾道一以贯之"时又说:"譬犹以君御民,执一统众之道也。"此释与孔子原意相去甚远,却充溢着玄学意味。他利用本体论的思维模式,一方面由用以见体,同时又由体以及用,通过二者的反复循环把本体与现象紧密地联结起来,以把握那统贯天人、囊括宇宙的无限整体,并将孔子关于名教的思想提到"体无"的高度,在本体论层面将有与无联结起来。②

总而言之,何晏的《论语集解》和王弼的《论语释疑》无论从学术上还是从思想上来说,都是论语学发展史上的一个转折点。它们既总结了前人的《论语》研究成果,又开辟了论语学研究的新领域。皇侃从它们的思想中获益匪浅。

与王弼、何晏同一时代的傅玄在魏晋儒学中也具有重要地位,他在兼采儒、道、法等思想的同时更强调儒学的作用:"夫儒学者,王教之道也。尊其道,贵其业,重其选,犹恐化之不崇。忽而不以为急,臣惧日有陵迟而不觉也。仲尼有言:'人能弘道,非道弘人。'然则尊其道者,非惟尊其书而已,尊其人之谓也。"③

他提出以儒家的礼教为治国之本:"大本有三:一曰君臣,以立邦国;二曰父子,以定家室;三曰夫妇,以别内外。三本者立,则天下正;三本不立,则天下不可得而正。"(《傅子·礼乐》)

---

① 余敦康:《何晏王弼玄学新探》,第 354 页,济南,齐鲁书社,1991。
② 参见同上书,第 355 页。
③ 《晋书》卷四十七《傅玄传》。

从傅玄的著作《傅子》中可以发现，他对于《礼记·大学》的"格致诚正、修齐治平"的理路十分推崇，他说："立德之本，莫尚乎正心。心正而后身正，身正而后左右正，左右正而后朝廷正，朝廷正而后国家正，国家正而后天下正。故天下不正，修之国家；国家不正，修之朝廷；朝廷不正，修之左右；左右不正，修之身；身不正，修之心。所修弥近，而所济弥远。"（《傅子·正心》）傅玄这种建立在君主"正心"基础上的王道之治与其生活的时代大倡无为而治的历史趋势是不相符合的。

这一时期的另一个重要人物是杜预。所撰《春秋左氏经传集解》在左传学史上占有极其重要的地位，是对此以前左传学的一次总结。从经学发展史上看，《左传》受到推崇，主要经历了两个阶段。第一阶段是刘歆时期。据说刘歆在领校中秘时，发现了《左传》古本，在校读之余，乃"大好之"，并使它跟《春秋》经文联系起来。《汉书·刘歆传》云："初，《左氏传》多古文古言，学者传训故而已。及歆治《左氏》，引注文以解经，转相发明，由是章句义理备焉。"由于刘歆"引传文以解经"，使《左传》摇身一变，被纳入了经学的轨道，并且由训诂之学变成义理之学，这就为《左传》的争立和传播打开了广阔的前景。第二阶段是杜预时期。杜预的做法跟刘歆差不多，不过，他接受了东汉以来的诸多学者对《左传》的研究成果，使经传的配合更为默契。

《左传》对君臣大义、夫妇大道和人伦大经的宣扬都表现在其"义例"和"君子曰"之中，杜预对此更是大加强调并加以发展。他在《左氏经传集解·自序》中阐述了"为例之情有五"之后说："推此五体，以寻经传，触类而长之，附于二百四十二年行事，王道之正，人伦之纪备矣。"这一思想为以后的左传学研究奠定了一个基本的方向。

杜预的左传学属古文经学，它与王肃经学一样具有义理化倾向，是魏晋思潮影响下的成果。

东晋时期的儒学代表人物主要有韩康伯和范宁。韩康伯注《系辞》崇自然而贵无，是对王弼易学的补充。范宁则以《春秋穀梁传集解》一书闻名于世。他治《春秋》时广采博收，择善而从，"据理以通经"，融会"三传"又特重杜预《春秋左氏经传集解》。清人马国翰谓其"不苟随俗,能发前人所未发"。干宝注《易》兼顾象数与玄义,能结合历史而立论,自成一家之学,对于宋代程朱与苏氏易学都有影响。

总结魏晋时代儒学的现状,包括王弼所撰《周易注》在内,我们可以用一句时尚的话来加以说明:总结过去,展望未来。

所谓总结过去,就是将前代对经典的研究成果去其糟粕而存其精华,吸取前人的长处和经验教训而撰集大成之作。所谓展望未来,就是对将来可预期的一段时期内提出一个研究经典的新方法、新方向以及新观点,从而对后来的研究者产生影响。

第二章　王肃的儒学思想

　　东汉末年，两汉经学一蹶不振。作为两汉经学集大成者的郑玄及其学派的思想在这一时期成为显学。范晔论曰："（郑玄）括囊大典，网罗众家，删裁繁芜，刊改漏失，自是学者略知所归。"①清代著名学者俞樾曾不无感慨地说："两汉经师之学，至郑君而集大成。每发一义，无不贯穿群经。……士抱不其之书，户习司农之说。"②

　　而王肃及其学派能够在一个时期与之分庭抗礼，甚至在西晋初年超越郑学，形成魏晋时期儒学史上著名的郑王之争。这场争论不只在当时，而且在后来的儒学发展史上也以不同的形式有所反映。这种反映表现为儒学史上对王肃儒学有非常不同甚至截然相反的评价。例如，唐太宗李世民在贞观二十一年（647）的诏书中将王肃与左丘明、卜子夏、戴圣、孔安国、郑众、郑玄等并加褒崇，将其与颜回等配享孔子庙堂。③清代著名学者皮锡瑞对王肃持完全否定的态度，对其思想和行为大加挞伐："两汉经学极盛，而前汉末出一刘歆，后汉末生一王肃，为经学之大蠹。"④

---

① 《后汉书》卷三十五《郑玄传》。
② 〔清〕俞樾：《郑氏佚书序》，〔清〕袁钧辑：《郑氏佚书》，光绪戊子（1888）夏，浙江书局刊印。
③ 《旧唐书》卷一百八十九《儒学上》。
④ 〔清〕皮锡瑞：《经学历史》，第 159 页，北京，中华书局，1959。

在唐代官方儒学看来，王肃是可以配享孔子庙堂的圣贤，而在清代儒学代表人物皮锡瑞眼中，王肃则是儒家的罪人、"经学之大蠹"。这种对王肃儒学天壤之别的评价使人十分困惑、不知所从。

王肃的儒学思想内容是什么？王肃及其学派在魏晋南北朝儒学发展史上的地位究竟如何？郑王之争的本质和意义是什么？这些都是本章需要解答的问题。

第一节　亮直多闻，能析薪哉

王肃（195—256），三国魏东海（郡治今山东郯城西南）人，字子雍。年十八，从宋衷读《太玄》，而更为之解。魏文帝黄初年间为散骑黄门侍郎。魏明帝太和三年（229）拜散骑常侍，以常侍领秘书监兼崇文馆祭酒、侍中、河南尹、太常、中领军等职，是当时思想、文化领域的领军人物。魏高贵乡公甘露元年（256）卒，赠卫将军，谥曰景侯。

王肃一生高官显宦，在仕途上声名显赫，其性格也相当鲜明。《三国志》的作者陈寿在评价他时说："夫王肃亮直多闻，能析薪哉。"以惜墨如金著称的陈寿给王肃冠以"亮直多闻"的评价确属中肯。所谓"亮直多闻"，即指诚实正直、博学多闻；所谓"能析薪哉"，是指其具有应对大事和巨变的能力。

关于王肃的诚实正直，有两条比较典型的史料。

其一，《三国志·王肃传》裴松之注引西晋太尉刘实的话说："肃方于事上而好下佞己，此一反也；性嗜荣贵而不求苟合，此二反也；吝惜财物而治身不秽，此三反也。"[1]

刘实为我们描绘了一个既矛盾又真实的王肃形象。正是这个既矛盾又真实的王肃，才是陈寿眼中那个诚实正直的王肃。

其二，《三国志·王肃传》载："正始元年，（王肃）出为广平太守。公

①《三国志·魏书》卷十三《王肃传》。

事征还,拜议郎。顷之,为侍中,迁太常。时大将军曹爽专权,任用何晏、邓飏等。肃与太尉蒋济、司农桓范论及时政,肃正色曰:'此辈即弘恭、石显之属,复称说邪!'爽闻之,戒何晏等曰:'当共慎之! 公卿已比诸君前世恶人矣。'"①

曹爽任大将军时掌握重权,一人之下、万人之上,他重用的何晏更是年少轻狂。尽管王肃声名显赫,但要得罪曹爽、何晏之流,也不是一件容易的事情。从上述史料看,王肃公然视何晏等人为恶人,且曹爽还专门提醒何晏等人,要"当共慎之",可见王肃之"亮直",在曹爽、何晏等人心中是得到承认的。这段史实是对刘实所谓"性嗜荣贵而不求苟合"的最好诠释。

王肃以学问渊博而闻名于世,史料多有记载。据记载,魏青龙四年(236),"选秘书监,诏秘书骀吏以上三百余人,非但学问义理,当用有威严能检下者,诏王肃以常侍领之"②。晋人车胤曰:"魏及中朝多以侍中、常侍儒学最优者领之。"③按照车胤的说法,曹魏时期的秘书监必须以当时"儒学最优者"为之。也就是说,王肃应该被认为是当时之"儒学最优者"之一。对王肃一向深恶痛绝的清代皮锡瑞也不得不承认:"王肃之学,亦兼通今古文,肃父朗师杨赐,杨氏世传欧阳《尚书》,洪亮吉《传经表》以王肃为伏生十七传弟子。是肃尝习今文,而又治贾、马古文学。"④根据清人马国翰所辑《王子正论》的记载:魏廷遇有礼仪方面的疑难问题,常遣尚书向王肃求询。正是由于王肃兼通今古、学问渊博,他才能不囿旧说、遍考诸经,而后自成一家之言,"采会同异,为《尚书》《诗》《论语》《三礼》《左氏》解,及撰定父朗所作《易传》,皆列于学官。其所论驳朝廷典制郊祀宗庙丧纪轻重凡百余篇"⑤。

王肃一生著述甚丰,据《隋书·经籍志》著录,约有二十余种,一百九十卷,除子部和集部各录一种外,其余都在经部。可惜这些著作大部分

---

① ② ⑤《三国志·魏书》卷十三《王肃传》。
③〔唐〕杜佑:《通典》卷五十三。
④〔清〕皮锡瑞:《经学历史》,第 155 页。

已散佚,清代马国翰的《玉函山房辑佚书》有辑本,计十五种,二十一卷。可见,王肃著作颇多,可惜佚亡了不少。保存下来的王肃的文字材料与同时代的学者相比还算是丰富的,其中最重要的就是《孔子家语注》《圣证论》和诸经注。

应该补充说明的是,一般认为王肃伪造《孔子家语》《孔丛子》等书,并以此为根据撰《圣证论》以攻击郑学。笔者认为,这一公案在研究王肃的儒学思想方面并不是一个太大的问题。即使《孔子家语》和《孔丛子》是王肃所伪造,它们仍然可以被视为王肃儒学思想的第一手材料。如果《孔子家语》和《孔丛子》不是王肃所伪造,它们"与予(王肃)所论,有若重规叠矩"(《孔子家语·自序》),仍然可以被视为王肃儒学思想的根据。所以,《孔子家语》和《孔丛子》在本书中被认为是研究王肃儒学思想的重要材料,而其中王肃在《孔子家语》中的注释则无疑是王肃本人的第一手材料。

王肃之渊博学识源于其多元的知识背景。大体而言,王肃的儒家学说主要有四个方面的思想来源。

其一,东汉古文经学大师贾逵、马融之学问。

《三国志·王肃传》明确记载:"初,(王)肃善贾、马之学。"可见贾逵、马融的古文经学是王肃儒学的重要基础之一。作为古文经学大师的贾逵、马融的一个重要特征就是不看重经学家法和师法,他们同样精通今文经学,如贾逵"弱冠能诵《左氏传》及《五经》本文,以《大夏侯尚书》教授,虽为古学,兼通五家《穀梁》之说"①。马融同样精通今文经学,被誉"为世通儒"②。

正因为此,才会有皮锡瑞所谓"王肃之学,亦兼通今古文。……是肃尝习今文,而又治贾、马古文学"。当王肃需要反驳郑玄的观点时,则"或以今文说驳郑之古文,或以古文说驳郑之今文"③。这一说法也得到清代易学家张惠言的支持:"(王)肃著书,务排郑氏,其托于贾、马以抑郑而

---

① 《后汉书》卷三十六《贾逵传》。
② 《后汉书》卷六十上《马融传》。
③ 〔清〕皮锡瑞:《经学历史》,第155页。

已。故于易义,马郑不同者则从马,马与郑同则并背马。"①

十分明显,王肃既精熟古文经学,又通悉今文经学,他能够根据自己的立场,在反驳对手观点的同时,构筑自己的思想框架。

其二,对其父王朗之家学的继承。

根据《三国志·王朗传》的记载,王朗字景兴,博通经义,以太尉杨赐为师。王朗著《易》《春秋》《孝经》《周官》传,奏议论记,咸传于世。② 按照皮锡瑞的解释,通悉经义的王朗以今文经学大家、太尉杨赐为师,杨赐世传今文经学的欧阳《尚书》,清代学者洪亮吉的《传经表》以杨赐为伏生十五传弟子,而以王朗、王肃为伏生十六、十七传弟子。③ 由此推断,王朗、王肃是今文经学的嫡系传人。

另一方面,《后汉书》为我们提供了王朗之家学的另一思想来源。《后汉书·王充传》注引《袁山松书》说:"充所作《论衡》,中土未有传者,蔡邕入吴始得之,恒秘玩以为谈助。其后王朗为会稽太守,又得其书,及还许下,时人称其才进。或曰,不见异人,当得异书。问之,果以《论衡》之益,由是遂见传焉。"④

王朗为会稽太守时曾得到王充《论衡》一书,学问由此大进。此书在中土未有传者,当王朗回到许昌后,时人称其才进。有人断言,王朗之才进,不是遇到了异人,就是得到了异书。由此可见,王充《论衡》一书对王朗之家学有很大的影响,此书对王肃儒学的影响也就不言而喻了。

还有一点值得注意,庞朴先生提到虞翻对王朗、王肃的影响:"王朗任会稽太守时,曾以虞翻为僚属,彼此关系密切。在经义研讨方面,虞翻对王朗、王肃父子有所影响。"⑤我们从王肃在《易》注中引用虞翻的解释就可以看到这一影响。⑥

---

① 〔清〕张惠言:《易义别录》卷十一,阮元辑:《皇清经解》,学海堂道光九年(1829)刊本。
② 参见《三国志·魏书》卷十三《王朗传》。
③ 参见〔清〕皮锡瑞《经学历史》,第155页。
④ 《后汉书》卷四十九《王充传》注。
⑤ 庞朴主编:《中国儒学》第二卷,第79页,上海,东方出版中心,1997。
⑥ 参见李振兴《王肃之经学》,第29—38页,上海,华东师范大学出版社,2012。

其三,来自荆州学派的影响。

《三国志·王肃传》说:王肃"年十八,从宋忠读《太玄》,而更为之解"。宋衷是当时的《太玄》学宗师,对《太玄》学的研究有很高的造诣。按照桓谭的说法:"扬雄作玄书(《太玄》),以为玄者天之道也,言圣贤制法作事,皆引天道以为本统,而因附属万类王政人事法度。"①王肃年轻时曾师从宋衷读《太玄》并为之解,他受到《太玄》新天人关系理论以及宋衷对新天人关系理论之新解释等两个层次的影响是没有疑问的。

关于荆州学派的学术特点和宋衷的学术旨趣,汤用彤先生认为:"荆州儒生之最有影响者,当推宋衷。仲子不惟治古文,且其专长似在《太玄》。王肃从读《太玄》,李譔学源宋氏,作《太玄指归》。江东虞翻读宋氏书,乃著《明杨》《释宋》。"②

根据汤用彤先生的观点,宋衷的学术旨趣是"不惟治古文"。这个"不惟治古文"的宋衷是荆州学派的代表人物。以宋衷为核心的荆州学派就站在"不惟治古文"的立场上开启了汤用彤先生所谓喜张异议、自由解经之新义的新学风。

荆州学派之新学风的传承者,我们从史料中还发现了一个除王肃之外的代表人物。与王肃同样师从宋衷、"具传其业"的李譔,似乎是王肃在蜀国的翻版。《三国志·李譔传》记载:

> 李譔字钦仲,梓潼涪人也。父仁,字德贤,与同县尹默俱游荆州,从司马徽、宋忠等学。譔具传其业,又从默讲论义理,五经、诸子,无不该览。……著古文易、尚书、毛诗、三礼、左氏传、太玄指归,皆依准贾、马,异于郑玄。与王氏殊隔,初不见其所述,而意归多同。③

以宋衷、王肃和李譔为代表的荆州学派,以《太玄》学为基础,以"不

---

① 《后汉书》卷五十九《张衡传》。
② 汤用彤撰,汤一介等导读:《魏晋玄学论稿》,第78页。
③ 《三国志·蜀书》卷四十二《李譔传》。

惟治古文"为立场,呈现出喜张异议、自由解经之新义的学术特点。

其四,来自郑玄经学的影响。

王肃在《孔子家语·自序》中明确说到自己曾经研习郑玄经学:"郑氏学行五十载矣,自肃成童,始志于学,而学郑氏学矣。"

根据台湾学者李振兴所著《王肃之经学》对王肃思想来源的研究,王肃的思想兼采诸家,就《易》注、《尚书》注和《论语》注而言,不只王朗之家学和贾、马之学,就是其所驳难的郑玄经学也是重要的思想渊源。李振兴统计了王肃诸经注的来源。他指出,王肃之《易》注采择于孟喜《易》注的有 6 条,京房的有 5 条,费直的有 6 条,马融的有 20 条,郑玄的有 20 条,荀爽的有 3 条,虞翻的有 8 条。[1] 王肃之《尚书》注,来自其父王朗传承伏生之学、同时采择司马迁《史记》的有 14 条,来自马融的有 43 条,郑玄的有 25 条。[2] 王肃之《论语》注,采择其父王朗的有 4 条,马融的有 6 条,郑玄的有 5 条。[3]

综上所述,首先,王肃继承贾、马之学,其父王朗之家学,以及郑玄经学的传统,博通今古文经学;其次,他深受王充《论衡》的影响,批驳谶纬神学;再次,王肃师从荆州学派之宋衷而精通扬雄的《太玄》之学,接受扬雄"天道以为本统"的新天人关系理论,以及荆州学派"喜张异议"的自由解经之新义的新学风;最终形成王肃具有义理色彩的新儒学。

由多元思想成分熏习而成的王肃之儒学,面对的是学术上郑玄学派一派独大的现状。皮锡瑞说:"郑君博学多师……阄通博大,无所不包,众论翕然归之,不复舍此趋彼。于是郑《易注》行而施、孟、梁丘、京氏《易》不行矣,郑《书注》行而欧阳、大小夏侯之《书》不行矣,郑《诗笺》行而鲁、齐、韩之《诗》不行矣,郑《礼注》行而大小戴之《礼》不行矣,郑《论语注》行而齐、鲁《论语》不行矣。"[4]

---

[1] 参见李振兴《王肃之经学》,第 29—38 页。
[2] 参见同上书,第 143—151 页。
[3] 参见同上书,第 748—752 页。
[4] 〔清〕皮锡瑞:《经学历史》,第 149 页。

郑玄经学能够成功地整理、总结两汉经学而集其大成，一个重要原因就在于他立足于学术研究的立场而冲破了汉代经学师法、家法的束缚。然而，也正是这一原因导致郑玄经学无法阻止汉代经学体系的崩溃。用牟钟鉴先生的话说："郑玄经学缺乏哲学高度的整体思考，他是一位大学问家而非大思想家。"①

实际上，郑玄经学在其鼎盛时期就受到过当时学者的批判。虞翻曰："北海郑玄、南阳宋衷，虽各立注，衷小差玄，而皆未得其门，难以示世。"②他还具体指出郑玄所注五经违反经义的重大错误达 157 处之多。荆州学派的王粲尝因避难而依于刘表，观其《荆州文学记官志》③，对荆州学派谙熟而赞赏，他驳斥郑学很可能站在"喜张异议"的荆州学派具有义理性的自由解经之新义的角度。④

《三国志》的作者陈寿认为，与王肃同为荆州学派的李譔，当其诸经注的思想皆以贾、马之学为依准，而与郑玄之学迥异时，其主要原因在于李譔"讲论义理"，且对五经、诸子采取兼收并蓄的立场。⑤

当时反对郑玄经学最力者莫过于王肃，他在《孔子家语·自序》中明确指出了这一点："郑氏学行五十载矣。自肃成童，始志于学而学郑氏学矣。然寻文责实，考其上下，义理不安，违错者多，是以夺而易之。"

王肃反对郑玄学派的结果，是其遍考诸经，不囿旧说，而后自成一家之言，"采会同异，为《尚书》《诗》《论语》《三礼》《左氏》解，及撰定父朗所作《易传》，皆列于学官。其所论驳朝廷典制郊祀宗庙丧纪轻重凡百余篇"⑥。王学与郑学可以分庭抗礼，甚至一度在官学占据优势。

关于王肃反对郑玄学派的原因，学术界主要存在这样几种观点：其一，由于王肃"善贾、马之学"，"而不好郑氏"，故站在贾、马之学的立场反

---

① 任继愈主编：《中国哲学发展史（魏晋南北朝）》，第 621 页。
② 《三国志·蜀书》卷五十七《虞翻传》。
③ 载《艺文类聚》卷三十八。
④ 王粲批驳郑玄《尚书注》的文字已不传，唯略见于颜之推《颜氏家训·勉学第八》。
⑤ 参见《三国志·蜀书》卷四十二《李譔传》。
⑥ 《三国志·魏书》卷十三《王肃传》。

对郑玄之学;其二,试图使自己对儒学经典的诠释成为官方承认的正统儒学思想;其三,是曹魏集团和司马氏集团之间的政治斗争在学术领域的反映;其四,王肃师承荆州学派而反对郑玄之学。

站在儒学思想发展史的角度来看,笔者认为第四种观点显然更为合理。换言之,王肃反对郑玄学派有其内在的逻辑原因。相较于外在的客观原因,王肃反对郑玄学派的内在逻辑原因显然更为重要。

荆州学派一致反郑的思想倾向在汤用彤先生的文章中表达得最为清晰。他说:"子雍(王肃)善贾马之学,而不好郑玄,仲子(宋衷)之道固然也。……宋衷之学,异于郑君。王肃之术,故讦康成(郑玄)。"①宋衷、王肃都"不好郑玄",同为荆州学派的王粲、李譔也对郑玄之学表达了异议。他们对郑玄之学的"不好"或异议应该有共通之处。宋衷、王粲留下的材料太少,无法表明他们各自的观点,但是,我们从李譔,尤其是王肃的材料里可以找到一点有关于此的蛛丝马迹。《三国志·李譔传》中有一段十分有意思的文字:"(李譔)与王氏殊隔,初不见其所述,而意归多同。"李譔和王肃虽从未谋面,但两人师出同门,在思想上均表现出荆州学派具有义理性色彩的倾向。例如,李譔"讲论义理",王肃认为郑玄经学"义理不安",他们都将儒学研究指向义理性的方向。正如贺昌群先生认为王肃反对郑玄:"盖欲超脱汉学繁琐之名物训诂,而返之于义理。"②

郑玄对两汉经学的继承和发展是无人能及的,但他似乎无法超越两汉经学而走向儒学发展的新方向。对于郑玄经学的这一困境,王肃看得非常清楚。他认为郑玄经学的最大问题就是"义理不安"。由于郑学义理不安,导致圣人之门方拥不通,孔氏之路枳棘充焉。两汉经学的崩溃使天人之间的联系失去了理论依据,而郑学对此困境却无能为力。皮锡瑞在论述郑玄的治学方式时认为他是"据礼以证易"③,此系经验论的学

---

① 汤用彤撰,汤一介等导读:《魏晋玄学论稿》,第77页。
② 贺昌群:《魏晋清谈思想初论》,第20页。
③〔清〕皮锡瑞:《经学通论》,第21页,北京,中华书局,1954。

术研究,对于构筑新天人观关系不大。

当儒家思想面临巨大挑战,而现实中的郑玄之学又无力应对这一挑战的时候,王肃之学以郑玄之学批判者的面目应运而生。王肃在批判郑玄之学的过程中逐步形成以新天人关系为主旨、以易学和礼学为主要内容的新儒学思想。正因如此,《三国志》的作者陈寿才给予王肃"能析薪哉"这一很高的评价。所以,以新天人关系为主旨的易学和礼学受到人们的重视也就可以理解了。

通过反对郑玄经学,王肃实现了儒学发展方向的改变。这一改变在儒学发展史上具有十分重要的意义。正是这一改变,开启了王肃儒学在易学和礼学领域的双峰并峙。进而言之,正是这一改变,开启了南朝儒学玄、礼并重的发展方向,从而使王肃的儒学思想成为南朝儒学思想发展之序幕。

第二节 王肃易,当以在玄、弼之间

南朝著名学者陆澄曾经说过:"王肃易,当以在(郑)玄(王)弼之间。"[①]郑玄是两汉经学的集大成者,为过去进行了总结;王弼则是魏晋玄学的始作俑者,为未来开辟了新方向。郑玄和王弼的易学思想,在各自的学术成就中均占有重要的地位。居于郑玄和王弼之间的王肃易学在这一时期的学术变迁中究竟发挥了什么作用,是一个令人感兴趣的问题。

两汉经学的崩溃使天人之间的联系失去了理论依据,而郑玄之学对此困境表现得无能为力。正如王肃在《孔子家语·自序》中所言,由于郑学义理不安,导致圣人之门方拥不通,孔氏之路枳棘充焉。为了构筑新天人观,以天人关系为主旨的易学受到人们的重视也就理所当然了。

王肃的易学思想主要受到荆州学派的宋衷《周易注》、扬雄的《太玄》

---

①《南齐书》卷三十九《陆澄传》。

和王充的《论衡》等影响。根据张惠言在《易义别录》中的说法,宋衷的《周易注》"言乾升坤降、卦气动静,大抵出入荀氏(爽)"。宋衷是当时的太玄学宗师,《太玄》中包括许多卦气说的内容,按照桓谭的说法:"扬雄作玄书(《太玄》),以为玄者天之道也,言圣贤制法作事,皆引天道以为本统,而因附属万类王政人事法度。"① 王肃年轻时曾师从宋衷读《太玄》并为之解,他受到《太玄》的影响是没有疑问的。另一方面,王肃的父亲王朗为会稽太守时曾得到王充的《论衡》,王肃可能读过该书。《论衡》极力批驳谶纬神学,认为《尚书》《周礼》《左传》等经典"皆世儒之实书"。② 所以,王肃很可能曾受宋衷、扬雄和王充的影响,遂形成以构筑新天人关系为主旨、具有义理色彩的王肃易学。

《隋书·经籍志》曰:"后汉陈元、郑众皆传费氏之学,马融又为其传,以授郑玄。玄作《易注》,荀爽又作《易传》。魏代王肃、王弼并为之注。"朱伯崑先生补充说:"郑玄解经,虽属古文经学的传统,但又精通今文经学,而且以注纬书而闻名。荀爽虽不大讲阴阳灾变,但亦主卦气说。继承费氏易学的传统,排斥京房易学影响的是曹魏时期的王肃。"③

王肃的《周易注》已经具有了明显的排除章句、注重义理的风格。《易·坤卦》卦辞曰:"西南得朋,东北丧朋。"王肃注曰:"西南阴类故得朋,东北阳类故丧朋。"(《汉上易丛说》)张惠言释曰:"阴阳类者,《说卦》之方。东与北,乾坎艮震阳卦;西与南,巽离坤兑,阴卦也。"

《易·损卦》上九爻辞曰:"弗损,益之,无咎,贞吉,利有攸往,得臣,无家。"王肃注曰:"处损之极,损极则益,故曰不损,益之,非无咎也,为下所益,故无咎。据五应三,三阴上附,外内相应,上下交接,正之吉也,故利有攸往矣,刚阳居上,群下共臣,故曰得臣矣,得臣则万方一轨,故无家也。"④

---

① 《后汉书》卷五十九《张衡传》。
② 详见〔汉〕王充《论衡·案书篇第八十三》《论衡·正说篇第八十一》。
③ 朱伯崑:《易学哲学史》第一卷,第 198 页,北京,华夏出版社,1995。
④ 〔清〕李道平:《周易集解纂疏》,第 380 页,北京,中华书局,1994。

　　王肃易学的义理性特点较之郑玄易学而言更具哲学和政治意味,而这种特点自刘歆以来已初露端倪。王充曾经说过:"刘子政(向)玩弄《左氏》,童仆妻子皆呻吟之。"(《论衡·案书篇第八十三》)桓谭也说:"刘子政(向)、子骏(歆)、子骏兄弟子伯玉,俱是通人,尤重《左氏》,教授子孙,下至妇女,无不读诵。"(《新论·识通》)《汉书·楚元王传》曰:"初,《左氏传》多古学古言,学者传训故而已。及(刘)歆治《左氏》,引传文以解经,转相发明,由是章句义理备焉。"

　　刘歆不仅重视《左传》,还以《易传》比附《春秋》:"经元一以为始,《易》太极之首也;《春秋》二以目岁,《易》两仪之中也;于春每月书王,《易》三极之统也;于四时虽亡事、必书日月,《易》四象之节也;时月以建分至启闭之分,《易》八卦之位也。"[1]"刘歆一系的经学家之推重《周易》,是为了用《周易》的文字来证明《左氏春秋》的可靠性。东汉魏晋的经学家在注释《左氏春秋》之余,往往要注《周易》与《论语》。"[2]

　　将《周易》经传和《春秋》经传(《左传》)相联系的传统在刘歆一系学者中未曾中断。需要强调的是,这种联系是导致义理易学形成的重要原因之一。如前所述,刘歆治《左传》引传解经而转相发明。其中引传解经的结果是产生《左传》的章句,转相发明的结果是产生《左传》的条例。三国时期的易学注重义理、轻视象数的趋势是受到《左传》条例影响的结果。《春秋左氏学》的条例日益增多而扩充到古文易学,从而使后者全面条例化或义理化。[3] 作为纯粹义理派哲学家的王弼撰《周易略例》这一史实应该是发人深省的。

　　《易传》是以义理性为主要特征的哲学著作。以《易传》诠释《周易》经文以及将《左传》的条例移植入易学使人们对《周易》的研究逐渐义理化。在前述王肃的《周易注》中可以看到,王肃不讲灾变、互体、吉凶等象数易学内容,而以义理为主,以"《彖》《象》二传,特别是《彖》解经文,以取

---

① 《汉书》卷二十一《律历志》。
② 王葆玹:《今古文经学新论》,第 189 页,北京,中国社会科学出版社,1997。
③ 参见同上书,第 184—190 页。

义为主。……王肃解易,亦主取义说,当不排斥取象,其取象只限于本卦上下二体,并以传文中的取象说解释之,又不同于汉易中的取象说"①。此一特点在王弼身上也十分明显:

《易·损卦》上九爻辞曰:"弗损,益之,无咎,贞吉,利有攸往,得臣,无家。"

王肃注曰:处损之极,损极则益,故曰不损,益之,非无咎也,为下所益,故无咎。据五应三,三阴上附,外内相应,上下交接,正之吉也,故利有攸往矣,刚阳居上,群下共臣,故曰得臣矣,得臣则万方一轨,故无家也。②

王弼注曰:处损之终,上无所奉,损终反益,刚德不损,乃反益之,而不忧于咎。用正而吉,不制于柔,刚德遂长,故曰"弗损益之,无咎,贞吉,利有攸往"也。居上乘柔,处损之极,尚夫刚德,为物所归,故曰"得臣";得臣则天下为一,故"无家"也。③

笔者案:王肃以爻位说和取义说释之,王弼则采用了王肃的注释。

另一方面,现实生活中对于天人关系的关注更加剧了义理化易学的发展。对于天人关系的关注是易学的传统,刘歆在《三统历》中坦言:"故《易》与《春秋》,天人之道也","是故元始有象一也,《春秋》二也,三统三也,四时四也,合而为十,成五体。以五乘十,大衍之数也,而道据其一,其余四十九,所当用也,故著以为数"。④ 刘歆的言论实际上已经透露出义理化的气息,此一思想为后学所沿用。

作为王肃易学另一重要思想来源的扬雄也十分重视天人问题:"夫玄也者,天道也,地道也,人道也,兼三道而天名之,君臣父子夫妻之道。"⑤

---

① 朱伯崑:《易学哲学史》第一卷,第250页。
②〔清〕李道平:《周易集解纂疏》,第380页。
③〔三国魏〕王弼著,楼宇烈校释:《王弼集校释》,第423页。
④《汉书》卷二十一《律历志》。
⑤〔汉〕扬雄:《太玄集释·玄图》卷十,北京,中华书局,1998。

王肃继承了上述思想。他在《易·系辞注》中解释"在天成象,在地成形"一句时沿用了马融、郑玄之注而谓"象"为"日月星"、"形"为"山川群物"(《礼记·乐记正义》)。如果参照《孔子家语》的言论,我们将会发现王肃的注释颇有深意。《孔子家语·大婚解第四》载:"哀公问:君子何贵乎天道也? 子曰:贵其不已也。如日月东西相从而不已也,是天道也。"王肃在注同篇"百姓之象也"时释曰:"言百姓之所法而行。"由此可知,天所成之"象"是日月东西相从而不已的天道,地所成之"形"是山川群物自然而成之地道,百姓之象是人所法而行之人道。

在回答天道究竟为何的问题时,王肃与扬雄、王充的观点是一致的。"或问天。曰:吾子天与,见无为之为矣。或问:雕刻众形者,非天与? 曰:以其不雕刻也,如物刻而雕之,焉得力而给诸。"①王充在论天道无为、万物自生时也采用了与扬雄相似的方法。王肃在《孔子家语》中借孔子之口阐述了自己的天道观:"日月东西相从而不已也,是天道也;不闭而能久,是天道也;无为而物成,是天道也;已成而明之,是天道也。"由此看来,王肃"天道无为"的思想是十分明确的。联系到他解释"百姓之象"的"百姓之所法而行"的议论,我们有理由确信王肃经学在政治领域的倾向性。

前文已经说过,义理性易学兴盛的原因之一是人们对重构天人关系理论的需求,实际上,它受到重视还有一个重要原因,即政治需要。

王肃所生活的汉魏时期,"大姓名士处于左右政局的重要地位",曹魏政权"是一种贵族政权",西晋王朝则是"以皇室司马氏为首的门阀贵族联合统治"。② 在贵族政权统治时期,只有反映贵族集团根本利益的思想体系才会受到统治者的支持。正是在此背景下,王肃易学得到长足发展。而这又与经学中长期争论的"世卿制"问题有很大关系。

这场争论的焦点之一集中在春秋三传尤其是《左传》和《公羊传》上。

---

① 〔汉〕扬雄:《法言·问道》卷四,诸子集成本,上海,上海书店出版社,1986。
② 参见唐长孺《魏晋南北朝隋唐史三论——中国封建社会的形成和前期的变化》,第47、第50页。

一派以《公羊传》为依据，另一派则以《左传》为圭臬。他们争论的一个重要问题就是"世卿制"问题，即卿大夫的"世位"和"世禄"是否合理的问题。根据《诗经·大雅·文王疏》及《魏书·礼志》所引许慎《五经异义》佚文："《公羊》《穀梁》说，卿大夫世位则权并一姓，妨塞贤路，专政犯君，故经讥周尹氏、齐崔氏也。《左传》说，卿大夫皆得世禄，不得世位，父为大夫，死，子得食其故采。而有贤才，则复升父故位。故《左传》曰：官有世功，则有世族。"为了理解这一问题，我们不妨对比一下今古文经学所引经典分别是如何记载的：

一派立论的根据是《公羊传》"隐公三年"条。

《公羊传》曰：尹氏者何？天子之大夫也。其称尹氏何？贬。何为贬？讥世卿。世卿非礼也。

《左传》曰：夏，君氏卒，声子也。不赴于诸侯，不反哭于寝，不祔于姑，故不曰薨；不称夫人，故不言葬；不书姓，为公故曰君氏。

该派学者在反驳《左传》对此事的记载时谓其改经文之"尹氏"为"君氏"而强为之说。

另一派立论的根据是《左传》"隐公八年"条。

《左传》曰：无骇卒，羽父请谥与族。公问族于众仲，众仲对曰：天子建德，因生以赐姓，胙之土而命之氏，诸侯以字为谥，因以为族。官有世功，则有世族，邑亦如之。公命以字为展氏。

《公羊传》曰：此展无骇也。何以不氏？疾始灭也，故终其身不氏。

此派学者以《左传》所载"官有世功，则有世族"为根据来论证世卿制度的合理性。

以《左传》和以《公羊传》为依据的两派经学围绕世卿制问题展开的激烈斗争在一定程度上反映了两派经学的政治倾向。这一政治倾向的差别导致了以《左传》为依据的拥护世卿制的经学在魏晋时期的发展。王肃经学继承了该派经学的学术传统和政治倾向，此点在其易学思想中也得到了反映。

王肃在《周易·震卦》卦辞"震惊百里,不丧匕鬯"的注中说:"在有灵而尊者莫若于天,有灵而贵者莫若于王;有声而威者莫若于雷,有政而严者莫若于侯。是以天子当乾,诸侯用震。地不过一同,雷不过百里,政行百里则匕鬯亦不丧。祭祀,国家大事,不丧,宗庙安矣。处则诸侯执其政,出则长子掌其祀。"①如果把这段文字与《孔子家语·大婚解》中的"无为而物成是天道,已成而明之是天道"联系起来,我们不难推演出"天子当乾而无为,诸侯用震而有为"的主张,而"处则诸侯执其政"则说得再明确不过了。

王肃在《周易·睽卦》象辞"天地睽而其事同也"的注中说:"高卑虽异,同育万物。"他似乎在强调天地虽然高卑悬殊,在"位"的层面是不同的,然而它们同育万物,在"用"的层面却是相同的。所以,才有"睽之时用大矣哉"的赞叹。若将他解释震卦的言论与此卦相参照,似乎可以得出"天地之位睽而其用同,君臣之位睽而其用同。故君无为而臣有为,虽位睽而吉"的结论。

从以上两例来看,王肃的思想与支持世卿制、主张"官有世功,则有世族"的经学的政治思想是一脉相承的。这一政治思想顺应了论证门阀士族的合法性、巩固贵族政权统治基础的时代要求。就经学而言,王肃经学在魏晋时期盛极一时,这与其政治倾向性是密切相关的。

《四库全书总目·经部总叙》曰:"自汉京以后,垂二千年,儒者沿波,学凡六变。其初专门授受,递禀师承,非惟诂训相传,莫敢同异。即篇章字句,亦恪守所闻,其学笃实谨严,及其弊也拘。王弼、王肃稍持异议,流风所扇,或信或疑。"四库馆臣对王肃经学作用的提及是平实的。作为一个儒家学者,王肃的学术活动不仅使人们怀疑郑玄经学的权威性,更影响了王弼、何晏等魏晋玄学的代表人物。朱伯昆先生列举事例说明王弼

①〔清〕张惠言:《易义别录》卷十一引《太平御览》。

易学受王肃易学的影响；①我们从何晏的《论语集解》中也可以发现许多采用王肃之说的地方；钟会受王肃的影响曾撰《易无互体论》。② 张惠言说，王弼注《易》，祖述肃说，特去其比附象象者。由此而论，则由首称仲子（宋衷），再传子雍（王肃），终有辅嗣（王弼），可谓一脉相传者也。③

应该强调的是，王肃毕竟是一个儒家学者，其学术核心是礼学而非易学。根据史料的记载，在王肃所注之经中，以三礼注数量最多，他在《孔子家语注》中也同样以礼学为重心。因此，王肃虽然提出了天道无为、诸侯用震的主张，却并没有加以系统化，这个任务将由摆脱了经学桎梏的玄学家来完成。

第三节　王肃礼学：达天道、顺人情之大宝

两汉儒学为维护大一统帝国提供了理论依据，但到东汉晚期时，动荡不安的社会状况和名存实亡的名教之治导致儒学的外部环境日趋恶化。更重要的是，两汉儒学中的今文经学、谶纬之学和古文经学无法适应社会现实的剧烈变化，他们或严守家法师法，以烦琐的章句之学阐述一孔之见；或专于考据，以训诂之学解释经典文献。这样一种局面使儒学与现实相脱节，导致儒学没有办法发挥其本应发挥的安身立命、经世致用即内圣外王的作用。

东汉末年的学者对礼十分重视。荀爽说："昔者圣人建天地之中而谓之礼。礼者，所以兴福祥之本，而止祸乱之源也。人能枉欲从礼者，则福归之；顺情废礼者，则祸归之。"④郑玄多次强调："为政在人，政由礼也。"（《礼记正义·中庸第三十一》引）"重礼所以为国本。"（《礼记正义·士冠礼疏》引）正是基于对礼的重视，郑学之核心实为礼学。孔颖达说得

---

① 参见朱伯崑《易学哲学史》第一卷，第 246—248 页。
② 参见《晋书》卷三十九《荀顗传》。
③ 参见蒙文通《经学抉原》，成都，巴蜀书社，1995。
④《后汉书》卷六十二《荀淑传》。

十分明白:"《礼》是郑学。"(《礼记正义·月令第六》)皮锡瑞也说:"郑学最精者《三礼》。"在荀爽看来,礼是兴福而止祸的本源。在郑玄眼中,礼是为政、治国的根本。它们虽然重要,却是礼在经世致用和外王层面的作用,而没有彰显其在安身立命和内圣层面可以发挥的作用。所以,尽管礼学确是郑学之核心和"最精者",但郑玄之礼学仍然拘泥于两汉儒学以有意志的、能够赏善罚恶的神性人格天为最终根据的礼学思想。

由于这一有意志的、能够赏善罚恶的神性人格天无法阻止自然灾害的频繁发生、现实社会的日趋腐朽等天灾人祸的反复出现,其赏善罚恶之神性必然受到人们的怀疑,而以这一有意志的、能够赏善罚恶的神性人格天为最终根据的礼学思想,自然成为一种毫无说服力的空洞理论。

正如王肃在《孔子家语·自序》中所说:"郑氏学行五十载矣……然寻文责实,考其上下,义理不安,违错者多。"

既然郑玄礼学"义理不安,违错者多",王肃自觉成为郑玄礼学的批判者。在批判郑玄礼学时,王肃主要是以《孔子家语》为立论根据,并结合自撰的《圣证论》以及对诸经的注释构筑自己的礼学思想。

王肃在谈到以《孔子家语》为自己礼学思想之立论根据的理由时说:"孔子二十二世孙有孔猛者,家有其先人之书,昔相从学,顷还家,方取以来,与予所论,有若重规矩。……而予从猛得斯论,已明相与孔氏之无违也。"在这里可以知道,王肃明确表达了自己与孔氏思想之无违,有若重规叠矩。也就是说,《孔子家语》的思想完全可以作为王肃本人的思想加以阐发。进而言之,王肃是以孔子思想正统继承者的身份批判郑玄礼学并阐发自己的礼学思想的。

实际上,作为魏晋时期儒学思想的代表人物之一,王肃之学的核心部分就是他的礼学思想。此点不仅在《孔子家语注》《圣证论》等著作中表现得十分明显,而且其诸经注中礼学注疏数量最多,[1]清人严可均所辑《全三国文》中王肃部分大多也是关于礼的议论。

---

[1] 参见章权才《魏晋南北朝隋唐经学史》,第 58—59 页,广州,广东人民出版社,1996。

王肃礼学是建立在其天道观基础之上的。《孔子家语·郊问》曰："万物本于天,人本乎祖,郊之祭也,大报本反始也,故以配上帝。天垂象,圣人则之,郊所以明天道也。"王肃在注释"郊"之名时说:"筑为圜丘,以象天自然。"此处所谓天性自然是就其表象而言的,天道自然是我们可以感觉得到的。而《孔子家语》中的孔子称赞圣人之德若天地,而天地之德"无他,好生故也"(《孔子家语·好生第十注》),则是就天道之本性而言的。关于此点,王肃解释得十分明确:"五帝,五行之神,佐生物者。……上天以其五行佐成天事,谓之五帝。"(《孔子家语·五帝第二十四注》)可以看到,"生物"和"天事"是同义语,"好生"是谓天道,只有"好生"的本性才会呈现"自然"的表象。所以,王肃才会说:"取天地之性,以自然也。"(《孔子家语·郊问第二十九注》)

天道如何实现其"好生"之本性是王肃天道观的重要内容。他在《圣证论》中引用汉代人伪造的孔子之言曰:"天有五行,木火金水土,分时化育,以成万物。"①他详细解释说:"一岁三百六十日,五行各主七十二日也。化生长育,一岁之功,万物莫敢不成。……五行更王,终始相生。始以木德王天下,其次以生之行转相承。"(《孔子家语·五帝第二十四注》)他在另一处还补充说:"五行终则复始,故事可修复也。"(《孔子家语·礼运第三十二注》)正是在上述思想的前提下,王肃才明确指出:"上天以其五行佐成天事。"(《孔子家语·五帝第二十四注》)

我们从《孔子家语·本命解第二十六注》中可以发现,王肃对人道之性命观的阐释是与其天道观遥相照应的。作为规范人道的"礼"与彰显天道的"生"在本质上是一致的。原文云:"分于道,谓之命;形于一,谓之性。"王肃注曰:"分于道,谓始得为人。人各受阴阳以刚柔之性,故曰形于一也。"

他在注释"故人者,天地之心,而五行之端"一句时说:"人,有生最灵;心,五藏最圣;端,始也,能用五行也。"(《孔子家语·礼运第三十二注》)

---

① 〔三国魏〕王肃:《圣证论》,〔清〕马国翰:《玉函山房辑佚书》。

由此可以得出这样一个判断:作为有生最灵的人能够认识并应用五行之道。而"上天以其五行佐成天事,谓之五帝","五帝,五行之神,佐生物者"(《孔子家语·五帝第二十四注》)。我们可以将其简化为:

天→五行→生

人→五行→生

王肃将天人很好地结合起来了:"爱政而不能爱人,则不能成其身;不能成其身,则不能安其土;不能安其土,则不能乐天。"(《孔子家语·大婚解第四注》)王肃将"天"释为"天道"①,将"成其身"释为"礼"②,将"爱"释为"不忘其所由生"③。在王肃的语境中,我们可以将上述一段话译为:人能不忘生,则有礼;有礼,则乐天道。由此可见,"礼"既是天与人的中介,也是认识天道与人道之本质的方法。"礼"从根本上说亦为"生"。因此,使人们理解"生"义的礼应当是礼学中最重要的内容。

《孔子家语》曰:"郊社之礼,所以仁鬼神也;禘尝之礼,所以仁昭穆也……明乎郊社之义、禘尝之礼,治国其如指诸掌而已。"(《孔子家语·论礼第二十七》)郊社是事天之礼,禘尝是敬祖之礼。事天敬祖是礼的最重要的核心内容,体现了礼的本质。唐人杜佑曾说:"故郊以明天道也。"④"缘生以事死,固天道之成而设禘祫之享,皆合先祖之神而享之。"⑤所以,研究王肃关于郊社之礼和禘尝之礼的观点可以帮助我们了解其礼学思想之主流。令人感兴趣的是,儒学史上著名的"王郑之争"所争论的重点问题之一就是郊社之礼和禘尝之礼。

第一,关于郊禘关系。郑玄在《礼记·祭法注》中说:"禘谓祭昊天于圜丘也,祭上帝于南郊曰郊,祭五帝五神于明堂曰祖宗。"在郑玄看来,禘祭是祭祀典礼当中最隆重的一种而高于郊、祖之祭,他还由此发挥:"冬

---

① "不能安其土,则不能乐天",王肃注"天"曰:"天道也。"见《孔子家语·大婚解第四注》。
② 王肃曰:"礼之于人身,所以养成人也。"见《孔子家语·礼运第三十二注》。
③ 王肃曰:"民能不忘其所由生,然后能相爱也。"见《孔子家语·哀公问政第十七注》。
④ 〔唐〕杜佑:《通典》卷四十二。
⑤ 〔唐〕杜佑:《通典》卷四十九。

至圜丘名禘，配以喾。启蛰祈谷名郊、配以稷。"这就是"禘为祀天帝，郊为祈农事"一说的由来。①

郑玄是"禘大于郊"之说的主要代表人物。王肃明确反对这一主张："郑玄以《祭法》禘黄帝及喾为配圜丘之祀。《祭法》说禘无圜丘之名，《周官》圜丘不名为禘，是禘非圜丘之祭也。……按《尔雅》云：'禘，大祭也。'绎，又祭也。皆祭宗庙之名，则禘是五年大祭先祖，非圜丘及郊也。……知禘配圜丘非也，又《诗·思文》后稷配天之颂，无帝喾配圜丘之文，知郊则圜丘，圜丘则郊。所在言之，则谓之郊；所祭言之，则谓之圜丘。"(《礼记正义·郊特牲第十一》)

针对郑玄所说禘为祀天、郊为祈谷的观点，王肃认为，"鲁以冬至郊天，至建寅之月又郊以祈谷，故《左传》云'启蛰而郊'，又云'郊祀以祈农事'，是二郊也"(《礼记正义·郊特牲第十一》)。"《郊特牲》云：周之始郊日以至。《周礼》云：冬至祭天于圜丘。知圜丘与郊是一也。言始郊者，冬至阳气初动，天之始也。对启蛰及将郊祀故言始。《孔子家语》云：……孔子对之与此《郊特牲》文同，皆以为天子郊祀之事。"(《礼记正义·郊特牲第十一》)

《孔子家语》对此的议论比较清楚："郊之祭也，迎长日之至也。大报天而主日，配以月，故周之始郊，其月以日至，其日用上辛，至于启蛰之月，则又祈谷于上帝。此二者，天子之礼也。鲁无冬至大郊之事，降杀于天子，是以不同也。"(《孔子家语·郊问第二十九》)

王肃在现实生活中也坚持这一主张："王者各以其礼制事天地。今说者据《周官》单文为经国大体，惧其局而不知弘也……天地之性贵质者，盖谓其器之不文尔，不谓庶物当复减之也。《礼》：'天子宫县。舞八佾。'今祀圜丘方泽，宜以天子制，设宫县之乐、八佾之舞。"②

根据《圣证论》及其所引《孔子家语》的说法，冬至之大郊、启蛰之祈

① 参见王葆玹《今古文经学新论》，第336页。
② 《宋书》卷十九《乐志一》。

谷均为天子之礼,而《左传》《周官》所说鲁国行此二礼,所以王肃释"夫鲁之郊及禘皆非礼"曰"言失于礼而亡其义"(《孔子家语·礼运第三十二注》)。

我们从《礼记正义·郊特牲》疏引《圣证论》可以发现,郑玄论证"禘大于郊"之说的经典根据十分庞杂,既包括《周礼》《左传》等古文经,也包括《公羊》《穀梁》等今文经,甚至以《易纬》作为立论的根据。这种没有坚实基础的旁征博引将会导致其理论体系中矛盾的存在。尤其是郑玄以谶纬为根据推演论证,实为妄断。矛盾的存在和论据的虚妄使郑玄"禘大于郊"的论点站不住脚。王肃在辩难时则以《周礼》《左传》《孔子家语》为根据,他站在新儒学的立场,揭露郑玄的自相矛盾和荒诞论据,从根本上否定郑玄"禘大于郊"的论点。

关于这一问题,后世仍有争论。刘宋时期的学者朱膺之同意王肃的观点:"案先儒论郊,其议不一。……诸儒云:圜丘之祭以后稷配,取其所在名之曰郊,以形体言之谓之圜丘。名虽有二,其实一祭。"①萧梁时期的著名学者何胤则坚持郑玄郊丘是二非一的主张:"圜丘国郊,旧典不同。南郊祠五帝灵威仰之类,圜丘祠天皇大帝、北极大星是也。往代合之郊丘,先儒之巨失。今梁德告始,不宜遂因前谬。"②其议未被采纳。由此可以反证郊丘合一的制度不仅在两晋,而且在南朝时期也被采用。

有一段史料可以清楚地说明这一问题:东魏天平四年(537),李业兴出使萧梁,梁散骑常侍朱异与他有一段对话。朱异问业兴曰:"魏洛中委粟山是南郊邪?"业兴曰:"委粟是圜丘,非南郊。"异曰:"北间郊丘异所,是用郑义,我此中用王义。"业兴曰:"然,洛京郊丘之处专用郑解。"③我们从史籍中可以知道李业兴所言不虚,自北魏道武帝"亲祀上帝于南郊……其后,冬至祭上帝于圜丘,夏至祭地于方泽,用牲币之属与

---

① 《宋书》卷十六《礼志三》。
② 《梁书》卷五十一《何胤传》。
③ 《魏书》卷八十四《李业兴传》。需要强调的是,我们在《隋书·礼仪志一》中看到这样的记载:"梁陈以减,以迄乎隋……郊丘互有变易。"待考。

二郊同"①。

第二,关于禘祫关系。根据郑玄《鲁礼·禘祫志》之说,郑玄认为,禘祫为四时祭以外的大祭;禘祭分祭于各庙,祫祭将所有毁庙之主及未毁庙之主合祭于太祖庙;禘祭大于四时祭,小于祫祭。② 这一观点与古文经学大相径庭。贾逵、刘歆曾曰:"禘祫,一祭二名,礼无差降。"③"左氏说及杜元凯皆以禘为三年一大祭在太祖之庙。《传》无祫文,然则祫即禘也,取其序昭穆谓之禘,取其合聚群祖谓之祫。"(《礼记正义·王制第五》)郑玄提出"禘小于祫"的前提是"三年一祫,五年一禘",但此前提不见于先秦经传和古籍而见载于《公羊传·文公二年》:"大祫者何? 合祭也。其合祭奈何? 毁庙之主陈于大祖,未毁庙之主皆升,合食于大祖。五年而再殷祭。"以及何休注:"殷,盛也,谓三年祫、五年禘。"《公羊传》和《何休注》均本《礼纬》之说,《南齐书·礼志上》引《礼纬·稽命征》曰:"三年一祫,五年一禘。"《诗经·商颂·长发》孔颖达疏:"郑《驳异义》云:三年一祫,五年一禘,百王通义。以为《礼谶》云:殷之五年殷祭,亦名禘也。"④

王肃对郑玄之说加以反驳:"如郑元(玄)言,各于其庙,则无以异四时常祀,不得谓之殷祭,以粢盛百物,丰衍备具,为殷之者。夫孝子尽心于事亲,致敬于四时,比时具物,不可以不备,无缘俭于其亲累年,而后一丰其馈也。夫谓殷者,因以祖宗并陈,昭穆皆列故也。设以为毁庙之主皆祭谓殷者,夫毁庙祭于太祖,而六庙独在其前,所不合宜,非事之理。……禘祫殷祭,群主皆合,举祫则禘可知也。《论语》孔子曰:'禘自既灌而往者,吾不欲观之矣。'所以特禘者,以禘大祭,故欲观其盛礼也。禘祫大祭,独举禘,则祫亦可知也。于《礼记》则以祫为大,于《论语》则以禘为盛,进退未知其可也。……郑元(玄)以为禘者各于其庙,原其所以,夏、商夏祭曰禘,然其殷祭亦名大禘,《商颂·长发》是大禘之歌也。至周

---

① 《魏书》卷一百八《礼志一》。
② 参见钱玄《三礼通论》,第471—473页,南京,南京师范大学出版社,1996。
③ 〔唐〕杜佑:《通典》卷四十九。
④ 参见钱玄《三礼通论》,第481页。

改夏祭曰礿,以禘唯为殷祭之名,周公以圣德,用殷之礼,故鲁人亦遂以禘为夏祭之名,是以《左传》所谓'禘于武宫',又曰'蒸尝禘于庙',是四时祀非祭之禘也。郑斯失矣。至于经所谓禘者,则殷祭之谓,郑据《春秋》,与大义乖。"①

　　两人在禘袷关系上的争论持续到南北朝时期。北魏王朝就曾对此进行过讨论,郑、王二派的学者互不相让,最后只好以皇帝的名义综合二派观点钦定禘袷之礼,从中可以了解郑玄、王肃的主张在现实中的影响:"今互取郑王二义,禘袷并为一名,从王;禘是祭圜丘大祭之名,上下同用,从郑。若以数则黩,五年一禘,改袷从禘,五年一禘则四时尽禘,以称今情。禘则依《礼》文,先禘而后时祭。便即施行,著之于令,永为世法。"②

　　郑玄论述禘袷关系的经典根据是《公羊传》和《礼纬》,这里除去郑玄以谶纬为据而成妄言外,"禘大于郊"和"禘小于袷"之间难以自圆其说。他在《礼记注》中认为禘谓祭天,而在《禘袷志》中又认为禘祭是分祭于各庙,依此,在各庙中祭天是难以想象的。另外,若"禘小于袷"则祭天之礼势必低于祭祖之礼,这也是不合礼法的。王肃论证的根据则是古文逸礼《禘于太庙》③,他对郑玄"禘小于袷"论点的批驳是令人信服的。

　　综合以上所说可知,王肃反驳郑学在郊禘关系和禘袷关系上的虚诞,以郊、丘为一和禘袷合一之说贯彻其古文礼学的主张。他之所以与郑玄在郊禘关系和禘袷关系等问题上发生激烈争论,一方面是因为祭天祀祖之礼乃礼学之核心问题和理论根据,任何礼学思想都能以此为依据而推演其体系。另一方面,祭天祀祖之礼也是现实政治活动中最重要的仪式之一,它的正确与否甚至关系到一个王朝是否为天之所命、国之正统,其政治意义是不言而喻的。

　　更具意义的是王肃的主张淡化了祭祀的宗教色彩,从而彰显了人道

---

① 〔唐〕杜佑:《通典》卷四十九。
② 《魏书》卷一百八《礼志一》。
③ 参见《礼记正义·王制第五》孔颖达疏引王肃《圣证论》。

在祭礼中的重要性。这一点我们可以在南朝萧梁时期的著名礼学家何佟之的议论中得到印证:"今之郊祭,是报昔岁之功,而祈今年之福。故取岁首上辛,不拘立春之先后。周冬至于圜丘,大报天也。夏正又郊,以祈农事,故有启蛰之说。自晋太始二年并圜丘、方泽同于二郊,是知今之郊禋,礼兼祈报,不得限于一途也。"①

笔者认为,王肃反驳郑学在郊社之礼和禘尝之礼方面的观点是为其批判郑玄的六天说寻找根据,从而论证自己的天道观。《礼记正义·郊特牲》疏引《圣证论》以天体无二,郊即圜丘,圜丘即郊。"郑氏(玄)谓天有六天。天为至极之尊,其体只应是一,而郑氏以为六者,指其尊极清虚之体,其实是一。论其五时,生育之功,其别有五。以五配一,故为六天。据其在上之天谓之天,天为体称,故《说文》云天体也。因其生育之功谓之帝,帝为德称也,故《毛诗传》云审谛如帝。"

如前所述,北朝始终遵循郑玄郊丘分离的主张。因大力推行汉化政策而名垂青史的北魏孝文帝就此所发议论可以反证笔者的观点。他认为,六宗必是天皇大帝及五帝之神,"今祭圜丘,五帝在焉,故称'肆类上帝,埋于六宗',一祭而六祀备焉"②。

王肃通过对郊祀禘尝之礼的研究来论证天体无二、道性合一、天道无为好生的观点。另一方面,人道则天而行且"人道,政为大",他煞费苦心将天道之"好生"与人道之"重礼"联系起来,目的之一就是为其"无为之政"的主张提供依据。

王肃的政治观是其礼学思想的推展。

王肃在注释《孔子家语》所谓"人生有气有魄。气者,人之盛也;魄者,鬼之盛也"时说:"合神鬼而事之者,孝道之至。孝者,教之所由生也。"(《孔子家语·哀公问政第十七注》)这是王肃对礼的现实作用的基本看法。

---

① 《隋书》卷六《礼仪志一》。
② 《魏书》卷一百八《礼志一》。

他进一步阐述自己的观点说:"礼以忠信为本。"(《孔子家语·致思第八注》)

对于"忠",他说:"情不相亲,则无忠诚。"(《孔子家语·致思第八注》)"奉祖庙弥近弥亲,弥远弥尊,仁义之道也。"(《孔子家语·礼运第三十二注》)可见王肃将"忠"寓于亲亲尊尊的仁义之道中了。对于"信",他说:"夫信之于民,国家大宝也。仲尼曰:'自古皆有死,民非信不立。'"(《三国志·王朗传》)

王肃引经据典以论证自己的观点:"唐虞之设官分职,申命公卿,各以其事,然后惟龙为纳言,犹今尚书也,以出纳帝命而已。夏殷不可得而详。《甘誓》曰:'六事之人',明六卿亦典事者也。《周官》则备亦,五日视朝,公卿大夫并进,而司士辨其位焉。其《记》曰:'坐而论道,谓之王公;作而行之,谓之士大夫。'"(《三国志·王肃传》引)

同样的观点也反映在他对《周易·震卦》卦辞"震惊百里,不丧匕鬯"的注中:"在有灵而尊者莫若于天,有灵而贵者莫若于王;有声而威者莫若于雷,有政而严者莫若于侯。是以天子当乾,诸侯用震。地不过一同,雷不过百里,政行百里则匕鬯亦不丧。祭祀,国家大事,不丧,宗庙安矣。处则诸侯执其政,出则长子掌其祀。"①

从以上的论述可以发现,王肃在强调天子当乾、王公坐而论道的同时,又主张诸侯用震、士大夫作而行之。换句话说,王肃在政治上是主张天子无为而诸侯士大夫有为的,这一观点用《孔子家语》中的说法就是"天子以德为车,以乐为御,诸侯以礼相与,大夫以法相序,士以信相考,百姓以睦相守,天下之肥也,是谓大顺。顺者,所以养生送死,事鬼神之常也"(《孔子家语·礼运第三十二》)。

综上所述,王肃的礼学思想主要由其天道观、礼论和政治观三部分组成,是在与郑学相互辩难的过程中逐渐形成的。王肃之学在西晋时颇

---

① 〔清〕张惠言:《易义别录》卷十一引《太平御览》。

占优势,可以认为政治因素起了很大作用。但王肃之学的义理性特征、人文化倾向代表了儒学的历史发展方向,其学术成就是应当得到承认的。皮锡瑞所谓宋代以后的经学"舍郑从王"的事实就是最明显的一个例证。

第三章 范宁《春秋穀梁传集解》

　　汉魏之交的风云际会沉重打击了传统经学。魏晋时期,玄风方炽,儒门衰微,传统经学不绝如缕。但饶有趣味的是,正当此玄风席卷之际,范宁《春秋穀梁传集解》却逆风而起,为一时翘楚。

　　范宁(约 339—401),东晋时期著名经学家。范宁自幼好学,博览全书。成年后,推崇儒学,躬行儒家礼教。范宁站在儒学的立场,对何晏、王弼等开启的魏晋玄学和清谈之风给予了尖锐的批评,他说:"时以浮虚相扇,儒雅日替。宁以为其源始于王弼、何晏。二人之罪,深于桀纣。"①在反对玄学的同时,范宁通过注解《穀梁传》,试图恢复儒学的价值与尊荣。他完成的《春秋穀梁传集解》是现存最早的《穀梁传》注解,被阮元收录进《十三经注疏》。

　　或许正是因为与两汉之正统经学存在时间上的距离,范宁得以更加冷静、更加客观地审视此前的经学研究。也惟其如此,范氏的《春秋穀梁传集解》不仅具有传统意义上的注疏价值,更成为中国古代经典解释学的一个颇具典型意义的例证,蕴涵着一种一般意义上的经典解释学方法的价值。

---

① 《晋书》卷七十五《范宁传》。

第一节 解释的前提:对《春秋》性质的理解

《春秋》的性质问题在很大程度上可以用另一个问题来替代,即:孔子与《春秋》之间存在着何种关系? 对此问题的理解,直接影响到人们对《春秋》的历史定位、意义解读和价值评判,是春秋学首先碰到的、不可不解决的关键性的前提。

在《春秋穀梁传序》中,范宁明确表示自己沉思积年而为《集解》的原因是:"释《穀梁传》者虽近十家,皆肤浅末学,不经师匠。辞理典据既无可观,又引《左氏》《公羊》以解此传,文义违反,斯害也已。"[1]文字凿凿,似无可疑。但若细细品味,则不难发现这只是表层的原因,真正的原因乃在于范宁对于《春秋》性质的理解:

> 天垂象,见吉凶。圣作训,纪成败。欲人君戒慎厥行,增修德政。……四夷交侵,华戎同贯,幽王以暴虐见祸,平王以微弱东迁。征伐不由天子之命,号令出自权臣之门,故两观表而臣礼亡,朱干设而君权丧。下陵上替,僭逼理极。天下荡荡,王道尽矣。孔子睹沧海之横流,乃喟然而叹曰:"文王既没,文不在兹乎!"言文王之道丧,兴之者在己,于是就大师而正《雅》《颂》,因鲁史而修《春秋》……于时则接乎隐公,故因兹以托始,该二仪之化育,赞人道之幽变,举得失以彰黜陟,明成败以著劝诫,拯颓纲以继三五,鼓芳风以扇游尘。一字之褒,宠逾华衮之赠。片言之贬,辱过市朝之挞。德之所助,虽贱必申。义之所抑,虽贵必屈。故附势匿非者无所逃其罪,潜德独运者无所隐其名,信不易之宏轨,百王之通典也。先王之道既弘,麟感而来应。因事备而终篇,故绝笔于斯年。成天下之事业,定天下之邪正,莫善于《春秋》。[2]

① 〔晋〕范宁集解,〔唐〕杨士勋疏:《春秋穀梁传注疏》(阮元校刻十三经注疏本),第 2361 页,上海,上海古籍出版社,1997。
② 同上书,第 2358—2360 页。

　　在范宁看来,《春秋》乃孔子所作,这是毫无疑问的。孔子身处夷狄陵夏之危局、礼崩乐坏之乱世,天子失职,王道黯隐,下陵上替,暴虐篡弑者比比皆是。孔子忧惧,于是代行天子之事,借取鲁史旧文并申以己意而作《春秋》,以图彰王道以复其礼、拨乱世而反诸正。因此,《春秋》绝非一般的史书。孔子以区区两万字历数鲁隐至鲁哀二百四十余年,或笔或削,以褒贬进退为轨仪。其事或时有遗略,其义则未尝稍有偏失。换言之,《春秋》虽是应时而作,实为一部蕴涵圣人之微言大义的治世大典。

　　可见,在孔子与《春秋》的关系问题上,范宁取当时的主流看法。① 既然《春秋》负载有圣人的苦心微旨、微言大义,那么,阐发解释《春秋》的"传"自然也就跟着水涨船高,备受重视。尽管据《汉书·艺文志》记载,当时《春秋》之"传"共有五种,但到范宁生活的东晋时期,《邹氏传》《夹氏传》俱已不存。故范宁只言"三传":"《春秋》之传有三,而为经之旨一,臧否不同,褒贬殊致。盖九流分而微言隐,异端作而大义乖。"② 显然,此处的"为经之旨"正是孔子寄寓在《春秋》字里行间的微言大义。范宁认为,这个"为经之旨"不仅是存在的,而且是唯一的、清晰的。然而,去圣日远,九流剖分,异端并作,《春秋》的"为经之旨"也因此隐微而不得彰显。《公羊》《榖梁》《左氏》虽然都以解释《春秋》为职志,但均囿于一己之见,不仅多有偏失而未能把握此"为经之一旨",反而相互攻讦,自是而非它。"三传"在解读《春秋》之旨的过程中都存在着局限,然而,或许是一种无奈,后人却往往只能够借助"三传"以求窥探《春秋》之玄奥。

　　因此,范宁注《榖梁》,在很大程度上并不是因为他相信《榖梁》较之其他"二传"更加贴合《春秋》之旨,而是由当时"三传"的研究状况决定的。其时,"《左氏》则有服、杜之注,《公羊》则有何、严之训。释《榖梁传》

① 有学者指出首先提出这一观点的是孟子(前372—前289)。孟子认为,故"孔子成《春秋》而乱臣贼子惧"(《孟子·滕文公下》)。但关于孟子在汉晋时期的影响仍有很多争论。司马迁(前145—前86)著《史记》也采用此说。在《史记》的《孔子世家》《三代世表》《儒林列传》和《太史公自序》等篇,均可见"孔子作《春秋》"的观点。汉代今文学派亦取此说。
② 〔晋〕范宁集解,〔唐〕杨士勋疏:《春秋榖梁传注疏》,第2360页。

者虽近十家,皆肤浅末学,不经师匠。辞理典据既无可观,又引《左氏》《公羊》以解此传,文义违反,斯害也已"①。理越辩越明,"三传"之研究倘若能齐头并进,则后人可以更好地对比"三传",克服偏狭,从而体会《春秋》的"为经之旨"。这是范宁集解《穀梁》的一个原因。此外,范宁还试图通过此书,向人们传达一个讯息,传达一种关于经传关系和经典解释的理解。而这才是范宁完成此书的真正目的。

第二节　"事""例"与"义"——解释学的循环

通览范宁《春秋穀梁传集解》,人们首先容易得到的印象是《集解》中大量的"凡例"。发凡起例并不是范宁的首创,而是中国传统经学古已有之的独特解释方法。稍早于范氏的杜预(222—284)指出:"其发凡以言例,皆经国之常制,周公之垂法,史书之旧章。"②后人更是从《左传》中归纳出所谓的"五十凡"。

范宁解《穀梁》,亦注意透过《穀梁传》提炼《春秋》之"凡例"。这可以通过"凡例"与"书法"的关系看出一二:

"凡例"指的是经文记录时间、地点、人物以及某类事件时相对一致的记述风格与体例;"书法"则是指圣人在记述中寄寓微言大义的技巧与方法。因此,"凡例"与"书法"的关系可以这样理解:一方面,不少"凡例"本身已经表现为"书法"。如《穀梁传》"宣公十五年"云:"灭国有三术:中国谨日,卑国月,夷狄不日。"③对于中原诸夏之国的灭亡,经文书"日";对于中原的一些卑微小国的灭亡,经文书"月";对于那些夷狄之国的灭亡,经文或书"时"或不书时间,体现了《春秋》"外夷狄而内诸夏"的尊卑观念。另一方面,当"凡例"已确定时,不合"凡例"的地方往往存有进退褒

---

① 〔晋〕范宁集解,〔唐〕杨士勋疏:《春秋穀梁传注疏》,第 2361 页。
② 〔晋〕杜预注,〔唐〕孔颖达疏:《春秋左传正义》(阮元校刻十三经注疏本),第 1705 页,上海,上海古籍出版社,1997。
③ 〔晋〕范宁集解,〔唐〕杨士勋疏:《春秋穀梁传注疏》,第 2415 页。

贬之义,此即为"书法"。如正常情况下对于诸侯之死应该书"日"以记之,但是"襄公三十年"经文却书"夏,四月,蔡世子般弑其君固"①。经文变"日"为"月",实际上是采用了描述夷狄之君卒亡的记载方式,目的是贬斥蔡国世子弑君夺政的近乎夷狄的行为。

严格地说,"凡例"之法其实应该包括两个层次:其一是根据经文内容总结出凡例,其二是依据凡例推知经传中省略或缺漏的部分。

首先看第一个层次。范宁注意到《穀梁传》在解释《春秋》时非常注意提炼经文的凡例。《集解》中时常出现的"传例曰",指的正是《穀梁传》所归纳的《春秋》之凡例。可以说,《穀梁传》乃是通过对《春秋》凡例的梳理和归纳来展开其诠释体系的。以新君继位的记录方式为例。

《穀梁传》对《春秋》记录十二位鲁国国君的书写方式进行了分析,归纳出新君继位的三种情形。第一种情况:"继正即位,正也。"这是说当先君正常死亡时,新君继位应书"公即位"以显示其继位的正当性。第二种情况:"继弑君不言即位,正也。"这是说当先君意外死亡(主要指被杀或被弑)时,新君继位应不书"公即位"以示对先君意外亡故的哀痛之情。这也是正常的情形。第三种情况:"继故而言即位,则是与闻乎弑也。"这是说先君由于意外死亡(被杀或被弑),倘若新君继位时书了"公即位",则表明新君对先君的意外死亡根本没有哀戚之情,这又反过来证明新君与先君的被弑之间存在某种关系,新君可能事先知晓甚至参与了弑先君的篡逆行为。

《穀梁传》共提到九位后君继位之事,分别是:桓公、庄公、闵公、僖公、文公、宣公、襄公、昭公和定公。其中,文公、襄公、昭公的继位属于第一种情况,此外《穀梁传》未明确说到的成公和哀公也属此列;庄公、闵公、僖公三位国君的继位属于第二种情况;桓公、宣公两位国君的继位则属于"与闻乎弑"的第三种情况。② 这三种后君继位的书例是《穀梁传》对

①〔晋〕范宁集解,〔唐〕杨士勋疏:《春秋穀梁传注疏》,第2432页。
② 定公继位的情况比较特殊:先君昭公被鲁大夫季孙如意驱逐出国,客死齐国,次年六月定公继位。《穀梁传》"定公元年"云:"先君无正终,则后君无正始",即此之谓。

《春秋》记事规律归纳的结果。这也是"凡例"运用的第一个层次。

　　除此之外，"凡例"的运用还有第二个层次，即根据凡例反推经传缺漏甚至错误的地方。在范宁看来，《穀梁传》归纳、总结《春秋》的凡例，作用不仅仅在于更有条理地把握经文，还在于要由凡例反推经典的文字与含义。这一点是与《春秋》的文本特征紧密相关的。《春秋》全文仅二万余字，而记录的时间竟然长达二百四十二年；平均下来，每年不足百字，其简略遗漏可想而知。而通过凡例反推经文中被省略或遗漏的内容，使经文经义能够完整通达，就成为经文注疏的一个重要方面。如"隐公二年"：

　　　　经文：夏，五月……无侅帅师入极。

　　　　传文：入者，内弗受也。极，国也。

　　　　集解：传例曰："灭国有三术，中国日，卑国月，夷狄时。"极，盖卑国也。①

　　根据经文中已有的内容，《穀梁传》总结出《春秋》记载不同类型的国家灭亡时所采用的不同时间记录方式，即"中原诸夏之国书日，中原卑微小国书月，四方夷狄之国书时"。现在经文用书"月"的方式记录了"极"这个国家的灭亡，依据凡例可推知"极"应为中原卑微的小国。

　　由以上的例子可知，"凡例"之法中的"由事以归例"，恰如逻辑中的归纳法；而"凡例"之法中的"依例以推事"，则如逻辑中的演绎法。从严格意义上讲，"凡例"之法将此二者并用，其实存在着循环论证的逻辑危机。但是，范宁认为在经典的解释中，此二者是并行不悖的，因为无论是"事"还是"例"，本质上都是围绕着"义"展开的。

　　范宁坚信《春秋》寄寓着圣人的微言大义，但圣人之义如何得以呈现？答案就是"因事见义"②——圣人是通过记《春秋》之事以彰其义的，这也是孔子采用史书形式的深刻原因。但倘若一事显一义，则不免事繁

---

① 〔晋〕范宁集解，〔唐〕杨士勋疏：《春秋穀梁传注疏》，第2366—2367页。
② 同上书，第2381页。

而义乱,徒使圣人之义湮没于物事之中而暗昧难寻。于是,"事"有待"例"而顺,"义"有待"例"而彰。如此一来,"凡例"便成为连接"事"与"义"的纽带;"例"不仅是"事之凡",更成为"义之蕴"。

因此,中国古典经学对于"凡例"的高度重视,不仅仅是出于把握事件的方便考虑,更潜含了对"义""例"关系的深刻理解。经学家们孜孜以求的并不是那些严整的、精妙的"凡"与"例",而是存在于这些凡例背后的"意义"。经典的"意义"可以分为两个层次:一者为文本之意,二者为文外之义。而这两者都有赖"凡例"来表现。而且,"义"的介入也打破了"凡例"运用过程中"即事以言例""依例而推事"之循环逻辑的怪圈,促使经学解释走向深入。所以,"事""例""义"的微妙互动构成了一种独特而有创造性的解释学的循环,并进而成为中国古代经典解释学的范式。

第三节 解释的宗旨:传以通经为主,经以必当为理

范宁认为自己的《集解》不是对《穀梁传》的单纯的注解,甚至也不是对《春秋》的形式上的复归,而是对意义的追寻,是对圣人的微言大义(即《春秋》的"为经之旨")的探索。因此,他主张经典解释的宗旨是:"传以通经为主,经以必当为理。"

一、传以通经为主

针对"传"与"经"的关系,范宁提出"传以通经为主"的解释原则。在这一原则中,最值得关注的是"通"字。它隐含的前提是:"经"可通。换言之,经文本身具有内在的统一性和一以贯之之道,也就是范宁所极为重视的"为经之旨一"中的"一"。某种意义上,这也是"凡例"得以产生的原因。

既然经文具有内在的统一性和一以贯之之道,那么以解读经典为职志的"传"理所当然地应该以"通经"为宗旨。具体地讲,"传"通"经"也表

现在"事""例""义"三个层面,即:通晓经书之事,通顺经文之例,通达经说之义。

(一) 通晓经书之事

"事"为经之本,对《春秋》而言尤其如此。《穀梁》为解经之书,自是以通晓经事为基础;范氏《集解》为注传之作,同样要把关注的目光投射到经文的事件以及《穀梁传》对这些事件的理解上。这在《集解》对"三传"的态度中得到集中体现。范宁虽然集解《穀梁》,但他在学风上力图跳出汉代师法之藩篱,不自是而非它,不崇《穀》而贬《公》《左》,而是对"三传"持一种客观平实的态度,公允地评断"三传"之得失,择善而从。如《穀梁》所据之经文"昭公四年"记载"四年,春,王正月,大雨雪"①,而《左传》所据之经文则书"大雨雹"②,史料残缺,无法辨别二说真伪。于是范宁《集解》云"雪,或为雹"③,并存两家之说。与此类似的还有"隐公三年"的"尹氏"与"君氏","隐公四年"的"祝吁"与"州吁","宣公八年"的"熊氏"与"嬴氏",等等。④

更进一步讲,范宁采用"集解"的形式并不是偶然的。因为"集解"可以兼采包括阴阳灾异思想在内的众家之说,有助于辩订真伪、裁度是非。而《集解》对于名物、典章、制度的强调同样服务于通晓经事的目的。

(二) 通顺经文之例

《集解》的一个显著特征是"整体理解,首尾相顾,事例呼应"。范宁自觉地将《春秋》视作完整的、融贯的有机整体,强调《穀梁传》在解读经文时的联系性。

例如"宣公八年"经文记录"仲遂卒于垂",《穀梁传》解说:"此公子也,其曰仲,何也? 疏之也。"《集解》则进一步补充:"僖十六年传曰:'大夫不言公子、公孙,疏之也。'"⑤范宁将"僖公十六年"的一条相似的传文

①③〔晋〕范宁集解,〔唐〕杨士勋疏:《春秋穀梁传注疏》,第 2434 页。
②〔晋〕杜预注,〔唐〕孔颖达疏:《春秋左传正义》,第 2032 页。
④ 参见〔晋〕范宁集解,〔唐〕杨士勋疏《春秋穀梁传注疏》,第 2368、第 2369、第 2413 页。
⑤ 同上书,第 2413 页。

提到此处与"宣公八年"传文作对比,以图揭示二者之异同和《春秋》书录之凡例。

"例"待"事"而明,"事"待"例"而顺。故《集解》极为重视"事"与"例"的呼应。如"哀公四年":

> 经文:四年,春,王二月。庚戌,盗弑蔡侯申。
>
> 传文:……《春秋》有三盗:微杀大夫,谓之盗。
>
> 集解:十三年冬,"盗杀陈夏区夫"是。
>
> 传文:非所取而取之,谓之盗。
>
> 集解:定八年,阳货取宝玉大弓是。
>
> 传文:辟中国之正道以袭利,谓之盗。
>
> 集解:即杀蔡侯申者是,非微者也。①

由此可以很清楚地看到,《集解》选取典型事件对《穀梁传》所总结的《春秋》"盗"之例逐条印证,从而使凡例更加清晰、更加有说服力。

(三)通达经说之义

"传"由"经"而来,传文的解说应该尽力符合经文的原意。范宁虽然为注解《穀梁传》花费了大量心血,但他并没有因此曲意回护《穀梁》。对于传文中一些与经文不相符合的地方,他或者婉书"宁所未详"以存其疑,或者直言矛盾而斥其非。

如"隐公九年"经文记载:"九年,春,天王使南季来聘。"传文解说:"南氏,姓也。季,字也。聘,问也。聘诸侯,非正也。"范宁认为,根据《周礼》的说法和许慎的解释,天子派遣大臣聘问诸侯并无非礼不当之处,故云"传曰:'聘诸侯,非正',宁所未详",委婉地表达了对传文的怀疑。②

又"僖公二十四年"经文记载:"冬,天王出居于郑。"传文解说:"天子无出,出,失天下也。"范宁认同江熙的意见,认为天子出行,若巡守而后行,则全天子之行而不言"出";若出奔而行,则不得全天子之行而应书

---

① 〔晋〕范宁集解,〔唐〕杨士勋疏:《春秋穀梁传注疏》,第 2449 页。

② 同上书,第 2371 页。

"出"。经文所书乃周襄王出奔郑国,与"失天下"不类,故"传言失天下,阙然如有未备",指出《穀梁传》在解说上的不足。①

二、经以必当为理

"事""例""义"的解释学循环表明,经典本身并不是解释所探寻的目标,解释行为被引向经典背后的"义"。于是,范宁进一步探讨了"经"与"义"的关系,提出"经以必当为理"的解释原则。

所谓"必当",既有"适宜""合度"的意思,又有"合理""合法"的含义。② 前者涉及经典的文字表述与意义传达,后者则关注经典本身赖以确立的基础。因此,在范宁看来,"经"之所以为"经",关键不在于它在语言文字上的优越性,甚至也不在于它是由圣人所作这一事实,而在于圣人创作它的原因与依据。圣人正是按照"必当"的原则创作"经典"的。于是,一方面,"必当"是"经"之所以成为"经"的原因;另一方面,人们必须按照"必当"的原则来解释"经"与"传"。"必当"体现了一种历史理性与价值信仰。

（一）经文合宜

经典的"必当"首先表现为经文文字表述与意义传达的合宜。范宁注意到,尽管总体上看《春秋》的经文前后融贯、凡例井然,但是仍然有少数地方存在疑问。对此,他采取了两种截然不同的处理方法。

一方面,在解释经文中的某些看似抵牾之处时,范宁努力地找寻理由以消除矛盾,试图给予一个合理的说法。例如,"隐公十一年"经文记载"十有一年,春,滕侯、薛侯来朝";"桓公二年"经文又记载"滕子来朝"。时隔仅两年,经文对滕国国君却一称"侯",一称"子"。范宁认为,这并不是经文的"笔误",而是据实书写,之所以前后异称,"盖时王所黜",可能

---

① 〔晋〕范宁集解,〔唐〕杨士勋疏:《春秋穀梁传注疏》,第 2401 页。
② 当然此处的"合理""合法"所参照的背景乃是"天理"。

是由于在这两年中周天子将滕侯贬黜为滕子的缘故。①

　　但另一方面,范宁又对经文中一些不合凡例、无法解释的地方提出疑问。如"庄公二十二年"经文仅书"夏,五月",传文无解。范宁认为,即使按照《春秋》不遗时"的凡例来看,经文也应该书"夏,四月",而此处"以五月首时,宁所未详"②。言外之意,这一处经文可能存在错误。相类似的还有"桓公四年"经文书"夏,天王使宰渠伯纠来聘"之后无"秋冬"二时,便直接记录桓公五年。范宁认为此处可能存在经文的遗漏。③ 更有代表性的是"成公元年"的例子。经文仅书"冬,十月",传文却叙述了一大段鲁、晋、卫、曹四国大夫聘齐受辱的故事。范宁《集解》根据《穀梁传》"释经以言义,未有无其文而横发传者"的凡例,反推经文在"冬,十月"下很可能遗漏了"季孙行父如齐"六个字。④

　　从《集解》对待经文中存疑之处所采取的方法可以看出,尽管难免有强为之解的地方,但总体而言,范宁能够既尊重经典之原文,又不屈从其说,显示出一种可贵的独立性。

　　(二) 经义合理

　　经典的"必当"还表现为经义的"合理"。"合理"乃是经典本身赖以确立的基础,即圣人的"为经之旨"所在。

　　这首先表现为范宁对于"礼"的高度重视。整部《集解》中,引《周礼》《仪礼》《礼记》"三礼"之文以及其他礼制资料的内容占了相当大的篇幅。这既与春秋的时代特点有关,也与范宁对"礼"的理解分不开。"礼"不仅仅是现实的行为规范与秩序仪则,还是"天之经也,地之义也,人之行也"⑤。"礼"与"理"是相通的,"合礼"在某种程度上就等同于"合理"——合乎"情理",合乎"天理"。因此,以必当为理的"经"首先在形式上表现

---

① 〔晋〕范宁集解,〔唐〕杨士勋疏:《春秋穀梁传注疏》,第 2373 页。
② 同上书,第 2385 页。
③ 同上书,第 2374 页。
④ 同上书,第 2417 页。
⑤ 同上书,第 2107 页。

为"合礼"。

而《春秋》之"礼"其实是以批判的形式展现的。在范宁看来,《春秋》是"礼乐征伐自诸侯出""陪臣执国命"的礼崩乐坏之社会变局的产物;孔子著《春秋》的目的是"赞人道之幽变,举得失以彰黜陟,明成败以著劝诫,拯颓纲以继三五,鼓芳风以扇游尘"①。因此,圣人寄寓于《春秋》之字里行间的"微言大义""为经之旨"正是申君臣尊卑之大义,黜乱臣贼子之僭越。于是,《春秋》或笔或削,极尽褒贬进退之能事,正所谓"一字之褒,宠逾华衮之赠;片言之贬,辱过市朝之挞"②。而范宁坚信"成天下之事业,定天下之邪正,莫善于《春秋》"③,原因正在于此。

任何诠释活动都是具有双重性的,尤其是以"述而不作"为标榜的经典解释学。一方面,由于承认经典中存有圣人之"微言大义",并以揭示与还原此"微言大义"为目标,经典解释因而具有封闭性;另一方面,由于圣人之"义"是以隐晦的、微妙的方式表现的,客观上造成了人们对于"为经之旨""必当之理"把握的言人人殊,经典解释又具有开放性。范宁的《春秋穀梁传集解》作为一部诠释《春秋》、解读《穀梁》的佳作,同样兼具这双重特性。解读经典是一项枯燥乏味的工作,解读经典又是一项饶有兴味的活动——正是在封闭性与开放性的矛盾和张力之中,经典解释学于中国思想史上找寻着自己的天地,诠释经典也因而成为一种创造性的活动。所以,作为一个优秀的经学家,范宁既是一位出色的注释者,更是一位独立的思想家。

---

① ② 〔晋〕范宁集解,〔唐〕杨士勋疏:《春秋穀梁传注疏》,第 2359 页。
③ 同上书,第 2360 页。

第四章　南北朝时期的儒学概述

第一节　南朝时期的儒学[①]

南朝刘宋元嘉年间立四学:儒、玄、史、文。雷次宗、朱膺之、庾蔚之主持儒学,开馆授徒。宋代最重礼学。雷次宗明《三礼》,曾为皇太子、诸王讲《丧服经》,其礼学造诣与郑玄齐名。何承天将先前《礼论》八百卷删减并合为三百卷,传于世。据《宋书·礼志》,朝廷礼制多用郑注,何承天《礼论》也用郑玄而斥王肃。然而宋代士人亦钦慕魏晋玄风。颜延之为国子学祭酒,既重玄学,又著《庭诰》论易学:"《易》首体备,能事之渊,马陆(马融、陆绩)得其象数,而失其成理;荀王(荀爽、王弼)举其正宗,而略其象数。四家之见,虽各为所志,总而论之,性情出乎彻明,气数生于形分。然则荀王得之于心,马陆取之于物,其善恶迄可知矣。夫数象穷则大极著,人心极则神功彰,若荀王之言《易》,可谓极人心之数者也。"

颜氏将荀、王并提似不妥,但他分别汉易与玄易的议论却很精妙,说

---

① 参见牟钟鉴《南北朝经学述评》,《走近中国精神》,第 3—19 页,北京,华文出版社,1999。

明王弼易学在宋代有重要地位。

齐代经学兼重两汉魏晋,"时国学置郑、王《易》,杜、服《春秋》,何氏《公羊》,麋氏《穀梁》,郑玄《孝经》"①。陆澄与王俭书信论经学,谓汉易以象数为宗,王弼所悟虽多,不能顿废前儒,元嘉建学之始,郑、王两立,颜延之为祭酒,黜郑置王,意在贵玄,今"众经皆儒,惟《易》独立,玄不可弃,儒不可缺。谓宜并存,所以合无体之义"。又:"案杜预注《传》,王弼注《易》,俱是晚出,并贵后生。杜之异古,未如王之夺实,祖述前儒,特举其违。又《释例》之作,所弘惟深。"王俭答书赞同陆澄。由此可知,齐代经学虽谓玄儒并立,除《易》《左传》外,汉人经注实占多数,玄学反成劣势。齐代礼学亦较发达,官学有王俭,私学有刘瓛,堪称大家。《南齐书·王俭传》称:"俭长礼学,谙究朝仪,每博议,证引先儒,罕有其例。八坐丞郎,无能异者。"王俭著《古今丧服集记》《礼义答问》等,对于朝廷礼仪事,多有议定。刘瓛是一代大儒,刘绘、范缜、司马筠、贺瑒等皆出其门下,"儒学冠于当时","所著文集,皆是《礼》义,行于世"。②

梁陈两朝,尤其是梁武帝统治时期是南朝儒学最繁荣的时期。梁武帝时三教并行,而尤重儒学:"梁武创业,深愍其弊。天监四年,乃诏开五馆,建立国学,总以《五经》教授,置《五经》博士各一人。"③"十数年间,怀经负笈者云会京师。"④及陈武创业,虽未遑经学,然有梁之遗儒,尚称可观。沈文阿、周弘正、张讥等均堪大儒。

宋代学者叶适有一段十分深刻的议论:"汉兴,而天下之人意其有在于《六经》,孔氏之所录者,于是《礼》《易》《诗》《书》分门为师,补续简编之断缺,寻绎章句之同异,因而为言者又数百家。当其时,大合诸侯于石渠、白虎之殿,九卿承制难问,天子称制临决,莫不自以为至矣,而道终不可明。故晋求之老庄,梁求之佛,其甚也使人主忘天下之富贵而听役于

---

① 《南齐书》卷三十九《陆澄传》。
② 《南齐书》卷三十九《刘瓛传》。
③ 《南史》卷七十一《儒林传序》。
④ 《梁书》卷四十八《儒林传序》。

其言,忠智贤明之士因之以有得者,亦莫不自足于一世。……夫其或出于章句,或出于度数,或出于谶纬,或甘心于夷狄之学,岂不皆以为道哉?"①

整个六朝时期,不管是玄学之本无未有、佛学之性空佛性,还是经学之义理礼学,都存在各自的片面性。正因如此,才出现了"道终不可明"的现象。

进而言之,作为家族之德的孝义、对宗族乡党的友义、对上司的节义,这些德目都需要儒学赋予其伦理的基础才能成为支配现实的行为准则。② 但是现实的情况是儒学自身都失去了道的根据,又何谈其他呢?为儒学寻找终极的根据成为时代向六朝人提出的课题。

六朝儒学是以一种积极的、开放的心态迎接佛道等的挑战的。他们非常欣赏佛道尤其是佛学思想,普遍认为儒释虽异而其归旨则一。谢灵运就说:"释氏之论,圣道虽远,积学能至,累尽鉴生,不应渐悟。孔氏之论,圣道既妙,虽颜殆庶,体无鉴周,理归一极。"③

梁人王褒在《幼训》中说:"吾始乎幼学,及于知命,既崇周孔之教,兼循老释之谈。江左以来,斯业不坠。当能修之,吾之志也。"④

颜之推也认为:"原夫四尘五阴,剖析形有;六舟三驾,运载群生;万行归空,千门入善。辩才智惠,岂徒七经、百氏之博哉? 明非尧、舜、周、孔所及也。内外两教,本为一体。渐积为异,深浅不同。"⑤

六朝人强调对儒释道的会通,既说明他们对三教之理归于一极存在共识,也说明儒学理论本身存在问题。

佛学在南朝时期主要关注的是佛性问题,而佛性问题用儒学语言说就是心性论问题。但佛学的心性论是唯识学说的理论成果,它与儒学的

---

① 《叶适集·水心别集》卷七,北京,中华书局,1985。
② 参见〔日〕谷川道雄《六朝时期的名望家支配》,刘俊文主编:《日本学者研究中国史论著选译》第 2 卷,第 155 页,北京,中华书局,1993。
③ 〔南朝宋〕谢灵运:《辩宗论》,〔唐〕释道宣:《广弘明集》卷十八。
④ 《梁书》卷四十一《王规传》。
⑤ 王利器:《颜氏家训集解·归心第十六》,第 368 页。

心性论还未融合在一起。梁武帝曾试图将二者圆融为一（本篇第七章将专门论述）。

正如前文所引叶适所言，"汉兴，而天下之人意其有在于《六经》，孔氏之所录者，于是《礼》《易》《诗》《书》分门为师，补续简编之断缺，寻绎章句之同异，因而为言者又数百家。……"①云云，两汉儒学为维护大一统帝国提供了理论依据，但到东汉晚期时，动荡不安的社会状况和名存实亡的名教之治导致儒学的外部环境日趋恶化。更重要的是，以董仲舒的天人感应论、东汉的谶纬之学为代表的今文经学和以王肃、郑玄为代表的古文经学无法适应社会现实的剧烈变化，他们或者严守家法师法、以烦琐的章句之学阐述一孔之见；或者专于考据，以训诂之学解释经典文献。这样一种局面使儒学与现实相脱节，导致儒学没有办法发挥其本应发挥的安身立命、经世致用即内圣外王的作用。

另一方面，正如前文所述，作为家族之德的孝义、对宗族乡党的友义、对上司的节义等等德目，都需要经学赋予其伦理的基础才能成为支配现实的行为准则。② 但实际情况是经学自身都失去了道的根据，又何谈其他呢？

六朝著名史学家沈约在《宋书》中有这样一段对刘宋时期儒学的议论："自黄初至于晋末，百余年中，儒教尽矣。高祖受命，议创国学，宫车早晏，道未及行。迄于元嘉，甫获克就，雅风盛烈，未及曩时，而济济焉，颇有前王之遗典。天子鸾旗警跸，清道而临学馆，储后冕旒黼黻，北面而礼先师，后生所不尝闻，黄发未之前睹，亦一代之盛也。"③

但是《南史》中却说："以迄宋、齐，国学时或开置，而劝课未博，建之不能十年，盖取文具而已。是时，乡里莫或开馆，公卿罕通经术，朝廷大

---

① 《叶适集·水心别集》卷七。
② 参见[日]谷川道雄《六朝时期的名望家支配》，刘俊文主编：《日本学者研究中国史论著选译》
　 第2卷，第155页。
③ 《宋书》卷五十五。

儒，独学而弗肯养众，后生孤陋，拥经而无所讲习。大道之郁也久矣乎！"①

可以说，尽管当时的现实是"儒教尽矣"，且统治者仍然试图振兴儒学，但结果并不如人意。

第二节　南朝礼学的繁荣及原因

纵观整个南朝儒学，可以发现最发达的莫若礼学。清代学者皮锡瑞说："南学之可称者，惟晋宋间诸儒善说礼服。宋初雷次宗最著，与郑君齐名，有雷、郑之称。当崇尚老、庄之时，而说礼谨严，引证详实，有汉石渠、虎观遗风，此则后世所不及也。"②

近人马宗霍在《中国经学史》中也说："（南朝）经学之最可称者，要推《三礼》。故《南史·儒林传》何佟之、司马筠、崔灵恩、孔佥、沈峻、皇侃、沈洙、戚衮、郑灼之徒，或曰'少好《三礼》'，或曰'尤明《三礼》'，或曰'尤精《三礼》'，或曰'尤长《三礼》'，或曰'通《三礼》'，或曰'善《三礼》'，或曰'受《三礼》'；而晋陵张崖、吴郡陆诩、吴兴沈德威、会稽贺德基，亦俱以《礼》学自命。《三礼》之中，又有特精者，如沈峻之于《周官》，见举于陆倕；贺德基之于《礼记》，见美于时论。《仪礼》则专家尤众，鲍泉于《仪礼》号最明；分类撰著者，有明山宾《吉礼仪注》《礼仪》《孝经丧礼服仪》，司马耽《嘉礼仪注》，严植之《凶礼仪注》，贺玚《宾礼仪注》，而沈不害则总注《五礼仪》。"③

南朝礼学之繁荣在历史记载中是有目共睹的，而其繁荣的原因也值得探讨。笔者以为主要有社会和文化两个层面的原因。

就社会原因而言，礼学的繁荣与南朝的社会现实有密切关系。整个六朝时期是门阀世族为统治核心的带有宗法色彩的社会结构，其中尤以

---

① 《南史》卷七十一《儒林传序》。
② 〔清〕皮锡瑞：《经学历史》，第170页。
③ 马宗霍：《中国经学史》，第79页，上海，商务印书馆，1937。

东晋时期最为典型。① 在南朝时皇权虽有一定的强化,但已处于衰落趋势的世家大族在思想、文化领域仍具有强大的影响力。为了维护自己的切身利益,同时也为了扭转本阶层日益明显的颓势,加强对礼学的研究成为必然的选择。因为礼学是以宗法等级制度为基础的,通过研究宗族远近、血缘亲疏并以严格、细琐的礼仪来强调并维持本阶层的利益。社会上层知识分子通过对礼学、礼制、礼仪的研究以强化宗族向心力、家族凝聚力,最大限度地维护本阶层的既得利益。

一个更重要的社会原因则是东晋南朝苟安一隅,少数民族政权逐鹿中原并对南方虎视眈眈。民族生存的危机感促使人们对自身文化传统进行反思。《世说新语·赏誉》注引邓粲《晋纪》载:"初咸和中,贵游子弟能谈嘲者,慕王平子、谢幼舆等为达。(下)壸厉色于朝曰:'悖礼伤教,罪莫斯甚! 中原倾覆,实由于此!'"曾数次北伐希图恢复中原的名将桓温也曾感慨:"使神州陆沈,百年丘墟,王夷甫诸人不得不任其责。"②作为儒家忠实信徒的范宁更是视玄学及其倡导者为千古罪人:"王(弼)何(晏)蔑弃典文,不遵礼度;游辞浮说,波荡后生。饰毕言以翳实,聘繁文以惑世。缙绅之徒,翻然改辙;洙泗之风,缅然将坠。遂令仁义幽沦,儒雅蒙尘;礼坏乐崩,中原倾覆。古之所谓言伪而辩、行僻而坚者,其斯人之徒欤! 昔夫子斩少正于鲁,太公戮华士于齐,岂非旷世而同诛乎? 桀纣暴虐,正足以灭身覆国,为后世鉴戒耳,岂能迥百姓之视听哉? 王、何叨海内之浮誉,资膏粱之傲诞,画魑魅以为巧,扇无检以为俗。郑声之乱乐,利口之倾邦。信矣哉! 吾固以为一世之祸轻,历代之罪重;自丧之劳小;迷众之愆大也。"③

桓、范等人在民族存亡的危急时刻,怀着一种激愤之情,将丧邦覆国的罪恶归诸王、何等玄学之徒。虽说其间有一定的情绪化因素,却也体现了崇尚清谈的玄学之风对于社会现实中的严重问题视而不见、漠然处

① 参见田余庆《东晋门阀政治》。
②《晋书》卷九十八《桓温传》。
③《晋书》卷七十五《范宁传》。

之的态度。

东晋学者曾明确指出:"天道之所运,莫大于阴阳;帝王之至务,莫重于礼学。"①礼学的作用不仅在于治国,也在于修身:"君子立行,应依礼而动,虽隐显殊途,未有不傍礼教者也。若乃放达不羁,以肆纵为贵者,非但动违礼法,亦道之所弃也。"②

颜之推在《颜氏家训》中以一种比较委婉的说法再一次把国破家亡的罪责算在玄学的头上:"何晏、王弼,祖述玄宗,递相夸尚,景附草靡,皆以农、黄之化,在乎己身,周、孔之业,弃之度外。……直取其清谈雅论,剖玄析微,宾主往复,娱心悦耳,非济世成俗之要也。洎于梁世,兹风复阐,《庄》、《老》、《周易》,总谓三玄。武皇、简文,躬自讲论。周弘正奉赞大猷,化行都邑,学徒千余,实为盛美。元帝在江、荆间,复所爱习,召置学生,亲为教授,废寝忘食,以夜继朝,至乃倦剧愁愤,辄以讲自释。"③

熟悉梁史者都知道梁武帝、简文帝均因侯景之乱而不得善终;梁元帝被西魏军队困于江陵,后被杀。这些事件都是颜之推的亲身经历,他还因梁朝的灭亡而成为北齐的俘虏。有此切肤之痛的他在谈到梁朝复阐玄风时,其言外之意不言自明。

在此反思的背景下,六朝人开始谈论礼学对于现实的作用。东晋成帝时负责教育事业的大臣袁环、冯怀在给皇帝的上疏中也说:"先王之教,崇典训,明礼学,以示后生,道万物之性,畅为善之道也。"④

另一方面,南朝人在南北对峙的情况下出于树立和强调文化正宗地位的需要,也要提倡礼学。南朝诸代偏安江南,其政权的正宗地位无疑遭到动摇,南北汉人的人心向背和社会各阶层的凝聚力亟待整合。因此,从文化上凸显自己的正宗地位成为南朝政权迫切需要实现且关乎生死存亡的重要任务。而作为传统文化根本标志的"礼",必然成为南朝诸

① 《宋书》卷十四《礼志一》。
② 《晋书》卷五十六《江统传》。
③ 王利器:《颜氏家训集解·勉学第八》,第 186—187 页。
④ 《宋书》卷十四《礼志一》。

代首选的领域。

而在南朝社会内部,佛、道在社会中的广泛传播也动摇了儒学在文化上的正宗地位。面对佛、道二教的强大挑战,儒学将自身具有最深厚文化底蕴的礼学作为应对的领域。正如有学者所言:"儒学性命之学未弘,故士大夫正心修身之资,老释二家亦夺孔孟之席。唯独齐家之儒学,自两汉下迄近世,纲维吾国社会者越二千年,固未尝中断也。而魏晋南北朝则尤可视为家族为本位之儒学之光大时代。"

在儒学思想内部,六朝礼学是针对儒学天道的失落和性道关系的隔绝而作为回应方式逐渐繁荣起来的。《礼记·礼运》曰:"故礼义也者,人之大端也,所以讲信修睦而固人肌肤之会、筋骨之束也,所以养生送死、事鬼神之大端也,所以达天道、顺人情之大宝也。"

礼义从根本上说是达天道、顺人情之径,从日常生活而言则是养生送死、事鬼神之仪。前者为本,故礼为体;后者为用,故礼为履。本依用而致,体凭履而成。

六朝礼学的主要内容有两个方面,即郊祀之礼和丧祭之礼。

对于郊祀之礼,晋武帝诏书明言:"郊祀,礼典所重。……唯此为大。"①礼学家刘芳也说:"国之大事,莫非郊祀。"②郊祀之重在于:"故郊以明天道也。"③

对于丧祭之礼,南朝礼学家何承天曰:"丧纪有制,礼之大经。"这种说法并非言过其实,《礼记·三年问》就说:"三年之丧,人类之至文者也","凡生天地之间,有血气之属必有知,有知之属莫不知爱其类。……故有血气之属者,莫知于人,故人于其亲也,至死不穷。"

三年之丧是丧礼之至重者,六朝人极重三年丧:"禹治水,为丧法,曰毁必杖、哀必三年。是则水不救也,故使死于陵者葬于陵,死于泽者葬于泽,桐棺三寸,制丧三日。然则圣人之于急病,必为权制也。但汉文治致

---

① 《宋书》卷十六《礼志三》。
② 《魏书》卷五十五《刘芳传》。
③ 〔唐〕杜佑:《通典》卷四十二。

升平,四海宁晏,废礼开薄,非也。"①

六朝礼学重视三年之丧并非无的放矢,我们可以从《论语》中找到答案。孔子深责宰我不仁的理由是他嫌三年之丧期太长,在孔子看来,是否严格履行三年丧期,或者说是否严格践履丧礼是衡量"仁"的标准。

在礼学的视域,为仁之本在于孝悌,而"孝弟(悌)薄而丧祭之礼废"(《礼记·乐记》)。孝悌是礼学思想的核心,其根据在于《易传》的生生原理。人世的亲亲之情是天地生生之道的体现。孔子讲亲亲,孟子讲孝悌,都是从宇宙到人类社会生生不已的现象出发的。②

丧礼的根据在于被孝悌体现出来的亲亲之情。这一点在《礼记》中也有说明。《礼记·檀弓》载子路之言曰:"吾闻诸夫子:'丧礼,与其哀不足而礼有余也,不若礼不足而哀有余也。祭礼,与其敬不足而礼有余,不若礼不足而敬有余也。'"

正是在这样的认识背景下才可以说:"礼义之经也,非从天降也,非从地出也,人情而已矣。"(《礼记·问丧》)人情甚至可以成为人道的来源:"丧有四制,变而从宜,取之四时也;有恩、有理、有节、有权,取之人情也。恩者仁也,理者义也,节者礼也,权者知也。仁义礼知,人道具矣。"(《礼记·丧服四制》)

礼的根据不仅源于天地,更有人的生命和性情的依据。这一倾向已经使礼学由向天道转向心性寻求存在的意义,所以,当我们看到六朝人对"情"的重视时也就不会感到奇怪了。

六朝人意识到情对礼学的重要性,故将二者紧密结合起来。东晋张凭云:"礼者,人情而已。"③干宝也说:"吉凶哀乐,动乎情者也。五礼之制,所以叙情而即事也。"④颜之推曰:"礼缘人情,恩由义断。"⑤

①《宋书》卷十五《礼志二》。
② 参见陈来《宋明理学》,第396页,沈阳,辽宁教育出版社,1991。
③〔唐〕杜佑:《通典》卷一百三。
④《晋书》卷二十《礼志中》。
⑤ 王利器:《颜氏家训集解·风操第六》,第105页。

郭象言之最详:"夫知礼意者必游外以经内,守母以存子,称情而直往也。若乃矜乎名声,牵乎形制,则孝不任实,父子兄弟怀情相欺,岂礼之大意哉?"(《庄子·大宗师注》)

郭象的注释说得十分透彻,称情直往则孝实礼合。礼学只有从孝悌所蕴涵的亲亲之情中寻求道德情感,并转化为自身的内在精神和主体在道德践履中的内在动力,才能使礼学得到提升、转进。

六朝礼学缘情进礼的方法存在一些关键的问题:如何将亲亲之情转化为道德情感? 如何在仁与礼的张力中促成二者健康地转化? 如何真诚地实践礼学? 如果这些问题没有解决,则礼学势必成为一种外在的、虚伪的仪式。事实也证明了这一推论。

著名学者戴逵在比较了现实中的儒、道后认为:"儒学怀情伤真……其弊必至于末伪;道家则情礼俱亏……其弊必至于本薄。"[1]

梁元帝萧绎也说:"夫挹酌道德、宪章前言者,君子所以行也。是故言顾行,行顾言。原宪云:'无财谓之贫,学道不行谓之病。'末俗学徒,颇或异此。或假兹以为伎术,或狎之以为戏笑。若谓为伎术者,黎轩眩人,皆伎术也。若以为戏笑者,少府斗获,皆戏笑也。未闻强学自立、和乐慎礼若此者也。口谈忠孝,色方在于过鸿;形服儒衣,心不则于德义。"[2]

颜之推对于现实中目睹的礼之虚伪更是直言不讳:"近有大贵,以孝著声,前后居丧,哀毁逾制,亦足以高于人矣。而尝于苦块之中,以巴豆涂脸,遂使成疮,表哭泣之过。左右童竖,不能掩之,益使外人谓其居处饮食,皆为不信。"[3]

这些现象就像《礼记·仲尼燕居》所云:"薄于德,于礼虚。"无德之礼只是一种外在的、形式的东西,这种外在的、虚伪的礼必然成为窒息人的生命的桎梏。

---

[1]《晋书》卷九十四《戴逵传》。
[2]〔南朝梁〕萧绎:《金楼子·立言篇》,四库全书本。
[3] 王利器:《颜氏家训集解·名实第十》,第306页。

第五章　刘宋儒学探析：颜延之、宗炳思想

宋代学者叶适有一段十分深刻的议论："汉兴，而天下之人意其有在于《六经》，孔氏之所录者，于是《礼》《易》《诗》《书》分门为师，补续简编之断缺，寻绎章句之同异，因而为言者又数百家。当其时，大合诸侯于石渠、白虎之殿，九卿承制难问，天子称制临决，莫不自以为至矣，而道终不可明。故晋求之老庄，梁求之佛，其甚也使人主忘天下之富贵而听役于其言，忠智贤明之士因之以有得者，亦莫不自足于一世。"①

正如叶适所言，两汉儒学为维护大一统帝国提供了理论依据，但到东汉晚期时，动荡不安的社会状况和名存实亡的名教之治导致儒学的外部环境日趋恶化。更重要的是，以董仲舒的天人感应论、东汉的谶纬之学为代表的今文经学和以郑玄为代表的古文经学无法适应社会现实的剧烈变化，他们或者严守家法师法、以烦琐的章句之学阐述一孔之见；或者专于考据，以训诂之学解释经典文献。这样一种局面使儒学思想与现实相脱节，导致儒学没有办法发挥其本应发挥的安身立命、经世致用即内圣外王的作用。

---

①《叶适集·水心别集》卷七。

另一方面,作为家族之德的孝义、对宗族乡党的友义、对上司的节义,这些德目都需要儒学赋予其伦理的基础才能成为支配现实的行为准则。[1] 但是现实的情况是儒学思想自身都失去了道的根据,又何谈其他呢?

第一节 颜延之、宗炳之生平

南朝著名史学家沈约在《宋书》中有一段"史臣曰",议论刘宋时期的儒学状况:"自黄初至于晋末,百余年中,儒教尽矣。高祖受命,议创国学,宫车早晏,道未及行。迄于元嘉,甫获克就,雅风盛烈,未及曩时,而济济焉,颇有前王之遗典。天子鸾旗警跸,清道而临学馆,储后冕旒黼黻,北面而礼先师,后生所不尝闻,黄发未之前睹,亦一代之盛也。"[2]

但是《梁书》却说:"以迄于宋、齐,国学时或开置,而劝课未博,建之不及十年,盖取文具,废之多历世祀,其弃也忽诸。乡里莫或开馆,公卿罕通经术。朝廷大儒,独学而弗肯养众;后生孤陋,拥经而无所讲习。三德六艺,其废久矣。"[3]

可以说,尽管当时的现实是"儒教尽矣",且统治者仍然试图振兴儒学,但结果并不如人意。

作为当时士大夫阶层颇具代表性的人物,颜延之、宗炳的思想及其变化倾向颇具典型意义,从中可以窥见刘宋时期儒学思想之一斑。

根据《宋书·颜延之传》的记载:"颜延之,字延年,琅邪临沂人也。曾祖含,右光禄大夫。祖约,零陵太守。父显,护军司马。延之少孤贫,

---

① 参见[日]谷川道雄《六朝时期的名望家支配》,刘俊文主编:《日本学者研究中国史论著选译》第 2 卷,第 155 页。
②《宋书》卷五十五。
③《梁书》卷四十八《儒林传序》。

居负郭,室巷甚陋。好读书,无所不览,文章之美,冠绝当时。""延之性既褊激,兼有酒过,肆意直言,曾无遏隐,故论者多不知云。居身清约,不营财利,布衣蔬食,独酌郊野,当其为适,傍若无人。"

颜延之负其才辞,不为人下,加上他好酒疏诞,不能斟酌当世,每犯权要,导致当时权臣傅亮"甚疾焉",徐羡之等"意甚不悦",刘湛"深恨焉",从而远徙偏郡,时人议之为"所谓俗恶俊异,世疵文雅"。颜延之在《吊屈原文》中抒发自己的愤懑之情:"兰薰而摧,玉缜则折。物忌坚芳,人讳明洁。"他还作《五君咏》以述"竹林七贤",山涛、王戎以贵显被黜。咏嵇康曰:"鸾翮有时铩,龙性谁能驯?"咏阮籍曰:"物故不可论,途穷能无恸?"咏阮咸曰:"屡荐不入官,一麾乃出守。"咏刘伶曰:"韬精日沉饮,谁知非荒宴?"此四句,盖自序也。①

我们从颜延之的经历看,其仕途颇为坎坷,很长一段时间都陷入当时的政治漩涡中无法自拔。残酷的现实使之萌生退隐之意:"臣延之人薄宠厚,宿尘国言,而雪效无从。荣牒增广,历尽身雕,日叨官次。虽容载有途,而妨秽滋积。早欲启请余算,屏蔽丑老。但时制行及,归慕无赊。"②

根据《宋书·宗炳传》的记载,宗炳自始至终是一个隐士,所以《宋书》才将其归入《隐逸传》。但他"居丧过礼,为乡闾所称","妙善琴书,精于言理",自陈是"栖丘饮谷,三十余年"。曾经"入庐山,就释慧远考寻文义",最终虔信佛学。

第二节　儒道释:达见同善、至无二极

对颜延之而言,对现实的失望是其思想转向的重要诱因。按照传统儒学的理论,一个德才兼备的君子在于实现安身立命、经世致用即内圣外王的人生价值。然而,颜延之通过自己一生的实践证明:理想与现实

①②《宋书》卷七十三《颜延之传》。

之间存在着巨大的差异。他将这种差异归咎于构筑此理想的儒学理论存在问题。因为按照传统儒学的理论,上述理想源自人性中禀赋于天命的自觉,而且天命承担着保证理想能够实现的义务。换言之,天命是现实社会中赏善罚恶之正义的最终保证。在传统儒家的观念中,赏善罚恶之正义又是以气数为天命的表现形式:"福应非他,气数所生,若灭福应,即无气数矣。"①

承认气数就必然承认好生恶死之人欲的合理性:"夫生必有欲,欲必有求,欲歉则争,求给则恬。争则相害,恬则相安。网罟之设,将蠲害以取安乎? ……好生恶死,每下愈笃。故宥其死者顺其情,夺其生者逆其性。至人尚矣,何为犯顺而居逆哉?"②

但是按此逻辑,人生注定是一场悲剧。因为"罪罚之来,将物自取之"③。而人欲是天生就有的,则罪罚之来将是必然的。这也就是佛家所谓报应论的思路。

颜延之强调报应论在儒家思想中同样存在:"且信顺殃庆,咸列姬孔之籍"④。无论儒佛,对此都有相应的理论:"拯溺出隍,众哲所共,但化物不同,非道之异,不尽之让,亦如过当。"⑤

颜延之认为儒家思想在现实中已经出现了问题:"情仁义者寡,利仁义者众,闻之庄书,非直孤说……夫在情既少,利之者多,不能遗贤,曷云忘报? 实吾前后勤勤以为不得配拟二仪者耳。"⑥

颜延之举例云:"世有位去则情尽……又有务谢则心移……或见人休事,则勤薪结纳,及闻否论,则处彰离贰,附会以从风,隐窃以成衅,朝吐面誉,暮行背毁,昔同稽款,今犹叛戾,斯为甚矣。……又蒙蔽其善,毁之无度,心短彼能,私树己拙,自崇恒辈,罔顾高识,有人至此,实蠹大伦。每思防避,无通间伍。"⑦

---

①②③④⑤⑥〔南朝宋〕颜延之:《重释何衡阳》,〔南朝梁〕僧祐:《弘明集》卷四。
⑦〔南朝宋〕颜延之:《庭诰》,《宋书》卷七十三《颜延之传》。

这种情况与儒家理论是相背离的："若谓圆首方足，必同耻恻隐之实，容貌匪殊，皆可参体二仪。蹻跖之徒，亦当在三才之数邪？若诚不得，则不可见横目之同，便与大人同列？悠悠之伦，品量难齐。既云仁者安仁，智者利仁。又云力行近仁，畏罪强仁。若一之正位，将真伪相冒。庄周云：'天下之善人寡，不善人多。'其分若此，何谓皆是？"①

所以，赏善罚恶的正义在现实中似乎总是水中之月："罚慎其滥，惠戒其偏。罚滥则无以为罚，惠偏则不如无惠。虽尔眇末，犹扁庸保之上，事思反己，动类念物，则其情得，而人心塞矣。"②现实中的罚惠之失让颜延之"事思反己，动类念物"，联想到天命的罚惠之失，"而人心塞矣"。

在颜延之看来，现实社会和儒家思想既然不相符合，则问题一定出在后者。这就决定了颜延之对当时儒家思想的基本态度。儒家思想在刘宋时期的代表人物是何承天。颜延之评论他"足下连国云从，宏论风行"③就是明证。何承天主张，周孔之道才是思想正宗，"佛经者，善九流之别家，杂以道墨，慈悲爱施，与中国不异。……至于好事者，遂以为超孔越老，唯此为贵，斯未能求立言之本，而眩惑于末说者也"④。颜延之说他："足下论挟姬释，吾亦答兼戎周。足下以此抑彼，谓福及高门，吾伸彼抑此，云庆周兆之物。"⑤

我们从颜延之的议论中可以发现其思想的一个重要特征，即儒释并重。实际上，何、颜二人对于儒、佛的态度是具有典型意义的，也就是说，他们分别代表当时两种不同的思想倾向；而且他们的这种态度并非只是纯粹情感上的好恶，而是各自思想发展的必然结果。

颜延之认同传统儒学的思想，认为："含生之氓，同祖一气"；"人者兆气二德，禀体五常。二德有奇偶，五常有胜杀，及其为人，宁无叶沴。亦

①③⑤〔南朝宋〕颜延之：《重释何衡阳》，〔南朝梁〕僧祐：《弘明集》卷四。

②〔南朝宋〕颜延之：《庭诰》，《宋书》卷七十三《颜延之传》。

④〔南朝宋〕何承天：《答宗居士书》，〔南朝梁〕僧祐：《弘明集》卷三。

犹生有好丑,死有夭寿,人皆知其悬天。"①

但是这样的思想却导致与其本意相悖的情况:"且大德曰生,有万之所同,同于所方万,岂得生之可异? 不异之生,宜其为众。但众品之中,愚慧群差,人则役物以为养,物则见役以养人。虽始或因顺,终至裁残,庶端萌超,情嗜不禁,生害繁惨,天理郁灭。"②

如果二德之奇偶、五常之胜杀是决定人之贤愚的原因,则这种原因明显是一种偶然因素。那么现实中人的善恶及其由此而来的祸福也就完全由偶然性来决定了,这和生之好丑、死之夭寿也就毫无区别了。如果真是这样的话,人的主体性价值又表现在哪里呢? 人追求内在德性的目的难道只是为了功名利禄吗? 这些疑问是当时的思想家们尤其是儒家学者需要思考的。

何承天对此问题的解决办法是:"人生虽均被大德。不可谓之众生,譬圣人虽同禀五常,不可谓之众人,奚取于不异之生,必宜为众哉。"③

颜延之则提出不同的看法:"人生虽均被大德,不可谓之众生,譬圣人虽同禀五常,不可谓之众人。夫不可谓之众人,以茂人者神明也。今已均被同众,复何讳众同,故当殊其特灵,不应异其得生。"④

这里,颜延之提出了一个重要的概念:圣人不同于众人处以其茂人之神明。而这个概念正是颜延之思想的关键,也是他解决儒家思想所面临现实问题的方向。

何承天认为:"夫特灵之神,既异于众,得生之理,何尝暂同。生本于理,而理异焉,同众之生,名将安附。"⑤

颜延之反驳说:"请问得生之理,故是阴阳邪? 吾不见其异,而足下谓未尝暂同。若有异理,非复煦蒸邪? 则阴阳之表,更有受生途趣,三世

---

① 〔南朝宋〕颜延之:《庭诰》,《宋书》卷七十三《颜延之传》。
② 〔南朝宋〕颜延之:《释达性论》,〔南朝梁〕僧祐:《弘明集》卷四。
③ 〔南朝宋〕何承天:《答颜光禄》,〔南朝梁〕僧祐:《弘明集》卷四。
④ 〔南朝宋〕颜延之:《重释何衡阳》,〔南朝梁〕僧祐:《弘明集》卷四。
⑤ 〔南朝宋〕何承天:《重答颜光禄》,〔南朝梁〕僧祐:《弘明集》卷四。

讵宜坚立,使混成之生,与物同气,岂混成之谓？若徒假生名,莫见生实,则非向言之匹,言生非生,即是有物不物。"①

我们从上述辩论中可以看到,以颜延之、何承天为代表的学者们正在围绕着一个重要问题进行探索,即人禀气而生,得生之理为何？如何认识之？这个问题的答案又是前面人的主体性价值即人追求内在德性之意义的答案。

正是在这个问题上何、颜二人发生分歧。何承天认为:"凡讲求至理,曾不析以圣言,多采谲怪,以相扶翼,得无似以水济水邪？"②

按照何承天的理解,人虽禀气而生且得生之理,但人之贤愚即禀气中之理的多少则完全处于偶然。而颜延之恰恰对这种偶然性感到困惑。

在颜延之的思想观念中存在这样一种结构:"一曰言道,二曰论心,三曰校理,言道者本之于天,论心者议之于人。校理者取之于物,从而别之,由途参陈,要而会之,终致可一。"③

颜延之分别分析了此三种方法的优劣及其特点:"为道者盖流出于仙法,故以炼形为上;崇佛者本在于神教,故以治心为先。……物有不然,事无不弊,衡石日陈,犹患差忒,况神道不形,固众端之所假,未能体神,而不疑神无者。以为灵性密微,可以积理知,洪变欻恍,可以大顺待。照若镜天,肃若窥渊,能以理顺为人者,可与言有神矣。若乃罔其真而眚其弊,是未加心照耳。"④

可以发现,颜延之所谓三种方法的一个重要概念就是"神",认识"神"是玄学对儒家思想的新发展:"《易》首体备,能事之渊。马陆得其象数,而失其成理;荀王举其正宗,而略其数象。四家之见,虽各为所志。总而论之,情理出于微明,气数生于形分。然则荀王得之于心,马陆取之于物,其无恶迄可知矣。夫象数穷则太极著,人心极而神功彰。若荀王

---

① 〔南朝宋〕颜延之:《重释何衡阳》,〔南朝梁〕僧祐:《弘明集》卷四。
② 〔南朝宋〕何承天:《重答颜光禄》,〔南朝梁〕僧祐:《弘明集》卷四。
③④ 〔南朝宋〕颜延之:《庭诰》,〔南朝梁〕僧祐:《弘明集》卷十三。

之言易,可谓极人心之数者也。"①

能够最好"体神"的"穷明之说",而又"义兼三端"者则是佛学:"若夫玄神之经,穷明之说,义兼三端,至无二极。但语出梵方,故见猜世学,事起殊伦,故获非恒情。天之赋道,非差胡华;人之禀灵,岂限外内。"②

颜延之认为"神"是超乎经验事物的形上概念:"然神理存没,傥异于枯荄变谢,就同草木,便当烟尽,而复云三后升遐,精灵在天?"③

而认识"神"的中介则为"心识":"夫人之生,暂有心识……进退我生,游观所达,得贵为人,将在含理。含理之贵,惟神与交,幸有心灵,义无自恶,偶信天德,逝不上惭。"④

颜延之说:"含灵为人,毛群所不能同;禀气成生,洁士有不得异。象放其灵,非象其生。"⑤人与万物同者禀气之生,异者含灵之心。此二者虽同是天赋而得,却是天德(生)的不同层面。颜延之认为何承天的错误就是将二者混淆起来:"若徒假生名,莫见生实,则非向言之匹,言生非生,即是有物不物。"⑥

这种观念导致的结果就是将外在现象凌驾于内在本质之上:"浮华怪饰,灭质之具;奇服丽食,弃素之方。动人劝慕,倾人顾盼,可以远识夺,难用近欲从。若睹其淫怪,知生之无心,为见奇丽,能致诸非务,则不抑自贵,不禁自止。"⑦

欲之所贵者,"浮华怪饰""奇服丽食",此"生之无心"所致,即"生之名"的现象。明白这个道理,才能透过现象(生之名)看到本质(生之实)。

对于颜延之而言,所谓生之实,就是含灵之心即心识。它正是现实儒家思想所缺乏的成分,而且也正是佛家思想比较深刻的领域,即上面所说的"崇佛者本在于神教,故以治心为先"。

---

① 〔南朝宋〕颜延之:《庭诰》,《太平御览》卷六百八。
② 〔南朝宋〕颜延之:《庭诰》,〔南朝梁〕僧祐:《弘明集》卷十三。
③ 〔南朝宋〕颜延之:《释达性论》,〔南朝梁〕僧祐:《弘明集》卷四。
④⑦ 〔南朝宋〕颜延之:《庭诰》,《宋书》卷七十三《颜延之传》。
⑤⑥ 〔南朝宋〕颜延之:《重释何衡阳》,〔南朝梁〕僧祐:《弘明集》卷四。

颜延之认为，"人有贤否，则意有公私"①，"若恻隐所发，穷博爱之量；耻恶所加，尽佑直之正，则上仁上义，吾无间然。但情之者寡，利之者众，预有其分，而未臻其极者，不得以配拟二仪耳"②。当时以何承天为代表的儒家思想在颜延之看来存在理论和现实相脱节的问题，而其原因在于儒家思想的内在矛盾。

为解决这一内在矛盾，颜延之主张道、佛、儒三家同源："盖出乎道者无方，故刑于物者不一。伏惟道塞人神，信通期运，爱敬所禀，因心则远，英粹之照，正性自天。"③

十分明显，颜延之主张要认识至极大道，不应拘泥于固有的认识方法："权道隐深，非圣不尽。……何限九服之外，不有穷理之人？内外为判，诚亦难乎？"④

也正是在这一点上，他批评何承天："足下论挟姬释，吾亦答兼戎周。足下以此抑彼，谓福及高门，吾伸彼释此，云庆周兆之物。足下据此所见，谓祚止公侯。吾信彼所闻，云尊冠百神，本议是争，曷云不及？夫论难之本，以易夺为体，失之已外，辄云宏诞，求理之途，几乎塞矣。师遁言肆，或不在此。"⑤

如何将佛学和儒学结合起来，重构一个与现实相符的思想体系，是颜延之等人反思儒、佛的最终目的。所以，颜延之试图从经验层面入手，发现二者的相似之处，并由此思考在形上层面的契合点。

颜延之从现实中的施报之道入手："凡气数之内，无不感对，施报之道，必然之符。言其必符，何猜有望？故遗惠者无要，在功者有期，期存未善，去惠乃至。人有贤否，则意有公私，不可见物或期报，因谓树德皆要。且经世恒谈，贵施者勿忆，士子服义，犹惠而弗有。"⑥所谓"凡气数之内，无不感对"，无疑是传统儒学的天人感应论观念，其现实说服力可谓微乎其微。但儒学对现实社会的价值导向又必须凭借具有理论说服

---

① ⑥〔南朝宋〕颜延之：《释达性论》，〔南朝梁〕僧祐：《弘明集》卷四。
② ④ ⑤〔南朝宋〕颜延之：《重释何衡阳》，〔南朝梁〕僧祐：《弘明集》卷四。
③〔南朝宋〕颜延之：《武帝谥议》，《艺文类聚》卷十三。

力的思想来构筑制度体系。所以颜延之将更加巧妙的佛学的报应论引入，即"施报之道，必然之符"。但颜延之不是简单地以报应论代替感应论，而是探讨二者背后的根据有何区别。众所周知，天人感应论的根据是一个外在的人格天，即前述"天命是现实社会中赏善罚恶之正义的最终保证"，由这个人格天维护整个价值体系；这一理论的致命缺点在于，感应的实现必须发生在相当有限的时间段，而现实中满足这一条件的概率却不是很高。报应论则将其实现的可能推至一个较长的甚至无限长的时间段（彼岸），由此使报应论在逻辑上成为一个必然实现的理论，也是一个形而上的理论。

在此基础上，颜延之为改善儒家在现实中面临的"情仁义者寡，利仁义者众"的窘境，将形而上的报应论与儒学的核心概念仁义结合起来："若乐施忘报，即为体仁；忘报而施，便为合义。可去欲字，并除向名。在斯不远，谁不是慕？"①

无论是"体仁"抑或"合义"，关键就是"忘报"，也就是"去欲"。而"去欲"则是儒学经常探讨的问题："欲者，性之烦浊，气之蒿蒸，故其为害，则熏心智，耗真情，伤人和，犯天性。虽生必有之，而生之德，犹火含烟而烟妨火，桂怀蠹而蠹残桂，然则火胜则烟灭，蠹壮则桂折。故性明者欲简，嗜繁者气昏，去明即昏，难以生矣。"②

这里的"生之德"，即前述的"生之实"，也就是含灵之心即心识。这是一体两用的说法。"生之名"是禀气之生，是欲；"生之德"是含灵之心，是性。所以传统儒学所谓"性明者欲简"之"欲简"，就是"去欲"；若用佛学术语则是"忘报"。不管是"去欲"，抑或"忘报"，其目的都是为了避免"熏心智"，而达到"性明"即心识的澄明，这始终是颜延之希望达到的目标。因为这是贯穿颜延之整个思想体系、打通儒佛的重要概念。

保持心识澄明的主要方法是："治心之术，必辞亲偶，闭身性，师净

①〔南朝宋〕颜延之：《重释何衡阳》，〔南朝梁〕僧祐：《弘明集》卷四。
②〔南朝宋〕颜延之：《庭诰》，《宋书》卷七十三《颜延之传》。

觉，信缘命，所以反壹无生，克成圣业，智邈大明，志狭恒劫，此其所贵。"①

保持心识的澄明，在玄学思想中是有其特色的："精理出于微明，气数生于形分。然则荀王得之于心，马陆取之于物，其无恶迄可知矣。夫象数穷则太极着，人心极而神功彰。若荀王之言易，可谓极人心之数者也。"②

虽然如此，颜延之认为"治心之术"的最大成就来自佛学，即"崇佛者本在于神教，故以治心为先"。但无论什么学问，不管是言道者、论心者，抑或校理者，最终结果都是"达见同善""至无二极"。③ 至于这个至极的同善为何，颜延之则始终语焉不详。我们依稀可以知道颜延之仍然认同儒学的天道观念，如他在《庭诰》中罗列了许多人生箴言后说："此用天之善，御生之得也。"

另一方面，颜延之是著名高僧竺道生的弟子。④ 他受到竺道生佛性论思想的影响是毫无疑问的。尽管颜延之没有明确提到佛性的概念，但他对"神明""心识"的认识是逐渐趋近于佛性概念的。

第三节　刘宋朝的神灭之争

颜延之儒、佛兼备的思想除去为现实儒学寻找形上学根据的作用以外，还具有很强的现实意义。主要表现在两个方面：

第一，为日益抬头的君主专制提供理论支持。

颜延之反对何承天的禀气成性而有等级的理论："足下云：同体二仪，共成三才者，是必合德之称，非遭人之目。"⑤

"含生之氓，同祖一气，等级相倾，遂成差品。"⑥

我们知道，这种禀气成性的概念为门阀制度提供了合法性的理论基

---

①③〔南朝宋〕颜延之：《庭诰》，〔南朝梁〕僧祐：《弘明集》卷十三。

②〔南朝宋〕颜延之：《庭诰》，《太平御览》卷六百八。

④ 参见〔南朝梁〕释慧皎《高僧传》卷七《竺道生传》。

⑤〔南朝宋〕颜延之：《释达性论》，〔南朝梁〕僧祐：《弘明集》卷四。

⑥〔南朝宋〕颜延之：《庭诰》，《宋书》卷七十三《颜延之传》。

础。但在南朝的刘宋时期，门阀制度已趋式微，以君主独裁为特征的专制制度逐渐抬头。这种专制制度在理论上却表现为除君主以外的众生平等的特色。颜延之敏锐地在其思想中反映了这一变化。

颜延之认为，同祖一气而成差品的等级制度只会导致人物相残、天理郁灭的后果："但众品之中，愚慧群差，人则役物以为养，物则见役以养人。虽始或因顺，终至裁残，庶端萌超，情嗜不禁，生害繁惨，天理郁灭。"①

能够改变这一现状的只有贤明君主："皇圣哀其若此，而不能顿夺所滞，故设候物之教，谨顺时之经，将以开仁育识，反渐息泰耳。与道为心者，或不剂此而止。又知大制生死，同之荣落，类诸区有，诚亦宜然。"②

颜延之在另一处说得更加明白："三才之论，故当本诸三画，三画既陈，中称君德，所以神致太上，崇一元首。"③

颜延之的煞费苦心无疑得到了君主的认可。宋文帝在与侍中何尚之的谈话中认为颜延之的观点有很大作用："颜延年之折达性，宗少文之难白黑论，明佛法汪汪尤为名理，并足开奖人意。若使率土之滨皆纯此化，则吾坐致太平，夫复何事。"④

第二，为日益失去现实说服力的儒学提供新理论因素。

如前所述，由于儒学内在的理论缺陷导致其在理论和现实都发生危机。人性中本有之天识、性灵被人欲所遮蔽："遂使业习移其天识，世服没其性灵。至夫愿欲情嗜，宜无间殊，或役人而养给，然是非大意，不可侮也。"⑤

颜延之在这里有一个重要转折，即"然是非大意，不可侮也"。实际上，这是他在对晚辈的教诲中作为佛学受惠者的经验之谈。换言之，儒学导致天识、性灵被人欲所遮蔽，但天识、性灵并没有消失，我们可以凭

---

① ② 〔南朝宋〕颜延之：《释达性论》，〔南朝梁〕僧祐：《弘明集》卷四。
③ 〔南朝宋〕颜延之：《重释何衡阳》，〔南朝梁〕僧祐：《弘明集》卷四。
④ 〔南朝宋〕何尚之：《答宋文皇帝赞扬佛教事》，〔南朝梁〕僧祐：《弘明集》卷十一。
⑤ 〔南朝宋〕颜延之：《庭诰》，《宋书》卷七十三《颜延之传》。

借佛学智慧重现被遮蔽的天识、性灵。

这种思想在当时是颇具代表性的。宋文帝在与侍中何尚之谈话时也透露了这一点："吾少不读经，比复无暇，三世因果未辨致怀而复不敢立异者，正以前达及卿辈时秀率皆敬信故也。范泰、谢灵运每云六经典文，本在济俗为治耳，必求性灵真奥岂得不以佛经为指南邪！"①

正是由于上述原因，一个贯穿六朝始终的争论即"神灭之争"在这个时代成为关注的焦点。"是时有沙门慧琳，假服僧次而毁其法，著《白黑论》。衡阳太守何承天与琳比狎，雅相击扬，著《达性论》，并拘滞一方，诋呵释教。永嘉太守颜延之、太子中舍人宗炳，信法者也，检驳二论各万余言。琳等始亦往还，未抵绩乃止。炳因著《明佛论》，以广其宗。"②

在刘宋时期关于"神灭论"的争论中，以何承天、慧琳为代表的"神灭论"派和以颜延之、宗炳为代表的"神不灭论"派进行了较为深刻的理论论争。我们从中可以发现儒、佛两家在当时达到的理论高度。

何承天从传统儒学禀气而生、气散而死的角度看待形神关系："至于生必有死，形毙神散，犹春荣秋落，四时代换，奚有于更受形哉！"③

他也用薪火之喻解释形神关系："形神相资，古人譬以薪火，薪弊火微。薪尽火灭，虽有其妙，岂能独传？"④

何承天甚至以一种经验论来解释人性的不同："中国之人禀气清和，含仁抱义，故周孔明性习之教。外国之徒，受性刚强，贪欲忿戾，故释氏严五戒之科。"⑤

可以说，何承天的"神灭论"是典型的形下层面的经验论儒学。由此也从一个侧面反映出刘宋时期儒学思想缺乏形上学根据的窘境。

宗炳对何承天的"神灭论"儒学思想有一段形象的说法："唯守救粗之阙文，以《书》《礼》为限断，闻穷神积劫之远化，炫目前而永忽，不亦悲夫。呜呼，有似行乎层云之下，而不信日月者也。"具体而言就是："体天

①②〔南朝宋〕何尚之：《答宋文皇帝赞扬佛教事》，〔南朝梁〕僧祐：《弘明集》卷十一。
③〔南朝宋〕何承天：《达性论》，〔南朝梁〕僧祐：《弘明集》卷四。
④⑤〔南朝宋〕何承天：《答宗居士书》《释均善难》，〔南朝梁〕僧祐：《弘明集》卷三。

道以高览,盖昨日之事耳。《书》称知远,不出唐虞,《春秋》属辞,尽于王业,《礼》《乐》之良敬,《诗》《易》之温洁,今于无穷之中,焕三千日月以列照,丽万二千天下以贞观,乃知周、孔所述,盖于蛮触之域,应求治之粗感,且宁乏于一生之内耳,逸乎生表者,存而未论也。若不然也,何其笃于为始形,而略于为神哉?"①

在宗炳看来,何承天的儒学思想是"笃于为始形"的宇宙论而非"笃于……为神哉"的形上学。所以,"神"在何承天的儒学思想中并非一个必不可少的概念,因而可以合乎逻辑地推出"神灭论"的思想。

但在宗炳的思想中,"神"是一个形上学的概念:"今称一阴一阳之谓道,阴阳不测之谓神者,盖谓至无为道,阴阳两浑,故曰一阴一阳也。自道而降,便入精神,常有于阴阳之表,非二仪所究,故曰阴阳不测耳。……神非形作,合而不灭,人亦然矣。神也者,妙万物而为言矣。若资形以造,随形以灭,则以形为本,何妙以言乎?"②

一阴一阳之道是至无之本体,阴阳不测之神是本体之妙化,所以是"自道而降,便入精神";形下之常有(现象)是阴阳变化的外在表现,而非阴阳不测之神。所以神是"妙万物而为言",形神虽合而神不灭。

颜延之、宗炳等儒佛兼综派主张神不灭论的原因有二:

其一是以"神"为因果轮回理论的载体。

宗炳认为:"夫生之起也,皆由情兆。今男女构精,万物化生者,皆精由情构矣。情构于己,而则百众神,受身大似,知情为生本矣。……况今以情贯神,一身死坏,安得不复受一身,生死无量乎?"③

因果轮回理论的成立必须以"神"为载体,而因果轮回理论的成立又是现实中赏善罚恶信念的条件:"今以不灭之神,含知尧之识,幽显于万世之中,苦以创恶,乐以诱善,加有日月之宗,垂光助照,何缘不虚已钻仰,一变至道乎?"④

---

①②③④〔南朝宋〕宗炳:《明佛论》,〔南朝梁〕僧祐:《弘明集》卷二。

正是由于对神不灭论的坚持，颜延之才会理直气壮地说："长美遏恶，反民大顺，济有生之类，入无死之地，令庆周兆物，尊冠百神，安宜祚极子胤，福限卿相而已？"①

其二是以"神"为成佛成圣理论的前提。

宗炳以舜的事例说明神不灭、愚圣不同、积习可圣等观念："今虽舜生于瞽，舜之神也，必非瞽之所生，则商均之神，又非舜之所育。生育之前，素有粗妙矣，既本立于未生之先，则知不灭于既死之后矣。又，不灭则不同，愚圣则异，知愚圣生死不革不灭之分矣。……神之不灭，及缘会之理，积习而圣，三者鉴于此矣。"②

虽然圣明的舜生于愚顽的瞽叟，但舜之神必非瞽所生。所以神既然立于未生之先，则其必不灭于既死之后。神之不灭才是积习而圣的前提，而且是过去、现在、将来三世皆可成立的："今以不灭之神，含知尧之识……自恐往劫之桀纣，皆可徐成将来之汤、武。况今风情之伦少，而泛心于清流者乎。由此观之，人可作佛，其亦明矣。"③

在宗炳的思想中，所谓神为成佛成圣的前提是从认识论层面来说的："识能澄不灭之本，禀日损之学，损之又损，必至无为，无欲欲情，唯神独照，则无当于生矣。无生则无身，无身而有神，法身之谓也。"④

作为人之能动性的"识"能够在内心呈现"不灭之本"，也就是"唯神独照"，则人无为，则无欲，则无生，则无身。至此都在论述"神"的认识论意义，直到"无身而有神"时，则转而论述"神"的本体论意义，也就是宗炳所说的"法身"概念，这是用佛学术语论述成佛成圣问题。由此可以说，宗炳虽未明说，但他所谓"不灭之本"应该就是佛性了。

综上所述，以颜延之、宗炳为代表的儒佛兼综思想在继承传统儒学的合理成分的同时，又汲取外来佛学的深刻思想，试图将二者结合起来，

---

① 〔南朝宋〕颜延之：《重释何衡阳》，〔南朝梁〕僧祐：《弘明集》卷四。
②③④ 〔南朝宋〕宗炳：《明佛论》，〔南朝梁〕僧祐：《弘明集》卷二。

以一种崭新的思想体系应对日益变化的现实社会,从而实现内圣外王的士大夫理想人格。他们的努力虽然取得了一定的成就,但仍然处于初级阶段,有很多问题没有澄清。从历史发展的进程看,颜延之、宗炳代表的思想倾向无疑是正确的。

第六章 南朝传统儒学之代表：范缜

南北朝时期，正是佛教在中国广泛传播的重要阶段，其影响力也越来越大。萧梁朝的梁武帝更是大力提倡佛教，几乎把佛教变为国教。当时的大多数知识分子在思想上都采取兼容并包的态度。如梁人王褒在《幼训》中说："吾始乎幼学，及于知命，既崇周孔之教，兼循老释之谈。"①同时代的颜之推也认为："万行归空，千门入善。辩才智惠，岂徒七经、百氏之博哉？明非尧、舜、周、孔所及也。内外两教，本为一体。渐积为异，深浅不同。"②他们不仅相信儒家思想是真理，同时认为道家思想、佛教思想也是真理，儒释道三家是殊途同归的。

随着佛教影响力的逐渐增强，普罗大众对佛教的信仰也与日俱增。根据记载，萧梁朝的佛寺是南北朝时期最多的，有 2846 所，仅在都城建康就有 500 余所。正如唐代诗人杜牧在《江南春》中所描绘的那样："千里莺啼绿映红，水村山郭酒旗风。南朝四百八十寺，多少楼台烟雨中。"

---

① 《梁书》卷四十一《王规传》。
② 王利器：《颜氏家训集解·归心第十六》，第 368 页。

与此同时,传统儒学对佛教势力的增强是有所抵触的。这种抵触表现为时常出现的儒佛双方在理论上的争论。

齐梁时期的著名僧人僧祐在其编撰的《弘明集》中收集了汉魏以来到梁代儒佛争论的主要史料,大体上反映了当时双方争论的实际情况。僧祐概括时人针对佛教的六个方面的疑问:"一疑经说迂诞,大而无征。二疑人死神灭,无有三世。三疑莫见真佛,无益国治。四疑古无法教,近出汉世。五疑教在戎方,化非华俗。六疑汉魏法微,晋代始盛。"(《弘明集·后序》)

这六个方面的疑问,是佛教思想试图融入中国传统文化时遭到后者质疑的结果。这些疑问大致分为两个层面:一是政治伦理层面的分歧,即佛教思想对国家和社会教化的利弊,表现为《夷夏论》之争和《三破论》之争。二是哲学层面的分歧,即报应问题、形神问题以及二者的关系,表现为《达性论》之争和《神灭论》之争。其中尤以齐梁之际的范缜与佛教信徒对于形神关系的争论最具理论意义。它不仅反映了儒家思想对佛教的批判,更重要的是凸显了儒家思想自身所陷入的理论困境及其在现实中无法发挥价值导向作用的焦虑。

第一节 仕途坎坷的一代大儒

范缜,字子真,南乡舞阴(今河南泌阳县西北)人,一说顺阳(今河南淅川县南)人。他约生于宋文帝元嘉二十七年(450),约卒于梁武帝天监十四年(515),是南朝齐、梁时期著名的儒家学者。根据当代学者的考证,范缜的祖籍虽在今天的河南境内,但在西晋末年中原大乱、北方士族纷纷渡江避乱的背景下,其先祖范坚在西晋永嘉中就避乱江东,六世祖范汪"六岁过江,后屏居吴郡",范汪之子范宁也"家于丹阳"。所以,范氏一族在东晋南朝时期一直是侨居江南一带的北方士族。[①]

---

① 参见顿嵩元《范缜生平事迹考辨》,《黄河科技大学学报》2000 年第 4 期。

范缜"少孤贫，事母孝谨"①。18 岁时拜著名学者刘瓛为师学习儒家学说。刘瓛，字子圭，沛国相人。生于刘宋元嘉十一年（434），卒于萧齐永明七年（489）。《南齐书》本传称其"儒学冠于当时，京师士子贵游莫不下席受业。性谦率通美，不以高名自居"②。可见刘瓛被认为是当时最著名的儒学大家。史书对刘瓛的这种评价不是没有根据的。较刘瓛稍晚的梁人刘孝标在《辨命论》中说："近代（世）有沛国刘瓛……则关西孔子，通涉六经，循循善诱，服膺儒行。"③将刘瓛视为当代的孔子，对他的赞誉可以说无以复加了。

另一方面，当时的最高统治者对刘瓛的学识同样极为重视。根据《南齐书·刘瓛传》的记载，南齐高帝萧道成一即位就在华林园向刘瓛询问："吾应天革命，物议以为何如？"这时的刘瓛只是一个没有任何官职的儒学家。这表明在萧道成眼中，刘瓛无疑是当时儒学的代表人物。他的意见将影响士大夫阶层对萧齐王朝取代刘宋王朝的态度。萧梁王朝建立后，梁武帝在"天监元年，下诏为（刘）瓛立碑，谥曰贞简先生"。皇帝下诏为一个儒学家立碑加谥，这种非同一般的褒奖，进一步表明刘瓛在当时的儒学界所具有的地位和影响力。

尽管刘瓛的学术地位和政治影响力受到公认，但他自称"平生无荣进意"④，故一生基本上以讲学授徒、弘扬儒学为主。根据史料的记载，刘瓛的学术思想大体上继承了东汉马融、郑玄的儒学体系。萧子显认为，刘瓛的儒学"承马、郑之后，一时学徒以为师范"⑤。李延寿也说，刘瓛"儒业冠于当时，都下士子贵游，莫不下席受业，当世推其大儒，以比古之曹、郑"⑥。可以说，刘瓛是南朝齐梁之际郑玄儒学的代表人物。

范缜在刘瓛门下求学多年。刘瓛对范缜甚为赏识，在范缜 20 岁时亲自为之主持标志成年的冠礼。范缜在刘瓛门下发愤攻读，孜孜不倦，

---

① 《梁书》卷四十八《范缜传》。
②④⑤ 《南齐书》卷三十九《刘瓛传》。
③ 〔南朝梁〕刘峻：《辨命论》，《梁书》卷五十《刘峻传》。
⑥ 《南史》卷五十《刘瓛传》。

终于学业有成，"博通经术，尤精三礼"①。可以认为，作为刘瓛得意门生的范缜，其儒学思想与郑玄儒学是一脉相承的。

范缜是一个相当有个性的人，其"性质直，好危言高论"②，所以不为周围的人喜欢。最能反映这一说法的是范缜在元徽三年（475）直接上书当时执掌刘宋朝实际权力的王景文，《艺文类聚》卷二十三记载了上书的部分内容，文曰："君侯匡辅圣朝，中夏无虞，既尽美矣，又尽善矣。唐尧非不隆也，门有谤木；虞舜非不盛也，庭悬谏鼓；周公之才也，乐闻讥谏。故明君贤宰，不惮谔谔之言；布衣穷贱之人，咸得献其狂瞽。先王所以有而勿亡，得而勿失，功传不朽，名至今者，用此道也。"

范缜在这篇上书中提出，古代的圣贤尽管将天下治理成太平盛世，仍然表现得虚怀若谷，即使是普通百姓的意见也是从谏如流。所以，"明君贤宰"（王景文）应该效仿圣贤的做法，虚心听取"布衣穷贱之人"（范缜）的谏言。

从这篇上书可以知道，范缜确实是"好危言高论"。首先，他将刘宋朝誉为"圣朝"，明显是溢美之词。众所周知，南朝刘宋王朝继承的是东晋所辖中国南方的土地和人口，只是相当于统一时期的半壁江山，且经常面临北魏王朝的威胁。以之为"圣朝"，不知从何说起？其次，范缜将王景文誉为尧舜周公，只能认为是进谏前的客套。根据《宋书》本传的记载，王景文属于当时最显赫的高门望族琅琊王氏，是刘宋政权刻意拉拢的世家大族的代表人物。但他少年荣贵，不知进退之机，最终卷入皇权斗争的漩涡而不得善终。以之与尧舜周公相比拟，甚为可笑。再次，纳谏的议论历朝历代俯拾皆是，前段的奉承若为王景文愉快地听取谏言作铺垫倒是情有可原，可惜范缜的谏言只是强调当权者应该虚心纳谏而已。这样的"危言高论"最终石沉大海、杳无音信也就毫不奇怪了。

范缜在萧齐朝的仕途经历是：起家齐宁蛮主簿，累迁尚书殿中郎，领

---

①②《梁书》卷四十八《范缜传》。

军将军长史，出为宜都（郡治在今湖北宜都）太守，母忧去职，归居于南州。除宜都太守一职为州郡地方长官外，其余均为掌管文书、公函等的闲散职务。范缜任宜都太守时，发现所辖夷陵地方的百姓淫祀成风、神庙林立。范缜"性不信神鬼"[1]，认为这不仅浪费了大量资财，破坏了当地的农业生产，而且有损于儒家教化和社会风俗。范缜一面向百姓宣传淫祀的危害，一面拆除境内所有的神庙，同时下令：今后在宜都境内，一律禁绝淫祀。由此可以推测，范缜在宜都太守任内是以儒家思想为施政原则的。

范缜在《神灭论》中曾经谈到自己对鬼神的认识时说："有人焉，有鬼焉，幽明之别也。人灭而为鬼，鬼灭而为人，则未之知也。"[2]在范缜看来，人和鬼是两个不同世界的存在，至于人和鬼之间是否相互转化则是不知道的。范缜的上述观点尽管符合人的常识经验，却与儒家经典的立场相冲突。当有人以此询问："敢问《经》云'为之宗庙，以鬼享之'，何谓也？"范缜回答说："圣人之教然也，所以弭孝子之心，而厉偷薄之意，神而明之，此之谓矣。"[3]十分明显，范缜认为儒家经典中肯定鬼神的存在完全是圣人为神道设教，其价值不在于真假，"教之所设，实在黔首。黔首之情，常贵生而贱死，死而有灵，则长畏敬之心，死而无知，则生慢易之意。……宗庙郊社，皆圣人之教迹，彝伦之道，不可得而废耳"（《答曹思文难神灭论》）。

范缜在萧梁朝的仕途较之萧齐朝则顺利得多，主要原因在于他与萧梁朝的缔造者梁武帝萧衍有"西邸之旧"。所谓"西邸之旧"是指，南齐朝时期的竟陵王萧子良在自己位于鸡笼山的宅邸，召集学士抄《五经》、百家，招致名僧讲论佛法，成为当时的学术研究中心。名士文人云集，最负盛名的有范云、萧琛、任昉、王融、萧衍、谢朓、沈约、陆倕等，号为"西邸八友"。而范缜也经常参与在西邸的学术活动。梁武帝萧衍与范缜有"西

---

①《南史》卷五十七《范缜传》。
②③《梁书》卷四十八《范缜传》。

邸之旧"即指此。

范缜在萧梁朝曾经担任晋安（今福建福州）太守，四年后为尚书左丞，职掌对百官的监察，以及中央机构文书章奏的管理，这是范缜在仕途上达到的最高职位。可惜不到一年就因故徙广州。最终回京任中书郎、国子博士的闲职而卒于官。

根据《梁书》本传的记载，范缜是在梁武帝建立萧梁朝以后被任命为晋安太守的。他在晋安郡的四年中"在郡清约，资公禄而已"，基本上采取无为而治的政策，依靠俸禄维持自己一家人的生活。这时的范缜与在宜都太守时锐意进取、追求政绩时的范缜判若两人，着实令人困惑。究其原因，"缜自迎王师，志在权轴，既而所怀未满，亦常怏怏"。原来，当萧衍率领军队夺取萧齐朝政权时，范缜主动投靠了萧衍。范缜的意图是希望凭借自己的主动效忠，加之与萧衍有"西邸之旧"的关系，为自己在新王朝的权力中枢获得一个重要的职位。不料萧衍称帝后，只是让范缜担任了一个不重要的晋安太守之职。这与范缜原来的希望大相径庭。满腔的希望化为泡影，范缜"亦常怏怏"也就毫不奇怪了。

范缜在晋安郡抑郁地生活了四年后，被梁武帝召回建康担任尚书左丞的职务。但是此时的范缜似乎仍未消除不满情绪。当他返回建康时，除已经赋闲在家的前尚书令王亮外，没有给任何人送礼。王亮与范缜一样，都是没有得到梁武帝萧衍重用的士人。两人相识已久，在萧齐朝时"同台为郎"，也是齐竟陵王萧子良"西邸"的旧友。现在两人同病相怜，交往频繁也是情理中事。而且范缜竟然在一次宴会上公开指责梁武帝没有重用王亮是不可理解的，言下之意梁武帝没有重用范缜也是不对的，不满之情溢于言表。于是，范缜担任尚书左丞不到一年就因替王亮说情而远徙广州。

我们从其一生的经历来看，范缜在现实的政治生活中始终是一个郁郁不得志者，即使在有故旧之谊的梁武帝当政时期也不例外。所以，作为一个历史人物，范缜的成就主要表现在儒家思想领域。

第二节　灵与肉的对立

如前所述，南北朝时期佛教势力的影响越来越大。佛教势力的发展无疑会影响宗法社会结构和政治局势的稳定，导致政权的土崩瓦解；与此同时，无疑也会削弱儒家和道家思想的影响力。

作为一个正统的儒家思想家，范缜对这样的后果是不能接受的。正如范缜自己所言："浮屠害政，桑门蠹俗，风惊雾起，驰荡不休。吾哀其弊，思拯其溺。"①范缜的担心不无道理。同时代的郭祖深在呈给梁武帝的奏章中说："人为国本，食为人命。……（梁武帝）比来慕法，普天信向，家家斋戒，人人忏礼，不务农桑，空谈彼岸。……都下佛寺五百余所，穷极宏丽。僧尼十余万，资产丰沃。所在郡县，不可胜言。道人又有白徒，尼则皆畜养女，皆不贯人籍，天下户口几亡其半。"②如果在一个"人为国本"的社会里，人口的一半不归统治者管理，由此产生的支撑一个政权的赋税、兵役和劳役等都不复存在。这种现象对于一个政权意味着什么也就不言而喻了。范缜说："致使兵挫于行间，吏空于官府，粟罄于惰游，货殚于泥木（佛像与寺庙）。"③郭祖深也担忧地说，如果任由佛教肆意发展，"恐方来处处成寺，家家剃落，尺土一人，非复国有"④。

南齐时期的一位道士托名张融而作的《三破论》（释僧顺在《弘明集·析（释）三破论》中认为《三破论》是某位道士假张融之名而作）。尽管是一篇佛道之间的辩争文章，但其观点和立场与范缜、郭祖深等人十分相近，在当时的思想领域仍然具有相当的代表性。《三破论》的主旨即佛教有三大危害：入国而破国，入家而破家，入身而破身。因此佛教"何可得从"。

①③《梁书》卷四十八《范缜传》。
②④《南史》卷七十《郭祖深传》。

首先，所谓"入国而破国者。诳言说伪，兴造无费，苦克百姓，使国空民穷，不助国，生人减损，况人不蚕而衣，不田而食，国灭人绝，由此为失。日用损废，无纤毫之益，五灾之害，不复过此"①。《三破论》认为佛教利用花言巧语欺骗百姓，使之沉湎彼岸的幸福而不事生产，人人不蚕而衣、不田而食，必然是"国灭人绝"，这是比天灾更可怕的人祸。

其次，所谓"入家而破家。使父子殊事，兄弟异法，遗弃二亲，孝道顿绝，忧娱各异，歌哭不同，骨血生仇，服属永弃，悖化犯顺，无昊天之报，五逆不孝，不复过此"②。《三破论》认为佛教的传播导致传统家庭结构的崩溃、纲常伦理的颠覆，最终导致家国一体的整个社会的毁灭，这是天下最大也是不可饶恕的"不孝"之罪。

再次，所谓"入身而破身。人生之体，一有毁伤之疾，二有髡头之苦，三有不孝之逆，四有绝种之罪，五有亡体从诫。惟学不孝，何故言哉？诫令不跪父母，便竟从之。儿先作沙弥，其母后作阿尼，则跪其儿。不礼之教，中国绝之，何可得从"③。《三破论》认为佛教的传播将逐渐形成一种"不礼之教"，无疑会破坏人际的尊卑等级和伦常结构，从而导致人生的诸种违反人伦之罪恶。

既然佛教具有如此的危害性，为什么佛教在当时会大受欢迎呢？用范缜的话说："竭财以赴僧，破产以趋佛，而不恤亲戚，不怜穷匮者何？良由厚我之情深，济物之意浅。"④在范缜看来，人都是以"厚我"为主、以"济物"为辅的自私者，如果将财富用于帮助亲戚和穷人，还不如"竭财""破产"捐给佛教以帮助自己早日去往彼岸的极乐世界。所以，在现实中就表现为"务施阙于周急，归德必于在己"⑤。即财富的捐献并不表现为对社会急难的救济，善良的德行必须有所回报才肯履行。也就是说，善行的实施是以对自己有所裨益为条件的。

---

① ② ③〔南朝梁〕刘勰：《灭惑论》，〔南朝梁〕僧祐：《弘明集》卷八。
④ ⑤《梁书》卷四十八《范缜传》。

在这里，作为儒家信徒的范缜将人视为"厚我"的自私者、"归德在己"的虚伪者。这与儒家的基本理念是相冲突的。笔者认为，范缜的上述主张只是看到了现实中的现象。我们必须进一步追问：人们为什么表现为"厚我"和"归德在己"？如果一个社会表现出赤裸裸的"厚我""归德在己"的价值取向，那么这个社会离分崩离析也就不远了。所以，现实中的人们表现出"厚我"和"归德在己"的价值取向，应该是作为社会意识形态的儒学出了问题，导致维系社会的儒家价值取向受到人们的怀疑。史书中反映这种怀疑的材料很多。这种怀疑主要表现在：现实生活中若按照儒家的价值观生活，则可能导致人生的苦难而非幸福。但是儒家主流思想的一个基本理念就是"积善之家，必有余庆。积不善之家，必有余殃"（《周易·坤·文言》）。《续汉书》曾经记载了一段与此相关的材料："太尉杨彪与袁术婚姻，术僭号，太祖与彪有隙，因是执彪，将杀焉。融闻之，不及朝服，往见太祖曰：'杨公累世清德，四叶重光……易称"积善余庆"，但欺人耳。'"①当孔融听说当朝最显赫的名士杨彪要被曹操杀害时，他劝阻曹操的重要理由之一就是"积善余庆"。换言之，"积善余庆"的观念是人们普遍认同的基本价值观。

然而，众所周知的是，让世俗社会的人们心悦诚服地接受"积善余庆"的观念是相当困难的。

东晋末年的名士戴逵曾经对有关"积善余庆"的问题发表过很多议论，而且戴逵与范缜都信奉儒家思想，彼此的观点颇有相似之处。根据《晋书》的记载，戴逵"少博学，好谈论，善属文，能鼓琴，工书画，其余巧艺靡不毕综"，但他"性不乐当世，常以琴书自娱"，似乎是一个出世的隐士。另一方面，戴逵又"常以礼度自处，深以放达为非道"。更重要的是，其授业老师是儒者范宣，戴逵"师事术士范宣于豫章"②。范宣被收在《晋书·

① 《三国志·魏书》卷十二《崔琰传》裴松之注引《续汉书》。
② 《晋书》卷九十四《戴逵传》。

儒林传》中，他"博综众书，尤善《三礼》。……著《礼》《易论难》皆行于世"，"宣言谈未尝及《老》《庄》"。在当时崇尚礼玄双修的氛围中，范宣似乎属于纯粹的儒者。当另一位著名的儒者范宁为豫章太守时，两人都在当地推广儒学，"由是江州人士并好经学，化二范之风也"①。可以说，范宣是一位精通礼学的儒者。唐人杜佑在《通典》中保存了一篇戴逵答复范宁请教东汉大儒马融、郑玄有关礼制的问题，②表明戴逵在儒学尤其是礼学方面的造诣得到公认。而这样的知识背景与范缜如出一辙。有范宣这样的儒者为师，戴逵与范缜之间就颇有相契合的地方了。可以说，戴逵自始至终是一个出世的儒者，所以，他关于"积善余庆"的议论无疑凸显了儒家在此问题上具有代表性的看法。

戴逵曾在给当时著名的佛教领袖慧远法师的信中谈到自己对"积善余庆"观念的认识。他说自己"常览经典，皆以祸福之来，由于积行。是以自少束脩，至于白首，行不负于所知，言不伤于物类，而一生艰楚，荼毒备经，顾景块然，不尽唯己"③。戴逵以自己的亲身经历与感受揭示了这样一个事实，即让人在现实社会中接受"积善余庆"的观念是非常困难的。如果只是脱离现实的"常览经典"，则"积善余庆"的观念比较容易被认同。但是联系现实生活，发现自己自少至老"行不负于所知，言不伤于物类"，可是得到的结果却是"一生艰楚，荼毒备经"，生活的艰难和困惑导致戴逵开始怀疑"积善余庆"的观念。

在现实生活中，不仅是戴逵个人的经历不符合"积善余庆"的观念，更有古往今来的事例说明此点，所谓"或恶深而莫诛，或积善而祸臻，或履仁义而亡身，或行肆虐而降福"④。以及这样让人困惑的现象："蔡灵以善薄受祸，商臣宜以极逆罹殃，宋桓以愆微易唱，郑文应用行善延

①《晋书》卷九十一《范宣传》。
②〔晋〕戴逵：《答范宁问马郑二义书》，〔唐〕杜佑：《通典》卷九十一。
③〔晋〕戴逵：《与远法师书》，〔唐〕释道宣：《广弘明集》卷十八。
④〔晋〕戴逵：《答周居士难释疑论》，〔唐〕释道宣：《广弘明集》卷十八。

年,而罪同罚异,福等报殊。"①发生在历史和现实中的上述现象的确让人无法理解。如果说"恶深莫诛""积善祸臻"的事例已经让人不知如何解释,那么"罪同罚异""福等报殊"的事例更加使人对"积善余庆"的观念产生怀疑。戴逵又考证了发生在尧、舜、颜回等圣贤以及商臣、盗跖、张汤等常人身上的并非"积善余庆"的事例,之后说:"验之圣贤既如彼,求之常人又如此,故知贤愚善恶,修短穷达,各有分命,非积行之所致也。"②

因此,戴逵顺理成章地得出这样的结论:"始知修短穷达,自有定分,积善积恶之谈,盖是劝教之言耳。"③戴逵还分析了将"积善积恶之谈"作为"劝教之言"的理论依据:"然则积善积恶之谈,盖施于劝教耳。何以言之?夫人生而静,天之性也。感物而动,性之欲也。性欲既开,流宕莫检,圣人之救其弊,因神道以设教,故理妙而化敷,顺推迁而抑引,故功元而事适。"④戴逵根据儒家的传统人性论认为人性先天或善或恶,即所谓"夫善恶生于天理"⑤,但人性很容易被外在的事物触动情感而"流宕莫检",所以圣人"因神道以设教",这也就是"积善积恶之谈,盖是劝教之言耳"。因为"积善积恶之谈",可以使善性之人由于受到鼓舞而憧憬着"积善余庆"的未来,可以使恶性之人由于感到恐惧而竭力避免"积恶余殃"的后果,进而达到"劝教之言"的效果。

戴逵的上述议论让人有似曾相识的感觉,因为范缜就有几乎相同的观点。范缜对于同样让人产生怀疑的现象,也与戴逵一样认为是"圣人之教然也"。

范缜一方面坚持对鬼神世界的存在持怀疑态度,他认为:"妖怪茫茫,或存或亡。……有人焉,有鬼焉,幽明之别也。人灭而为鬼,鬼灭而

---

① ⑤ 〔晋〕戴逵:《答周居士难释疑论》,〔唐〕释道宣:《广弘明集》卷十八。
② ④ 〔晋〕戴逵:《释疑论》,〔唐〕释道宣:《广弘明集》卷十八。
③ 〔晋〕戴逵:《与远法师书》,〔唐〕释道宣:《广弘明集》卷十八。

为人,则未之知也。"(《神灭论》)主张鬼神"或存或亡",其与人类社会的联系"未之知也"。另一方面,范缜对以鬼神世界的存在为前提的儒家宗庙郊社制度持肯定态度。他必须承认儒家经典的权威性,所以明确引用经典的观点:"故《经》云:为之宗庙,以鬼享之。"(《答曹思文难神灭论》)

然而,范缜的这种立场从逻辑上看确实是自相矛盾的:如果说不能肯定鬼神世界的存在,却又肯定以鬼神为主角的宗庙郊社制度,那么这种肯定的根据又在哪里呢? 有人质疑范缜的这种立场:"《孝经》云:'昔者周公郊祀后稷以配天,宗祀文王于明堂以配上帝。'若形神俱灭,复谁配天乎? 复谁配帝乎?"(《答曹思文难神灭论》)

范缜十分巧妙地引用圣贤之言为自己辩护:"子贡问死而有知,仲尼云:'吾欲言死而有知,则孝子轻生以殉死;吾欲言死而无知,则不孝之子,弃而不葬。'子路问事鬼神,夫子云:'未能事人,焉能事鬼?'"(《答曹思文难神灭论》)应该说,圣贤关于鬼神的立场无疑是对范缜观点的有力支持。但是范缜仍然必须正视自己观点中存在的悖论。所以,范缜认为"宗庙郊社,皆圣人之教迹,彝伦之道,不可得而废耳"(《答曹思文难神灭论》)。

对于宗庙郊社等儒家礼制而言,重要的不是其真实与否,而是其能否发挥儒家最为看重的道德教化的作用。换句话说,即使宗庙郊社等礼制所依据的鬼神世界并非真实存在,"苟可以安上治民,移风易俗,三光明于上,黔黎悦于下,何欺妄之有乎?"(《答曹思文难神灭论》)可以说,宗庙郊社等礼制是"圣人之教然也,所以弭孝子之心,而厉偷薄之意,神而明之,此之谓矣"(《神灭论》)。至于"安上治民,移风易俗"的作用则表现在"且忠信之人,寄心有地,强梁之子,兹焉是惧,所以声教昭于上,风俗淳于下,用此道也"(《答曹思文难神灭论》)。

尽管范缜没有如戴逵那样明确地怀疑"积善余庆"之类的观点,但从其对鬼神世界的怀疑来看,范缜应该是不支持"积善余庆"等观点的。然而,不管是鬼神世界抑或是"积善余庆"存在与否,它们都可以发挥"忠信之人,寄心有地,强梁之子,兹焉是惧"的道德教化作用。所以,无论是范缜还是戴逵，都只是从作用层面肯定鬼神世界或"积善余庆"等观念的价值，由此避免了在存在层面之真实性的争论。道理很简单，对于一个儒家学者而言，上述观念所能发挥的社会作用是不容忽视的。

与戴逵不同的是，范缜是一个更为纯粹且思想更为深刻的儒学思想家。如上所述，范缜不否认鬼神世界的存在有一个前提，即仅仅是在作用层面而已。一旦必须讨论存在层面的真实性问题，结论就完全不同了。因为作用层面的结论所针对的是普罗大众，而存在层面的结论所针对的则是社会精英。普罗大众需要道德伦理的教化作用才能日趋向善，而洞悉天道人性的社会精英则不需要道德教化的熏陶。范缜在这一点上是非常明确的："若均是圣达，本自无教，教之所设，实在黔首。"（《答曹思文难神灭论》）所以，当范缜准备在存在层面探讨鬼神世界的真实性问题时，他就旗帜鲜明地否认鬼神世界的存在，公开提出了著名的神灭论思想，进而导致南朝时期关于神灭论的一场最大的争论。

第三节　神灭之争

如果仅仅只是强调儒家的礼制和"积善余庆"观念的教化作用，则佛教对普罗大众所能发挥的教化作用似乎有过之而无不及。更有甚者，佛教的因果报应理论和三世轮回理论完美地弥合了儒家礼制和"积善余庆"观念在存在的真实性与教化作用之间的悖论。

对此，戴逵的好友、大儒范宁门下"号曰颜子"[①]的高足、素以"儒学著称"[②]的周续之在《难释疑论》中说得非常透彻。最初，周续之对于"积善余庆"等观念同样持怀疑态度："福善莫验，亦仆所常惑，虽周览六籍，逾深其滞。"他也同意戴逵的结论，主张"余庆之言，存于劝教"。然而，周续之比戴逵高明之处在于，他发现将"积善余庆"等观念视为劝教之言必然导致对存在之真实性的困惑："又劝教之设，必伤实而动直，为训之方，不

---

① 《宋书》卷九十三《周续之传》。
② 《宋书》卷七十三《颜延之传》。

可一涂而尽。"所以,儒家思想存在缺陷:"尧孔拯其粗,宜有未尽。"于是,周续之将解决这一悖论的希望寄托在佛教上:"及睹经教,始昭然有归。……故洗心以怀宗,炼形以闻道,拔无明之沈根,翳贪爱之滞网,不祈验于冥中,而影响自征,不期存于应报,而庆罚已彰。"(《难释疑论》)周续之从一个著名的儒家学者转变为一个虔诚的佛教信徒的经历,正是其上述思想在现实中的反映。

作为一个生活在现实世俗社会的儒家学者,范缜如同《三破论》作者一样对佛教可能导致的破身、破家以及破国的后果充满了深切的担忧。即使佛教能够帮助解决自身思想中存在的真实性与教化作用之间的悖论,范缜也无法认同佛教思想。他认为,自己必须站在儒家理论的基础上应付佛教对中国传统文化的挑战,实现"乘夫天理,各安其性。小人甘其垄亩,君子保其恬素。耕而食,食不可穷也;蚕而衣,衣不可尽也。下有余以奉其上,上无为以待其下。可以全生,可以匡国,可以霸君"①的理想。范缜的决定导致了齐梁之际的神灭之争。

根据史料的记载,范缜与佛教势力之间在理论上的斗争主要有两次。一次是在南齐武帝永明(483—493)间,主要对手是齐竟陵王萧子良。另一次是在梁武帝天监六年(507),主要对手是梁武帝和东宫舍人曹思文等人。

与范缜发生第一次争论的南齐竟陵王萧子良是当时最著名的学术活动的赞助人。他"少有清尚,礼才好士,居不疑之地,倾意宾客,天下才学皆游集焉"②。由此萧子良才有能力"集学士抄《五经》、百家,依《皇览》例为《四部要略》千卷。招致名僧,讲语佛法,造经呗新声。道俗之盛,江左未有也"③。尽管萧子良资助学术活动时并没有厚此薄彼,但他个人是一个"敬信尤笃"④的佛教信徒。

有意思的是,敬信佛教的萧子良却在学术上持开放的态度。他认

----

①《梁书》卷四十八《范缜传》。
②③④《南齐书》卷四十《萧子良传》。

为各家思想之不同犹如人心之不同,而人心之不同犹若人的相貌之不同,所以对待不同思想的正确态度就应该是宽容和开放:"良由彼我之见既异,幸可各保其方差,无须空构是非,横起谤议耳。"①各家立场不同,故见解相异,若彼此互不相容,则必然导致"空构是非,横起谤议"的后果。所以,萧子良的这种宽容、开放的态度并非言行上的谦逊和大度,而是具有理论上的根据。他说:"凡闻于言必察其行,睹于行必求于理。若理不乖而行不越者,请无造于异端,真殊途同归,未必屡然一贯。"②在萧子良看来,判断一种思想的是非主要不在于闻其言、察其行,而是求其理。若其理不乖,即使言行"未必屡然一贯",也必然是与真理殊途同归。

就是在这样的学术思想的指导下,萧子良才会提出儒释道三家应该共同"畴得写析深襟,辨明幽旨,迹生灭之中谈,究真俗之谛义"③,进而形成一种"此兰山桂水,既足逍遥,儒侣玄宗,复多朋往"④的关系。

萧子良还以内在的自我反思论证佛教对儒家思想的价值:"孟子有云,君王无好智,君王无好勇,勇智之过,生乎患祸,所遵正当仁义为本。今因修释训,始见斯行之所发,誓念履行,欲卑高同其美,且取解脱之喻,不得不小失存其大。至于形外之间,自不足及言,真俗之教,其致一耳。"⑤儒家的宗旨是"仁义为本",而萧子良则是根据佛教理论发现儒家的宗旨源于内心的善性,儒家的目的在于卑高同美。佛教与儒家的关系是"真俗之教,其致一耳"。二者目的虽然一致,却各自在不同的领域发挥不同的作用。

范缜就是与在学术上持开放态度而又笃信佛教的萧子良发生第一次争论的。当时,"竟陵王子良盛招宾客,缜亦预焉"⑥。范缜是萧子良"西邸"学术圈的活跃人物,但他们对于佛教的态度却是南辕北辙:"子良精信释教,而缜盛称无佛。"⑦萧子良虔信佛教而范缜主张无佛,两人由

①②⑤〔南朝齐〕萧子良:《与孔中丞书》,〔南朝梁〕僧祐:《弘明集》卷十一。
③④〔南朝齐〕萧子良:《与南郡太守刘景蕤书》,〔唐〕释道宣:《广弘明集》卷十九。
⑥⑦《梁书》卷四十八《范缜传》。

此产生一场围绕"因果报应"的争论。《梁书·范缜传》记载道:

> 子良问曰:"君不信因果,世间何得有富贵,何得有贱贫?"缜答曰:"人之生譬如一树花,同发一枝,俱开一蒂,随风而堕,自有拂帘幌坠于茵席之上,自有关篱墙落于粪溷之侧。坠茵席者,殿下是也;落粪溷者,下官是也。贵贱虽复殊途,因果竟在何处?"子良不能屈,深怪之。缜退论其理,著《神灭论》。……此论出,朝野喧哗,子良集僧难之而不能屈。①

萧子良反驳范缜无佛论的理由就是"因果报应"的存在。如同前述周续之的观点,萧子良也认为,"因果报应"是佛教思想最能打动人心,又是儒家思想不能很好解释的一个问题。而范缜在这里十分明确地表达了自己对于"因果报应"理论的批判态度,而这种态度与其对"积善余庆"理论的怀疑是一致的。其不同之处只在于,范缜对佛教的"因果报应"理论毫不客气地批判,而对儒家的"积善余庆"理论则曲意维护。

范缜以先天偶然性为人的命运的决定力量,并以此否认因果报应的存在。由此可知,范缜基本上继承了两汉时期传统儒学的天命论和偶然论思想,认为人的命运是禀气所致的先天偶然性决定的,人们对命运的安排只能心安理得地接受而已。与范缜同时的梁人刘孝标在《辨命论》中将这种观点表述得十分清楚:"命也者,自天之命也。定于冥兆,终然不变,鬼神莫可预,圣哲不能谋,触山之力无以抗,倒日之诚弗能感。"所以,对于信奉儒家思想的君子而言,应该"居正体道,乐天知命,明其无可奈何,识其不由智力,逝而不召,来而不拒,生而不喜,死而不戚。……不充诎于富贵,不遑遑于所欲"(《辨命论》)。

这种天命论和偶然论思想在皇帝钦定的作为汉代儒学法典的《白虎通德论》(又称《白虎通》《白虎通义》)中多有论述。文曰:

> 始起之天始起,先有太初,然后有太始,形兆既成,名曰太素。

①《梁书》卷四十八《范缜传》。

混沌相连,视之不见,听之不闻,然后剖判。清浊既分,精出曜布,庶物施生,精者为三光,号者为五行。(《白虎通德论》卷九《天地》)

五行者,何谓也? 谓金木水火土也。言行者,欲言为天行气之义也。(《白虎通德论》卷四《五行》)

性情者,何谓也? 性者,阳之施;情者,阴之化也。人禀阴阳气而生,故内怀五性六情。情者,静也;性者,生也。此人所禀六气以生也。(《白虎通德论》卷八《情性》)

可以看到,天地以太初之气、阴阳五行之化而生养万物,五行为天行气而人禀此气以内怀五性六情。汉儒以阴阳五行之说融入其天命论中而形成的这样一个贯通天人的模式就是汉代儒学的理论基础。

上述汉代儒学的理论基本上被范缜所继承。当范缜与他人辩论形神问题时,就是以这种儒学理论为自己的神灭论进行辩护的:"人之生也,资气于天,禀形于地。是以形销于下,气灭于上,气灭于上,故言无不之。无不之者,不测之辞耳。"(《答曹思文难神灭论》)

当以汉代儒学思想为背景的范缜和以佛教思想为背景的萧子良之间针对有佛无佛、因果报应等发生辩论时,二人的理论前提和逻辑结论都是互不相干的。因此才有"子良不能屈,深怪之"的记载。而范缜却将自己的观点加以系统化,进而形成著名的《神灭论》。

这篇文章发表的结果是"朝野喧哗"。萧子良召集众多佛教高僧与范缜就《神灭论》的观点展开辩论,却始终不能让范缜屈服。名士王琰企图以儒家礼制嘲笑范缜的神灭论:"呜呼范子! 曾不知其先祖神灵所在。"范缜则反唇相讥:"呜呼王子! 知其祖先神灵所在,而不能杀身以从之。"①从其咄咄逼人的气势来看,范缜颇有因为理直而气壮的感觉。

尽管在理论上不能说服范缜,但萧子良仍然希望范缜能够放弃神灭论的思想,他让与自己一样主张儒、佛共处的秘书丞王融劝说范缜:"神

---

① 《南史》卷五十七《范缜传》。

灭既自非理，而卿坚执之，恐伤名教。以卿之大美，何患不至中书郎？而故乖敕为此，可便毁弃之。"范缜闻言大笑曰："使范缜卖论取官，已至令仆矣，何但中书郎邪。"①十分明显，以萧子良为代表的佛教势力无论从理论还是现实层面都没有让范缜屈服。

范缜与佛教势力之间关于神灭论的第二次争论发生在梁武帝萧衍建立梁朝，并取得了政局的相对稳定之后。与萧子良一样笃信佛教的梁武帝以皇帝的身份批判范缜的神灭论。在《敕答臣下神灭论》中，梁武帝认为儒、释、道三家都不主张神灭论，即使是范缜信仰的儒家经典也是屡言不灭："观三圣设教，皆云不灭，其文浩博，难可具载，止举二事，试以为言。祭义云，惟孝子为能飨亲。礼运云，三日斋必见所祭。"如果对此表示怀疑，则范缜就是对儒家的背叛："若谓飨非所飨，见非所见，违经背亲，言语可息。"（《敕答臣下神灭论》）

与范缜的其他论敌不同的是，梁武帝除引经据典指责范缜外，更从形而上的高度看待这一争论，进而提出人的认识有限性的结论："沦蒙息而争一息，抱孤陋而守井，岂知天地之长久，溟海之壮阔？孟轲有云，人之所知，不如人之所不知。信哉！"在此结论的基础上，梁武帝终于提出了自己对范缜神灭论思想的处理办法："位现致论，要当有体，欲谈无佛，应设宾主，标其宗旨，辨其短长。"（《敕答臣下神灭论》）

根据《弘明集》的记载，梁武帝的这篇敕文在天监六年（507）公布，于是王公大臣凡六十多人先后奉旨写出了七十多篇有关神不灭思想的文章，并以此对范缜的神灭论加以批判，由此产生了第二次关于神灭论的儒佛之争。双方你来我往、彼此论难，为我们留下了不少当时人们有关形神问题的哲学思考。由此也可以反映当时儒家、佛教的理论水平及其各自的发展趋势。

这场关于形神问题的争论，反映了儒、佛两家在人生问题上不同的

---

① 《南史》卷五十七《范缜传》。

理论导致不同的解释语境。范缜是以"积善余庆,积恶余殃"的观念为核心、以圣人"神道设教"和偶然命定论为补充来构建对于人生问题的解释系统的。尽管这样的理论存在缺陷,却是对先秦、两汉儒学传统的继承和发展,具有顽强的生命力。

佛教则是以因果报应论为核心、以三世轮回理论为补充来构建对于人生问题的解释系统的。佛教的因果报应论非常精深缜密,认为:"心以善恶为形声,报以罪福为影响,本以情感,而应自来,岂有幽司?"(慧远:《明报应论》)即善恶祸福的因果报应不由外在的"幽司"主宰,而完全取决于自我的行为,因为自我行为所造之业与所得之祸福报应是相应的。这里,佛教将报应的主宰由外在的"幽司"内化为主体的"心",使报应的主宰与受报的主体合二为一:"受之无主,必由于心。心无定司,感事而应。应有迟速,故报有先后。先后虽异,咸随所遇而为对。对有强弱,故轻重不同。斯乃自然之赏罚。"(慧远:《三报论》)因心感事而有先后、强弱不同的报应,即"自然之赏罚",也就是自作自受。

佛教的这种自作自受的因果报应论同样存在与现实不符的问题:"世或有积善而殃集,或有凶邪而致庆。"(慧远:《三报论》)对这一现象的困惑以及由此产生的对因果报应论的怀疑都是合乎情理的反应。佛教对此的解释是:"由世异典以一生为限,不明其外。其外未明,故寻理者。自毕于视听之内,此先五即民心而通其分。以耳目为关键者也。"(慧远:《三报论》)这里暗中指责儒家经典以耳目视听所及之范围为限,即"以一生为限"。站在如此经验层面的立场,必然对先验层面的问题无法理解,即"不明其外",从而导致"故寻理者"的结果。

佛教提出的解决办法就是将因果报应的适用范围扩展至耳目视听所及以外的轮回的三世:"经说:业有三报。一曰现报,二曰生报,三曰后报。现报者善恶始于此身,即此身受。生报者来生便受。后报者或经二生、三生、百生、千生,然后乃受。"(慧远:《三报论》)

业报既然能够在过去、现在、未来三世中得以实现,则因果报应论就成为超越时空的范畴。但是这样的观点存在一个问题,即业报究竟是如何在轮回的三世中实现的？换言之,在轮回的三世中作为因果报应连续的中介或承载者是什么？佛教认为这个中介或承载者就是"神",因为其具有承载业报"冥移"于三世的能力:"神也者,圆应无主,妙尽无名,感物而动,假数而行。感物而非物,故物化而不灭。假数而非数,故数尽而不穷。有情则可以物感,有识则可以数求。数有精粗,故其性各异。智有明暗,故其照不同。推此而论,则知化以情感,神以化傅。情为化之母,神为情之根。情有会初之道,神有冥移之功。"(慧远:《沙门不敬王者论·形尽神不灭》)神非物,故不灭。神若受情、识所染,则必然被物、数所束缚。但物是有限的存在,物化缘于"情"感,神则由于化而彰显其"傅"的能力,这个"傅"就是"冥移",有时也写作"冥傅",意思是说"神"能够作为业报在轮回的三世"冥移""冥傅"的中介,就像薪火由甲薪傅于乙薪一样,这个道理只能是那些具有先觉之明的悟宗之匠可以理解:"向使时无悟宗之匠,则不知有先觉之明,冥傅之巧没世靡闻。何者？夫情数相感其化无端,因缘密构潜相傅写。自非达观孰识其变。请为论者验之。以实火之傅于薪。犹神之傅于形火之傅异薪。犹神之傅异形。"(慧远:《沙门不敬王者论·形尽神不灭》)

佛教上述以"神"为因果报应在轮回三世中的中介或承载者的理论尽管十分精致、巧妙,却有一个关键的前提即神不灭论。如果神不灭论不成立,则因果报应论存在疑问,则整个佛教思想体系也存在疑问。

似范缜这样的儒家学者确实是目光如炬,知道佛教思想的基础就是以神不灭论为前提的因果报应论。如果能够证明神不灭论的不成立,则无异于对佛教思想釜底抽薪的致命一击;与此同时,也是对传统儒家思想的强有力维护。事实上,范缜也是这样做的。

第四节　神灭论的哲学思想

《南史》对范缜神灭论思想作了简明扼要的概括:"神即形也,形即神也,形存则神存,形谢则神灭。形者神之质,神者形之用。是则形称其质,神言其用,形之与神,不得相异。"①

通观范缜的神灭论思想,可以发现自始至终围绕着"形神相即"这一核心观念展开论证。范缜在《神灭论》中开宗明义地立论说:"神即形也,形即神也;是以形存则神存,形谢则神灭也。"

这里必须澄清其中的三个概念:形、神、即。在范缜的神灭论思想中,"形"的含义是比较简单的。他在辩论中说:

> 形者神之质。
>
> 是生者之形骸,变为死者之骨骼也。
>
> 又岂有圣人之神而寄凡人之器,亦无凡人之神而托圣人之体。

(《神灭论》)

十分明显,"形"有质、形骸、器、体等含义,概括而言就是形体、身体之义。范缜对"形"的理解大体继承了传统意义上的含义,这里不妨略举几例:

> 夫形者,生之舍也;气者,生之充也;神者,生之制也。(董仲舒:《春秋繁露·深察名号第三十五》)
>
> 精神居形体,犹火之然烛矣。(桓谭:《新论·形神》)
>
> 人之精神藏于形体之内,犹粟米在囊橐之中也。死而形体朽,(精气)散,犹囊橐穿败,粟米弃出也。(王充:《论衡·论死篇第六十二》)
>
> 人禀元气于天,各受寿夭之命,以立长短之形。(王充:《论衡·无形篇第七》)

上述观点表明,"形"在传统意义上的含义,是"神"寄居的场所。而"神"才是人生的本质所在。因为"神"是人禀天之元气而成,故是"生之制"。范缜在辩论中说:"人之生也,资气于天,禀形于地。是以形销于下,气灭于上,气灭于上,故言无不之。无不之者,不测之辞耳。"(《答曹

---

① 《南史》卷五十七《范缜传》。

舍人》)可以发现,在范缜的思想中,人的生命由粗糙的血肉形体和禀受于天的元气、精气之"神"构成。形与神之间的关系,除去形为神舍、形谢神灭等前人早已提出的观点外,他第一次提出了"形神相即"的命题。

所谓"形神相即"就是"神即形也,形即神也"。我们需要了解"即"的含义以便搞清范缜所说"形神相即"的意思。范缜在提出"神即形也,形即神也"的命题之后解释说:"是以形存则神存,形谢则神灭也。"(《神灭论》)由此可知,范缜似乎认为形、神是不可分离的一种存在。

神不灭论的代表人物曹思文反驳范缜的文字可以帮助我们更好地理解范缜的意思:"形非即神也,神非即形也。是合而为用者也,而合非即也。"(《难范缜神灭论》)从曹思文的反驳中可以知道,范缜所说的"即"不是"合"的意思。换言之,在范缜的思想中,形与神不是两个独立的存在,而是一体两面的一个存在,就是所谓"名殊而体一也"(《神灭论》)。

另有一则材料可以佐证上述判断。范缜主张"神"由知(痛痒之知)和虑(是非之虑)构成。反对者问曰:"知之与虑,为一为异?"范缜答曰:"知即是虑。浅则为知,深则为虑。"(《神灭论》)知和虑的关系是"即",而"即"表明知和虑是"神"中的两个层次而非两个独立的存在。由此而推之,形与神的关系也是如此。

最能准确表达范缜"形神相即"意思的是他自己所说的"刀利之喻"。当对手问范缜:为什么认为形与神是"名殊而体一"的关系? 范缜答曰:"神之于质,犹利之于刀;形之于用,犹刀之于利。利之名非刀也,刀之名非利也。然而舍利无刀,舍刀无利。未闻刀没而利存,岂容形亡而神在?"(《神灭论》)他以刀喻形,以刀之锋利喻神,刀与刀之锋利相互依存、缺一不可,故形与神也是相互依存、缺一不可的关系。

综合上述材料可知,范缜是以体用论来理解"形神相即"这一命题的。既然神与形、用与质都类似于利与刀之间的关系,则"形神相即"就是形质神用的体用关系。正如范缜所说:"形者神之质,神者形之用,是则形称其质,神言其用,形之与神,不得相异也。"(《神灭论》)形与神"不得相异",而是一个"名殊而体一也"(《神灭论》)的独立存在,形是实有层面的具体存在,神则是形体在作用层面的一种呈现状态。

看到范缜借助体用论来诠释形神关系,不禁让人感受到一股强烈的玄学气息。因为魏晋时期的玄学大家王弼、郭象等都以体用论作为自己玄学思想的一个重要部分。王弼有一段非常典型的体用论材料,他说:"天也者,形之名也。健也者,用形者也。夫形也者,物之累也。有天之形,而能永保无亏,为物之首,统之者岂非至健哉!"(《周易·象传·乾注》)在王弼看来,有形之天是实有层面(体)的万物之形名,并非万物之根据。真正能够为万物之本者天在作用层面(用)呈现的无形之至健。这是玄学利用体用论诠释超越本体的代表性材料。

与此同时,当有人问范缜"神灭有何利用邪"时,范缜认为佛教"其流莫已,其病无限",而自己的神灭论具有"思拯其溺"的功用,之后围绕神灭论的理论基础有一段十分重要的材料:"若陶甄禀于自然,森罗均于独化,忽焉自有,恍尔而无,来也不御,去也不追,乘夫天理,各安其性,小人甘其垄亩,君子保其恬素,耕而食,食不可穷也,蚕而衣,衣不可尽也,下有余以奉其上,上无为以待其下,可以全生,可以匡国,可以霸君,用此道也。"(《神灭论》)万物之生均源于独化,无论其从无自有,抑或从有而无,都禀于自然。如果万物顺乎自然之天理,就会各安其性。百姓安居乐业,君主无为而治,由此实现全生、匡国、霸君的目标。

这段材料具有浓郁的玄学气息,其中的"自然""独化""无为""全生"等观念无疑源自郭象的玄学独化论。例如郭象以"天地"为万物之总名,以"自然"为万物之正理:"天地者,万物之总名也。天地以万物为体,而万物以自然为正。自然者,不为而自然者也。"(《庄子·逍遥游注》)郭象还将"独化"诠释为从无生有:"夫生之难也,犹独化而自得之矣。"(《庄子·大宗师注》)这些说法与范缜的观点十分接近。可以说,范缜的神灭论是以玄学,尤其是郭象的独化论为理论基础的。

如果上述说法成立的话,则范缜的神灭论中一些语焉不详的内容和环节就逐渐具体、清晰了。与此同时,整个神灭论思想也就显得一以贯之、完整而有系统。

　　范缜的神灭论是以"气"为其思想基础的。他说:"是以形销于下,气灭于上,气灭于上……岂必其有神与知邪?"(《答曹舍人》)十分明显,在范缜看来,神与知是以"气"的形式表现出来的,这无疑是从实有层面来理解"神"的。这一诠释方向是范缜继承传统儒学气论思想而来。如果结合他在解释形神关系时提出的"形者神之质,神者形之用"的说法,则以气释"神",使"形""神"都从实有层面加以理解,将导致二者在实有层面有彼此独立存在的可能,从而无法实现"形称其质,神言其用"的形神体用关系。

　　为了强调"形"在实有层面(体),尤其是"神"在作用层面(用)的不同的存在形式,范缜将"神"分疏为痛痒之知和是非之虑两个方面:"是非、痛痒虽复有异,亦总为一神矣。"(《神灭论》)所谓痛痒之知,无疑是指人对外界的感知能力,是"神"在形质(体)层面发挥的作用。尽管范缜也有"今人之质,质有知也""人无无知之质"等说法,但主要还是强调"神"的作用。所谓是非之虑,是指人的道德反思能力,无疑是"神"在作用层面存在的本质特征。至于痛痒之知和是非之虑之间的关系,范缜提出"知即是虑。浅则为知,深则为虑"(《神灭论》)。也就是说,"神"在作用层面具有浅层的感知作用和深层的道德反思作用。

　　当范缜提出"神"具有感知作用和道德反思作用的同时,又进一步主张:"是非之虑,心器所主。"(《神灭论》)通观上下文可以知道,范缜主张"是非之虑"是"心器"在作用层面的存在方式。范缜一方面承认"心器"这个概念是实有层面的具体存在,如"心器是五藏之心","比干之心,七窍列角;伯约之胆,其大若拳;此心器之殊也";另一方面又强调"心器"在作用层面的特殊存在:"五藏各有所司,无有能虑者,是以知心为虑本。"(《神灭论》)在这里,范缜首先是将"心器"视为人体(形)的一部分,如同手足、五藏等一样看待,即"手足虽异,总为一人";作为形之一部分的"五藏各有所司"。如果说"心器"在实有层面表现为"五藏之心"这样具体的存在的话,则其在作用层面的表现方式就是"是非之虑",正是在作用层面(而非实有层面)上可以说"心为虑本"。

综合上述说法，"神"表现为痛痒之知和是非之虑两个方面。而心器只是"神"中的"是非之虑"在实有层面的存在方式。换言之，"是非之虑"是心器在作用层面的存在方式。至于"神"中的"痛痒之知"，则是"形"中具有感知能力的部分在作用层面的存在方式，反之亦然，"形"中具有感知能力的部分是"痛痒之知"在实有层面的存在方式。

范缜将"神"具有的痛痒等感知能力和判断是非等的道德反思能力作了一种十分有意思的诠释，从而使"神"成为儒家思想体系中的一个不可或缺的重要观念。当神不灭论者以"虑思无方"为由提出"虑体无本"的观点时，范缜反驳道："苟（虑）无本于我形，而可遍寄于异地。亦可张甲之情，寄王乙之躯；李丙之性，托赵丁之体。然乎哉？不然也。"（《神灭论》）范缜这段话的原意是要说明作为"神"之一部分的是非之虑本于我形，但其中却透露了另外一层意思。在范缜看来，如果说作为"神"之一部分的是非之虑本于我形，则作为"我形"（张甲、李丙）的情、性是不可能寄于"他形"（王乙、赵丁）的。换句话说，既然是非之虑与情、性有关，则"神"无疑与情、性有关。另有一条可资旁证的材料，玄学大家王弼说："善不善犹是非也。"[①]"善"与"不善"是人性的范畴，所以"是非"是与性有关的。

而范缜在另外一处表达了这样一种观点："今伤之则病，是形痛而神不痛也。恼之则忧，是形忧而神不忧也。忧虑痛废，形已得之如此，何用劳神于无事耶。"（《答曹舍人》）可以知道，范缜明确无误地将伤、痛、恼、忧等属于人之情感的观念植根于"形"。

结合上述两段材料，我们似乎可以得到这样一个结论：人之性、情与"神"有非常密切的关系。进而言之，"神"具有的痛痒等感知能力与人情有密切关系，"神"具有的判断是非等的道德反思能力与人性有密切关系。

范缜利用体用论将"神"分疏为性、情两个层面。而作为一个玄学化

---

① 〔三国魏〕王弼著，楼宇烈校释：《王弼集校释》，第6页。

的儒家学者,范缜必然将性、情建构于"自然""独化"的基础之上。在现有材料中,范缜只是简单地提到"若陶甄禀于自然,森罗均于独化……"这样一段话。在范缜看来,上述说法在王弼、郭象的注疏中反复提及,已是众所周知、耳熟能详的观念。例如王弼主张:"万物以自然为性。"①郭象也说:"而万物以自然为正。"(《庄子·逍遥游注》)"自然耳,故曰性。"(《庄子·山木注》)玄学家王弼、郭象都将包括人性在内的万物之性的根据归结为"自然"。而根据王弼、郭象的这一思想,范缜才会提出"若陶甄禀于自然,森罗均于独化……乘夫天理,各安其性"(《神灭论》)。也就是说,万物之性的本质表现为作用层面的"自然"而非实有层面之"气"性,这才是"天理"。只有"乘夫天理",才能"各安其性"。

然而,范缜在此问题上的确是语焉不详,他将论证的重点放在圣人与凡人的同异上。他企图通过比较圣人与凡人的同异,证明人性的本质在于作用层面之"自然"。

圣人与凡人之间的区别在哪里?范缜认为,圣人之形与圣人之神是相辅相成的,凡人亦然。他说:"岂有圣人之神,而寄凡人之器,亦无凡人之神,而托圣人之体。……是知圣人定分,每绝常区,非惟道革群生,乃亦形超万有。凡圣均体,所未敢安。"(《神灭论》)范缜秉承自己"形神相即"的基本观点,主张圣人之形神是相一致的,凡人之形神也是相一致的,且圣人、凡人彼此互不相干。所以圣人之形神是凡人不能企及的"定分",是与凡人之形神("常区")相互隔绝的。圣人之形神"道革群生",即禀赋"道"之天理,而"道"之天理又是与凡人等群生相互隔绝的,只有这样,圣人才会"形超万有",当然也会神超万有。故而范缜认为"凡圣均体,所未敢安"。

当人们困惑于圣人之形并非异于凡人之形的现象时,不禁要问:"敢问阳货类仲尼,项籍似大舜,舜项孔阳,智革形同,其故何邪?"范缜认为圣凡之形是有区别的:"珉似玉而非玉,鸡类凤而非凤,物诚有之,人故宜

---

① 〔三国魏〕王弼著,楼宇烈校释:《王弼集校释》,第77页。

尔。项阳貌似，而非实似。"(《神灭论》)而凡圣之间"智革形同"的原因在于"心器不均，虽貌无益"(《神灭论》)。范缜在另一处也表达了同样的意思："圣同于心器，形不必同也，犹马殊毛而齐逸，玉异色而均美。是以晋棘、荆和，等价连城；骅骝、騄骊，俱致千里。"(《神灭论》)也就是说，圣人之形与凡人之形在本质上是不同的。如果彼此相同，也不过是貌似而已。其本质上的不同之处表现为"智革形同"，而原因则在于"心器"的不同。圣人之"心器"无论从实有层面的外形还是从作用层面的知虑(情性)都与凡人之"心器"完全不同。所以，正是在"心器"的层面上，范缜认为圣人之形神与凡人之形神是完全不同的。

综合上述说法，范缜的圣人观大体有这样几层意思：

第一，"形超万有"：圣人之形与凡人之形是截然不同的，圣人之形只能是圣人之神的载体；而凡人之形只能是凡人之神的载体；圣凡之间的所谓"形同"只是如同珉似玉、鸡类凤那样貌似而非实似。

第二，"圣同于心器"：尽管存在凡圣之间貌似而非实似的现象，但导致凡圣之间"智革形同"的原因在于"心器"的不同。圣人与凡人的本质不同在于"心器"的不同，而圣人与圣人的相同之处在于"心器"的相同，简言之，圣同于心器。

第三，"圣人定分""道革群生"：根据玄学思想，万物之性的本质呈现为作用层面的"自然"状态，即"陶甄禀于自然"，只有真正能够将自己的本性呈现为"自然"状态的才是圣人。这就是圣人的"定分"，而圣人呈现出来的"自然"状态就是"道"之天理。正是圣人所禀赋的"道"之天理使其不仅表现为"道革群生"，而且表现为"形超万有"。

如果范缜主张"陶甄禀于自然"是说万物之性的本质呈现为"自然"状态这一"道"之天理，那么他在另外一处又说"人之生也，资气于天，禀形于地。是以形销于下，气灭于上"(《答曹舍人》)，表明范缜将"神"理解为一种"气"的状态。那么，"自然"状态与"气"的状态明显是"道"在作用层面和实有层面的不同表现形式，是玄学利用一体两面的体用论对终极根据的典型诠释。"气"的状态是"道"在实有层面的表现形式，而"自然"

状态则是"道"在超越的作用层面的存在形式。换句话说,以"自然"言说"道",是从超越的作用层为实有层之"气"提供终极根据,从而使实有层之"气"超拔至作用层之"自然",进而可以取代传统的"气"论而成为万物存在的最后依据。所以说,"自然"是从现实上有所依待而然反上来的一个层次上的超越。

在范缜看来,作为万物存在最后依据的"自然"还有一个同样意义的概念即"独化",也就是所谓"陶甄禀于自然,森罗均于独化"。范缜没有详细解释"独化"的含义,但有简略的论述:"忽焉自有,恍尔而无,来也不御,去也不追,乘夫天理,各安其性。"(《神灭论》)"自有""而无"是独化论的观念,是玄学的"天理",从中我们可以明显地发现郭象的影子。

何谓"独化"? 郭象说:"夫造物者,有耶无耶? 无也? 则胡能造物哉? 有也? 则不足以物众形。故明众形之自物而后始可与言造物耳。是以涉有物之域,虽复罔两,未有不独化于玄冥者也。故造物者无主,而物各自造,物各自造而无所待焉,此天地之正也。故彼我相因,形景俱生。虽复玄合,而非待也。明斯理也,将使万物各反所宗于体中而不待乎外,外无所谢而内无所矜,是以诱然皆生而不知所以生,同焉皆得而不知所以得也。"(《庄子·齐物论注》)郭象认为,万物不可能源于一个共同的造物者,万物的存在是自我创造的结果。从"有物之域"即物质世界来看,万物从"玄冥"中自我创造就是"独化"。而"玄冥者,所以名无而非无"(《庄子·大宗师注》),所以,郭象的独化论仍然以"无"为最后的依据,只是强调"无"并非万物的造物者。郭象主张,"无"在作用层面表现出来的"自然"状态及其在万物本性中表现出来的自我创造即"独化"现象才使"无"成为万物最后的依据。而在这个意义上,"无"也可以被视为"玄冥",即"名无而非无"的境界。这是天地之正理。郭象之所以强调"独化"而没有将"无"视为万物的造物者,是希望"将使万物各反所宗于体中而不待乎外",也就是说,万物存在的根据源于内在的本性而非外在的造物者。

能够达到这种"玄冥"境界、体认"无"及其所呈现的"自然""独化"等

天地之正理的只能是圣人。因为圣人之所以为圣,关键就在于他能将
"无"圆满而充尽地在自己的生命中体现出来,"无"只能被体现出来而不
是可以用语言来加以训解的。[①] 具体而言,圣人在玄冥之境中体认"无",
即在自己的生命中将"自然""独化"状态体现出来的方法是"外内相冥"。
郭象说:"夫理有至极,外内相冥。未有极游外之致,而不冥于内者也;未
有能冥于内,而不游于外者也。"(《庄子·大宗师注》)内外相冥是圣人在
玄冥境界的圆融合一状态。

　　而范缜将郭象的上述说法概括为"夫圣人者,显仁藏用,穷神尽变"
(《答曹舍人》)。言下之意,只有圣人才能在玄冥之境将内在的"神"与外
在的"无"相互冥合,进而彰显"神"中内发的仁义、呈现"无"中无尽的变
化。由此,圣人成为沟通天人之间的中介。换言之,圣人是天道在人间
的人格化身,他替天行道、代天立教,是人间真正的主宰。

　　基于上述观点,范缜将圣人视为儒家礼学思想的根据。他说:

> 　　若均是圣达,本自无教,教之所设,实在黔首。黔首之情,常贵
> 生而贱死,死而有灵,则长畏敬之心,死而无知,则生慢易之意。圣
> 人知其若此,故庙祧坛墠,以笃其诚心,肆筵授几,以全其罔己,尊祖
> 以穷郊天之敬,严父以配明堂之享。且忠信之人,寄心有地,强梁之
> 子,兹焉是惧,所以声教昭于上,风俗淳于下,用此道也。故《经》云:
> 为之宗庙,以鬼享之。言用鬼神之道,致兹孝享也。春秋祭祀,以时
> 书之,明厉其追远,不可朝死夕亡也。……宗庙郊社,皆圣人之教
> 迹,彝伦之道,不可得而废耳。(《答曹舍人》)

　　由于圣人设教的目的在于移风易俗,则圣人设教的内容是否真实反
而成为一个无足轻重的问题。即使内容是虚假的也不认为是欺妄:"夫
欺者,谓伤化败俗,导人非道耳。苟可以安上治民,移风易俗,三光明于
上,黔黎悦于下,何欺妄之有乎?……郊丘明堂乃是儒家之渊府也,而非

----

① 参见牟宗三《中国哲学十九讲》,第 217 页,上海,上海古籍出版社,1997。

形神之滞义。"(《答曹舍人》)

范缜是当时"博通经术,尤精三礼"[1]的礼学家。对于范缜的礼学思想,由于材料散佚殆尽,除去前面所述他将圣人视为礼学思想的根据以外,我们所知甚少。

根据《梁书》《南史》和《弘明集》的记载,范缜在南朝齐、梁时期是一个儒家礼学的著名学者。他继承传统儒学的衣钵,尤其对形神问题具有很高的造诣。面对佛教在理论和实践方面的挑战,范缜将传统儒学的气论和郭象玄学的独化论相结合,形成一体两面的神灭论思想,并以儒家神灭论为武器,在理论上抗衡佛教对儒家思想的挑战,其表现形式就是儒家神灭论和佛教神不灭论之间的论争。但是,儒、佛双方分别从完全不同的思想体系出发,以己之是攻彼之非,其结果自然是各说各话,谁也无法说服对方。尽管范缜在气势上"辩摧众口,日服千人",但在理论上仍然不能取得优势。最后梁武帝只能以范缜"灭圣""乖理"的钦定方式结束了这场辩论。

作为当时儒家思想的一个代表性人物,范缜以神灭论为核心的儒学理论有其客观的、理论上的特点和局限性。

第一,对佛教思想的有限了解。

范缜的理论核心是传统儒学的气论、魏晋玄学的体用论和郭象的独化论,它们都是中国本土的传统思想资源。这种传统文化的知识背景决定了范缜的理论活动必然以维护传统儒家思想为目的。然而,这个目的导致范缜只是看到佛教文化对儒家思想、宗法社会和现实政权的威胁,却未曾意识到它对儒学理论巨大的借鉴意义和对现实社会的道德教化作用。追根究底,对佛教思想的博大、深邃不甚了了应该是导致范缜思想局限性的主要原因之一。

第二,神灭论的理论悖论。

儒学在现实社会发挥道德教化作用的一个主要形式就是丧礼和祭

---

[1] 《梁书》卷四十八《范缜传》。

祀制度,即曾子所谓"慎终追远,民德归厚矣"(《论语·学而》)。所以,儒家的礼教主张建立宗庙以祭祀祖宗。若以范缜神灭论的观念,去世的先人是形散神灭,则祭祀祖宗的意义何在呢? 如果祭祀祖宗没有意义,则儒家在现实社会的道德教化作用就无从谈起。范缜以圣人神道设教的方式为儒家的道德教化作用提供根据。也就是说,宗庙祭祀的规定并非承认鬼神的存在,其唯一的目的就是发挥道德教化作用。然而,正如神不灭论者所说的,既然祖宗的神灵早已不复存在,圣人只是为教化的目的而设计祭祀祖宗的制度,那么圣人的行为无疑是一种欺妄了。

实际上,范缜的神灭论处于一种两难的境地:若坚持神灭论,就必须背负欺妄蔑圣的骂名;若放弃神灭论,则无异于向神不灭论举手投降。唯一的解决办法就是世俗中人都为圣贤君子,而这一要求又太不现实。梁朝司农卿马元和一语道破:"神灭之为论,妨政实多。非圣人者无法,非孝者无亲。二者俱违,难以行于圣世矣。"(马元和:《答释法云书难范缜神灭论》,《弘明集》卷十)宗庙祭祀、慎终追远是儒家思想为适应宗法社会"亲亲""尊尊"基本原则而建构的道德教化之法。如果神灭论妨碍了宗法社会的基本价值观,只能认为是理论本身存在问题。

第三,因果报应的困境。

神灭论在现实社会中令人沮丧的道德说服力是其无法广泛传播的重要原因。按照神灭论的逻辑,形体的死亡必然导致精神的湮灭。如此则人生的善恶是非以及由此导致的祸福吉凶必须在现世一一相应,才能符合儒家"积善余庆,积不善余殃"的道德教化原则。然而,我们的现实社会是无法满足严格意义上的赏善罚恶的教化原则的。因此,神灭论对现实社会的道德教化作用就显得相当脆弱。十分明显,如果为善反而得祸、为恶反而得福,则道德教化的合理性将受到质疑。

第四,形神体用论的局限性。

范缜的神灭论以传统儒学的气论为基础,又结合玄学体用论以说明形神关系,使儒学的气论思想从实有层面的存在超越至作用层面的"自然",为神灭论奠定了新的哲学基础。

范缜利用玄学体用论来解释形神关系，较之以往的神灭论有很大的理论上的深入。甚至范缜的对手曹思文都不得不承认在神灭论的论据中，唯有此一论证是可以接受的。

然而，神灭论以"自然"为终极根据容易使人走向清静无为的道家人生观，这与神灭论的儒家入世的初衷是背道而驰的。另一方面，当范缜将体用论作为神灭论的重要组成部分时，佛教的神不灭论同样在借助体用论完善自己的理论体系。所以，当双方站在各自立场相互争论时，范缜的神灭论是不能从理论上战胜佛教的神不灭论的。

第五，心为虑本的论证。

范缜将"神"的作用分疏为感性认知和理性的道德反思能力，并将其着落在五脏中的心器上，提出"心为虑本"的观点。这里的所谓"心"，无疑是古人所说的思维器官。由此看来，范缜已经将"神"进一步内化为"心"中的具有认知和道德反思能力的概念。也就是说，"心"之所以是具有思维能力的器官，在于其中存在的具有认知和道德反思能力的"神"。

然而，范缜的神灭论一方面始终将自己的论证建立在有形的经验世界的基础之上，即始终坚持"形"的决定性作用；另一方面，他在讨论"神"的作用时逐渐将其内化、超越至无形的先验世界；与此同时，范缜又反复强调"形谢神灭"的观点。从本质上说是自相矛盾的。

可以认为，神灭论与神不灭论之间的争论是儒家文化与佛教文化相互交流过程中的一次理论对话。不管争论的结果如何，当时的儒家文化在理论和现实中均陷入自相矛盾的困境。范缜的神灭论对儒学理论的贡献是毫无疑问的，但其在神灭之争中暴露出来的儒家文化自身的困境却更加具有历史意义。因为上述事实为儒学的发展指明了方向，即充分汲取佛教文化的精华，促进儒释道三教合一，实现儒家文化否定之否定的涅槃重生。历史的发展证明，宋明儒学的出现正是上述趋势成为现实后顺理成章的结果。在此意义上说，范缜及其神灭论思想对于儒学历史的推动作用超过其对儒学理论的贡献。

第七章　梁武帝之新儒学思想

梁武帝时代是南朝的鼎盛期，也是南朝历史中颇为关键的一个阶段。作为这一阶段的最高统治者，梁武帝不仅在政治上，而且在思想文化领域发挥了重要的影响。

唐代史学家、《南史》作者李延寿在谈到梁武帝时说："梁武帝……制造礼乐，敦崇儒雅，自江左以来，年逾二百，文物之盛，独美于兹。然先王文武递用，德刑备举，方之水火，取法阴阳，为国之道，不可独任；而帝留心俎豆，忘情干戚，溺于释教，弛于刑典。既而帝纪不立，悖逆萌生，反噬弯弧，皆自子弟，履霜弗戒，卒至乱亡。自古拨乱之君，固已多矣，其或树置失所，而以后嗣失之，未有自己而得，自己而丧。追踪徐偃之仁，以致穷门之酷，可为深痛，可为至戒者乎！"①

在漫长的中国历史上，从乱世之中缔造一个新王朝的开国之君并不算少，而从自己手上得到天下又从自己手上失去天下的君王就屈指可数了，即"未有自己而得，自己而丧"。所以，从政治层面而言，梁武帝无疑是一个悲剧性人物。如果从思想文化层面来看，梁武帝弘扬儒家之礼乐、传播道家之有无、阐释佛家之精义，"自江左以来，年逾二百，文物之

①《南史》卷七《武帝纪下》。

盛,独美于兹"。梁武帝统治时期的梁朝可以说是整个魏晋南北朝历史中思想文化最繁荣的时期。

不可否认,梁武帝是历史上对佛教最为虔信的一个皇帝,但他对儒、道、释三家思想的理解,在同时代人中罕有匹敌者。《梁书》的作者姚思廉在论及梁武帝个人的道德学问时说:"历观古昔帝王人君,恭俭庄敬,艺能博学,罕或有焉。"[1]

那么,梁武帝在南朝儒学发展史上发挥了什么作用? 面对正在孕育着一场重大变化的儒学思想,梁武帝又扮演了什么角色? 这是本章试图回答的问题。

第一节 思阐治纲,每敦儒术

梁武帝萧衍(464—549),字叔达,南兰陵人,南齐高帝萧道成族孙。他自幼敏而好学,受到儒学经典和礼法的严格教育。《梁书》和《南史》都说他"少而笃学",而且师从名儒。我们从《南史·刘瓛传》中可以知道,"梁武帝少时尝经伏膺",也就是说,梁武帝少时曾经跟随刘瓛学习儒学经典,而刘瓛是"儒业冠于当时,都下士子贵游,莫不下席受业,当世推其大儒,以比古之曹、郑"[2]。

另一方面,儒学礼法对少年梁武帝的影响也是相当深的。根据《梁书·武帝纪下》的记载,梁武帝六岁时,母亲去世,他"水浆不入口三日,哭泣哀苦,有过成人"。当他为父亲服丧时,"销毁骨立,亲表士友,不复识焉。望宅奉讳,气绝久之,每哭辄欧血数升。服内不复尝米,惟资大麦,日止二溢。拜扫山陵,涕泪所洒,松草变色"。

在严格的经典学习和礼法教化熏陶下,梁武帝逐渐成为一个信奉儒家思想的读书人,即时人所谓"诸生"。《梁书·武帝纪上》记载,当梁武帝已经实际上夺得南齐政权,百官固请其接受南齐皇帝的"禅让"时,一

---

[1]《梁书》卷三《武帝纪下》。
[2]《南史》卷五十《刘瓛传》。

个冠冕堂皇的理由是："且明公(梁武帝)本自诸生。"由此可见,梁武帝在儒学方面的修为和造诣是得到当时名士群体公认的。

梁武帝在谈到自己青少年时代的求学经历时也证实了上述看法:"少时学周孔,弱冠穷六经。"(《述三教诗》,《广弘明集》卷三十)穷究六经的梁武帝"博学多通,好筹略,有文武才干,时流名辈咸推许焉"。当时的名士领袖、儒宗王俭见到梁武帝,深相器异,对庐江何宪说:"此萧郎三十内当作侍中,出此则贵不可言。"南齐竟陵王萧子良招集文学才俊并游,梁武帝与沈约、谢朓、王融、萧琛、范云、任昉、陆倕等并被选中,号曰"竟陵八友"。在王俭、萧子良等人眼中是人中龙凤的梁武帝,毫无疑问是当时名士群体中的佼佼者。

当深受儒学思想熏陶的梁武帝夺得政权并建立萧梁王朝后,他总结前朝治国理政的经验教训说:"二汉登贤,莫非经术,服膺雅道,名立行成。魏、晋浮荡,儒教沦歇,风节罔树,抑此之由。"[1]在汲取前朝经验教训的基础上,梁武帝提出了自己治国理政的纲领。他在初登帝位的天监元年(502)即下诏为自己少年时期的儒学业师刘瓛立碑,谥曰贞简先生,"所著文集行于世"[2]。梁武帝为刘瓛立碑、赐予谥号并不完全是为了纪念自己的儒学业师,而是有更为深刻的政治原因。根据《南史·刘瓛传》的记载,齐高帝萧道成初创萧齐政权,即召刘瓛问以政道。刘瓛答曰:"政在《孝经》。宋氏所以亡,陛下所以得之是也。"齐高帝咨嗟曰:"儒者之言,可宝万世。"由此可见,齐高帝十分欣赏刘瓛以孝道治天下的治国理念。而梁武帝为刘瓛立碑、赐予谥号很可能是在宣示自己以孝道治天下的政治主张,这种政治主张实际上暗含了梁武帝试图全面复兴儒学思想的愿望。

《隋书·经籍志》在论述《孝经》的地位和作用时透露了梁武帝的上述愿望:"夫孝者,天之经,地之义,人之行。自天子达于庶人,虽尊卑有

---

① 《梁书》卷四十八《儒林传序》。
② 《南史》卷五十《刘瓛传》。

差，及乎行孝，其义一也。先王因之以治国家，化天下，故能不严而顺，不肃而成。斯实生灵之至德，王者之要道。孔子既叙六经，题目不同，指意差别，恐斯道离散，故作《孝经》，以总会之。"

《梁书》的作者似乎也洞察了梁武帝上述主张："《经》云：'夫孝，德之本也。'此生民之为大，有国之所先欤！高祖（梁武帝）创业开基，饬躬化俗，浇弊之风以革，孝治之术斯著。每发丝纶，远加旌表。而淳和比屋，罕要诡俗之誉，潜晦成风，俯列逾群之迹，彰于视听，盖无几焉。"[①]

梁武帝自己也明确表明了这种想法，他在《孝思赋》中说："身虽死而名扬，乃忠孝而两全。……治本归于三大，生民穷于五孝。置天地而德盈，横四海而不挠。履斯道而不行，吁孔门其何教。"（载《广弘明集》卷二十九）

根据《梁书·武帝纪下》的记载，梁武帝亲自注释《孝经》，阐发其微言大义，撰成《制旨孝经义》，并将其作为国子学的教材。中大通四年（532），"侍中、领国子博士萧子显上表置制旨《孝经》助教一人，生十人，专通高祖（梁武帝）所释《孝经义》"[②]。言下之意，梁武帝的《制旨孝经义》具有与"五经"相同的重要地位，是培养和选拔人才的儒学经典之一。也就是说，梁武帝的《制旨孝经义》有专门的助教讲授、专门的生员研习。如果有精通《制旨孝经义》的儒生，则会在仕途上得到朝廷的重用。

在梁武帝率先垂范下，皇子、名士、博士等纷纷注释《孝经》、阐发大义，一时蔚为大观。根据《隋书·经籍志》的记载，梁武帝撰《孝经义疏》十八卷，昭明太子萧统有《孝经义》三卷，简文帝萧纲有《孝经义疏》五卷，国子学博士严植之撰《孝经》一卷，国子学博士萧子显撰《孝经义疏》一卷、《孝经敬爱义》一卷，国子学博士皇侃撰《孝经义疏》三卷，国子学博士周弘正撰《孝经私记》二卷，梁代名士曹思文、江系之、江逊等注《孝经》各一卷，扬州文学从事太史叔明撰《孝经义》一卷。

---

① 《梁书》卷四十七《孝行传序》。
② 《梁书》卷三十五《萧子显传》。

　　梁武帝不但亲自撰成《制旨孝经义》等著作,而且亲自带头讲授《制旨孝经义》:"高祖(梁武帝)自讲《孝经》,使(朱)异执读。"①皇太子也曾当众讲授《孝经》。天监八年(509)九月,皇太子萧统"于寿安殿讲《孝经》,尽通大义。讲毕,亲临释奠于国学"②。这次讲授就是《隋书·经籍志》中记录的"皇太子讲《孝经义》一卷"。第二任太子萧纲在东宫时曾围绕《孝经》讲题,和儒者论议往复。③

　　梁武帝不但亲自注释、阐发和讲授《孝经》,而且还亲自考核和提拔成绩优秀者。根据《梁书·朱异传》的记载,素有"遍治《五经》,尤明《礼》《易》"之名的朱异,年逾二十就受到梁武帝的召见。"(梁武帝)使说《孝经》《周易》义,甚悦之,谓左右曰:'朱异实异。'"命朱异直西省,兼太学博士,迁尚书仪曹郎,入兼中书通事舍人,累迁鸿胪卿、太子右卫率,寻加员外常侍。后朱异一直把持朝政,成为梁武帝晚年的权臣。

　　"梁世以经学闻"的岑之敬,"年五岁,读《孝经》,每烧香正坐,亲戚咸加叹异。年十六,策《春秋左氏》、制旨《孝经》义,擢为高第。御史奏曰:'皇朝多士,例止明经,若颜、闵之流,乃应高第。'梁武帝省其策曰:'何妨我复有颜、闵邪?'因召入面试,令之敬升讲座,敕中书舍人朱异执《孝经》,唱《士孝章》,武帝亲自论难。之敬剖释纵横,应对如响,左右莫不嗟服。乃除童子奉车郎,赏赐优厚"④。

　　除去上述一系列措施外,梁武帝"以孝治天下"之国策的一个重要表现是繁荣儒家之礼学及其礼制。梁武帝在《孝思赋》中说:"治本归于三大,生民穷于五孝。"何谓"三大"?《孝经》中的《三才章》以天、地、人为三才。《孝经注疏》引《汉书·艺文志》云:"夫孝,天之经,地之义,民之行也。举大者言,故曰《孝经》。"在梁武帝看来,所谓三大,即指天、地、人三才。何谓"五孝"?《孝经注疏》解释道:"五孝者,天子、诸侯、卿大夫、士、

①《梁书》卷三十八《朱异传》。
②《梁书》卷八《昭明太子传》。
③《陈书》卷三十三《张讥传》。
④《陈书》卷三十四《岑之敬传》。

庶人五等所行之孝也。言此五孝之用，虽尊卑不同，而孝为百行之源，则其致一也。"在梁武帝眼中，社会是以天子、诸侯、卿大夫、士、庶人等五个等级来划分的，这五个等级尽管贵贱尊卑不同，却有一个共性即孝道。

梁武帝还为三大、五孝等观念提供了理论论证。他说："《系辞》云：易有太极，是生两仪。元气已分，天地设位，清浮升乎上，沈浊居乎下。阴阳以之而变化，寒暑用此而相推，辩尊卑贵贱之道，正内外男女之宜。在天成象，三辰显曜。在地成形，五云布泽。斯昏明于昼夜，荣落于春秋。大圣之所经纶，以合三才之道。"（《天象论》，《全梁文》卷六）梁武帝认为天、地、人三才均由气生成，清者升而为天，次者凝而为人，浊者降而为地。气之清浊不仅创造天、地、人三才之不同，也是尊卑贵贱之道、内外男女之宜的天道根据。

以三大、五孝为根据可以建构一个"辩尊卑贵贱之道，正内外男女之宜"的礼制体系。这一体系又以夫妇、父子、君臣为纲。梁武帝时的国子博士皇侃曰："夫妇、父子、君臣也，三事为人生之纲领。"（《论语集解义疏·为政》）而此三纲必以礼统之。与梁武帝同为"竟陵八友"之一、梁时著名学者沈约就说："原夫礼者，三千之本，人伦之治道。故用之家国，君臣以之尊，父子以之亲；用之婚冠，少长以之仁爱，夫妇以之义顺；用之乡人，友朋以之三益，宾主以之敬让。所谓极乎天，播乎地，穷高远，测深厚，莫尚于礼也。"①

礼治的基础是以亲亲之义为核心的宗统和以尊尊之义为核心的君统所构成的宗法社会的存在。宗统表现为亲疏、长幼等关系，君统则表现为贵贱、尊卑等关系。礼治的作用就是确认并维护这些关系，而发挥这种作用的基本方式就是规定亲与疏、长与幼、贵与贱、尊与卑之间的差别。礼通过规定差别而将亲亲、尊尊等抽象的意义落实为具体的外在现象，而表现为一种等级制度，即《礼记·丧服小记》所谓"亲亲、尊尊、长长、男女之有别，人道之大者也"。而《中庸》则引孔子答鲁哀公的话说：

---

① 《宋书》卷五十五《傅隆传》。

"仁者,人也,亲亲为大;义者,宜也,尊贤为大。亲亲之杀,尊贤之等,礼所生也。"

礼被视为治理国家的大纲和根本。梁武帝时名臣徐勉在给梁武帝的表中说:"夫礼,所以安上治人,弘风训俗,经国家、利后嗣者也。"①梁武帝更是将礼视为治国之大要,他在即位之初就下诏曰:"礼坏乐缺,故国异家殊,实宜以时修定,以为永准。……此既经国所先,外可议其人,人定,便即撰次。"②

《隋书》载:"梁武始命群儒,裁成大典。吉礼则明山宾,凶礼则严植之,军礼则陆琏,宾礼则贺瑒,嘉礼则司马褧。帝又命沈约、周舍、徐勉、何佟之等,咸在参详。"③徐勉在普通六年(525)的《上修五礼表》中对此说得更为具体详细。根据《梁书·徐勉传》中《上修五礼表》的记载,梁武帝在天监元年(502)诏命修定五礼,以明山宾掌吉礼,严植之掌凶礼,后以五经博士缪昭掌凶礼,贺瑒掌宾礼,陆琏掌军礼,司马褧掌嘉礼。何佟之总参其事,何佟之亡后以沈约、张充及徐勉同参厥务。

在五礼修定的过程中,凡是存在疑问之处,依前汉石渠、后汉白虎,随源以闻,请旨断决。或者"所掌学士当职先立议,通咨五礼旧学士及参知,各言同异,条牒启闻,决之制旨。疑事既多,岁时又积,制旨裁断,其数不少"④。从这些叙述来看,梁武帝是修定五礼的最后裁决者。凡是五礼修定中诸臣无法决断的问题,则由梁武帝最后裁断之。而梁武帝最后裁断的结果是"莫不网罗经诰,玉振金声,义贯幽微,理入神契。前儒所不释,后学所未闻。凡诸奏决,皆载篇首,具列圣旨,为不刊之则。洪规盛范,冠绝百王;茂实英声,方垂千载"。

"五礼之职,事有繁简,及其列毕,不得同时。"⑤天监六年(507)至天监十一年(512),五礼陆续修定完成。《嘉礼仪注》一百一十六卷,五百三十六条;《宾礼仪注》一百三十三卷,五百四十五条;《军礼仪注》一百八十

---

① ② ⑤《梁书》卷二十五《徐勉传》。
③《隋书》卷六《礼仪一》。

九卷,二百四十条;《吉礼仪注》二百二十四卷,一千零五条;《凶礼仪注》五百一十四卷,五千六百九十三条。大凡一千一百七十六卷,八千零一十九条。又列副秘阁及"五经"典书各一通,缮写校定,以普通五年(524)二月始获洗毕。

五礼修定完成后,梁武帝认为,经礼大备,政典载弘,宪章孔备,功成业定,可以光被八表,施诸百代,俾万世之下,知斯文在斯。于是诏命天下,根据修定后之五礼的规定和原则按以遵行,勿有失坠。

后世学者对梁武帝修定五礼之事不乏赞美之言。唐代史学家李延寿说,梁武帝"制造礼乐,敦崇儒雅,自江左以来,年逾二百,文物之盛,独美于兹"①。清代礼学家秦蕙田评价:"五礼之书,莫备于梁天监,时经二代,撰分数贤,汇古今而为一本,宸断以决疑,卷帙逾百,条目八千,洋洋乎礼志之盛也。"②

梁武帝繁荣儒家之礼学及其礼制的目的固然在于推行"以孝治天下"的政治主张。然而,这些举措从客观上导致了南朝社会的内部整合以及南北朝之间文化正统的争夺。这主要表现在以下几个方面:

第一,社会整合的意义。

礼学和礼制在南朝的隆盛,是社会重新整合的需要。南朝时期社会的重新整合,分裂战乱之后重新恢复秩序,一定要有社会层面等级关系的调整,甚至是为等级关系提供理论根据的礼学和礼制的重建。整个魏晋南北朝时期是门阀世族为统治核心的、具有宗法色彩的社会结构。在南朝时皇权虽有一定的强化,但已处于衰落趋势的世家大族在思想、文化领域仍具有强大的影响力。他们为了维护自己的切身利益,加强对礼学和礼制的研究成为当然的选择。因为礼学和礼制是以宗法等级制度为基础的,通过研究宗族远近、血缘亲疏并以严格、细琐的礼仪来强调并维持本阶层的利益。世家大族通过对礼学、礼制的研究以强化宗族向心

---

① 《南史》卷七《武帝纪下》。
② 〔清〕秦蕙田:《五礼通考》卷三,转引自胡戟《中华文化通志·礼仪志》,第115页,上海,上海人民出版社,2010。

力、家族凝聚力,最大限度地维护本阶层的既得利益,进而从客观上实现南朝社会各个阶层的内部整合。

梁武帝对礼学和礼制的提倡确乎顺应了历史的潮流,从而也得到世家大族的强烈支持。对于社会关系、社会秩序的调整与重组,梁武帝只有借重于传统文化的资源,于是礼学和礼制在这种社会需要面前得到了长足的发展。

天监七年(508),在梁武帝亲自主持下,曾针对皇子为慈母服制问题展开争论。梁武帝认为:"《礼》言'慈母'凡有三条:一则妾子之无母,使妾之无子者养之,命为母子,服以三年,《丧服》齐衰章所言'慈母如母'是也。二则嫡妻之子无母,使妾养之,慈抚隆至虽均乎慈爱,但嫡妻之子,妾无为母之义而恩深事重,故服以小功,《丧服》小功章所以不直言'慈母'而云'庶母慈己者',明异于三年之'慈母'也。其三则子非无母,正是择贱者视之,义同师保而不无慈爱,故亦有'慈母'之名,师保既无其服,则此慈母亦无服矣。"①

梁武帝分"慈母"为三,引《曾子问》载孔子答子游之问,证明《内则》义同师保之慈母无服,然后批评郑玄不辨三慈,混为训释,言之有据。如果细加揣摩,他似乎想从慈母之"恩"中分离出贵贱之义、师保之名,而它们已经是尊尊之义的范畴。换言之,梁武帝试图从亲亲之恩中分疏出尊尊之义,因而彰显正嫡庶、别亲疏、辨贵贱的宗法等级制度,进而调整社会关系和社会秩序。站在这个角度来看,梁武帝大动干戈、详细讨论丧服的良苦用心,也就昭然若揭了。

第二,文化认同的意义。

南朝诸代偏安江南,向为文化重地的中原地区沦为夷狄之域。南朝政权的正统性及其政治制度、礼乐文化的正宗性极易遭到怀疑。世居江南的土著汉人和未曾迁徙的北方汉人是一股重要力量,南朝诸代迫切需要得到他们的支持。而要得到他们的拥护,强化其文化认同感和民族归

──────────

① 《梁书》卷四十八《司马筠传》。

属感不失为最好的办法之一。另一方面,拥有强大军事实力的北方少数民族统治者对于汉族高度发达的礼乐文化始终怀有慕化之心,使他们因钦慕而逐渐汉化是维护南朝政权生存的重要手段。因此,从文化上凸显自己的正宗地位成为南朝政权迫切需要实现且关乎生死存亡的重要任务。而作为传统文化根本标志的礼学和礼制,必然成为梁武帝首选的领域。

北齐统治者高欢就曾不无嫉妒又无可奈何地说:"江东复有一吴儿老翁萧衍者,专事衣冠礼乐,中原士大夫望之以为正朔所在。"①

萧梁王朝草创之时,百废待兴,包括礼学在内的整个儒学也呈现衰颓不堪的现状:"江左草创,日不暇给。以迄于宋、齐,国学时或开置,而劝课未博,建之不及十年,盖取文具,废之多历世祀,其弃也忽诸。乡里莫或开馆,公卿罕通经术。朝廷大儒,独学而弗肯养众;后生孤陋,拥经而无所讲习。三德六艺,其废久矣。"②南朝刘宋、萧齐两朝开办国子学均不足十年,徒具形式而已。地方州郡更是没有办学的可能。朝中大臣通晓儒经者罕有其人。朝廷大儒只是独学而没有公开讲授儒经。儒学后继乏人,儒学教育几乎荒废。

为了更好地推行以孝道治天下的政治主张,梁武帝开始有步骤地恢复儒学之繁荣。建国伊始,梁武帝就恢复了国子学和太学。根据《梁书·武帝纪》《南史·梁本纪》和《梁书·儒林传》的记载可知:

天监四年(505),梁武帝决定设立五个学馆,每个学馆设置五经博士一人,以精通儒学的著名学者明山宾、沈峻、严植之、贺玚等为博士,每个博士各主持一个学馆。每个学馆有学生数百人,给其饩廪。

天监四年(505)六月庚戌,立孔子庙。

天监五年(506),梁武帝设立集雅馆以招收边远地区的学生。

天监七年(508),诏曰:"建国君民,立教为首,砥身砺行,由乎经术。朕肇基明命,光宅区宇,虽耕耘雅业,傍阐艺文,而成器未广,志本犹阙。非以

---

① 《北齐书》卷二十四《杜弼传》。
② 《梁书》卷四十八《儒林传序》。

镕范贵游,纳诸轨度;思欲式敦让齿,自家刑国。今声训所渐,戎夏同风。宜大启庠教,博延胄子,务彼十伦,弘此三德,使陶钧远被,微言载表。"

天监九年(510),诏令皇太子、王侯之子等适宜就学者均在国子学接受儒学教育。

同年,梁武帝亲自到国子学视察,亲临讲肆,赐国子祭酒以下帛各有差。

大同七年(541),梁武帝设立士林馆,让朝廷官员在此公开讲学、编校典籍。

梁武帝还选遣学生受业于著名大儒庐江何胤。与此同时,分遣博士、祭酒到州郡立学。地方官员上行下效,建立学校,鼓励儒学讲授。

《陈书》总结梁武帝提倡儒学的成就:"梁武帝开五馆,建国学,总以五经教授,经各置助教云。武帝或纡銮驾,临幸庠序,释奠先师,躬亲试胄,申之宴语,劳之束帛,济济焉斯盖一代之盛矣。"①

在逐渐恢复中央官学以及推广地方儒学教育的同时,梁武帝将自己对儒学经典的新义撰成义疏。根据《梁书·武帝纪下》和《隋书·经籍志》的记载,梁武帝的儒学经典义疏有:《周易大义》《周易讲疏》《周易系辞义疏》《尚书大义》《毛诗答问》《毛诗发题序义》《毛诗大义》《礼记大义》《中庸讲疏》《制旨革牲大义》《乐社大义》《乐论》《乐义》《黄钟律》《钟律纬》《春秋答问》《孝经义疏》《孔子正言》等,凡二百余卷。这些经典义疏"并正先儒之迷,开古圣之旨",在当时形成很大影响,"王侯朝臣皆奉表质疑,高祖(梁武帝)皆为解释"。

梁朝国子学公开讲授的内容主要有:《周易》、《尚书》、《毛诗》、三礼、《春秋》三传各为一经,《论语》和《孝经》为一经,共计十经。其中,《周易》有郑玄注和王弼注,《尚书》有孔安国传和郑玄注,《孝经》有孔安国传和郑玄注,《论语》有郑玄注和何晏集解等并立国子学。

为了繁荣官方的儒学教育,同时也为了传播自己的儒学新义,梁武

———————————

① 《陈书》卷三十三《儒林传序》。

帝逐渐将自己的儒学经典义疏定为官方儒学的教学内容。中大通四年(532),梁武帝将自己的《制旨孝经义》作为国子学的讲授内容,并设立《制旨孝经义》助教一人,学生十人。① 大同八年(542),梁武帝将自己所撰的《孔子正言章句》颁示于国子学,使之成为国子学的讲授内容。② 与此同时,梁武帝接受国子祭酒到溉的建议,设立《孔子正言》助教二人,学生二十人。后又接受尚书左丞贺琛的建议,增设《孔子正言》博士一人。③

与此同时,梁武帝还经常亲自讲授自己的儒学经典义疏,例如:"高祖(梁武帝)自讲《孝经》,使(朱)异执读。"④

梁武帝有时还让皇子、大臣讲授自己的儒学新义。"时城西又开士林馆以延学士,(朱)异与左丞贺琛递日述高祖(梁武帝)《礼记·中庸义》,皇太子又召(朱)异于玄圃讲《易》。"⑤ 简文帝萧纲在玄圃讲授梁武帝的《五经讲疏》,听者倾朝。⑥

梁武帝甚至鼓励国子学师生公开讨论自己的儒学观点。例如,国子博士周弘正希望和梁武帝探讨《周易》中的有关问题,并就此向梁武帝提出《周易》疑义五十条。当周弘正在国子学讲授梁武帝《周易大义》时,听讲的国子学诸生也就《周易大义》中有疑义的问题希望得到梁武帝的答复,梁武帝回复说可以就此加以讨论。⑦

梁武帝在文德殿考核国子学诸生,就《乾》《坤》和《文言》等中的有关问题加以探讨,诸儒莫敢先出,作为国子学《孔子正言》生的张讥"乃整容而进,咨审循环,辞令温雅。梁武帝甚异之,赐裙襦绢等"⑧。 由此可知,梁武帝的儒学著述在国子学中受到博士和诸生的关注和探讨,且这一现象也受到梁武帝的鼓励。当然,所有这些言行都是为了弘扬儒学思想,

———————————————

① 参见《梁书》卷三十五《萧子显传》。
② 参见《陈书》卷二十四《袁宪传》。
③ 参见《南史》卷二十五《到溉传》。
④⑤《梁书》卷三十八《朱异传》。
⑥ 参见《梁书》卷四《简文帝纪》。
⑦ 参见《陈书》卷二十四《周弘正传》。
⑧《陈书》卷三十三《张讥传》。

传播自己的儒学新义。

　　总而言之,凭借自己深厚的学识和显赫的地位,梁武帝身体力行、长期不懈地提倡儒学。正是在梁武帝统治时期,儒学达到其在六朝时期发展的高峰。清代学者皮锡瑞评述这一时期的状况时说:"南朝以文学自矜,而不重经术。宋、齐及陈,皆无足观。惟梁武起自诸生,知崇经术;崔(灵恩)、严(植之)、何(佟之)、伏(暅)之徒,前后并见升宠,四方学者靡然向风;斯盖崇儒之效。"①

　　唐代名臣魏徵总结梁武帝在儒学方面的贡献时说:"高祖(梁武帝)固天攸纵,聪明稽古,道亚生知,学为博物,允文允武,多艺多才。爰自诸生……开荡荡之王道,革靡靡之商俗,大修文教,盛饰礼容,鼓扇玄风,阐扬儒业,介胄仁义,折冲樽俎,声振寰宇,泽流遐裔,干戈载戢,凡数十年。济济焉,洋洋焉,魏、晋已来,未有若斯之盛。"②

第二节　玄学化的儒学性道观

　　如前所述,梁武帝推行"以孝治天下"的治国之道,而其核心内容就是对儒学的隆兴。除去体制上的弘扬和建构外,儒学的繁荣在理论反思及其合法性的论证方面同样重要。梁武帝在这方面的思考和论述无疑构成其儒学思想的主要内容。

　　作为两汉儒学法典的《白虎通德论》在两汉乃至魏晋南北朝儒学思想上具有典范和权威的意义。根据《白虎通德论》的观点,天地以太初之气、阴阳五行之化而生养万物,五行为天行气而人禀此气以内怀五性六情。这样一个贯通天人的性道模式是汉代儒学的理论基础。

　　儒家传统以"天"来负责万物的存在,即所谓"天道生化"。天道是一切价值的最高准绳和终极根据,对天道的认识是儒学的最高追求,天道的知识就是儒家的真理。但人的生命在宇宙中是一个有限的存在,它必

---

① 〔清〕皮锡瑞:《经学历史》,第 179 页。
② 《梁书》卷六《敬帝纪》。

须服从生老病死等自然规律的制约,它是一个有七情六欲的有血气之知的感性存在。感性即《白虎通德论》所谓人禀气而生之性。

人所面临的问题就是:必须以生命的有限存在去认识天道的无限真理。在儒家看来,天道的真理必然要凭借生命的气性来表现。气性虽然是形而下的有限存在,却同时也是人表现天道真理之无限存在的基础。

在南朝儒家学者中,比较接近这个贯通天人之性道模式的有梁武帝时期的神灭论者范缜、礼学家皇侃等人。当范缜与他人辩论形神问题时,就是以这种儒学理论为自己的神灭论进行辩护的:"人之生也,资气于天,禀形于地。是以形销于下,气灭于上,气灭于上,故言无不之。无不之者,不测之辞耳。"(《答曹思文难神灭论》)皇侃释天道为:"元亨日新之道"(《论语集解义疏·公冶长》),"人俱禀天地之气以生,虽复厚薄有殊,而同是禀气"(《论语集解义疏·阳货》)。两人关于禀气而成人性的观点,几乎没有什么不同。

在这样的性道思想中,将天道视为有意志的、能够赏善罚恶的神性之天。天以阴阳五行之气显现其道。天人之间的联系是通过气来实现的。阴阳之气有善恶之性,人禀阴阳之气而成己性,则性亦有善恶。人之性源于天道,而天道又通过阴阳五行之气来显现,则人在认识天道时也可以气为根据,通过彰显性中之善、消解性中之恶,呈现天道之大德。

在这样一个理论框架中,人禀天地之气而成的性并非纯然至善,而是有善有恶。一个有善有恶的人性不足以成为儒家纲常名教的内在根据,所以需要存在一个有意志的、能够赏善罚恶的神性之天。这个神性天无疑具有宗教中提供终极关怀的最高人格神的作用,同时又能够以赏善罚恶的形式保证人们相信儒家思想的一个基本理念即"积善之家,必有余庆。积不善之家,必有余殃"(《周易·坤·文言》)。一个能够赏善罚恶的神性之天足以弥补由于人性不是纯然至善而导致的纲常名教之内在根据的不足。只要这种理论在现实中没有受到怀疑,人们就能够心安理得地生活在由这种理论支配的社会中。

另一方面,神性之天的这一保证在现实中却显得非常脆弱。因为人生的善恶是非以及由此导致的祸福吉凶必须在现世一一相应,才能符合儒家"积善余庆,积不善余殃"的道德教化原则。然而,我们的现实社会是无法满足严格意义上的赏善罚恶的教化原则的。十分明显,如果为善反而得祸,为恶反而得福,则道德教化的合理性将受到人们的质疑。

事实上,当时的儒学思想既缺乏神性之天道赏善罚恶的外在保证,又缺乏践履儒家人生之纯然至善的内在道德根据。一个既无外在保证又无内在根据的儒学思想,势必成为一种虚伪的、外在的、毫无说服力的道德说教。在这样的儒学理论指导下的名教社会,只会涌现无数口头标榜仁义道德,实际却追逐人欲满足的伪君子。

梁元帝萧绎在谈到这种现象时说:"夫挹酌道德、宪章前言者,君子所以行也。是故言顾行,行顾言。原宪云:'无财谓之贫,学道不行谓之病。'末俗学徒,颇或异此。或假兹以为伎术,或狎之以为戏笑。若谓为伎者,黎轩眩人,皆伎术也。若以为戏笑者,少府斗获,皆戏笑也。未闻强学自立、和乐慎礼若此者也。口谈忠孝,色方在于过鸿;形服儒衣,心不则于德义。"(《金楼子·立言篇》)

颜之推生动描绘了这种伪君子之现实嘴脸:"近有大贵,以孝著声,前后居丧,哀毁逾制,亦足以高于人矣。而尝于苦块之中,以巴豆涂脸,遂使成疮,表哭泣之过。左右童竖,不能掩之,益使外人谓其居处饮食,皆为不信。"[1]

根据以上所述我们可以知道,天道始终是性道思想的终极根据,气则扮演一个沟通天道与人性的中介作用,人性之善恶的原因要从气中去寻找。

然而,禀气而生之性为气性,此种气性不论禀自元气、阴阳之气,还是五行之气,均是在实有层面处说,而实有层面之气性不可能成为人存在的根据。原因很简单,实有层面之气性无超越的终极意义,也无道德设准以便为人的存在提供价值标准。而一个社会能够正常运行的必要

---

① 王利器:《颜氏家训集解·名实第十》,第306页。

条件之一就是人们对道德伦理的共识，产生这种共识的前提就是理论为道德的存在提供内在的根据，这一内在根据必须具有超越的终极意义。正如汤用彤先生所言："汉代之天道指祸福吉凶，谓一切事象必有所由，顺之则祥，逆之则殃。……其立言全囿于形器之域。汉代人所谓天，所谓道，盖为有体之元气，故其天道未能出乎象外。"①

曹魏时期出现的以抽象思辨为特征的玄学思想，为儒学之性道思想摆脱理论困境开辟了一个崭新的领域。以王弼为代表的玄学思想家汲取道家的体用论方法来论证性道思想。王弼认为，天道的意义并不在其本身而在其所呈现，因为天道本身是我们可以感知的有形之物，是形而下之器，而天所呈现之用才是本之所在。

王弼有一段非常典型的材料，他说："天也者，形之名也；健也者，用形者也。夫形也者，物之累也。有天之形，而能永保无亏，为物之首，统之者岂非至健哉！"②在王弼看来，有形之天是实有层面（体）的万物之形名，并非万物之根据。真正能够为万物之本者，是天在作用层面（用）呈现的无形之至健。有形之天以无形之至健为本，换句话说是："道不违自然，乃得其性，法自然也。"③

以"自然"言说"道"，是从超越的作用层为实有层之"道"提供终极根据，从而使实有层之"道"超拔至作用层，进而可以取代神性的天道而成为万物存在的最后依据。所以说，"自然"是从现实上有所依待而然反上来的一个层次上的超越。

"自然"是天道在作用层面的一种呈现，但在作用层面并不是最高境界，因为它仍然表现为一种动、一个过程。所以王弼又说："凡动息则静，静非对动者也……然则天地虽大，富有万物，雷动风行，运化万变，寂然至无，是其本矣。"④

① 汤用彤撰，汤一介等导读：《魏晋玄学论稿》，第 83 页。
② 〔三国魏〕王弼著，楼宇烈校释：《王弼集校释》，第 213 页。
③ 同上书，第 65 页。
④ 同上书，第 336—337 页。

在此意义上,他强调:"天下万物,皆以有为生。有之所始,以无为本。将欲全有,必反于无也。"①"以无为本"才是王弼玄学思想的核心。

综上所述,王弼是从作用层的本无论来说明自己的天道观的。他承认万物生于有,这是实有层的命题;他提出道不违自然乃得其性,则将实有层与作用层联系起来;他由"自然"到"寂然至无",再到"以无为本",则是在作用层面的境界升华。

王弼对人性论的论述与其天道观有许多相似的特点。他在强调"以无为本"的同时,又指出万物出于气:"万物万行,其归一也。何由致一?由于无也。由无乃一,一可谓无? ……故万物之生,吾知其主,虽有万形,冲气一焉。"②"(天地)二气相与,(万物)乃化生也。"③

万物以气而生,人性亦然。人性之所以有所不同,在于性禀之气"有浓有薄,则异也"④。

以上是王弼从实有层面论述人性的材料,此是对传统气性论的直接继承。但王弼并未就此止步,他认为人性的价值并非在实有层面的气性本身,而是其在作用层面呈现的自然:"万物以自然为性,故可因而不可为也,可通而不可执也。"⑤

如前所述,自然并非作用层面的最高境界,也不是人性的最终根据,人性与万物之性一样都是"以无为本",王弼在比较孔老之境界高低时曾说:"圣人体无,无又不可以训,故不说也。老子是有者也,故恒言无所不足。"⑥

圣人之所以为圣,关键就在于他能将"无"圆满而充尽地在自己的生命中体现出来。"无"只能被体现出来而不是可以用语言来加以训解的,

---

① 〔三国魏〕王弼著,楼宇烈校释:《王弼集校释》,第110页。
② 同上书,第117页。
③ 同上书,第373页。
④ 同上书,第632页。
⑤ 同上书,第77页。
⑥ 《三国志·魏书》卷二十八《钟会传》裴松之注。

所以圣人不说。老子则是站在"有"的境界对"无"加以言说。①

人在自己的生命中体现"无",就是人性对天道的体现,所以说,"体无"就是"性"在作用层面的最高境界将"无"呈现出来,性的最终根据也必然归诸"无"。在"本无"之性中,性表现为一种无善恶之性。② 这是在作用层面言说"性",它较前述有浓薄不同的气性分属不同的层面,无善恶之性在气性的实有层面就表现为有善恶之性情。他说:"美恶犹喜怒也,善不善犹是非也。喜怒同根,是非同门,故不可得而偏举也。"③在此基础上,"以善为师,不善为资,移风易俗,复使归于一也"④。从气性的善恶上相师相资,复归于无善恶之性,最终达致能够呈现"无"(体无)的圣人之性。

综观王弼的性道思想,他在诠释自己的天道观和人性论及其相互关系时,会通儒道两家的方法,分别从实有层面和作用层面加以展开,以无、自然、有等阐释天道,以无善恶之性、自然、气性等解释人性,无论天道还是人性最后都归趣于"无"。

十分明显,玄学思想借助体用论方法使儒学的性道关系摆脱了缺乏超越之根据、道德之保证的困境。所以,由何晏、王弼开启的玄学思想确实弥补了当时儒学面临的理论困境,导致南朝时期的很多儒学思想家借助玄学体用论完善各自的儒学理论。包括本书重点论述的范缜、皇侃都在这一方面借助玄学体用论方法使自己的儒学理论有了很大的发展。由于范缜、皇侃都有专章论述其思想,此处不再赘述。而梁武帝在这一领域所发挥的作用及其理论贡献是值得我们加以关注的。

玄学思想在南朝时期虽然不如在魏晋时期那样隆盛,却仍然是一股不可或缺的思潮。当时的名士颜之推在《颜氏家训》中描述了玄学在萧梁时期的状况:"何晏、王弼,祖述玄宗,递相夸尚,景附草靡……直取其

---

① 参见牟宗三《中国哲学十九讲》,第 217 页。
② 参见〔三国魏〕王弼著,楼宇烈校释《王弼集校释》,第 632 页。
③ 同上书,第 6 页。
④ 同上书,第 75 页。

清谈雅论,剖玄析微,宾主往复,娱心悦耳,非济世成俗之要也。泊于梁世,兹风复阐,《庄》《老》《周易》,总谓三玄。武皇、简文,躬自讲论。周弘正奉赞大猷,化行都邑,学徒千余,实为盛美。元帝在江、荆间,复所爱习,召置学生,亲为教授,废寝忘食,以夜继朝,至乃倦剧愁愤,辄以讲自释。"①

以"清谈雅论、剖玄析微"为特征的玄学清谈之风在萧梁时期又繁荣起来。梁武帝亲自讲论"三玄",其子简文帝萧纲、梁元帝萧绎也都亲自讲授、废寝忘食,使玄学清谈成为一时之风尚。

关于梁武帝的玄学思想,我们很难从现存文献的一鳞半爪而窥其全貌。但可以肯定的是,梁武帝在玄学思想方面具有相当高的造诣。

《梁书》就直截了当地说梁武帝"洞达儒玄"②。言下之意是说梁武帝儒玄双修且都取得了很高的成就。梁武帝在《会三教诗》中说得更加具体而明确:"中复观道书,有名与无名。"(载《广弘明集》卷三十)他自己也说:"弟子经迟迷荒,耽事老子,历叶相承,染此邪法。"(《舍事李老道法诏》,《广弘明集》卷四)这里梁武帝将老庄之玄学称为"邪法",是因为他已准备皈依佛教且将老庄视为佛陀的弟子使然。

梁武帝曾经在宴席上与大臣探讨玄学问题:"高祖尝于宴席问群臣曰:'朕为有为无?'(王)份对曰:'陛下应万物为有,体至理为无。'高祖称善。"③梁武帝对王份的应答深表赞赏,因为这个应答相当深刻地体现了玄学思想的真谛。

梁武帝曾在宫中设立讲座,亲自阐释《老子》之义:"武帝尝于重云殿自讲老子,仆射徐勉举(顾)越论义,越抗首而请,音响若钟,容止可观,帝深赞美之。"④

根据《魏书》的记载,梁武帝曾在亲自接见北魏使臣、儒家学者李业

① 王利器:《颜氏家训集解·勉学第八》,第186—187页。
②《梁书》卷三《武帝纪下》。
③《梁书》卷二十一《王份传》。
④《南史》卷七十一《顾越传》。

兴时询问道："闻卿善于经义,儒、玄之中何所通达?"李业兴回答说:"少
为书生,止读五典,至于深义,不辨通释。"梁武帝又问:"《易》曰太极,是
有无?"李业兴回答:"所传太极是有,素不玄学,何敢辄酬。"①

从上述例证来看,梁武帝在玄学论说中对有、无的理解和诠释相当
感兴趣。这一现象很可能是王弼"贵无论"思想的表现形式。另一方面,
梁武帝深表赞赏的王份对有、无的诠释也明显体现了王弼的思想。我们
从梁武帝与北魏使臣李业兴的谈话中可以明显看出他倾向于认为太极
是无的观点。综合以上各点,我们认为梁武帝在玄学上是十分接近王弼
的"贵无论"思想的。

梁武帝在天道观上秉承六朝乃至两汉的传统思想,以太极、元气说
为主。他根据《易传》来构筑天道思想:"《系辞》云:易有太极,是生两仪。
元气已分,天地设位,清浮升乎上,沈浊居乎下。阴阳以之而变化,寒暑
用此而相推,辩尊卑贵贱之道,正内外男女之宜。在天成象,三辰显曜。
在地成形,五云布泽。斯昏明于昼夜,荣落于春秋。大圣之所经纶,以合
三才之道。清浮之气升而为天,天以妙气为体,广远为量,弥覆无不周,
运行来往不息,一昼一夜圆转一周,弥覆之广,莫能测其边际,运行之妙,
无有见其始终。不可以度数而知,不可以形象而譬,此天之大体也。沈
浊之气下凝为地,地以土水为质,广厚为体,边际远近,亦不可知。质常
安伏,寂而不动,山岳水海,育载万物,此地之大体。天地之间,别有升降
之气,资始资生,以成万物。《易》曰:'大哉乾元,万物资始。至哉坤元,
万物资生。'资始之气,能始万物,一动一静,或此乃天之别用,非即天之
妙体。资生之气,能生万物,一翕一辟,或此亦地之别用,非即地之妙
体。"(《天象论》)

从上述一段材料来看,梁武帝的天道观存在这样几层意思:

第一,先于天地而存在的是太极、元气。太极、元气是先天且形而
上者。

①《魏书》卷八十四《李业兴传》。

第二,元气中的清气升而为天,元气中的浊气降而为地。

第三,清气为阳而尊,浊气为阴而卑,圣人按照这一先天根据创造人类社会尊卑贵贱之道、内外男女之别的秩序,共同构成天、地、人的三才之道。

第四,天之大体既无边际又无始终。地之大体与天相接,故无边际;寂而不动,故无始终。

第五,天地之间的清浊之气升降混杂,以成万物。

第六,太极、元气在作用层表现为资始万物之乾元、资生万物之坤元,均以气为质。

综合梁武帝上述几个层次的意思,可以发现梁武帝的天道观杂糅了两汉儒学之元气论和王弼的玄学本体论思想。

首先,梁武帝根据《易传》的说法,将天地形成之前的存在称为"太极"和"元气"。

根据现有文献可知,汉唐时期的学者将"太极""太一""大一""一""道"等概念视为对"天道"这一终极根据的不同说法。而将天地形成之前的存在称为"元气"则是两汉儒学元气论的典型观点。

三国吴时易学大家虞翻曰:"太极,太一。"[1]

魏晋时儒学大家王肃在《孔子家语·礼运》中解释说:"太一者,元气也。"

唐代孔颖达等人撰成的《五经正义》是对汉唐时期儒学思想的总结性著作。他在《礼记正义·礼运》的注疏中说:"必本于大一者,谓天地未分,混沌之元气也。极大曰大,未分曰一,其气既极大而未分,故曰大一也。"

孔颖达在《周易正义·系辞上》"是故易有太极"条中说:"太极谓天地未分之前,元气混而为一,即是太初、太一也。故《老子》云'道生一',即此太极是也。"

---

[1]〔清〕李道平:《周易集解纂疏》,第 600 页。

十分明显,如果梁武帝将"太极"直接等同于"元气",则其天道思想与两汉儒学元气论就毫无二致了。但从梁武帝的字里行间似乎无法得出这一结论。

其次,梁武帝将天地形成之前的存在称为"太极",且将"太极"直接作为形而上之"无",这一说法是王弼玄学的典型观点。梁武帝认为,天地既无边际又无始终,且天地之间的清浊之气升降混杂以成万物。既然如此,则天地为时空中最大、最尊者,而创生天地之太极则是超越时空之上的本体,且天地及其万物构成时空内之全有。玄学家王弼认为:"将欲全有,必反于无也。"①王弼还直接将"一"(太极、道)等同于"无",他说:"万物万行,其归一也。何由致一? 由于无也。由无乃一,一可谓无?"②

东晋玄学家韩康伯注《易·系辞》曰:"道者何,无之称也。无不通也。无不由也。"③

梁武帝认为,天地之先的太极是超越于时空之上的形上概念。在玄学思想中,时空之内的天地万物为"有",而在时空之上的太极则是"无"。

有一条史料可以佐证这一观点。根据《魏书》的记载,梁武帝在接见北魏儒家学者李业兴时询问道:"《易》曰太极,是有无?"李业兴回答:"所传太极是有,素不玄学,何敢辄酬。"④梁武帝尽管没有直接说"太极"是"无",但从两人交谈的场合、内容以及上述《天象论》的文字来看,梁武帝认为"太极"是"无"。

再次,梁武帝运用玄学之体用论方法诠释其天道思想中关于"太极""元气"的不同意义。从实有层面而言,"一""道"表现为元气,其中的清浊之气构成天地及其万物,形成全有之大体;从作用层面而言,"一""道"呈现为太极、无,表现为资始、资生之别用。

这一诠释模式在玄学思想中是非常典型的。王弼在《周易注》中说:

---

① 〔三国魏〕王弼著,楼宇烈校释:《王弼集校释》,第110页。
② 同上书,第117页。
③ 〔清〕李道平:《周易集解纂疏》,第558页。
④ 《魏书》卷八十四《李业兴传》。

"天也者,形之名也;健也者,用形者也。夫形也者,物之累也。有天之形,而能永保无亏,为物之首,统之者岂非至健哉!"①在王弼看来,有形之天是实有层面(体)的万物之形名,并非万物之根据。真正能够为万物之本者在作用层面(用)呈现为无形之至健。

梁武帝继承了王弼上述玄学体用论方法,将《易传》中的"乾元""坤元"分别诠释为天地之德行。以刚健之德解释"乾元",能够资始万物,乃天之别用,是万物生成的根源。以柔顺之德解释"坤元",能够资生万物,乃地之别用,是生养万物的根源。根据这种解释,乾元为肇始万物的德行,坤元为生长万物的德行。万物依赖于天地生成长养,也就是梁武帝所谓资始万物、资生万物,即"生生之德"。

最后,梁武帝将作用层面的资始、资生之别用落实在实有层面的气上而成为"资始之气""资生之气",致使太极、天道的超越性丧失殆尽,导致其天道观回归两汉儒学的元气论,使《易传》中具有超越性的"生生之德"只能借助实有层面之气性禀授予人。这一模式只会使人性禀受之善不具超越性而无法成为人生道德之根据。另一方面,梁武帝主张,清浮之气升而为天,沈浊之气下凝为地,天地之间的清浊之气升降混杂以成万物。这一观点与两汉元气论毫无二致,而后者认为人性禀受之善恶源于清浊之气的厚薄。由此看来,梁武帝借助《易传》中具有超越性的"生生之德"并没有导致人性禀受之善同样具有超越性。

梁武帝在《净业赋序》中也谈到他对人性的看法:"《礼》云:'人生而静,天之性也。感物而动,性之欲也。'有动则心垢,有静则心净,外动既止,内心亦明,始自觉悟,患累无所由生也。乃作《净业赋》云尔。观人生之天性,抱妙气而清静。感外物以动欲,心攀缘而成眚。"(《净业赋》,《广弘明集》卷二十九)

在梁武帝看来,人之本性表现为"静",而天之本性同样表现为"静"。另一方面,"天以妙气为体"(《天象论》),人生之天性在"抱妙气而清静",

①〔三国魏〕王弼著,楼宇烈校释:《王弼集校释》,第213页。

也就是说，人性禀受天之妙气而表现为天性之清静。所以，人之本性源于天之本性。

进而言之，构成天之体者为"清浮之气"，即元气中的纯清之气，若人能够禀受纯清之气而为性，则此人性必然是至善之性即圣人之性。这种至善之性无疑可以作为现实社会的道德根据。然而，梁武帝的尝试仍然归于失败，因为他在这一诠释模式中仍然将具有超越性的天性之"静"落实在实有层面的"清浮之气"上，从而导致人性禀受而成的至善之性不具超越性，故这种至善之性无法成为内在的道德根据。

总之，"洞达儒玄"的梁武帝在玄学方面造诣颇深。他运用《易传》思想、玄学体用论将天道、无、太极等同起来，并将其形上层面的超越性揭示得相当清楚。另一方面，梁武帝在人性论中同样企图运用玄学体用论论证人性中存在具有超越性的至善之性。但由于受到儒学元气论的桎梏，梁武帝在人性论上的论证是不成功的。

第三节　佛学化的心性论

如上节所述，梁武帝借助玄学的体用论将天道呈现为太极、无的形上之本体，彰显了其天道观中具有超越性的生生之德。但是，没有彻底摆脱元气论桎梏的梁武帝却无法将天道之超越性贯通于人性之中。这一局面的形成，不只是儒学理论本身之问题使然，也是玄学思想内在的局限性所致。

王弼贵无论玄学的核心是肯定现象背后之本体"无"的存在，同时又将"无"视为万物存在的根源。尽管贵无论玄学并不看重现象界万物之存在，但还是肯定现象界万物的客观实在性。"无"的超越性与"有"（万物）的实在性之间无法相互贯通，梁武帝的性道观困境正是这一理论局限性的很好例证。郭象的独化论玄学凭借独化论贯通性道，欲以崇有之论纠正贵无之失。然而，这种显体于用的崇有之说必然趋于对万物之客观实在性的肯定，从而导致天道"无"之超越性被"有"（万物）之客观实在性所淹没。范缜的神灭论思想正是继承了郭象的独化论和传统儒学的元气论而成的儒学理论。这一理论将郭象的崇有之说发展到极致而有神灭之论,使传统儒学和独化论玄学都陷入理论困境。正如汤用彤先生所说:"夫玄学者,乃本体之学,为本末有无之辨。有无之辨,群义互殊。学如崇有,则沉沦于耳目声色之万象,而所明者常在有物之流动。学如贵无,则流连于玄冥超绝之境,而所见者偏于本真之静一。于是一多殊途,动静分说,于真各有所见,而未尝见于全真。"①

所以,梁武帝借助玄学思想建构自己儒学理论的努力并没有获得成功。因此,梁武帝需要寻找能够帮助自己重构儒学性道思想的理论资源。最后,他认定能够帮助自己的只有佛学:"晚年开释卷,犹月映众星。苦集始觉知,因果方昭明。不毁惟平等,至理归无生。"(《述三教诗》)

佛学在中国的传播和发展,始终与中国传统的儒学和道家思想密不可分。魏晋南北朝时期风靡一时的般若学思想就是印度大乘中观佛学与玄学相互影响的产物。作为现实中传统思想资源的玄学本体论对般若学的传播作出重要贡献,进而形成具有玄学特色、独立的佛学体系即所谓般若学的六家七宗。

根据般若学的观点,万物都是因缘而生,处于不断生灭中而非永恒存在,故并非实有;但万物又是依据因缘而存在,看上去又似乎是有,所以不能说是无。也就是说,般若学一方面否认万物之外存在一个本体,另一方面就万物的现象而言,不能说无,从其存在条件而言又是虚假不真的。所以在反思现象与本质的关系时,应当同时破除对无、有两边的执着,即用非有非无、亦有亦无的般若学方法来把握本体与现象的关系。可见,在对现象与本体的关系问题上,般若学较玄学具有更为辩证、多元的认识。

梁武帝认为般若学非有非无、亦有亦无的辩证思维是论说本体与现象关系问题的最擅之胜场。他说:"般若波罗密者,洞达无底,虚豁无边,

---

① 汤用彤撰,汤一介等导读:《魏晋玄学论稿》,第 53 页。

心行处灭,言语道断。不可以数术求,不可以意识知。非三明所能照,非四辨所能论,此乃……还源之真法,出要之上首。本来不然,毕竟空寂,寄大不能显其博,名慧不能庶其用,假度不能机其通,借岸不能穷其实。若谈一相,事绝百非,补处默然,等觉息行,始乃可谓无德而称。以无名相,作名相说,导涉求之意,开新发之眼,故有般若之字,彼岸之号。"(《注解大品序》,《出三藏记集》卷八)

文中所说的"波罗密",即到达彼岸之意。这里所谓彼岸,并非与纷繁万有之现象存在的此岸截然对立的另一个世界,而是与此岸是不可分离的、一体两面的关系,此岸以现象的形式反映彼岸的永恒存在。所以,这里所说的存在于此岸中之彼岸才是梁武帝追寻的具有超越性的人性根据。

如何才能认识存在于此岸中之彼岸?答案就是"般若波罗密",即通过般若智慧从万有生灭的此岸发现永恒存在的彼岸。换句话说,梁武帝认为只有借助般若学非有非无、亦有亦无的认识智慧,才能发现具有超越性之彼岸的存在。所以,这种非有非无、亦有亦无的般若学智慧,是一种最妙的认识论,是不能用数术和意识去认识和表达的最高智慧。这也就是梁武帝所说的"故有般若之字,彼岸之号"。

在赞赏般若学智慧为"第一义谛""无上法门"的同时,梁武帝还以般若学来认识现实世界之现象的虚幻无常:"但般若之说,唯有五时,而智慧之旨,终归一趣,莫非第一义谛,悉是无上法门。弟子颇学空无,深知虚假。王领四海,不以万乘为尊;摄受兆民,弥觉万几成累。每时丕显,嗟三有之洞然,终日乾乾,叹四生之俱溺。常愿以智慧灯,照朗世间,般若舟航,济渡凡识。"(《摩诃般若忏文》,《广弘明集》卷二十八)

梁武帝以自己的亲身体验来论说现实世相之虚假不真。作为一个凡俗之人,能够荣登九五之尊,享尽人间荣华富贵,夫复何求。但梁武帝却不以为尊,反以为累,因为世间万物皆虚幻不真,若逐欲流迁于此不实之世,只会陷入"轮回火宅,沉溺苦海,长夜执固,终不能改"(《净业赋》)。般若学能够论说世间一切皆不真,进而认识彼岸真正的永恒存在,故梁武帝将般若之说喻为照朗凡世之智慧灯、济渡凡识之大明舟。梁武帝对般若学评价道:"般若识诸法之无相,见自性之恒空,无生法忍,自然具足。"(《摩诃般若忏文》)

由般若智慧而见自性之恒空,所谓自性空就是"诸法无自性"。佛学"三法印"即诸行无常,诸法无我,涅槃寂静。无常、无我就是无自性,就是空,但佛学正是从"无自性"中认识真性,从"无常"中认识"常",从"无我"中认识"无我相之我",只有将此"常""真我"呈现出来,才能使"无常""空"等般若智慧具有基础。

依般若之说,世间一切皆空,与此同时,"空"即一切,"空"既可论证万有之虚假,又可为"无常"之"常"、"无我相之我"。而此"常""我"只能得之于"心"。梁武帝说:"以四十年中所说般若,本末次第,略有五时。大品小品,枝条分散;仁王天王,宗源派别。金刚道行,随义制名,须真法才,以人标题。虽复前说后说,应现不同。至理至言,其归一揆,莫非无相妙法,悉是智慧深经。以有取之,既为殊失;就无求也,弥见深乖。义异去来,道非内外。遣之又遣之,不能得其真,空之以空之,未足明其妙。真俗同弃,本迹俱冥,得之于心,然后为法。"(《金刚般若忏文》,《广弘明集》卷二十八)

在梁武帝看来,般若智慧同时破除对有、无两边的执着,是至理至言,其归一揆,莫非无相妙法,悉是智慧深经。般若智慧可以发现万物自性之恒空,即"诸法无自性"。然而,般若智慧又是从何而来?梁武帝很肯定地回答道:"得之于心,然后为法。"

根据梁武帝的观点,诸法无自性,而具有般若智慧之"心"却好像不属于无自性之存在。他论证道:"如前心作无间重恶,后识起非想妙善,善恶之理大悬,而前后相去甚迥,斯用果无一本,安得如此相续?是知前恶自灭,惑识不移,后善虽生,暗心莫改。故经言若与烦恼诸结俱者,名为无明;若与一切善法俱者,名之为明。岂非心识性一,随缘异乎?故知生灭迁变,酬于往因,善恶交谢,生乎现境。而心为其本,未曾异矣。"(《立神明成佛义记》,《弘明集》卷九)

如果一个人在心中先产生一个恶念,后又产生一个善念,善恶之理相去悬殊,前后也迥然相异,若在这两个前后相续的善恶之念的背后,没有一个共同的"本",这两个善恶之念又怎么能够贯通起来呢?所以前恶虽灭,而惑识却没有变;后善虽生,而暗心却没有改。所以,如果与烦恼结合,就是无明;如果与善法结合,就是明。可见,心、识从本质上说就是一个,根据条件的不同而有所不同。所以,生灭迁变是前因所致,善恶交谢是现境所生。尽管有这些不同的现象,以"心"为其"本",这是没有不同的。所以,在梁武帝看来,"心"是先天、内在的,其表现之生灭、善恶均为无自性的假象,只有作为生灭、善恶之体的"心"才是常在、永恒的根本。

这种诸法无自性而"心"为有自性之存在的观点在般若学六家七宗中十分常见。汤用彤先生指出:"即色言色不自色,识含以三界为大梦,幻化谓世谛诸法皆空。三者之空,均在色也。而支公力主凝神,于法开言位登十地,道壹谓心神尤真。三者之空,皆不在心神也。"①

根据汤用彤先生的观点,在般若学六家七宗中的即色宗、识含宗和幻化宗这三家之空均在色而皆不在心神。换言之,现象界之万物是无自性之空,而心神则是有自性之真。

汤用彤先生进一步认为,梁武帝的般若学主要来自六家七宗中的识含宗之观点。他说:

> 《中论疏》曰:"三界为长夜之宅,心识为大梦之主。今之所见群有,皆于梦中所见。其于大梦既觉,长夜获晓,即倒惑识灭,三界都空。是时无所从生,而靡所不生。"《中论疏记》曰:"《山门玄义》第五云,第四于法开者著《惑识二谛论》曰,三界为长夜之宅,心识为大梦之主。若觉三界本空,惑识斯尽,位登十地。今谓以惑所睹为俗,觉时都空为真。"据唐均正《四论玄义》述梁武帝之说,与上言相同。"彼(指梁武帝)明生死以还,唯是大梦,故见有森罗万象。若得佛时,譬如大觉,则不复见有一切诸法。"按梁武帝作《神明成佛义记》,

---

① 汤用彤:《汉魏两晋南北朝佛教史》,第185页。

谓神明未成佛时,惑识未尽,谓之无明神明。既成佛,则无明转变成明。于法开之说,似亦可引此为连类,盖当时于精神与心识之关系,已为研讨之问题。如陆澄《法论目录》载有王稚远问罗什精神、心、意、识,慧远辩心、意、识等,想均论此。而法开所谓识者与神明分为二事。神者主宰,识者其所发之功用。"识含"一语,据宗少文《明佛论》,乃谓"识含于神"。宗氏文中有数语,或可发明法开识含二字之用意。其言曰:"然群生之神,其极虽齐,而随缘迁流,成精妙之识。"于法开说,或即谓三界本空。然其所以不空者,乃因群生之神,随缘迁流,可起种种之惑识。当其有惑识时,即如梁武帝所谓之无明神明,所睹皆如梦中所见。及神既觉,知三界本空,则惑识尽除,于是神明位登十地,而成佛矣。宗少文《明佛论》,谓群生之神均相同,而惑倒乃识所化生(三界本空,因此颠倒,而万象森罗)。此类学说悉根据神识之划分,而诠释本空之外象所以幻为实有也。①

综观汤用彤先生的说法,可以概括为以下几点:

第一,识含宗之空在色而不在心,即色空而心有。

第二,隋代吉藏在《中观论疏》中引用识含宗的于法开之观点认为,三界的一切现象都是无自性的假象,如同长夜梦中所见之幻象,而心识是"大梦之主",即一切无自性之假象的根源。一旦"大梦既觉",即当觉悟一切现象都是无自性的假象时,则如同"长夜获晓",其结果是"倒惑识灭,三界都空"。②

第三,日僧安澄在《中论疏记》中引用于法开之《惑识二谛论》的议论,认为三界本空,然所以不空者,以众生有诸种惑识。及惑识尽灭,则登位十地而觉三界都空为真。这里,于法开将空、有作为真、俗二谛的根据,又从真、俗二谛的角度来认识心识。③

---

① 汤用彤:《汉魏两晋南北朝佛教史》,第 177—178 页。
② 参见〔隋〕吉藏《中观论疏》卷二,《大正藏》第四十二册。
③ 参见[日]安澄《中论疏记》卷三,《大正藏》第六十五册。

第四，唐代均正（慧均僧正）在《四论玄义》中述梁武帝之说，众生由于神明不觉，如陷梦境，以森罗万象为有。及神明觉悟，譬如大觉，则以三界为空。

第五，梁武帝的神明观与于法开之说，似亦可引此为连类。

第六，根据宗炳的解释，"识含"之义即"识含于神"。将神、识分别为二，以神为主宰，以识为功用。

第七，梁武帝汲取"识含于神"的论证方法，构建自己以神明为成佛根据的涅槃学思想。

一方面，梁武帝借助般若学智慧，发现"心"是具有超越性之彼岸的存在，另一方面，他又从识含宗的思想中汲取"识含于神"的观念。那么梁武帝是如何利用心、神、识等概念来构筑自己的涅槃学思想的？

梁武帝说："夫心为用本，本一而用殊。殊用自有兴废，一本之性不移。一本者，即无明神明也。"（《立神明成佛义记》）这段话是说，"心"是有自性之常在，是"用"之"本"，不同的"用"是无自性、有生灭的假象，而为"本"的"心"，其本性仍然是不变的。这个"本"就是无明神明。

在梁武帝看来，心之本是不迁不移，心之用则有种种兴废，心即无明神明。

何谓无明神明？梁武帝解释道："故知识虑应明，体不免惑。惑虑不知，故曰无明。而无明体上，有生有灭，生灭是其异用，无明心义不改。将恐见其用异，便谓心随境灭，故继无明名下加以住地之目，此显无明即是神明，性不迁也。"（《立神明成佛义记》）

梁武帝认为，人因识虑而以所认识之现象为真，且不自知其为假，就是无明。在无明的立场认识的对象就是有生灭的现象。这种现象是无明之"用"。而无明之"本"是无生灭之"心"。如果因为"心"之"用"有生灭，便以为"心"随其"境"而也有生灭，为避免这种误解，佛经在无明之后加上"住地"二字，所以无明就是神明，神明之性是不迁不变的。

梁武帝特别强调，作为"心"之"用"的无明及其认识对象是有生灭的，而"心"本身是无生灭的。所以，佛经在无明之后加上"住地"二字，就是为了彰显"心"是无明之体。作为无明之体的"心"就是神明。

"神明"之本性如何？梁武帝说："源神明以不断为精，精神必归妙果。妙果体极常住，精神不免无常。无常者前灭后生，刹那不住者也。若心用心于攀缘，前识必异后者。斯则与境俱往，谁成佛乎？《经》云：心为正因，终成佛果。又言：若无明转，则变成明。"（《立神明成佛义记》）

根据梁武帝的观点，神明之本性是不断的，即无生灭之常。而精神是指识虑等心理现象，简称识。如果无生灭之神明能够呈现于心，精神必然得到妙果，这个妙果就是佛果。当精神为妙果而与"极"一体时，则也是无生灭之常。当精神为识虑等心理现象时，则是有生灭之无常。所谓无常，是指前识灭而后识生，这样的生灭永远没有止境。如果心攀缘于识虑及其认识对象"境"时，则心就与识虑、境一样成为有生灭之无常。

如何解释"心"既是无生灭之常，又是有生灭之无常？梁武帝引用佛经的说法以论证自己的观点。他说，当心呈现为神明之时，才是成就佛果的真正原因。① 而实现"心为正因"的方法就是将无明转化为神明。

综合以上几段文字，梁武帝认为，在心、神（神明）、识（无明）三者之间，存在以下几层含义：

第一，心是有自性之常在的本体，即"心为用本""一本之性不移"。

第二，作为本体之心含有神、识，所以神明、无明具有同一本体，即"一本者，即无明神明也"。

第三，心若与烦恼结合就是无明，心若与善法结合就是明，即"若与烦恼诸结俱者名为无明，若与一切善法俱者名之为明"。

第四，心的本体性即有自性之常在体现在神明的恒常不变性中，即"神明性不迁也"。故从本体性上说，心与神明是同一存在。

第五，心的功用性即无自性之生灭体现在无明的无常生灭性中，即

---

① 沈绩注曰："正者神识是也。神识是其正本，故曰正因。"

"无明体上,有生有灭,生灭是其异用"。故从功用性上说,心与无明是同一存在。

第六,人生的意义在于成就佛果,使心从功用性的无明之生灭中解脱出来,进而使心呈现为本体性之神明,即"心为正因""若无明转,则变成明"。

如果说呈现神明之心是成就佛果的正因,则梁武帝所谓"神明"无疑就是涅槃学中的"佛性"概念了。汤用彤先生认为,梁武帝所说的神明就是佛性:"梁武帝作《神明成佛义记》,谓神明未成佛时,惑识未尽,谓之无明神明。既成佛,则无明转变成明。"[1]他进一步引证说:

> 元晓《涅槃宗要》云:
>
> 第四师云,心有神灵不失之性。如是心神已在身内,即异木石等非情物,由此能成大觉之果,故说心神为正因体。《如来性品》云:"我者即是如来藏义,一切众生悉有佛性,即是我义。"《师子吼》中言:"非佛性者谓瓦石等无情之物。离如是等无情之物是名佛性故。"此是梁武萧衍(原作箫焉)天子义也。
>
> 均正《四论玄义》卷七云:
>
> 第四梁武萧天子义,心有不失之性,真神为正因体。已在身内,则异于木石等非心性物。此意因中已有真神性,故能得真佛果。故大经《如来性品》初云:"我者即是如来藏义,一切众生有佛性,即是我义。"即是木石等为异,亦出二谛外,亦是小亮气也。[2]

梁武帝的意思是说,人与土石等无情物不同,人具有内在的真神性(神明),它就是佛性,而佛性就是成就佛果的正因,即成佛的根本原因和根据。

梁武帝以内在的"神明"为人之本,即人之本是内在于心的"佛性",这就是梁武帝心性论的归宿。他指出:"涅槃是显其果德……显果则以

---

[1] 汤用彤:《汉魏两晋南北朝佛教史》,第178页。
[2] 同上书,第481—482页。

常住佛性为本。"（《注解大品序》）也就是说，涅槃是彰显成就佛果的功德，而佛果的成就必须以佛性之常住为本。"常住佛性"在梁武帝的涅槃学中被称为"用本不断"，即所谓"以其用本（神明）不断，故成佛（涅槃）之理皎然"（《立神明成佛义记》）。这样的涅槃学说在南北朝时期具有相当的代表性。

能否成佛是宗教问题，姑且不论，梁武帝对佛性概念的论证和诠释却具有重要的思想意义。所谓佛性，并非仅对佛教信众而言。一切众生皆有佛性，佛性是一切众生先天而有且为后天存在的根据和意义，所以，佛性从实质上讲是以佛教的语言来阐释人性本质的所以然，与儒学之心性论处于同一层面。正是在此意义上，佛性与梁武帝苦苦追寻的儒学之先天善性具有了相互契合的地方。

梁武帝说："佛性开其本有之源，涅槃明其归极之宗。非因非果，不起不作，义高万善，事绝百非，空空不能测其真际，玄玄不能穷其妙门。"（《为亮法师制涅槃经疏序》，《广弘明集》卷二十）

内在于人心的佛性是先天本有的，且摆脱了因果的束缚，是此岸之"万善"的根据，是衡量此岸之"百非"的标准。具有如此超越意义的佛性观念，难道不是儒学性道关系中所缺乏的内在超越之根据以及现实道德之保证吗？

梁武帝在这一问题上表现得十分明显，当他强调"神明"是人之本性（佛性），"无明"是人之本性攀缘凡尘、受现境染累而表现的与生灭相俱之假象时，他径直以儒家经典对此加以说明。

梁武帝在《净业赋・序》中引用了《礼记・乐记》的一段话："《礼》云：人生而静，天之性也。感物而动，性之欲也。"他解释道："有动则心垢，有静则心净，外动既止，内心亦明。始自觉悟，患累无所由生也。"梁武帝认为，人生之本，同于天性之静；人生之用，在于感物而动。被外物所感，则心受染累；无外物所感，则心澄明清静。内心澄明清静，则患累无所由生。

他在《净业赋》中进一步论证道："观人生之天性，抱妙气而清静。感外物以动欲,心攀缘而成眚。过恒发于外尘,累必由于前境。"按照梁武帝的论述,他主张,人性之本在追求内心的澄明清静,心极易攀缘于外尘而生惑识,因惑识而以无自性之生灭为真实存在,导致"随逐无明,莫非烦恼。轮回火宅,沉溺苦海"(《净业赋》)。

这样两层意思就是"若与烦恼诸结俱者名为无明,若与一切善法俱者名之为明"(《立神明成佛义记》)。内心的澄明清静就是"神明",就是"佛性",而心生惑识就是"无明"。

如何才能化无明为神明,实现内心的澄明清静?梁武帝提出了"既除客尘,反还自性"(《净业赋》)的主张。具体而言,他说:"为善多而岁积,明行动而日新。常与德而相随,恒与道而为邻。见净业之爱果,以不杀而为因。离欲恶而自修,故无障于精神。"(《净业赋》)

在梁武帝看来,"客尘"是无明,是导致惑识、心生烦恼的原因,故为恶;"自性"是神明,是内心澄明清静的结果,故为善。所以,具体而言就是为善而日新,随德而邻道,离恶而自修。这种为善去恶的"返性说"几乎与儒学人性论没有什么不同。

值得注意的是,梁武帝的"返性说"有一个不证自明的前提,即"自性"是具有超越性的无生灭之常在。只有这样的"自性"才能够成为人性论中内在超越的根据和现实道德的保证,即梁武帝所说的"上善既修,行善无缺"(《净业赋》)。

既然"自性"是神明、佛性,则"自性"无疑是具有超越性的无生灭之常在。而与"自性"同义的"人生而静""人生之天性"则同样是具有超越性的先天善性,即内在超越的根据(上善)和现实道德的保证(行善)。

从儒学思想史的角度看,集中探究先天善性及其内在超越根据的儒学经典就是《乐记》和《中庸》了。唐代的李翱在其《复性书》中解释《中庸》之"天命之谓性"一语时,就直接引用《乐记》曰:"人生而静,天之性也。性者,天之命也。"以此说明"性"所具有的内在超越性。后来的儒者常常引用《乐记》中的这段话作为论证"复性说"的根据。

梁武帝的"返性说"应该是儒学"复性说"比较早的理论范式。正如汤用彤先生所说："武帝有《中庸讲疏》，今佚，不详其说。然《中庸》诚明之体，天命之性，帝或取以比附其所谓立神明之说。《中庸》一篇，前人罕有注意者。帝或见于此，而有所发挥欤？"①

综观梁武帝在心性论层面的理论建构，概括而言，主要有以下几个方面的贡献：

首先，梁武帝认为，人心是有自性之常在的本体。作为本体之心，与烦恼结合则为无明，与善法结合则为神明，故神明、无明具有同一本体。心有体、用两个层面。就心之体言，心即神明。神明以不断为精，不断则可归妙果，妙果常住者即言其性不断，故神明可谓佛性，或云心性。就心之用言，心即无明。如果精神涉行未满，则不免于无常，无常即生灭，若心攀缘外境则陷入生灭之轮回火宅，遂使神明为无明所遮而成无明。

其次，神明是心之体，是人能够在现世存在的价值根据；无明是心之用，是人在现世生活中的外在表现形式。即：

神明（体）←心→无明（用）

人生的意义在于成就佛果，使心从功用性的、有生灭的无明中解脱出来，进而使心呈现为本体性的神明（佛性）。

佛性与无明虽同处于人的内在心中，却是不同的两个层面，或者说分属彼岸和此岸。如其所言："生死是此岸，涅槃是彼岸，生死不异涅槃，涅槃不异生死，不行二法是彼此岸义。"②涅槃与生死是佛性与无明的归宿，但无论是涅槃还是生死，都以心之体不灭为基础。所以说，心之体本常住，而无明则有生灭，生灭者是心之体为无明所蔽之象，心之体仍为湛然不动之佛性，只有作为心之体的佛性才是常在、永恒的根本。

最后，如果说心是先天而有且内在于身的话，佛性则为心在超越层面之呈现，无明则为心在现实世界之存在。梁武帝在其儒学天道观中是以清浊气性来说明人所禀之性的，综合上述内容可以认为，梁武帝主张

---

① 汤用彤：《汉魏两晋南北朝佛教史》，第 482—483 页。
② 〔南朝梁〕法彪：《发般若经题论义》，〔唐〕释道宣：《广弘明集》卷十九。

现实世界的人性是禀自清浊之气而表现为无明,但一切众生若虔修般若智慧,觉悟现实世界之虚幻无常,摆脱生灭轮回,化无明为神明而使自身内在心性呈现佛性,这才是世俗生活的意义。

如何以般若智慧觉悟世间一切皆空,这是佛学问题,姑且不论;虔信佛教是否为人生意义,这是宗教问题,也与本章内容无关。但梁武帝认为心性是先天而内在的却具有重要价值。

如前所述,梁武帝继承了前代的元气生成天道观,这种元气论只能为禀清浊之气而成的气性论提供依据,而以气性导致的后果是心性在经验层面外在的存在。元气生成的天道观和经验层面的气性论根本无法满足人们内在而超越的形上需求,使儒学的发展在六朝时期显得相对缓慢。梁武帝将先天而内在的佛性观念引入儒学的心性论中,其理论意义在于使佛性所具有的内在超越性融摄于儒学之心性之中,从而导致后者具有内在超越的先天善性,使儒学的天道观和心性论相互贯通。正如有的学者所言,佛性论在中国哲学史尤其是在心性论层面的理论发展中扮演了一个重要的角色。六朝时期人性与佛性的互摄为后来理学中的义理之性和气质之性的分疏提供了契机。

进而言之,梁武帝对儒学的理论贡献主要表现在他援佛入儒,将佛学的佛性融入儒学的心性之中。作为外来文化的佛学思想和作为中国传统文化的儒学思想在什么层面可以有机地结合起来,始终是六朝学术界所面临的时代课题。针对这一问题,梁武帝提出了在两种文化的人性论层面进行理论融合的解决办法。从历史的发展来看,这一解决办法是相当有意义的,完全值得我们——与六朝人面临同样问题的现代人认真思考和借鉴。

第八章　皇侃的新儒学：礼学思想

　　皇侃是南朝儒学的代表人物之一，他充分继承了六朝时期的知识背景。一方面，皇侃是南朝儒学的一个典型代表，在其思想中可以发现六朝儒学的所有重要理论。另一方面，他是儒家文化的一个传承者，其思想中既有旧传统的继承，又有新理论的洞见，更有新旧思想之间的内在矛盾所造成的紧张关系，正是这种紧张关系孕育着新儒学的诞生。所以说，皇侃的儒学思想是南朝儒家思想中不可缺少的一个环节。

第一节　皇侃的思想渊源

　　皇侃的儒学十分庞杂，此为其思想渊源复杂所致。若要了解皇侃的儒学思想，必然要从其生平和著作入手。

一、生平及著作

　　皇侃，南朝梁时吴郡（治今江苏苏州）人。生于齐永明六年（488），卒于梁大同十一年（545）。"少好学，师事贺玚，精力专门，尽通其业，尤明《三礼》《孝经》《论语》。起家兼国子助教，于学讲说，听者数百人。撰《礼记讲疏》五十卷，书成奏上，诏付秘阁。顷之，召入寿光殿讲《礼记义》，高祖善之,拜员外散骑常侍,兼助教如故。"①

　　根据记载可知,皇侃主要是一个儒家学者,尤以对《三礼》《论语》《孝经》的研究而闻名。他对当时及后世的影响主要体现在其所撰的儒学著作中。根据《隋书·经籍志》的记载,皇侃的著作有《丧服文句义疏》十卷、《丧服问答目》十三卷、《礼记义疏》九十九卷、《礼记讲疏》四十八卷、《孝经义疏》三卷、《论语义疏》十卷等。可惜这些著作至南宋时已全都散佚而未流传下来。皇侃的《礼记义疏》有赖孔颖达的《礼记正义》而保存了不少佚文,清人马国翰从中辑出四卷,另外还从《孝经注疏》中辑出一卷《孝经义疏》,都保存在《玉函山房辑佚书》中。

　　皇侃的著述中最著名者当为《论语义疏》,而此书之失而复得,又为儒学之一大幸事。《论语》一书自从扬雄"传莫大于《论语》"的评价之后逐渐为人所重视。六朝时期对该书进行注释的学者很多,如何晏的《论语集解》、王弼的《论语释疑》、郭象的《论语体略》、江熙的《论语集解》等。皇侃的《论语义疏》就是以何晏的《论语集解》为依据,兼采江熙的《论语集解》所录十三家注,即卫瓘、缪播、栾肇、郭象、蔡谟、袁宏、江淳、蔡系、李充、孙绰、周瑰、范宁、王珉,其余有扬雄、马融、郑玄、苞咸、王朗、王肃、孔安国、缪协、何晏、王弼、季彪、顾欢、沈居士、张凭、殷仲堪等,共三十余家,其中尤以王弼、郭象、李充、孙绰、范宁等人之经注最受重视。

　　皇侃的《论语义疏》基本上保存了六朝论语学研究之成果,由于它引证广博,论述客观简练,而"见重于世,学者传焉"②。

　　然而,自邢昺《论语注疏》出,皇侃《论语义疏》逐渐散佚而失传。③ 直到清康熙九年(1670)日本山井鼎著《七经孟子考文》,在《凡例》中称日本存有唐代传入、后由足利学以活版印刷的皇侃《论语义疏》。④ 又过百余年,浙江余姚汪翼伦将它从日本携回,于乾隆五十三年(1788)由新安鲍

①② 《梁书》卷四十八《皇侃传》。
③ 参见《四库全书总目提要·经部·四书类》。
④ 参见《四库全书总目提要·经部·五经总义类》《七经孟子考文补遗》;〔清〕皮锡瑞《经学历史》,第176—177页注6。

以文校订刊行,于是此书得以佚而复传,"存汉晋经学之一线"①。

　　总之,皇侃的《论语义疏》是南朝诸多经疏中保存至今最完整的一部书,其疏文于"名物制度,略而弗讲,多以老、庄之旨,发为骈俪之文,与汉人说经相去悬绝,此南朝经疏之仅存于今者,即此可见一时风尚。……此等文字,非六朝以后人所能为也"②。"其有训释儒书,特下新意者,则王、韩之《周易》,皇侃之《论语》,虽经籍附庸,实自成一家之言也。"③

　　实际上,皇侃的学术地位早在唐朝初年就已经得到了承认,唐太宗李世民在贞观十四年(640)的诏书中说:"梁皇侃……前代名儒,经术可纪,加以所在学徒,多行其疏,宜加优异,以劝后生。可访其子孙见在者,录名奏闻,当加引擢。"④

二、皇侃思想的来源

　　皇侃的思想来源十分庞杂,概括而言,大体有以下几个方面:

　　首先,从其《孝经义疏》佚文可知,他与梁武帝的观点基本一致。⑤ 史传记载皇侃讲《礼记义》受到梁武帝称赞,可见二人的思想十分接近。梁武帝是南朝儒、释、道三教合流思想的代表人物,皇侃与之相近,则其思想倾向不言而明。史家谓皇侃"性至孝,常日限诵《孝经》二十遍,以拟《观世音经》"⑥。作为南朝的一位著名儒家学者,皇侃将儒经与佛经相比拟,可见其并不排斥佛学思想。

　　其次,皇侃受到佛学的影响十分明显,我们不妨举几个例子以窥其一斑。

　　皇侃在注释《论语·先进》"季路问事鬼神"时说:"外教无三世之义,见乎此者也。周孔之教唯说现在,不明过去未来。"这完全是以佛学口吻

---

①《四库全书总目提要·经部·四书类》。

②〔清〕皮锡瑞:《经学历史》,第176页。

③ 章太炎:《章太炎学术史论集》,第263页,北京,中国社会科学出版社,1997。

④《旧唐书》卷一百八十九《儒学上》。

⑤ 任继愈主编:《中国哲学发展史(魏晋南北朝)》,第639页。

⑥《梁书》卷四十八《皇侃传》。

贬周孔为识见不广的外教。

他在评论《论语·述而》"子钓而不纲"时云："周孔之教不得无杀,是欲因杀止杀,故同物有杀也。"

他在疏解《论语·微子》"我则异于是,无可无不可"时引江熙注曰："夫迹有相明,教有相资。……然圣贤致训相为内外,彼协契于往载,我拯溺于此世。不以我异而抑物,不以彼异而通滞,此吾所谓无可无不可者耳。岂以此自目己之所以异哉。我迹之异盖著于当时,彼数子者亦不宜各滞于所执矣。故举其往行而存其会通,将以导夫方类所挹仰乎。"

他在诠释《论语·子罕》"智者不惑"和《论语·阳货》"可谓智乎"时指出"智以照了为用",明显以佛学般若智慧的观照作用来疏通儒学之智。

皇侃受佛学影响最明显之处是他采用义疏体解释《论语》。所谓"义疏",是指训诂学中疏解类的一种体例。"义"指说明义理,"疏"指疏通,故义疏体重在疏通义理,即对经典应举其大义而不拘滞于文字,从而深达经典的玄奥。正如马宗霍先生所说："缘义疏之兴,初盖由于讲论。两汉之时,已有讲经之例。……魏晋尚清谈,把麈树义,相习成俗。移谈玄以谈经,而讲经之风亦盛。南北朝崇佛教,敷座说法,本彼宗风,从而效之,又有升座说经之例。初凭口耳之传,继有竹帛之著,而义疏成矣。"[1]

皇侃的《论语义疏》还效法佛教譬喻诸经的体例,引用神话物语来诂释《论语》。如《论语·公冶长》"子谓公冶长可妻也"条,皇侃疏云："别有一书,名为《论释》,云公冶长从卫还鲁,行至二界上,闻鸟相呼往清溪食死人肉。须臾,见一老妪当道而哭,冶长问之,妪曰：'儿前日出行,于今不反,当是儿已死亡,不知所在。'冶长曰：'向闻鸟相呼往清溪食肉,恐是妪儿也。'妪往看,即得其儿也,已死。即妪告村司,村司问妪：'从何得知之?'妪曰：'见冶长道如此。'村官曰：'冶长不杀人,何缘知之?'因录冶长付狱。主问冶长：'何认杀人?'冶长曰：'解鸟语,不杀人。'主曰：'当试

---

[1] 马宗霍:《中国经学史》,第85—86页。

之,若必解鸟语,何相放也。若不解,当今偿死。'驻冶长在狱六十日。卒日,有雀子缘狱栅上相呼,啧啧雀雀,冶长含笑。吏启主:'冶长笑雀语,是似解鸟语。'主教问冶长:'雀何所道而笑之?'冶长曰:'雀鸟啧啧雀雀,白莲水边有车翻,复黍粟,牧牛折角。收敛不尽,相呼往啄。'狱主未信,遣人往看,果如其言。后又解猪语及燕语,屡验,于是得放。"皇侃采录这一生动故事以喻公冶长"行正获罪,罪非其罪"。此为佛经中之譬喻法。陈寅恪先生曾论及皇侃的这段疏文:"南北朝佛教大行于中国,士大夫治学之法,亦有受其熏习者","惟皇侃《论语义疏》引《论释》以解'公冶长章',殊类天竺《譬喻经》之体。殆六朝儒学之士,渐染于佛教者至深,亦尝袭用其法,以诂孔氏之书耶?"①

再次,皇侃的《论语义疏》"从多方面阐发了王弼的贵无思想、郭象的独化思想,以及玄学家得意忘形的方法论"②。

《论语·学而》"行有余力,则以学文",有人问:"四教"中"文"在前,则"文"或先或后,何也? 皇侃答曰:"《论语》之体,悉是应机适会,教体多方,随须而与,不可一例责也。"此即玄学所谓道无常体、应感而显的思想。

《论语·先进》"颜渊死,子哭之恸",皇侃引郭象释曰:"人哭亦哭,人恸亦恸,盖无情者与物化也。"

《论语·为政》"导之以德,齐之以礼,有耻且格",皇侃引郭象释曰:"德者,得其性者也;礼者,体其情也。情有所耻而性有所本,得其性则本至,体其情则知耻。知耻则无刑而自齐,本至则无制而自正。"看来皇侃十分赞成郭象的独化之论和无为之政。

皇侃在疏解《论语·子罕》"子曰:'吾有知乎哉? 无知也。'"时说:"知谓有私意于其间之知也。圣人体道为度,无有用意之知。……知意谓故用知为知也,圣人忘知,故无知知意也。若用知者则用意有偏,故其

---

① 陈寅恪:《金明馆丛稿二编》,第 263 页,北京,生活·读书·新知三联书店,2001。
② 唐长孺:《魏晋南北朝隋唐史三论——中国封建社会的形成和前期的变化》,第 213 页。

言未必尽也。我于不知知,故于言诚无不尽也。"由此可以看出皇侃对玄学"以无为本""举本而末显"的精髓体会颇深。

《论语·公冶长》"子贡曰:'夫子之文章可得而闻也,夫子之言性与天道不可得而闻也已矣。'"皇侃云:"文章者,六籍也,六籍是圣人之筌蹄,亦无关于鱼兔矣。"此与玄学言意之辨相吻。

《论语·先进》"屡空",皇侃曰:"空犹虚也,言圣人体寂而心恒虚无累,故几动即见,而贤人不能体无,故不见几,但庶几慕圣,而心或时而虚,故曰屡空。"这已经离开了《论语》原义而作纯粹玄理的发挥。

最后,皇侃的儒学思想主要源自他的老师贺瑒。《梁书》记载:"贺瑒,字德琏,会稽山阴人也,祖道力,善三礼。……瑒少传家业,齐时沛国刘瓛为会稽府丞,见瑒深器异之。尝与俱造吴郡张融,指瑒谓融曰:'此生神聪敏,将来当为儒者宗。'(刘)瓛还,荐之为国子生。举明经,扬州祭酒,俄兼国子助教。……天监初,有司举治宾礼,召见说《礼》义,高祖异之。……(天监)四年,初开五馆,以瑒兼五经博士,别诏为皇太子定礼,撰《五经义》,瑒悉礼旧事,时高祖方创定礼乐,瑒所建议,多见施行。……(天监九年卒,)时年五十九。所著《礼》《易》《老》《庄》讲疏,《朝廷博议》数百篇,《宾礼仪注》一百四十五卷。瑒于礼尤精,馆中生徒常百数,弟子明经对策至数十人。"①

会稽贺氏在六朝是一个十分有名的家族,其学术渊源甚至可以追溯到西汉。贺循是东晋初年的著名礼学家,"其先庆普,汉世传《礼》,世所谓庆氏学。族高祖纯,博学有重名,汉安帝时为侍中,避安帝父讳,改为贺氏。曾祖齐,仕吴为名将。祖景,灭贼校尉。父邵,中书令,为孙皓所杀"②。

贺氏家族以礼学为家学,六朝时期贺氏礼学名家辈出,其中贺道力"善三礼,有盛名",贺垲"亦传家业",贺革"就父受业,遍治《孝经》《论语》

①《梁书》卷四十八《贺瑒传》。
②《晋书》卷六十八《贺循传》。

《毛诗》《左传》",贺琛"尤精《三礼》"。皇侃师从贺瑒而"尽通其业",可谓礼学之嫡传。

另一方面,贺瑒年轻时曾经得到刘瓛的赞赏,谓之"将来当为儒者宗"。而刘瓛"当世推其大儒,以比古之曹、郑"①,"儒学冠于当时,京师士子贵游莫不下席受业。所著文集,皆是《礼》义,行于世。(其)承马、郑之后,一时学徒以为师范"②。传载他与张融书,而后者三教皆修,二人交好,必有相契之处。《高僧传·释慧基传》载二人师从慧基,可能佛学对刘瓛有一定影响。③

刘瓛与贺瑒是南朝齐、梁两代儒学的领袖人物,他们的思想、言行均对皇侃产生了重要影响。仅从历史记载的只言片语中就可以发现他们之间的传承关系,不妨举出几例:

齐高帝萧道成建国伊始,问刘瓛以政道,刘瓛答云:"政在《孝经》。宋氏所以亡,陛下所以得之是也。"④

皇侃在评价《孝经》时说:"此经为教,任重道远,虽复时移代革,金石可消,而为孝事亲常行,存世不灭,是其常也。为百代规模,人生所资,是其法也。"(《孝经注疏·序》引)

贺瑒论礼曰:"其体有二:一是物体,言万物贵贱高下小大文质各有其体;二曰礼体,言圣人制法,体此万物,使高下贵贱各得其宜也。"(《礼记正义·序》引)

皇侃曰:"礼有三起,礼理起于大一,礼事起于遂皇,礼名起于黄帝。"(《礼记正义·序》引)

贺瑒的礼学思想、人性论、天道观均为皇侃所继承,并成为其思想的重要组成部分。在贺瑒看来,"虽有礼乐刑政之殊,及其检情归正,同至理极,其道一也"(《礼记正义·乐记第十九》)。无论是礼理、礼制、礼目

①④《南史》卷五十《刘瓛传》。
②《南齐书》卷三十九《刘瓛传》。
③ 参见唐长孺《魏晋南北朝隋唐史三论——中国封建社会的形成和前期的变化》,第215—216页。

还是礼用,都是为了检情而至理极,所谓殊途同归,均趋于心性、天道之途。他说:"性之与情,犹波之与水。静时是水,动则是波;静时是性,动则是情。《左传》云:天有六气,降而生五行。至于含生之类,皆感五行生矣。唯人独禀秀气。故《礼运》云:人者,五行之秀气。被色而生,既有五常:仁义礼智信。因五常而有六情。……情之所用非性,亦因性而有情。则性者静,情者动。故《乐记》云:人生而静,天之性也。感于物而动,性之欲也。故《诗序》云'情动于中'是也。但感五行,在人为五常,得其清气备者则为圣人,得其浊气简者则为愚人。降圣以下、愚人以上所禀或多或少,不可言一,故分为九等。孔子曰:'唯上知与下愚不移。'二者之外,遂物移矣。故《论语》云:'性相近也,习相远也。'亦据中人七等也。"(《礼记正义·中庸第三十一》)

贺玚的这一段议论是他对《中庸》"天命之谓性"的注疏,言简意赅地表明了他的心性论和天道观。

第二节 皇侃的儒学困境

作为六朝晚期一位著名的儒家学者,皇侃充分继承了六朝时期的知识传承,这在前一节已经有所论述。当我们探讨皇侃的儒学思想时对此会看得更加清楚。从横向说,皇侃是六朝儒学的一个典型代表,在其思想中可以发现六朝儒学的所有重要理论;从纵向说,他是儒家文化的一个传承者,我们可以从其理论中看到旧传统与新思想之间的内在矛盾所造成的紧张关系,正是这种紧张关系孕育着新儒学的诞生。所以说,以皇侃的儒学思想为代表的六朝儒学是整个儒家思想中不可缺少的一个环节。将皇侃的儒学思想作为个案研究,以说明六朝儒学的文化价值,应该说是一个十分有意义的课题。

本节从天道观、人性论和礼学三个层次来论述皇侃的儒学思想。

一、皇侃的性道思想

使现实与理论紧密联系起来是皇侃儒学思想的一个显著特征。即

使是在探讨"道"这一玄奥观念的时候也是如此,他认为,研究"道"是为了理解人生而非其他:

> 人生处世须道艺自辅,不得徒然而已也。(《论语义疏·述而》,以下所引该书只注篇名)

皇侃对"道"有两处解释:

> 道者,通而不壅者也,道既是通,通无形相……道不可体,谓道无形体也。(《述而》)

> 道者,通物之妙也。通物之法,本通于可通,不通于不可通。若人才大则道遂之而大,是人能弘道也。若人才小则道小不能使大,是非道弘人也。(《卫灵公》)

他引蔡谟注曰:

> 道者,寂然不动,行之由人。人可适道,道不适人。(《卫灵公》)

在皇侃看来,人生处世不可或缺的"道"是无形体之通而不壅者也,即通物之妙。这是对"道"进行的作用层面的解释,这种思想无疑源自玄学思维,他所引蔡谟注已经近乎王弼对"道"的理解。王弼曰:"道者,无之称也,无不通也,无不由也,况之曰道,寂然无体,不可为象,是道不可体。"(《论语注疏·卫灵公》邢昺引)

皇侃遵循这一理路而释"天道"为:

> 元亨日新之道。(《公冶长》)

> 天道无私,惟德是与。(《泰伯》)

> 元,善也;亨,通也。日新谓日日不停,新新不已也;谓天善道通利万物、新新不停者也。(《公冶长》)

这一段论述几乎完全可以从《易传》中找到相同的文字:

> "元者,善之长也","乾元者,始而亨者也。"(《易传·文言传》)

> 日新之谓盛德,生生之谓易。(《易传·系辞下》)

皇侃"元亨日新之道"的天道观思想源自《易传》还有一个直接的证据,他说:

> 《易》有天演之数五十,是穷理尽命之书,既学得其理,则极照精微,故身无过失也。《易》明乾元亨利贞,穷测阴阳之理,遍尽万物之性。(《述而》)

他还引王弼之言曰:

> 《易》以几、神为数,颜渊庶几有过而改,然则穷神研几可以无过,明易道深妙,戒过明训,微言精粹,熟习然后存义也。(《述而》)

皇侃认为《易》之用在于穷神研几、穷理尽命,且使身无过失,说明《易》符合他的现实与理论相结合的要求。

另一方面,皇侃通过玄学思想家来认识《易传》,对《易传》的理解相当深刻。他将"日新"释为"日日不停,新新不已",这与《易传》中"生生"之义似乎没有什么不同。他还直陈"天时有生"①。同时将只有圣人才能呈现的行盛之"仁"的主旨释为"生"。(《子罕》)这与《易传》所谓"天之大德曰生""显诸仁,藏诸用"也无不同之处。

皇侃进一步将天道之"生"德解释为利万物之善:

> 利者,天道元亨利万物者也。

> 利是元亨利贞之道也,百姓日用而不知,其理玄绝。(《子罕》)

当皇侃认为自己已经将天道之"生"德解释得比较清楚之后,他开始由天道转向人性层面的分疏。这里他沿袭了儒学的传统,以"命"作为二者之中介:

> 命是人禀天而生。

> 人禀天而生,故云天命也。《中庸》曰:"天命之谓性。"是也。天道微妙,天命深远……非人所能知及。(《子罕》)

---

① 〔南朝梁〕皇侃:《礼记义疏·礼器》佚文,〔清〕马国翰:《玉函山房辑佚书》。

如果说天命难测,人性则应该可以说得比较清楚。皇侃在疏解孔子"性相近"一语时旁征博引,花费大量笔墨加以解释,现摘其要者而引之:

性者,人所禀以生也……人俱禀天地之气以生,虽复厚薄有殊,而同是禀气。(《阳货》)

性者,生也。性是生而有之,故曰生也。(《阳货》)

人禀天地五常之气以生曰性。性,生也。(《公冶长》)

性既是全生,而有未涉乎用,非唯不可名为恶,亦不可目为善,故性无善恶也。(《阳货》)

性无善恶,而有浓薄。……又知其有浓薄者,孔子曰:性相近也。若全同也,相近之辞不生;若全异也,相近之辞亦不得立。今云近者,有同有异。取其共是无善无恶则同也,有浓有薄则异也。虽异而未相远。(《阳货》)

夫人不生则已,若有生之始便禀天地阴阳氛氲(原文如此,似应为氤氲)之气。气有清浊,若禀得淳清者则为圣人,若得淳浊者则为愚人。愚人淳浊,虽澄亦不清;圣人淳清,搅之不浊。故上圣遇昏乱之世不能挠其真,下愚值重尧叠舜不能变其恶。(《阳货》)

上智以下,下愚以上,二者中间;颜闵以下,一善以上,其中亦多清少浊或多浊少清或半清半浊,澄之则清,搅之则浊,如此之徒以随世变改,若遇善则清升,逢恶则淬沦。(《阳货》)

从皇侃对"性"的分疏,我们可以将之归结为以下四点:

(1) 性禀天地阴阳之气以生。

(2) 性者生也。

(3) 性无善恶。

(4) 气有清浊,故性有圣愚。

如果我们仔细考虑皇侃的天道观和人性论,可以发现二者之间有一定的对应关系:

"生"德←——天道——→阴阳气化

"生"义←——人性——→气性

皇侃性论的这四个特征并非他的创造,而是对前人思想的继承。第(1)和第(4)条在《易传》和汉代思想家的著作中十分常见,第(2)和第(3)条在《荀子》等先秦儒家著作、近几年发现的湖北郭店楚简《性自命出》中就有类似的说法。

关于皇侃性论的第(1)和第(4)条的来源,我们可以从《易传》以阴阳言天命而及人性和汉人以气言性的诸多议论中得以发现。《周易·说卦》曰:"立天之道曰阴与阳。"韩康伯注云:"阴阳者言其气。"

气论发端于先秦而发达于两汉。在《淮南子》构筑的宇宙生成系统中,"气"占有重要地位,而这一系统是中国古代宇宙论的基本框架。《天文训》云:"道始于虚霩,虚霩生宇宙,宇宙生元气,元气有涯垠,清阳者薄靡而为天,重浊者凝滞而为地。天地之袭精为阴阳,阴阳之专精为四时,四时之散精为万物。"董仲舒进一步将气拟人化为有意志的喜怒哀乐之气,使之成为天人感应论中的一个环节:"天亦有喜怒之气,哀乐之心,与人相副。以类合之,天人一也。"(《春秋繁露·阴阳义》)此后,以气来沟通天道与人性成为两汉六朝儒家的一个显著特征。王充以气的厚薄清浊作为人性善恶的决定因素:"禀气有厚泊,故性有善恶也。……人之善恶,共一元气。气有少多,故性有贤愚。"(《论衡·率性》)

从以上引述可以发现,皇侃在说明自己的性论时是以《易传》和汉人的思想作为基础的。

关于皇侃性论的第(2)和第(3)条的来源,可以认为:皇侃性论除受到《易传》和汉人气论的影响外,在很大程度上还源于《荀子》及其所代表的儒家中的礼学学派。荀子言性除著名的"性恶论"外,还有另外一层含义,他说:"生之所以然者谓之性。性之和所生,精合感应,不事而自然,谓之性。性之好恶喜怒哀乐谓之情。""性者天之就也,情者性之质也,欲者情之应也。"(《荀子·正名》)荀子此处所谓"性"是通向天道的、生而有之的性,尽管他所说的天只是纯经验的自然物,但这一通天之性"固可与如此,可与如彼也哉"(《荀子·荣辱》)。用徐复观先生的说法,此"性"具有无定向性、可塑造性,与告子"生之谓性""决诸东方则东流,决诸西方则西流"的说法没有什么不同。虽然荀子从"生之所以然"而言"性",但他的人性论都是以经验层面可以把握之"性"为主。"生之所以然"之性与生理相和合所产生的("性之和所生")官能之精灵,与外物相合("精合"),外物接触(感)于官能所引起的官能的反应("感应"),如饥欲食,及目辨色等,都是自然如此("不事而自然"),这也谓之"性",即经验层面的"性"。荀子"性恶论"主要是在经验层面展开论述的。①

　　将荀子人性论与皇侃的人性论相比较,我们不难发现,皇侃受到荀子人性论的很大影响。

　　另一方面,皇侃还吸取了先秦儒家训"性"为"生"而将人性与天之"生"德两相对应的理路。②

二、对性道思想的分析

　　徐复观先生按照现有文献,根据对性与天道的看法,将自孔子以后的儒家划分为三派③:

　　(1)从曾子、子思到孟子。此派顺着天命自上往下落、自外往内收,下落、内收到自己的心上,由心所证验之善端以言性善。更扩充心的善端而向上升、向外发,在上升至极限处重新肯定天命,在向外发的过程中肯定天下国家。但此派自孟子达到高峰后就不得其传,直至宋代程明道才慢慢复活。

　　(2)以《易传》的传承为中心。此派的特点在坚持性善的同时以阴阳

---

① 参见徐复观《中国人性论史(先秦篇)》,第 201—204 页,上海,上海三联书店,2001。
② 关于这一点,请参见乐胜奎《郭简乐论及其主旨》,《中国哲学史》2001 年第 3 期。
③ 参见徐复观《中国人性论史(先秦篇)》,第 173—174 页。

言天命。由于阴阳观念的扩展而对后来的人性论产生很大的影响,并且与道家不断发生关系。

(3)以礼的传承为中心。礼的传承者因强调礼的作用太过,多忽视了沉潜自反的工夫,把性善的观念反而逐渐朦胧起来了。此派思想以荀子为顶点,此一系统所谈之道德始终是外在性的道德。

如果把徐复观先生的论述与前面关于六朝儒学的章节结合起来,我们可以发现,徐先生所谓《易传》学派和礼学派在六朝可以说双峰并峙,且其形式表现为玄学和礼学的共同繁荣。同时,正如徐先生所说,由于六朝人对礼学的重视,导致他们对性善观念的漠然视之,甚至影响到《易传》学派对性善论的看法。

当我们考察皇侃对性与天道关系的看法时,可以将他明显地归诸《易传》学派。而且如徐先生所言,用皇侃重视礼学这一原因来解释他对性善问题的漠视也未尝不可。但笔者以为,皇侃对性与天道关系的思想是他整个思想体系的核心和枢纽,只有将此加以详细分疏,才能理解他的整个思想体系。

皇侃谓天道为"元亨日新之道"。所谓"元亨日新之道",即生生之德,此是从天之善处而言,即他所说"天善道通","元,善也;亨,通也"(《公冶长》)。用朱熹的话解释则为:"元者,物之始生。亨者,物之畅茂。利,则向于实也。贞,则实之成也。实之既成,则其根蒂脱落,可复种而生矣。此四德之所以循环而无端也。然而四者之间,生气流行,初无间断,此元之所以包四德而统天也。"(《周易本义·乾象注》)

因此,皇侃所谓天道若从天善处讲,或者说从超越层面讲,是生生之德的呈现。

天道之生德表现为万物之生长,要将此天道下落而命于人性却必须借助阴阳气化才能实现。所以,皇侃才会说:"人不生则已,若有生之始便禀天地阴阳氤氲之气。气有清浊(,人有圣愚)。"(《阳货》)

当皇侃分别以阴阳之气和圣愚之人来描述天道和人性时,他已经在实有层面进行诠释了,这一点必须讲清楚。单就上面所说,应该还是比较通顺的。

在皇侃训性为"生"时,他试图以此来对应天道之"生"德,从而使后者也能如阴阳之气般禀于人性之中。他说:"性者,生也。性是生而有之,故曰生也。"(《阳货》)这一说法来自告子的"生之谓性",但不管是告子还是皇侃,他们所说之"生"均不是"生"德之"生"。因为"生"德之"生"是以天善为根据的。如果人性之"生"也要涵有"生"德之"生",则亦须以性善为依据。而我们知道,告子谓"性无分于善不善",皇侃也说"性无善恶"。因此,告子和皇侃所说的人性之"生"义是实有层面的存在,即皇侃所谓"生而有之"。换句话说,在皇侃看来,性之"生"义是从气性层面讲下来的。[1]

正如牟宗三先生所说,"生之谓性"所呈举之性本就是实然之性(气性),而不是道德创造之应然之性。因为告子(皇侃亦同)明说"性犹湍水""性无分于善不善",仁义并不内在于性中。[2]

由此可知,在皇侃的理论中,天道之"生"德与人性之"生"义是两个不同层面的"生",二者根本不相应。其原因在于皇侃始终在实有层面解释"性"(气性),使得人性中无超越义与天道之"生"德相应。

所以,皇侃的性与天道的关系可表示为:

"生"德◄——天道——►阴阳气化

人性——►气性——►"生"义

儒家对性与天道关系的思想确如徐复观先生所言而大致分为三派。但如果我们从超越和实有层面来说,则性与天道关系的说明有两个方向,一以义理之性疏通性道,二以气质之性诠释性道。前者是徐复观先生所说的思孟学派以及宋明理学这一传承,后者则是《易传》学派和礼学派这两个系统。我们既不能因义理之性的超越意义而忽视气质之性的实有意义,也不能因气质之性的现实作用而不谈义理之性的思辨价值。

---

[1] 参见牟宗三《心体与性体》中册,第 126 页,上海,上海古籍出版社,1999。

[2] 参见同上书,第 130 页。

正如宋儒所言:"论性不论气不备,论气不论性不明,二之则不是。"①

牟宗三先生解释道,天命之流行、乾道之变化,是带着气化以俱赴,否则个体之成即不可能。故"各正性命"可通气之性命与理之性命两面说。但因是承天命流行、乾道变化而说,故正宗儒家俱是以理之性命为"性命"之本义,即以"於穆不已"之真几为其性命。②

牟先生所谓正宗儒家,是以思孟、陆王为代表,注重内在超越之道德形上学的儒家。站在这种思想的角度,《易传》在讨论性与天道的关系时,天之仁德的显现即"生生",人的生命之根源则由此仁德而来,人禀此仁德以成性,因而人之性即与天地相通。《系辞上》所谓"一阴一阳之谓道"的"道"就是《乾·彖》的"乾道",亦即生生不息的天道;"一阴一阳"即《乾·彖》之"乾道变化"的变化。阴阳互相消息、循环不已,以成其生育万物的变化。③ 由于天之"生"德"显诸仁",故为善;人性因自觉其善而与乾元天道同体,其本身是一种无限的存在。④

综合牟、徐二先生所言,可将正宗儒家性与天道思想归结为:

"生"德←——天道——→阴阳气化

(超越层)　↓↓　　(实有层)

"生"义←——人性——→气　性

这里与皇侃思想的不同之处在于:当我们从人性处向"生"义方向进行推扩时,由于这一方向的"性"是偏就义理之性而言,故其"生"义是建立在性善论基础上的超越层面的生生之德,而非如皇侃所谓实有层面的存在之"性"。因此,这里的"性"之"生"义是与天之"生"德上下相契的。只有这样构筑起来的性与天道的关系才是圆满的。

将皇侃与所谓正宗儒家的性与天道关系的思想进行比较,我们可以

①《二程遗书》卷六《二先生语六》。
② 参见牟宗三《心体与性体》中册,第 121 页。
③ 参见同上书,第 119—122 页。
④ 参见徐复观《中国人性论史(先秦篇)》,第 180—181 页。

发现,皇侃完全把"性"局限于实有层面之气性的思想是其整个思想体系的致命缺陷,这一点将在后面看得更加清楚。

皇侃将"性"局限于气性之层面的弊端可归结为以下几个方面:

第一,气质之性因属实有层之性而无超越义,从而导致性无善恶的观念。以气性作中介似乎对于性道关系的说明更为具体,使人容易把握。但在本质上气性只会使性与天道在道德意义上相互隔绝,且使道德的内在根源由此而浮游到外面,使人从信仰或思辨上,而不是从人的内心证验上去寻找道德之源。(为什么在六朝时期玄学和佛教、道教如此兴盛? 这是很重要的一个原因。)另一方面,皇侃用气性之变化来说明天命,并在这种变化过程中建立道德的根据。他认为人的道德根源系由气性的变化所规定。这种从自然性质的规律性中寻求人之所以为人的根据的理路,实际上是站在实有层面上而去言说超越层面的问题,从理论上讲是不成立的,正如牟宗三先生所谓从"气"中是不可能分析出"德"的观念的。[1]

第二,由于执着于气性,使人性中并不先天地具有善。而无性善论之儒家必然否定人人皆可以成圣的主张。我们知道,儒学兼含理想和现实两面。在理想面肯定人人皆可以成圣,这是就义理之性的普遍性而言的;在现实面肯定圣人是先天禀淳清之气而成,这是就气质之性的特殊性而言的。从否定人人皆可以成圣的现象也可以反证气性论的存在。《晋书·孙盛传》载有一则十分典型的史料:孙放(字齐庄)与其父孙盛皆从庾亮猎,亮问放曰:"欲齐何庄邪?"放答曰:"欲齐庄周。"亮曰:"不慕仲尼邪?"放答曰:"仲尼生而知之,非希企所及。"根据孙放的说法,圣人是先天而知,非志慕之可及的。也就是说,圣人是世俗之人所不可企及的。这一点我们在佛学中关于一阐提人能否成佛的争论中同样可以看到,当释道生首倡一阐提人可以成佛之论时,他是以人皆有佛性(即善性)为前

---

[1] 参见牟宗三《中国哲学十九讲》,第 233 页。

提的。①

第三,对"命"的诠释。王充曾有"性成命定"一语,他是由气性而言之,即"用气为性,性成命定"。此处之"命"无疑是"命运"之"命";如由义理之性而言之,人在"元、亨、利、贞"的过程中完成其性,也就决定了他生命应有的活动方向,故此处的"性成命定"之"命"必然是"命令"之"命"。②在关于六朝儒学的章节已经例举了一些六朝人关于"命"的议论,它们无一例外都以"命运"释之,这里不再重复。此处引用一段皇侃针对"命"的疏文直接证明之:

> 命谓穷通夭寿也,人生而有命,受之由天,故不可不知也。若不知而强求,则不成为君子之德。(《尧曰》)
>
> 命是人禀天而生,其道难测。又好恶不同。(《子罕》)

可以看到,皇侃所谓"命",也应为"命运"义。

三、对人性的分析

在分析了皇侃对性与天道关系的理解及其存在的问题之后,他的心性论就显得比较容易解释了。

皇侃的心性论以气性为基础,而以"仁"为中心。但他将对"仁"的理解与其对天道的理解加以比拟:

> 仁者,恻隐之义也。仁者之性愿四方安静如山之不动,故云乐山也。仁者静,其心宁静故也。(《雍也》)

此段不禁使人想起"人生而静,天之性也",皇侃把仁性与天性相比拟,似乎在为仁性寻找某种依据。

> 仁是恩爱。(《卫灵公》)
>
> 为仁之道,以恻隐济众,故曰爱人也。(《颜渊》)

---

① 参见任继愈主编《中国哲学发展史(魏晋南北朝)》,"魏晋南北朝的佛教经学"章。
② 参见牟宗三《四因说演讲录》,第31—32页,上海,上海古籍出版社,1998。

　　　　仁者,施惠之谓也。(《述而》)

　　　　人有博爱之德谓之仁。(《为政》)

皇侃认为为仁即爱人,若将此爱扩充出去,则:

　　　　诚爱无私,仁之理也。(《宪问》)

　　　　大爱无私,至美无偏,故则天成化,道同自然。不私其子而君其臣,凶者自罚,善者自功。功成而不立其誉,罚加而不任其刑,百姓日用而不知所以然。(《泰伯》)

皇侃引用玄学家的观点,认为仁之理是一种至爱无私的境界,这种境界与"天无私覆,地无私载"之道是相通的。我们可以从天道之"生"德的呈现中体证到天善;同样,我们可以从仁德之至爱中发现仁的根源所在。

　　皇侃引殷仲堪注云:"夫善者,淳穆之性,体之自然。"(《先进》)

　　王弼曰:"载之以道,统之以母,故显之而无所尚,彰之而无所竞。用夫无名,故名以笃焉;用夫无形,故形以成焉。守母以存其子,崇本以举其末……故母不可远,本不可失。仁义,母之所生,非可以为母。"[1]

　　所以,在王弼看来,仁义等德目是可以由"无"所生、从"无"中体证到的,"无"是仁义之源。"无"是体现"仁"的一种境界。[2]

　　如果说皇侃用玄学思辨的方法论证善的根源可以成立的话,他将"道"诠释为无形相、不可体之"无"的意图也就可以理解了。

　　说到此处,他似乎并没有遇到什么麻烦。皇侃试图从"无"中寻找"仁"之根源的做法是通顺的。可是,这种"仁"如何成为气性的内在之善始终是他无法解决的问题。现实与理想之间的矛盾似乎也证明了这一问题存在的合理性:"凡人世之利,利彼则害此,非义和也。若天道之利,利而无害,故万物得宜而和。"(《子罕》)

────────────────

[1] 〔三国魏〕王弼著,楼宇烈校释:《王弼集校释》,第95页。
[2] 参见牟宗三《中国哲学十九讲》,第223页。

707

皇侃并没有知难而退，就此停滞不前。

首先，如果气性之内并非一定有善的话，那么在现实生活中为仁的目的就是得到幸福了。皇侃说："富者财多，贵者位高。位高则为他所崇敬，财多则为他所爱。夫人生则莫不贪欲此二者。……若依道理则有道者有富贵，无道者宜贫贱，则是理之常道也。"（《里仁》）为理之常道提供保证的只能是天命。（此为道德他律的理路）皇侃对此心领神会："天命谓作善降百祥，作不善降百殃。从吉逆凶是天之命。故君子畏之，不敢逆之也。"（《季氏》）

其次，他对仁之行加以分疏而发现其中有不同之处："行仁之中有不同也，若禀性自仁者则能安仁，何以验之？假定行仁获罪，性仁者行之不悔，是仁者安仁也；智者谓识照前境而非性仁者也，利仁者也。其见行仁者，若于彼我皆利则已行之，若于我有损则使停止。……知仁为美而性不体之，故有利乃行之也。"（《里仁》）

这一段话需要说明之处有二：一者，所谓利仁者就是上面所说以得福为目的而行仁者；性仁者之"仁"也并非由"性"中所内发之"仁"，而是禀自于外在之"仁"。"仁"仍然是由外贯入。二者，从"知仁为美而性不体之"一语看，我们可以将性仁者之"仁"解释为体而得之，结合前述皇侃对"道""无"的看法，性仁者是在"无"的境界体证到"仁"的。

皇侃还有一段疏文对此说得比较清楚："君子德性与小人异也……君子、小人若同居圣世，君子性本自善，小人服从教化，是君子、小人并不为恶，故尧舜之民比屋可封。若至无道之主，君子禀性无回，故不为恶；而小人无复忌惮，即随世变改，桀纣之民，比屋可诛。"（《子罕》）

从"性本自善"一语看，似乎可视为性善之论。但他又说："凡人之性，易为染著，遇善则升，逢恶则坠。"（《里仁》）由此看来，"性本自善"之"善"仍然是外在之"善"。

另外，从皇侃的议论中可以感觉到，他对于君子履仁并非如性善论者那样坚持无条件的、自律的态度："人所以得他人呼我为君子者，政由我为有仁道故耳。若舍去仁道傍求富贵，则于何处更得成君子之名乎？"

(《里仁》)他似乎有孔子所讥讽的"为人之学(行)"的嫌疑了。

　　如果说在理想境界中成就圣人对于皇侃而言是不可能的,那么在现实社会中成就君子则应是可以追求的目标。成就君子有内容和形式两个方面,就内容而言即不舍去仁道,就形式而言即"文与质等半,则为会时之君子也"(《雍也》)。试分析之。

　　所谓"仁道"为何? 皇侃说:"孔子语曾子曰:吾教化之道唯用一道以贯统天下万理也。夫事有归,理有会。故得其归,事虽殷大可以一名举;总其会,理虽博可以至约穷也。……孔子之道更无他法,故用忠恕之心,以己测物,则万物之理皆可穷验也。"(《里仁》)

　　"为仁之道,己若欲自立自达,则必先立达他人,则是有仁之者也。能近取诸身,远取诸物。己所不欲,勿施于人。能如此者,可谓为人之方(道)也。"(《雍也》)

　　他认为,仁道可以穷验万物之理,而忠恕是达致仁道的方法(为仁之方)。

　　"忠谓尽中心也,恕谓忖我以度于人也。"(《里仁》)忠谓内反己心以忖己,恕谓外扩己心以度物。

　　皇侃实际上已经把"忠"融入"恕"中而将其解释为:

　　　　内忖己心,外以处物。(《卫灵公》)
　　　　恕己及物,乃为仁也。(《颜渊》)

　　忠恕之道既然是为仁之方,则仁道的体现必有赖于忠恕之行,故"可终身行之一言也,恕也"(《卫灵公》)。

　　为恕即为仁,"仁是行盛,非体仁则不能,不能者心必违之"(《雍也》)。他认为,以行体仁,使心不违仁,使性近仁,这就是恕之真谛。

　　如果以上所说可以成立,皇侃在论及忠恕之道时都涉及"心",而心在他的思想中是与"志"相联系的。他说:

　　　　志者,在心之谓也。(《为政》)
　　　　志者,在心向慕之谓也。(《述而》)

　　志谓在心未行也,故《诗序》云"在心为志",是也。(《学而》)

　　志之在心,在心而外必有趋向意气。(《学而》)

　　所谓"在心为志",就是使"心"具有某种意向性,使之关注于某一方向。从皇侃对"志"的解释来看,与"夫志,气之帅也"(《孟子·公孙丑上》)具有相同的含义。如果仅从意向性这一含义诠释"志"时,则志、意、情是同一个层面的观念,如朱熹就说:"意者,心之所发;情者,心之所动;志者,心之所之,比于情、意尤重。""志是心之所之,一直去底,意是志的脚,情又是意的骨子。在这个意义上,志与意,都属情,情字较大。"①

　　"志"这一观念在皇侃的心性论中可以说发挥了很重要的作用。它是儒家教化之道在以气质之性为理论基础的思想中得以可能的条件。皇侃引郭象语曰:"夫思而后通,习而后能者,百姓皆然也。圣人无事不与百姓同,事事同则形同。是以见形(不)以为己异,故谓圣人亦必勤思而力学,此百姓之情也。故用其情以教之,则圣人之教因彼以教彼。"(《卫灵公》)皇侃自己在《论语义疏序》中也说:"圣人虽异人者神明,而同人者五情。"

　　他认为,圣人以自己与众人形同、情同而引导人们志于学、志于仁、志于道,从而使得圣人以下、愚人以上、生而禀得或多或少清浊之气的人因向慕于圣人之德性而有志于为仁之道,最后成就君子之名。

　　因此,他说:"人乃有贵贱,同宜资教。不可以其种类庶鄙而不教之也,教之则善,本无类也。"(《卫灵公》)

　　他引时论详细说明:"世咸知斯旨之崇教,未信斯理之谅(信)深。生生之类,同禀一极。虽下愚不移,然化所迁者其万倍也。若生而闻道,长而见教,处之以仁道,齐之以德,与道终始,乃非道者,余所不能论之也。"(《卫灵公》)

　　从这个角度来看前述皇侃所言"君子性本自善",实际上是闻道而教化、处仁而养德、与道终始而成就君子之性,此性虽为善,却是后天禀

① 黎靖德编,王星贤点校:《朱子语类》卷五,北京,中华书局,1986。

得的。

性善是以"志"为前提、在后天的教化中力行恕道而禀得的。"志"只是一种意向性,如何禀得才是最重要的。皇侃认为,只有首先体证仁道,才能在现实的仁之行中呈现仁道,即所谓"仁是行盛,非体仁则不能"。那么,如何体仁呢? 皇侃承袭了玄学家王弼的主张:"忠者,情之尽也;恕者,反情以同物者也。未有反诸其身而不得物之情,未有能全其恕而不尽理之极也。能尽理极则无物不统。理不可二,故谓之一也。推身统物,穷类适尽。"(《里仁》)

体仁之道在于反身得情、反情同物、尽理之极而和成己性。故成性是目的。皇侃又引王弼的注加以具体说明:"夫喜、惧、哀、乐,民之自然,应感而动,则发于声歌,所以陈诗采谣,以知民志风。既见其风,则损益基焉。故因俗立制,以达其礼也。矫俗检刑,民心未化,故又感于声乐,以和神也。若不采民诗,则无以观风。风乖俗异,则礼无所立。礼若不设,则乐无所乐,乐非礼则功无所济。故三体相扶,而用有先后也。"(《泰伯》)

皇侃十分赞成王弼的观点,指出:"礼乐,先王所以饰喜(情)也。"(《季氏》)这种以情为基础,诗、礼、乐三体相扶之教化是"和成己性"的主要途径。他由此而强调礼乐之不可分:"若小大之事皆用礼而不用和,则于事有所不行也。""行礼须乐,行乐须礼也。人若知礼用和而每事化和、不复用礼为节者,则于事亦不得行也。"(《学而》)

所谓文质相半,皇侃解释说:"质,实也;文,华也,凡行礼及言语之仪。若实多而文饰少则如野人,野人鄙略大朴也;人若为事多饰则如书史,史书多虚华无实,妄语欺诈。"(《雍也》)

文质相偏都是一种片面的形式。若偏执于鄙略大朴之"质",就不能超越气质禀赋的限制;若偏执于繁饰虚华之"文",又会流于矫柔浮夸,故应文质相半。但从皇侃的行文语意看,他似乎对"文"有所偏向:"野人,质朴之称也;君子,会时之目也。孔子言以今人文观古,古质而今文。文则能随时之中,此故为当世之君子也;质则朴素而远俗,是故为当世之野人也。……时淳则礼乐损,时浇则礼乐益。若以益观损,损则为野人;若以损观益,益则为君子也。以益行益,俱得时中,故谓为君子也。"(《先进》)

皇侃重"文"的主张是其思想发展的必然结果,"为事(礼及言语之仪)多饰""以益(为事多饰)行益(礼乐益)",俱得时中,这才是成君子之义也。由此往下,皇侃着重探讨自己的礼学思想也就顺理成章了。

综上所述,要成就君子,一要不舍仁道,二要文质相半。不舍仁道者应终身行想,应以情体仁。文质相半者应以益行益,应依文重礼。

情是礼之基础,文是礼之形式。皇侃从自己的心性论中找到了礼学思想得以成立的根据。

第三节　皇侃礼学思想的本质

首先需要强调的是,皇侃在六朝儒学史中主要是作为一个礼学家而发挥作用的,他的儒学思想也主要表现在其礼学思想中。他自己明确表示:"六经其教虽异,总以礼为本。"(《礼记正义·经解第二十六》)令人遗憾的是,现在来研究皇侃的礼学思想,我们只能依据他的《论语义疏》以及由清人马国翰从《礼记正义》和《孝经正义》中辑出来的他的《礼记义疏》和《孝经义疏》的佚文,而且后两种著作所保存下来的有价值的文字材料比较少。因此,即使是研究皇侃的礼学思想,我们也只能以《论语义疏》为其思想的主要文字依据。

一、礼与性情的关系

前一节已经就皇侃的人性论和天道观之关系作了说明。根据徐复观先生关于性与天道关系的儒家三派说,皇侃的思想与《易传》学派和礼学派都有关系。作为一个礼学家,他试图从礼学的理路诠释性与天道的关系以证成自己的儒学思想体系就是可以理解的了。

皇侃的气性论使其心性与天之"生"德无法相通,从而导致性与天道这两个层面相互隔绝的局面。进一步说,如果道德的根据源于天(《易传》学派的主张)或者源于圣人(荀子学派的主张),则善必然是外在之贯入而非内在之体证,这就导致需要以礼之形式从外在加以规范。皇侃也许已经意识到了这个问题。因为他在讨论"仁"的内容时已经将"忠恕"这一传统解释改成了:"恕、敬二事,乃为仁也。"(《颜渊》)他强调:"礼宜云敬"(《学而》),"礼主敬故也"(《子路》)。

在皇侃看来,体仁之道不仅有恕之一径,而且有敬之一途。正如徐复观先生所云:忠恕是实现仁的两方面的工夫,但有的忠不一定通于恕,恕才是通人我为一的桥梁,是直接通向仁的工夫,而孝悌也是直接通向仁的工夫。① 孝悌,从实质上说是为仁之本;②而从形式上说,是礼学的核心。所以,皇侃就是试图从以孝悌为核心的礼学之途通向体仁之道的。

皇侃十分强调礼的重要性:"礼主恭俭庄敬,为立身之本。人若不知礼者,无以得立其身于世也。故《礼运》云:'得之者生,失之者死。'《诗》云:'人而无礼,不死何俟。'是也。"(《尧曰》)

礼既然如此重要,其内容为何? 皇侃注引曰:"礼者,体其情也。"(《为政》)这是一个既十分普通又非常关键的转进。我们知道,礼乐由伦常性情而转出是儒家的一个基本信念,"礼的根源在于人的心灵的自然感情"③。因此,探讨礼学思想必然要以"情"作为基础。另一方面,"情"与"性"是紧密相关的,这一点在包括皇侃在内的整个六朝儒学都不例外。

皇侃的业师贺瑒云:"性之与情,犹波之与水。静时是水,动则是波;静时是性,动则是情。……情之所用非性,亦因性而有情。则性者静,情者动。故《乐记》云:人生而静,天之性也。感于物而动,性之欲也。故《诗序》云'情动于中'是也。"(《礼记正义·中庸第三十一》)

---

① 参见徐复观《中国人性论史(先秦篇)》,第86页。
②《论语·学而》:"孝悌也者,其为仁之本与。"
③ 杜维明:《人性与自我修养》,第21页,北京,中国和平出版社,1988。

"尽得其（师之）业"的皇侃继承了贺玚的观点并加以发展：

> 然情性之义，说者不同。性者生也，情者成也。性是生而有之，故曰生也。情是起欲动彰事，故曰成也。然性无善恶而有浓薄，情是有欲之心而有邪正。性既是全生，而有未涉乎用，非唯不可名为恶，亦不可目为善，故性无善恶也。所以知然者，夫善恶之名恒就事而显，故老子曰："天下以知美之为美，斯恶已；以知善之为善，斯不善已。"此皆据事而谈。情有邪正者，情既是事，若逐欲流迁，其事则邪；若欲当于理，其事则正，故情不得不有邪有正也。故《易》曰："利贞者，性情也。"（《阳货》）

他在陈述自己的观点之后又引用王弼关于性情的一段文字说："不性其情，焉能久行其正，此是情之正也。若心好流荡失真，此是情之邪也。若以情近性，故云性其情。情近性者，何妨是有欲。若逐欲迁，故云远也；若欲而不迁，故曰近。但近性者正，而即性非正，虽即性非正，而能使之正。譬如近火者热，而即火非热，虽即火非热，而能使之热。能使之热者何？气也，热也。能使之正者何？仪也，静也。"（《阳货》）

这两段材料可以很好地说明皇侃是如何将性与情结合起来的，进而言之，可以明了他是如何将心性论与礼学这两个层面加以沟通的。

我们首先来看皇侃自己的观点。他认为性无善恶，情有邪正。就性之本身而言，由于未涉及事功，而善恶是就事而显的，故就性之本身而言，性无善恶。情是对事而言，即起欲动彰事，故若情任欲流迁则事邪，则恶；若欲当于理则事正，则情善。推而言之，任性于善情，则性依善情而生善，其善源于"当于理"之"理"，即：

性──→情──→当理──→情正──→性善

现在来看皇侃所引王弼的议论，这一段议论可以为上述理路作出说明。根据王弼的观点，如果以情近性，则是性其情，则能久行其正，则是情之正；如果逐欲流迁，则为情之邪。至此与皇侃所言完全一样。但他又说:虽然以情近性可行其正,以情任(原文为即,据改①)性不可谓之正,但任性则可以使性正。这就好像使火燃烧者本身并非热,却能使近火者热一样。那么,以情任性而使性正者为谁? 王弼认为是"仪也,静也"。仪者,礼也;②静者,呈现"无""自然"的精神的境界,即"无"也。③ 王弼所强调的是"即性"可以使之正,也就是说,以情任性可以使"无善恶之性"从"仪"(礼)中体验"无"所生之善并呈现这一善性,即:

性——情——即性——使之正——性善

为便于分析问题,将上式简化为:

性——情——性善(中间部分将在后面详细说明)

为什么性因情而有善呢? 此式还可以变为:

无(善恶之性)——情——有(善性)

再往下则为:

无——情——有

王弼在《老子》第三十八章注中有一段十分精彩的注释,对此说得比较清楚:"德者,得也。常得而无丧,利而无害,故以德为名焉。何以得德? 由乎道也。何以尽德? 以无为用。以无为用,则莫不载也。……是以上德之人,唯道是用,不德其德,无执无用,故能有德而无不为,不求而得,不为而成,故虽有德而无德名也。"

在王弼看来,"道者,无之称"(《论语释疑·述而》),体"无"之境界就是"尽理之极"而呈现"无"之德。

此为王弼根据玄学思想论述性情的理路。

根据牟宗三先生的观点,玄学所谓"无"是在作用层所呈现的"道"

---

① 根据楼宇烈先生的解释,"即性"就是"任性"。见〔三国魏〕王弼著,楼宇烈校释《王弼集校释》,第 637 页,注三十四。
② 参见同上书,第 637 页,注三十八。
③ 参见牟宗三《中国哲学十九讲》,第 91 页。

的境界。"有"则是"无"的无限妙用之境界的一种方向性,即《老子》所谓"常无欲以观其妙,常有欲以观其徼"。在"无"的境界可以体验"道"的无限妙用,在"有"的层面则可以落实"道"的方向性。这一方向性既可以针对对象而呈现,也可以没有对象而仅根据方向性自身来创造对象,从"无"到"有"就是从无限妙用的心境本身来说方向性,进而创造出"有"。①

牟宗三先生所言是从"无"和"有"这一最高层面讲的。这里仅就王弼关于性情的论述而言及之。前一章曾谈到"志"的观念,当仅涉及"志"的意向性含义时,"志"具有某种道德意志的意义,且其蕴涵于"情"(道德情感)的范畴。若将此一看法用之于:

性(无善恶)──→情──→性善

这一表达似乎颇为吻合。仅就"性"本身而言,"性"在这一层次因无意向性而不呈现善恶;但"情"却不然,"情"在此一层面有意向性(有欲),情依此意向性而使"事"有善(所谓"情之正"应释为情之意向性所针对者为天、理等,因为只有天、理等才能被认为是正确的方向),正是在这种使"事"有善的过程中呈现(创造)出性善。这就好像天之"生"德对万物而言无方向性,故似乎无善无情,但正是这种并非针对个别对象、无方向性的生生之德才是最高境界的善性。王弼认为"无"对"有"就具有这种善性;"性"对"情"来说也具有相对的善性,但呈现这种善性的条件是"即性"(任性)。只有以情任性才能在情之方向性中呈现善性。

明白了王弼的论述理路,再回头来看皇侃的思想时就会更加清晰。我们仍然将:

性──→情──→当理──→情正──→性善

---

① 参见牟宗三《中国哲学十九讲》,第 93—94 页。

简化为:

性——情——性善

皇侃较王弼说得平实一些,他认为"性是全生",所谓"全"者似为圆满之义,或谓无方向之生德;"而有未涉乎用"。所谓"用"者,根据牟宗三先生的解释为无方之妙用。[①] 这当然是针对"情"而言的。因此,就"性"本身来说并无善恶;情起欲而使事彰,且情既是事,故情因对事有意向性(起欲)而有善恶,若此意向性"得理"则"情之正",则有善,而此善也就是无善恶之性所呈现的。因为善恶是就情、就事而显,故必然非为情、事所生。皇侃引《老子》二章注所言以证实自己的观点。实际上,《老子》二章注的全文可以帮助我们更好地理解皇侃的思想,故不妨引之如下:

① 天下皆知美之为美,斯恶已;皆知善之为善,斯不善已。

王弼注曰:美恶犹喜怒也,善不善犹是非也。喜怒同根,是非同门,故不可得而偏举也。

② 故有无相生,难易相成,长短相较,高下相倾,音声相和,前后相随。

王弼注曰:此六者皆陈自然,不可偏举之明数也。

③ 是以圣人处无为之事,行不言之教。万物作焉而不辞,生而不有,为而不恃,功成而不居。

王弼注曰:自然已足,为则败也。智慧自备,为则伪也。

④ 夫唯不居,是以不去。

王弼注曰:因物而用,功自彼成,故不居也。使功在己,则功不可久也。

皇侃所引为第一句。第一、二句表明,善恶(不善)有一个共同的根源,即自然之理,即"无"。

---

① 参见牟宗三《中国哲学十九讲》,第91页。

第三句表明，自然之理对事则表现为"无为"，就教则表现为"不言"。无为、不言则功成。

第四句表明，功是因物之用而由物所呈现出来的，但真正的居功者不是物而应是"无"。

按照同样的理路，皇侃对于性情与善恶关系的理解是：虽然善恶恒因情就事而显、而成，但生、发善恶之功只能归诸无为善恶、不言善恶的"性"。只有无善恶之"性"才能成为创造善恶之源，性因情之用而使情呈现出善恶。皇侃在解释"温、良、恭、俭、让"时曾经涉及这个问题："敦美润泽谓之温，行不犯物谓之良，和从不逆谓之恭，去奢从约谓之俭，推人后己谓之让，此五德之美。……夫五德内充则是非自镜也。"（《学而》）此五德实为礼之德目，其美必因情而现而成，情为内发，情成故为内充，内充则善（包括善、不善即是非）被体证（自镜）。

另一方面，皇侃强调性者生、情者成的观点也涵有性生发、创造而情呈现、成就善恶的意思。此处之善恶是就情、事而名，若从"性"上总持地说，则应为"全善"即"无方向之善"或"至善"，它是善恶的根源。

皇侃在人性论中以气性言性，是从实有层面讲的。而他在礼学中以性善（总持地说）言性，则是从作用层讲的。故作用层之"性"具有超越性，且能内生仁义诸善。从作用层言"性"内生仁义诸善的理路与王弼从"无"中内生仁义的玄学思想有异曲同工之妙。

二、对"情"的分析

在皇侃的礼学思想中，"情"的重要性从上面的分析中就可以看得十分清楚。而事实上，整个六朝儒学（不管是礼学还是玄学）都极其重视"情"的问题。《士与中国文化》对此已经说得非常详细："在理论上肯定了情是一个社会价值之后，随之而来的问题则是'称情直往'能否成为一种社会存在。关键不仅在于情，更在于礼，即怎样把礼变得合乎礼意。"

郭象在《庄子·大宗师》"是恶知礼意"一语的注释中说："夫知礼意者必游外以经内，守母以存子，称情而直往也。若乃矜乎名声，牵乎形制,则孝不任实,父子兄弟怀情相欺,岂礼之大意哉?"

王弼在《论语释疑·八佾》"林放问礼"一语的注释中也说:"时人弃本崇末,故(孔子)大其能寻本礼意也。"皇侃也解释说:"夫礼之本意在奢俭之中,不得中者皆为失也。然为失虽同而成败则异。奢则不逊,俭则固陋,俱是致失,奢不如俭。……凡丧有五服,轻重者各宜当情,所以是本。若和易及过哀皆是为失,会是一失则易不若过哀。或问曰:'何不答以礼本而必言四失,何也?'答曰:'举其四失则知不失,即其本也。'"(《八佾》)

所谓礼之本意者,称情直往而得,当情而服即是。情是礼本之基础,所以才有将"缘情制礼"作为礼学在礼制层面之根据的观点。

综上所述,对"情"的内涵进一步加以分疏是十分必要的。从现有材料可以发现,当时人们对"情"的看法并不一样。

王弼说:"夫明足以寻极幽微,而不能去自然之性。颜子之量,孔父之所预在。然遇之不能无乐,丧之不能无哀。又常狭斯人,以为未能以情从理者也。"[1]郭象描述"以情从理"之圣人是"虽在庙堂之上,然其心无异于山林之中,世岂识之哉?"(《庄子·逍遥游注》)"夫理有至极,外内相冥,未有极游外之致而不冥于内者也。……故圣人常游外以弘内,无心以顺有。故虽终日挥形,而神气无变,俯仰万机而淡然自若。"(《庄子·大宗师注》)

王、郭均认为只要以情从理、应物而不累于物,就能达到寻极幽微、游外弘内的境界。玄学家所谓"情"并非如其文字表述之"五情",而是一种合"理"之情、无情之情。它由圣人所表现,从表象看似乎淡然自若、无心世事,而实际上体现了一种至爱无私的情感。

同样是玄学家的向秀对"情"的理解却不一样:"有生则有情,称情则自然。若绝而外之,则与无生同,何贵于有生哉?且夫嗜欲,好荣恶辱,好逸恶劳,皆生于自然。夫人生含五行而生,口思五味,目思五色,感而

———
[1]《三国志·魏书》卷二十八《钟会传》裴松之注。

思室,饥而求食,自然之理也。但当节之以礼耳。"(向秀:《难养生论》,《全晋文》卷七十二)张湛则将向秀的观点推向极致:"夫生者,一气之暂聚,一物之暂灵。暂聚者终散,暂灵者归虚。而好逸恶劳,物之常性,故当生之所乐者,厚味、美服、好色、音声而已耳。而复不能肆性情之所安、耳目之所娱,以仁义为关键,用礼教为矜带,自枯槁于当年,求余名于后世者,是不达乎生生之趣也。"①

向秀、张湛都以"情"为欲望之情,站在这样的立场来诠释情性,只会如张湛那样把"情"与仁义礼教对立起来。

王、郭所论之"情"与向、张所论之"情"是情之两端,前者具有普遍性而后者则具特殊性。二者所论之"情"虽然不同,但都趋于绝对而导致各取一端的片面性。如果采取这样片面的观点来"缘情制礼",只会使礼陷入与仁、德相对立的绝境。向秀、张湛明确地将情与礼对立起来,这种思想在现实中则表现为:"时人间丧事,多不遵礼,朝终夕殡,相尚以速。"②"《礼》云:'忌日不乐。'正以感慕罔极,恻怆无聊,故不接外宾,不理众务耳。必能悲惨自居,何限于深藏也? 世人或端坐奥室,不妨言笑,盛营甘美,厚供斋食;迫有急卒,密戚至交,尽无相见之理:盖不知礼意乎!"③

而王弼、郭象所谓"情"是纯思辨的抽象化之情,从理论上讲涵融仁德,但在现实中却表现为空谈。南朝著名学者范宁就是站在现实的立场上抨击王、郭等人的思想:"遂令仁义幽伦,儒雅蒙尘,礼坏乐崩,中原倾覆。古之所谓言伪而辩、行僻而坚者,其斯人之徒与?"④

当时似乎没有人从理论上对"情"的内涵进行分疏,而是采取一种比较宽泛的说法,既承认王、郭所论之"情",也不否认向、张所论之"情"。晋人袁宏在《三国名臣颂》中赞夏侯玄云:"君亲自然,匪由名教;爱敬既

---

① 〔晋〕张湛:《列子·杨朱注》,诸子集成本。
② 《梁书》卷二十五《徐勉传》。
③ 王利器:《颜氏家训集解·风操第六》,第109页。
④ 《晋书》卷七十五《范宁传》。

同,情礼兼到。"①

"情礼兼到"是东晋以下玄礼合流的真精神之所在,也是东晋以降玄礼双修这一历史事实的理论依据。

从袁宏所言可以发现,情礼均基于自然而非由名教。若以自然为基础,则"情"必为王、郭的无情之"情",世人具无情之"情"则皆为皇侃所谓原壤式的方外圣人(《宪问》),而使礼教成为无用之虚设;如果将"情"建基于向秀、张湛所谓"情欲"之上,礼教就更是没有现实的必要了。

东晋名士戴逵针对时论及由此而起的放达之风,一针见血地指出:"且儒家尚誉者,本以兴贤也,既失其本,则有色取之行,怀情伤真,以容貌相欺,其弊必至于末伪。道家去名者,欲以笃实也,苟失其本,又越检之行,情礼俱亏,则仰咏兼忘,其弊必至于末薄。夫伪薄者,非二本之失,而为弊者必托二本以自通。"②

戴逵指出当时儒道诸学之所以表现为"伪薄",原因在于"失其本"。那么,其本为何呢? 他比较了"有本之放达"与"无本之放达"的不同,并得出结论:"德"即是本。他说:"夫亲没而采药不反者,不仁之子也;君危而屡出近关者,苟免之臣也。而古之人未始以彼害名教之体者何? 达其旨故也。达其旨,故不惑其迹。若元康之人,可谓好遁迹而不求其本,故有捐本徇末之弊,舍实逐声之行。……元康之为放,无德而折巾者也。"③

戴逵所说"亲没而采药不反者",就是《论语》所载泰伯。从礼的角度说,泰伯之亲没,而他却不返回奔丧,是为不仁之子;但因为他是有德之人,其违礼也是出于为德之本,即达其旨。皇侃也谈到这一问题,他引论曰:"太王病而托采药出,生不事之以礼,一让也;太王薨而不反,使季历主丧,死不葬之以礼,二让也;断发文身示不可用,使季历主祭礼,不祭之以礼,三让也。……(泰伯)诡道合权,隐而不彰,故民无得而称,乃大德

---

① 《晋书》卷九十二《袁宏传》。
②③ 《晋书》卷九十四《戴逵传》。

也。"(《泰伯》)

无论戴逵还是皇侃都指出了一个共同的问题：当德与礼发生冲突时，判断是非的标准应是德。所以皇侃才说："君子权变无常，若为事苟合道得理之正，君子为之不必存于小信。"(《卫灵公》)若联系他在《阳货》中所谓"情既是事，若欲当于理，其事则正"来看，君子为事若合道得理之正，则一种庄敬之情必然内发于心而呈现于外。此种庄敬之情才是礼的真正根源，即杜维明先生所说的它是礼的内在动力。①

皇侃并没有明确说出这种庄敬之情，但他在陈述亲亲大义时仍然涉及这一问题："人能所亲得其亲者，则此德可宗敬也。亲不失亲，若近而言之则指于九族宜相和睦也；若广而推之，则是泛爱众而亲仁，乃义之与比，是亲不失其亲也。"(《学而》)

在皇侃看来，亲亲与亲仁是不同层面之情，亲亲之情是自然之情，亲仁之情则是庄敬之情，也即道德之情。他引王弼言曰："自然亲爱为孝，推爱及物为仁也。"(《学而》)皇侃自己具体说明："以孝悌解本，以仁释道。孝是仁之本，若以孝为本则仁乃生也。仁是五德之初，举仁则余从可知也。"(《学而》)

皇侃把"亲亲"的自然之情归约为孝悌，把"亲仁"的庄敬之情归约为仁德，并认为"亲仁"之情是在"亲亲"之情的基础上呈现的。

皇侃认为"亲仁"之情由"亲亲"之情而显，这无疑仍然是玄学思维的论证。在他看来，亲仁是泛爱众之情，无特定的对象；亲亲是自然亲爱之情，指特定的对象。"亲亲"之情是百姓日用而知，"若其本②成立则诸行之道悉滋生也"(《学而》)。所以，"亲亲"之情是体证"亲仁"之情的本（始），只要"亲亲"之情由内心而生，因其有特定的对象而具方向性，故沉浸在此具方向性的"亲亲"之情中人必然能从此情中体验到一种更高层次的"亲仁"之情，也就是皇侃引《孝经》所总结的"夫孝，德之本也，教之

---

① 参见杜维明《人性与自我修养》，第22页。
② 孝悌，即"亲亲"之情。——引者注。

所由生也"(《学而》)。

　　既然"亲亲"之情是由内心而生,而且从中可以体证"亲仁"之情,则"亲仁"之情也应为内心而生。这里存在两个解释:第一,为使亲仁之情得以呈现,必须十分重视以孝悌为核心的礼学,尤其是最能表现孝悌的丧服之礼。第二,当亲仁之情由内心而生时,它"不仅具有普遍性,而且由于向外感通有远近亲疏之别,故有差别性、特殊性、个别性"①。所以,无论是从亲亲之情的内发,还是亲仁之情的外通,都必须非常重视以研究远近亲疏(外在形式)和孝悌(内在情感)为内容的礼学,而礼学中对上述内容表现得最为详细的就是丧礼。丧礼是人的亲亲之情表现得最真切、自然的领域,所谓"人子情思,为欲令哀伤之物在身,盖近情也"②。

　　笔者以为,这就是六朝儒学在丧服之礼学上非常繁荣的主要原因。林素英对于从丧服之制中体证仁道有一段很好的说明:"丧服的规划以服丧尽哀为主要核心,从人情深处挖掘凡是对我有恩情者应为之尽哀,对我尽义理者也应为之尽哀,藉以充分流露人之仁德、实践人之道义,使人从仁义的充塞于内且能外化于对我有恩情义理者,于是能由于念念在仁、思思在义,而使服丧者本身成为居仁由义的有道君子。"③

　　《礼记·丧服四制》有一段文字也给人很大启发:"丧服四制,变而从宜,取之四时也;有恩、有理、有节、有权,取之人情也。恩者仁也,理者义也,节者礼也,权者知也。仁义礼知,人道具矣。"我们可以从取诸人情的丧服制度中体证仁义礼知之人道。因此对丧服制度研究得越细致、规定得越具体、实行得越严格,必然会对仁义礼知之人道体证得越充分、呈现得越完全,居仁由义的有道君子就此而成。所以,六朝时期兴盛不衰的丧服学,其文化意义并不在丧服制度本身,而是跃升到了儒学的核心价值层面来讲的。

---

① 牟宗三:《中国哲学的特质》,第45页,上海,上海古籍出版社,1997。
②《宋书》卷十五《礼志二》。
③ 林素英:《丧服制度的文化意义》,第227页,台北,文津出版社,2000。

三、礼学的基础

根据自己一贯的做法,皇侃首先指出礼学在现实中的作用:

> 若君子学礼乐则必以爱人为用。(《阳货》)
> 仁是恩爱,政行之故宜为美。(《卫灵公》)

皇侃以恩爱之情(恩当为亲亲之情,爱当为亲仁之情)作为道德实践的内在动力将礼乐与仁之行结合起来(其间的曲折已经在前面的分析中有所叙述,这里不再赘言)。他强调"仁"是"恩义"之源:

> 仁、水、火三事皆民人所仰以生者也,水火是人朝夕相须,仁是万行之首。故非水火则无以食,非仁则无有恩义。若无恩及饮食则必死无以立也。三者并为民人所急也,然就三事之中,仁最为胜。(《卫灵公》)

既然礼乐之用在于行仁,而仁是立身之本,则:

> 礼是恭俭庄敬,立身之本,人有礼则安,无礼则危,若不学礼则无以自立身也。(《季氏》)

如果说"仁是恩爱",则行仁就是使恩爱之情有所落实,或爱人,或推爱及物,故"行仁"实质上就是"仁"。所以皇侃也说:"仁道不远,但行之由我,我行即是此。"(《述而》)

综合皇侃的以上观点,可以得出这样的结论:仁是恩义之源,行仁使恩义转进为爱人,爱人须依礼乐之用来表达。因此,礼乐之用具有使仁道呈现出来的意义。

皇侃在此基础上重申,使仁道呈现之礼即为孝悌。他还引《孝经》来证明自己的看法:"夫孝,德之本也,教之所由生也。"(《学而》)

孝悌是皇侃礼学论述的重点,这一特征在礼学思想史上十分常见。礼学家通常将孝悌的范围扩展到内求仁义、外成王道的整个领域。如《礼记·祭义》载曾子曰:"孝有三,小孝用力,中孝用劳,大孝不匮。思慈爱忘劳,可谓用力矣。尊仁安义,可谓用劳矣。博施备物,可谓不匮矣。"

如果此节确为曾子所言,则他就将"孝"区分为三个层次:小孝谓亲亲之情,这是人的自然情感;中孝谓亲仁之情,这是人的道德情感;大孝谓行仁之道,这是人呈现仁道的实践。

皇侃在理解孝悌之目时也遵循了曾子的思想:

第一,他说:"孝是事父母为近,悌是事兄长为远。宗族为近,近故称孝;乡党为远,故称悌也。"(《子路》)"子善父母为孝,善兄为悌。"(《学而》)

皇侃在此处所释之"孝悌"应是曾子所谓小孝。

第二,他又说:"本谓孝悌也……若其本成立,则诸行之道悉滋生也。孝是仁之本,孝为本则仁乃生也。以孝为基,故诸众德悉为广大也。"(《学而》)

皇侃在这里所说之"孝"就是曾子所讲的中孝,即亲仁之情。

第三,对于仁道践履之大孝,皇侃指出:"仁义礼智信五者并是人之行,而仁居五者之首","仁者,恻隐济众,行之盛也"。(《子罕》)"人君若自于亲属笃厚,则民下化之,皆竞兴起仁恩也。孝悌也者,其仁之本与也。"(《泰伯》)"人既生便有在三之义,父母之恩,君臣之义……长幼之恩。大伦谓君臣之道理也,君子所以仕者非贪荣禄富贵,政是欲行大义故也。"(《微子》)

皇侃所言十分符合曾子所说"大孝"之义,践履仁道是将仁之真谛(爱人)由亲(孝)族(悌)推扩至天下(仁),这才是最大的孝,故曰大义。

因此,皇侃在《礼记义疏·祭义》"先王之所以治天下者五"一条下疏释为"广明孝道"(《礼记正义·祭义第二十四》),就是从这个意义上来讲的。

儒家以舜作为大孝的典型而加以赞美:"舜其大孝也与。德为圣人,尊为天子,富有四海之内,宗庙飨之,子孙保之。故大德必得其位,必得其禄。"《礼记·中庸》将大孝之誉归诸舜不是没有原因的。皇侃引曰:

"夫圣德纯粹,无往不备,故尧有则天之号,舜称无为而治。"(《泰伯》)在儒家学者心目中,实行无为而治的理想社会就是舜统治天下的时期。他所施行的无为而治正是仁道能够呈现的最高境界,故称誉舜为大孝不是没有道理的。

在孝之三层面的含义下,才有"古之为政,爱人为大;所以治爱人,礼为大;所以治礼,敬为大。……是故君子兴敬为亲,舍敬是遗亲也。弗爱不亲,弗敬不正。爱与敬,其政之本与"(《礼记正义·哀公问第二十七》)的观念,也才会有皇侃所谓"人子为孝皆以爱、敬而为体"(《子张》),"若能自约检己身,返反于礼中则为仁也。身能使礼反返身中则为仁也"(《颜渊》)。

礼囊括社会生活各层次、各方面,体现了以"爱人"为核心内容的仁道之真谛,并以"孝"之三层面由外情内收于"性",在"性"中呈现全善,再由内向外扩出而落实于仁道之践履,以小孝为始,以大孝为终,构成一个无限上升的修养过程。

总而言之,面对六朝儒学性道相隔绝的困境,以及玄学思潮内部趋向空谈和纵情的极端倾向,皇侃汲取玄学思想尤其是王弼的思想并将其运用于礼学领域,创造性地疏通了儒家天道观、心性论与礼学三层面的隔绝状态,使其成为一个有机整体。更具意义的是,皇侃在疏通性道关系时已渐趋内化,即以"性"中内生之"善"作为自己整个思想体系的终极根据。尽管此种性善是由礼学的道德情感所呈现,且缺乏一种严密的逻辑论证,但我们可以从中理解以皇侃思想为代表的六朝礼学何以繁荣以及它在整个中国儒学史中的重要价值。

第九章　皇侃与南朝礼制思想

人生在世,以何为纲? 皇侃曰:"夫妇、父子、君臣也,三事为人生之纲领。"(《为政》)而此三纲必以礼统之。南朝著名学者沈约就说:"原夫礼者,三千之本,人伦之治道。故用之家国,君臣以之尊,父子以之亲;用之婚冠,少长以之仁爱,夫妇以之义顺;用之乡人,友朋以之三益,宾主以之敬让。所谓极乎天,播乎地,穷高远,测深厚,莫尚于礼也。"①

南朝梁时学者徐勉也说:"臣闻'立天之道,曰阴与阳;立人之道,曰仁与义',故称'导之以德,齐之以礼'。夫礼所以安上治民,弘风训俗,经国家,利后嗣者也。……虽复经礼三百,曲礼三千,经文三百,威仪三千,其大归有五,即宗伯所掌典礼:吉为上,凶次之,宾次之,军次之,嘉为下也。故祠祭不以礼,则不齐不庄;丧纪不以礼,则背死忘生者众;宾客不以礼,则朝觐失其仪;军旅不以礼,则致乱于师律;冠婚不以礼,则男女失其时。为国修身,于其攸急。"②

---

① 《宋书》卷五十五《傅隆传》。
② 《梁书》卷二十五《徐勉传》。

上至天地,下至家国,君臣、父子、少长、夫妇、乡人、朋友、宾主等,可以说礼涵盖了社会中所有的人际关系乃至天人关系。对礼的重要性的强调没有谁比南朝人表现得更强烈的了。作为礼学家的皇侃同样直截了当地表达这种思想:

> 人无礼则死,有礼则生,故学礼以自立身也。(《泰伯》)
>
> 礼主恭俭庄敬,为立身之本。人若不知礼者,无以得立其身于世也。故《礼运》云"得之者生,失之者死",《诗》云"人而无礼,不死何俟?"是也。(《尧曰》)

关于礼学在六朝时期兴盛不衰的现象及其原因,许多研究六朝思想史的学者都有所阐释,前一章也曾就此问题进行了探讨,这里想说明的是,研究礼学思想除了对其在儒学中的内在关系进行分析之外,对于礼学的外在表现形式即礼制的研究也是必不可少的一个环节。《礼记·仲尼燕居》曰:"制度在礼,文为在礼。"礼制是礼之文,是外在形式,我们可以从这种外在形式中发现礼之本,即礼义。而"人之所以为人者,礼义也"(《礼记·冠义第四十三》)。因此,从礼制中发现其内在义理,从而找到人之所以为人的依据。故《礼记·坊记》云:"夫礼,先王以承天之道,以治人之情,故失之者死,得之者生。……是故夫礼必本于天,淆于地,列于鬼神,达于丧、祭、射、御、冠、昏、朝、聘。故圣人以礼示之,故天下、国家可得而正也。"

皇侃对此的解释是:"礼理起于大一,礼事起于遂皇,礼名起于黄帝。"(孔颖达:《礼记正义序》)

由于礼可以承继天道以治人情,故礼制对于人而言具有与法制同样甚至更高的约束力。所以礼制可以作为判断是非的标准。皇侃就明确说道:"得礼为是,失礼为非。"(《礼记义疏·曲礼上》)

皇侃的礼制思想与其生活的南朝萧梁时期礼学的兴盛有很大关系。梁武帝在位时期是六朝儒学最繁荣的一段时间。史家云:"《陈书·儒林传序》亦谓,梁武开五馆,建国学,置博士,以五经教授。帝每临幸,亲自试胄,故极一时之盛。"①他在礼学方面的最大成就是组织当时的著名礼学家撰成《五礼》。由王俭"雅相推重"的何佟之总其事,明山宾、严植之、贺玚等分掌吉、凶、宾、军、嘉礼的撰写。"有疑者,依前汉石渠、后汉白虎,随源以闻,请旨断决。"②清代礼学家秦蕙田评价说:"五礼之书,莫备于梁天监,时经二代,撰分数贤,汇古今而为一本,宸断以决疑,卷帙逾百,条目八千,洋洋乎礼志之盛也。"③

第一节　六朝郊禘礼制

《礼记·仲尼燕居》曰:"明乎郊社之义、禘尝之礼,治国其如指诸掌而已乎。"

《礼记·中庸》亦曰:"明乎郊社之礼、禘尝之义,治国其如示诸掌乎。"

郊社是事天之礼,禘尝是敬祖之礼。事天敬祖是礼制中最重要的内容,任何礼制思想都能以此为依据而推演其体系。另一方面,祭天祀祖之礼又是现实政治活动中最重要的仪式之一,它的正确与否甚至关系到一个王朝是否为天之所命、国之正统,其政治意义是不言而喻的。此在《白虎通德论》中有明确规定:"《礼·曾子问》曰:唯天子称天以诔之。唯者独也,明天子独于南郊耳。"(《白虎通德论·谥篇》)袁准《正论》引《大传》曰:"礼,不王不禘,诸侯不禘,降杀,降于天子也。"④南朝诸代开国皇帝都受前朝"禅让",且都至南郊告天以表明自己是"奉天承运"的正统之君。⑤

正因为此,围绕郊禘之礼的争论从三国时的郑玄、王肃之争开始,一直持续到皇侃所在的南朝晚期。当我们仔细探讨这一问题时,就会发现

---

① 〔清〕赵翼著,王树民校证:《廿二史札记校证》卷十五,第314—315页,北京,中华书局,1984。
② 《梁书》卷二十五《徐勉传》。
③ 〔清〕秦蕙田:《五礼通考》卷三,转引自胡戟《中华文化通志·礼仪志》,第115页。
④ 见〔唐〕杜佑《通典》卷四十九。
⑤ 参见陈成国《魏晋南北朝礼制研究》,第230—234页,长沙,湖南教育出版社,1995。

其中的变化是意味深长的。

郑玄在《礼记·祭法注》中说:"禘谓祭昊天于圜丘也,祭上帝于南郊曰郊,祭五帝五神于明堂曰祖宗。"在郑玄看来,禘祭是祭祀典礼中最隆重的一种,高于郊、祖之祭,他还由此发挥:"冬至圜丘名禘,配以喾。启蛰祈谷名郊,配以稷。"这就是"禘为祀天帝,郊为祈农事"一说的由来。①

郑玄是"禘大于郊"之说的主要代表人物。王肃明确反对这一主张:"郑玄以《祭法》禘黄帝及喾为配圜丘之祀。《祭法》说禘无圜丘之名,《周官》圜丘不名为禘,是禘非圜丘之祭也。……按《尔雅》云:'禘,大祭也。'绎,又祭也。皆祭宗庙之名,则禘是五年大祭先祖,非圜丘及郊也。……知禘配圜丘非也,又《诗·思文》后稷配天之颂,无帝喾配圜丘之文,知郊则圜丘,圜丘则郊。所在言之,则谓之郊;所祭言之,则谓之圜丘。"(《礼记正义·郊特牲第十一》)

针对郑玄所说禘为祀天、郊为祈谷的观点,王肃认为,"鲁以冬至郊天,至建寅之月又郊以祈谷,故《左传》云'启蛰而郊',又云'郊祀以祈农事',是二郊也"(《礼记正义·郊特牲第十一》)。"《郊特牲》云:周之始郊日以至。《周礼》云:冬至祭天于圜丘。知圜丘与郊是一也。言始郊者,冬至阳气初动,天之始也。对启蛰及将郊祀故言始。《孔子家语》云:……孔子对之与此《郊特牲》文同,皆以为天子郊祀之事。"(《礼记正义·郊特牲第十一》)

《孔子家语》对此的议论比较清楚:"郊之祭也,迎长日之至也。大报天而主日,配以月,故周之始郊,其月以日至,其日用上辛,至于启蛰之月,则又祈谷于上帝。此二者,天子之礼也。鲁无冬至大郊之事,降杀于天子,是以不同也。"(《孔子家语·郊问第二十九》)

关于这一问题,后世仍有争论。刘宋时期的学者朱膺之同意王肃的观点:"案先儒论郊,其议不一。……诸儒云:圜丘之祭以后稷配,取其所

---

① 参见王葆玹《今古文经学新论》,第 336 页。

在名之曰郊，以形体言之谓之圜丘。名虽有二，其实一祭。"①萧梁时期的著名学者何胤则坚持郑玄郊丘是二非一的主张："圜丘国郊，旧典不同。南郊祠五帝灵威仰之类，圜丘祠天皇大帝、北极大星是也。往代合之郊丘，先儒之巨失。今梁德告始，不宜遂因前谬。"②其议未被采纳。

有一段史料可以清楚地说明这一问题：东魏天平四年（537），李业兴出使萧梁，梁散骑常侍朱异与他有一段对话。朱异问："魏洛中委粟山是南郊邪？"李业兴曰："委粟是圜丘，非南郊。"朱异说："北间郊丘异所，是用郑义，我此中用王义。"李业兴云："然，洛京郊丘之处专用郑解。"③

《隋书·礼仪一》对郑、王两派的观点有精辟概述："儒者各守其所见物而为之义焉。一云：祭天之数，终岁有九，祭地之数，一岁有二，圜丘、方泽，三年一行。若圜丘、方泽之年，祭天有九，祭地有二。若天不通圜丘之祭，终岁有八。地不通方泽之祭，终岁有一。此则郑学之所宗也。一云：唯有昊天，无五精之帝。而一天岁二祭，坛位唯一。圜丘之祭，即是南郊，南郊之祭，即是圜丘。日南至，于其上以祭天，春有一祭，以祈农事，谓之二祭，无别天也。五时迎气，皆是祭五行之人帝太皞之属，非祭天也。天称皇天，亦称上帝，亦直称帝。五行人帝亦得称上帝，但不得称天。故五时迎气及文、武配祭明堂，皆祭人帝，非祭天也。此则王学之所宗也。"

黄侃先生总结道："依郑义，则禘为最大之祭之名，天人共之。故祭圜丘称禘，夏正南郊称禘，禘于大庙称禘，即地祇之祭方丘亦称禘，人鬼之祭祫大于禘亦称禘；南郊可称禘，则北郊祭后土亦可称禘；南郊祭上帝可称禘，则明堂祭上帝亦可称禘；三岁一禘，庙祀定制既称禘，三年丧毕之终禘，即吉禘亦可冡禘之称；是禘之一名所包至广。若王子雍（肃）之义，则据《尔雅》'禘，大祭；绎，又祭'连文，以为皆祭宗庙之名；谓禘祭为

---

① 《宋书》卷十六《礼志三》。
② 《梁书》卷五十一《何胤传》。
③ 《魏书》卷八十四《李业兴传》。需要强调的是，我们在《隋书·礼仪志一》中看到这样的记载："梁陈以减，以迄乎隋……郊丘互有变易。"待考。

祭庙,非祭天。又以《祭法》说禘无圜丘之名,《周官》圜丘不名为禘,故《大传》言王者,禘其祖之所自出,以其祖配之;所谓祖,即后稷;所自出,即喾也。(郑义以所自出为天,祖为喾。)由是讥郑君乱礼之名实。今案二家之义,南北师儒,申彼绌此,自非详察礼名,焉得有定论哉?"[1]

梁武帝在位前后,情况慢慢发生变化。很多礼学家逐渐淡化了郑、王之争的政治和宗教色彩,从而彰显了人道在祭礼中的重要性。这一点我们可以在南朝萧梁时期一些著名礼学家的议论中得到印证。

南齐著名礼学家王俭在论郊丘之礼时提出,圜丘与郊各自行,不相害也。今之郊礼,义在报天,事兼祈谷。他还指责史官唯见《传》义而未达《礼》旨。[2]

何佟之说:"今之郊祭,是报昔岁之功,而祈今年之福。故取岁首上辛,不拘立春之先后。周冬至于圜丘,大报天也。夏正又郊,以祈农事,故有启蛰之说。自晋太始二年并圜丘、方泽同于二郊,是知今之郊禋,礼兼祈报,不得限于一途也。"[3]梁武帝十分赞同何佟之的主张:"圜丘自是祭天,先农即是祈谷。祭昊天宜在冬至,祈谷必须启蛰。"[4]他还在南郊后欣喜地在诏书中说:"天行弥纶,覆焘功博,乾道变化,资始之德成。朕沐浴斋宫,虔恭上帝。……大礼克遂,感庆兼怀,思与亿兆同其福惠。"[5]

皇侃的观点与何佟之、梁武帝相同:"天有六天,岁有八祭。冬至圜丘,一也;夏正郊天,二也;五时迎气,五也,通前为七也;九月大飨,八也。""鲁冬至郊天,至建寅之月又郊以祈谷,故《左传》云'启蛰而郊',又云'郊祀后稷以祈农事',是二郊也。"(《礼记正义·郊特牲第十一》)

可以发现,王俭、何佟之、梁武帝和皇侃等人几乎都站在王肃学派的立场来谈论郊祀之礼。但《隋书·礼仪一》记载:"梁陈以减,以迄乎隋,

[1] 黄侃:《礼学略说》,《黄侃论学杂著》,第457页,上海,上海古籍出版社,1980。
[2] 参见《南齐书》卷九《礼志上》。
[3] 《隋书》卷六《礼仪志一》。
[4] 见〔唐〕杜佑《通典》卷四十二。
[5] 《梁书》卷三《武帝纪下》。

议者各宗所师,故郊丘互有变易。"我们不禁感到困惑不解:为什么郑王之争直到隋初仍然纷纭不止? 为了更好地理解这个问题,我们不妨再来看一看两派对禘祫关系的主张。

第二节 六朝禘祫礼制

根据郑玄《鲁礼·禘祫志》之说,郑玄认为:禘祫为四时祭以外的大祭;禘祭分祭于各庙,祫祭将所有毁庙之主及未毁庙之主合祭于太祖庙;禘祭大于四时祭,小于祫祭。[①]

这一观点与古文经学大相径庭。贾逵、刘歆曾曰:"禘祫,一祭二名,礼无差降。"[②]"左氏说及杜元凯皆以禘为三年一大祭在太祖之庙。《传》无祫文,然则祫即禘也,取其序昭穆谓之禘,取其合聚群祖谓之祫。"(《礼记正义·王制第五》)

郑玄提出"禘小于祫"的前提是"三年一祫,五年一禘",但此前提不见于先秦经传和古籍而见载于《公羊传·文公二年》:"大祫者何? 合祭也。其合祭奈何? 毁庙之主陈于大祖,未毁庙之主皆升,合食于大祖。五年而再殷祭。"以及何休注:"殷,盛也,谓三年祫、五年禘"。《公羊传》和《何休注》均本《礼纬》之说,《南齐书·礼志上》引《礼纬·稽命征》曰:"三年一祫,五年一禘。"《诗经·商颂·长发》孔颖达疏:"郑《驳异义》云:三年一祫,五年一禘,百王通义。以为《礼谶》云:殷之五年殷祭,亦名禘也。"[③]

今人黄侃云:"郑君之论禘、祫也,先据《春秋》以考鲁礼禘、祫之疏数,而后断言之曰:儒家之说禘、祫也,通俗不同。学者竞传其闻,是用讻讻争论,从数百年来矣。窃念《春秋》者,书天子诸侯中失之事,得礼则善,违礼则讥,可以发起是非。故据而述焉。从其禘、祫之先后,考其疏

---

① 参见钱玄《三礼通论》,第471—473页。
② 见〔唐〕杜佑《通典》卷四十九。
③ 参见钱玄《三礼通论》,第481页。

数之所由,而粗记注焉。鲁礼三年之丧毕,则祫于大祖;明年春,禘于群庙;僖也,宣也,八年皆有禘、祫祭;则《公羊传》所云五年而再殷祭,祫在六年,明矣。《明堂位》曰:鲁王礼也;以此相准况,可知也。案禘、祫之说,当以郑君所推三年禘,五年祫之论为定。"①

王肃对郑玄之说加以反驳说:

> 如郑玄言,各于其庙,则无以异四时常祀,不得谓之殷祭,以粢盛百物,丰衍备具,为殷之者。夫孝子尽心于事亲,致敬于四时,比时具物,不可以不备,无缘俭于其亲累年,而后一丰其馈也。夫谓殷者,因以祖宗并陈,昭穆皆列故也。设以为毁庙之主皆祭谓殷者,夫毁庙祭于太祖,而六庙独在其前,所不合宜,非事之理。……禘祫殷祭,群主皆合,举祫则禘可知也。《论语》孔子曰:"禘自既灌而往者,吾不欲观之矣。"所以特禘者,以禘大祭,故欲观其盛礼也。禘祫大祭,独举禘,则祫亦可知也。于《礼记》则以祫为大,于《论语》则以禘为盛,进退未知其可也。……郑玄以为禘者各于其庙,原其所以,夏、商夏祭曰禘,然其殷祭亦名大禘,《商颂·长发》是大禘之歌也。至周改夏祭曰礿,以禘唯为殷祭之名,周公以圣德,用殷之礼,故鲁人亦遂以禘为夏祭之名,是以《左传》所谓"禘于武宫",又曰"蒸尝禘于庙",是四时祀非祭之禘也。郑斯失矣。至于经所谓禘者,则殷祭之谓,郑据《春秋》,与大义乖。②

北魏孝文帝君臣对禘祫关系的一段议论可以帮助我们清楚地理解这一时期的人们对此问题的看法:"孝文帝太和十三年诏:郑玄云天子祭圜丘曰禘,祭宗庙大祭亦曰禘。三年一祫,五年一禘。祫则毁庙、群庙之主于太祖庙合而祭之,禘则增及百官配食者审谛而祭之。鲁礼三年丧毕而祫,明年再禘。圜丘、宗庙大祭俱称禘,祭有两禘明也。王肃又云天子诸侯皆禘于宗庙,非祭天之祭,郊祀后稷不称禘,宗庙称禘,禘祫一名也。

---

① 黄侃:《礼学略说》,《黄侃论学杂著》,第461页。
② 〔唐〕杜佑:《通典》卷四十九。

合祭故称祫,祷而审谛之故称禘,非两祭之名。三年一祫,五年一禘,总而互举,故称五年再殷祭,不言一禘一祫,断可知矣。诸儒之说大略如是,公卿可议其是非。……(君臣讨论的结果是)先王制礼,内缘人子之情,外协尊卑之序。故天子七庙,数尽则毁,藏主于太祖之庙,三年而祫祭之。代尽则毁,以示有终之义,三年而祫以申追远之情。禘祫既是一祭,分而两之,事无所据。毁庙三年一祫,又有不尽四时,于礼为阙。七庙四时常祭,祫则三年一祭而又不究四时,于情为简。王以祫为一祭,王义为长。郑以圜丘为禘,与宗庙大祭同名,义亦为当。今互取郑王二义。禘祫并为一名,从王;禘是祭圜丘大祭之名,上下同用,从郑。若以数则黩,五年一禘,改祫从禘,五年一禘则四时尽禘,以称今情。禘则依《礼》文,先禘而后时祭。便即施行,著之于令,永为世法。"①

皇侃对禘祫关系的观点也颇具代表性,他并不直接介入此问题的争论,也不为自己的主张寻找经典的根据。他说:"禘者,大祭名也。《周礼》四时祭名,春曰祠,夏曰礿,秋曰尝,冬曰蒸。又四时之外,五年之中,别作二大祭,一名禘,一名祫,而先儒论之不同,今不具说。……礼,禘必以毁庙之主陈在太祖庙,未毁庙之主亦升于太祖庙,序谛昭穆而后共合食于堂上。"(《八佾》)"诸侯夏时若祫则不禘,若禘则不合。"(《礼记正义·王制第五》)

皇侃显然回避了郑王之争的具体问题,但从内容看,他仍然倾向于王肃学派。

综合以上所引述南北朝诸人对郊禘、禘祫关系的看法,可以发现,朱膺之、何胤等人还是囿于郑王之争的理论问题,即在郑、王学派各自所宗之理论框架内为具体礼制规范寻找经典依据。而在这一方面最明显的例证就是后人所辑的《圣证论》。在书中,郑、王学派都以经、传、记,甚至谶纬之书为依据,或者论证自己的观点,或者反驳对方的观点。

---

① 《魏书》卷一百八《礼志一》,〔唐〕杜佑:《通典》卷五十。

另一方面,何佟之、皇侃等人则已经超出郑王之争的范围,他们或者采取一种兼收并蓄的态度(如《圣证论》中所载齐梁时期的学者张融即是);或者避而不谈争论的具体问题(如皇侃即是)。他们感兴趣的并不是礼制本身,而是其中所蕴涵的仁道意义。例如,何佟之说:"圣帝明王之治天下也,莫不尊奉天地、崇敬日月。故冬至祀天于圜丘,夏至祭地于方泽,春分朝日,秋分夕月,所以训民事君之道,化下严上之义也。……《礼记·朝事议》云:'天子冕而执镇圭,尺有二寸,率诸侯朝日于东郊,所以教尊尊也。'《礼记·保傅》云:'三代之礼,天子春朝朝日,秋暮夕月,所以明有敬也。'"①他明显指出郊祀之礼是为了报功、祈福、教尊、明敬而不在于其是否合乎某个权威的经典。皇侃认为禘祫之礼的目的是序谛昭穆,"列诸主在太祖庙堂。太祖之主在西壁东向,太祖之子为昭,在太祖之东而南向。太祖之孙为穆,对太祖之子而北向。以次东陈,在北者曰昭,在南者曰穆,所谓父昭子穆也。昭者,明也,尊父故曰明也;穆,敬也,子宜敬于父也"(《八佾》)。

唐代学者对此认识得更清楚,说得也更明白:

> 故郊以明天道也。②

> 禘祫二礼俱为殷祭,祫谓合食祖庙,禘谓谛序尊卑,申先君逮下之慈,成群嗣奉亲之孝。事异常享,有时行之而祭不欲数,数则黩;亦不欲疏,疏则怠。故王者法诸天道指祀典焉。蒸尝象时,禘祫如闰。天道大成,宗庙法之,再为殷祭者也。③

唐人的说法十分明确,郊礼的本质在于明天道、法天道,禘祫礼的本质在于存尊卑、明慈孝,即践人道。礼制的根本目的就是使人明天道、践人道,所以礼制的内容、形式可以随着时代的不同而不断发生变化,但礼

---

① 《南齐书》卷九《礼志上》。
② 〔唐〕杜佑:《通典》卷四十二。
③ 〔唐〕杜佑:《通典》卷五十。

制的目的是恒常不变的。六朝时的很多礼学家仅局限于在前代圣贤的经典中寻经摘句来论证自己所主张的礼制内容和形式的正确性,殊不知这种训诂式的学术方法已经使礼制丧失其真正的目的而异化为一种唯经典马首是瞻的庸俗礼学。以皇侃为代表的礼学家清醒地意识到礼学研究若循此而往必然陷入绝境,故将自己的礼学研究始终集中于礼学的根本目的而对其中具体的枝节问题采取避而不谈的方式。也正因为此,皇侃的礼学思想及其著作才会得到唐人的重视并被作为《礼记正义》的基本内容而流传至今。

第三节 六朝丧服礼制

尊卑贵贱长幼亲疏是古代社会生活中最重要、最广泛的社会秩序,确认并维护这些秩序的就是礼。"夫礼者,所以定亲疏、决嫌疑、别异同、明是非也。"(《礼记·曲礼上第一》)这是礼制的社会基础。进而言之,"民之所由生,礼为大。非礼无以节事天地之神明也,非礼无以辩君臣上下长幼之位也,非礼无以别男女父子兄弟之亲、婚姻疏数之交也"(《大戴礼记·哀公问于孔子》)。这是从尊卑和亲疏两方面来论述礼制的必要性。

可以发现,礼制是从人的日常生活的各个层次、各个方面对人的行为加以规范、约束的一套行为体系。这一体系表现为一种义务性规范,它要求人们在日常生活的祭、丧、婚、冠等礼之实践中按照吉、凶、军、宾、嘉礼的规定行事。但这些义务性的规定并非国家权力所强制,而是表现为人们的自愿选择。人们不是把这些义务视为被迫接受的负担,而是把它们看成人之为人、君之为君的内在规定,这也就是"人之所以为人者,礼义也"(《礼记·冠义第四十三》)。

一、丧服学的基础

古代中国人始终按照礼的规定来安排自己的日常生活,礼制的核心是宗法制度的规定，①贯穿宗法制度所有内容的主要线索就是血缘关系。血缘关系的层次展开是宗法制度的现实社会基础。在宗法社会，人通过血缘关系而展开各种宗族关系，从而成为被撑开的关系的网络，每个人都必须依赖这个网络而生存，并且也为了这个网络而生存。日本的六朝史学家谷川道雄先生在谈到礼制时说："所谓礼制，乃是氏族制已被文明化的面貌。若以封建制度为例，那便是把氏族制社会之社会结合原理的血缘性，提升到政治原理的程度。"②因而，古人对于礼学倾注极大热情，甚至毕其一生之心血来研究礼学，也就毫不奇怪了。

在儒家看来，"礼乐伦常，亲亲尊尊，是维系人群最起码而最普通的一个不可离的底子。儒家的全部教义即顺此底子而滋长壮大，故可为人间的一个骨干"③。

亲亲、尊尊是儒家社会的基础，是儒家礼学的基础，也是儒家治道的基础。王国维先生认为，由亲亲之统出发而立祭法、庙数之制，由尊尊之统出发而立嫡庶之制，由是而生宗法及丧服之制。④ 金景芳先生认为，亲亲之统（宗统）和尊尊之统（君统）是两个不同的范畴。在宗统范围内，血缘身份高于政治身份；而在君统范围内，政治身份高于血缘身份。⑤

亲亲和尊尊在不同的时代背景下存在不同的支配和被支配关系。在以君权为代表的君统占优势时，尊尊之义占支配地位；在以父权为代表的宗统占优势时，亲亲之恩即成为主导因素。将二者很好地结合起来是历代统治者竭力想要达到的目的。东汉经学家甚至把能够协调亲亲、尊尊之间的关系赞誉为王道的实现。⑥ 汉晋时的"以孝治天下"思想就是在中央集权制下一种结合二者的企图，南北朝时丧服制度的繁荣则是在

① 参见李学勤《东周与秦代文明》，第376页，北京，文物出版社，1984。
② ［日］谷川道雄：《中国的中世》，刘俊文主编：《日本学者研究中国史论著选译》第2卷，第107页。
③ 牟宗三：《政道与治道》，第36—37页，台北，学生书局，1983。
④ 参见王国维《观堂集林》卷十，石家庄，河北教育出版社，2001。
⑤ 参见金景芳《古史论集》，第114页，济南，齐鲁书社，1981。
⑥ 参见《白虎通德论》卷三《礼乐》。

门阀士族制度下一种结合二者的尝试。清代学者在谈到六朝礼学时一针见血地指出："六朝人礼学极精，唐以前士大夫重门阀，虽异于古之宗法，然与古不相远，史传中所载多礼家精粹之言。……古人于亲亲中寓贵贵之意。"①

以丧服学为代表的六朝礼学是六朝人试图将宗统与君统结合起来的理论成果。

二、丧服学的内容

晋武帝在泰始四年（268）的诏书中说："国之大事，在祀与农。"②

皇侃对此有一个具体的解释："民、食、丧、祭四事，治天下所宜重者也。国以民为本，故重民为先也；民以食为活，故次重食也；有生必有死，故次重于丧也；丧毕为之宗庙，以鬼享之，故次重祭也。"（《尧曰》）

皇侃还进一步指出丧、祭的重要性："丧为人之终，人子宜穷其哀戚，是谓慎终；三年后去亲转远而祭极敬，是谓追远。君上能行慎终追远之事，则民下之德日归于厚也。"（《学而》）

丧祭之礼既是个人的重要活动，也是国家最重要的政治生活之一。丧礼在古人看来就是一种政治活动："礼之行，由于俗之厚；俗之厚，由于丧之重也。周公所以成周家忠厚之俗，亦惟丧、祭之重而已。丧、祭之重，民俗之厚也；民俗厚而后冠、昏之礼可行矣。"③

丧服学在六朝属礼学重镇，《隋书·经籍志》著录"凡六艺经纬六百三十七部"，其中礼类一百三十六部，而明标《丧服》者为四十七种，可见丧服学在整个六朝都十分繁荣。但一个令人惊异的现象是，礼学史上著名的郑、王之争在丧服学中同样存在。如同其在郊禘礼中一样，随着时代的不同，人们对郑王之争的态度也明显有所差异，而这一现象具有十

---

① 〔清〕沈垚：《落帆楼文集》卷八《与张渊甫》。
② 《晋书》卷十九《礼志上》。另《宋书》卷十四《礼志一》所载文字稍异："夫民之大事，在祀与农。"
③ 〔元〕牟楷：《内外服制通释序》，文渊阁《四库全书》第一一一册。

分重要的意义。

刘宋时期的礼学家王准之叙述了郑王的不同之处："郑玄注《礼》，三年之丧，二十七月而吉，古今学者多谓得礼之宜。晋初用王肃议，祥禫共月，故二十五月而除，遂以为制。江左以来，唯晋朝施用，缙绅之士多遵玄义。夫先王制礼，以大顺群心。'丧也宁戚'，著自前训。今大宋开泰，品物遂理。愚谓宜同即物情，以玄义为制，朝野一礼，则家无殊俗。"[1]所谓"三年之丧，二十七月而吉"是对有关郑注的概括。《仪礼·士虞礼》："中月而禫。是月也，吉祭犹未配。"注曰："中犹间也。禫，祭名也，与大祥间一月。自丧至此，凡二十七月。禫之言澹澹然平安意也"，"是月是禫月也，当四时之祭月则祭，犹未以某妃配某氏，哀未忘也"。《少牢馈食礼》疏曰："知与大祥间一月，二十七月禫，徙月乐，二十八月复平常正作乐也"，"引《少牢礼》者，证禫月吉祭未配，后月吉如《少牢》配可知也"。郑玄之意正如孔疏所释，谓禫祭与在禫祭之前举行的大祥间隔一个月，三年之丧再机丧至禫必有二十七月之久，此后则恢复平常生活，唯有四时之祭如《少牢礼》耳。

王肃与郑玄论三年丧的意见不同，其详见《礼记·檀弓上》"孟献子禫"节疏内："王肃以二十五月大祥，其月为禫，二十六月作乐。……故王肃以二十五月禫除丧毕。而郑康成则二十五月大祥，二十七月而禫，二十八月而作乐复平常。郑必以为二十七月禫者，以《杂记》云'父在为母为妻，十三月大祥，十五月禫'，为母为妻尚祥禫异月，岂容三年之丧乃祥禫同月？……其《三年问》云'三年之丧，二十五月而毕'，据丧事终除衰去杖，其余衰未尽，故更延两月，非丧之正也。"

从历史记载看，除两晋采用王肃的二十五月说外，关于三年丧的意见多从郑玄的二十七月说。犹如史家所说，"黜王扶郑，自此永为定制"[2]。

---

[1] 《宋书》卷六十《王准之传》。
[2] 〔清〕王鸣盛：《十七史商榷》（中），第767页。

但是顾炎武在《日知录》卷五"三年之丧"条谓郑王"二说各有所据"，"自《礼记》之时而行之已不同矣"。当代学者陈成国对郑玄之说的疑惑也不是没有道理：

> 《礼记·三年问》："三年之丧，二十五月而毕，哀痛未尽，思慕未忘，然而服以是断之者，岂不送死有已，复生有节也哉？"此文谓三年丧服以二十五月断之，就与郑君之说不完全相同。《郑志》卷下答赵商："'孔子五日弹琴'，自省哀乐未忘耳；'逾月可以歌'，皆自省逾月所为也。"似乎在援引孔子为证。……孔子不赞成大祥与作乐放歌同日同月，他主张大祥之后逾月作乐放歌。郑君说二十八月而作乐，实与夫子之意不合。……孔子的意思，恐怕不是"二十八月作乐复平常"，凡言大祥者均指二十五月，郑王无异词；然则孔子所谓祥而逾月，就是二十六月。王肃谓二十六月作乐，此意与孔子相符。……要之，在三年丧期的时限这个问题上从理论上说宜依孔子，而不必依郑君，亦不必尽依王肃。[1]

皇侃也谈到这个问题。从文中看，他赞成王肃的主张，但他并没有引经据典以论证自己的观点，而是摆脱了那种训诂式的争论，完全从义理的角度解释之："圣人为制礼以三年有二义。一是抑贤，一是引愚。抑贤者言夫人子于父母有终身之恩，昊天罔极之报，但圣人为三才宜理、人伦超绝，故因而裁之以为限节者也。所以然者何？夫人是三才之一，天地资人而成。人之生世谁无父母？父母若丧，必使人子灭性，及身服长凶，人人以尔则二仪便废，为是不可。故断以年月，使送死有已，复生有节。寻制服致节本应断期，断期是天道一变，人情亦宜随之而易。但故改火促期不可权终天之性，钻燧过隙无消创矩之文，故隆倍以再变，再变是二十五月，始末三年之中，此是抑也。一是引愚者，言子生三年之前，未有知识，父母养之，最钟怀抱，及至三年以后，与人相关，饥渴痛疾，有

---

① 陈成国：《魏晋南北朝礼制研究》，第 291—294 页。

须能言，则父母之怀，稍得宽免。今既终身难遂，故报以极时，故必至三年，此是引也。"(《阳货》)

皇侃还强调了三年丧期适用于任何人："人虽贵贱不同，以为父母怀抱，故制丧服不以尊卑致殊，因以三年为极。上至天子，下至庶人。"(《阳货》)

由上引述可以发现，皇侃仍然回避郑王之争中对具体问题的烦琐争论，而从礼制中抽绎出其中所蕴涵的礼义，只有这些体证仁道的礼义才是礼学的真谛，而那些礼制的具体规定只是礼的外在形式。皇侃的丧服学与其对郊禘礼的态度一样具有浓厚的义理色彩。

三、恩义关系的变化

前面已经说过，亲亲之义象征着以父权为代表的血缘关系，尊尊之义则象征着以君权为代表的政治关系，丧服学是六朝礼学试图协调这两种关系的理论成果。父权在丧服学中表现为恩(孝)，君权在丧服学中则表现为义(忠)。

关于恩义关系的讨论，在先秦时就已存在。郭店楚简《六德》篇云："仁，内也；义，外也；礼乐，共也。内立父、子、夫也，外立君、臣、妇也。疏斩布绖杖，为父也，为君亦然；疏衰齐牡麻绖，为昆弟也，为妻亦然；袒免，为宗族也，为朋友亦然。为父绝君，不为君绝父。……门内之治恩掩义，门外之治义斩恩。"[1]这样的观点在汉代的《大戴礼·本命》和《礼记·丧服四制》中都有阐述。但是，强调恩内义外的观点都是在君权较为强大(如两汉)的时候。而在六朝这样君权相对衰弱的时期，则对恩义关系的倾向性存在着一个变化的过程。

以丧服学来协调二者，其中的倾向性十分明显。正如吴承仕先生所言，丧服理论中最重要的是"至亲以期断"这个作为原则的原则。[2]

---

[1] 荆门市博物馆编：《郭店楚墓竹简》，第188页，北京，文物出版社，1998。
[2] 吴承仕：《中国古代社会研究者对于丧服应认识的几个根本概念》，《文史》1934年第1期。

《礼记·三年问》记载："曰:'至亲以期断,是何也?'曰:'天地则已易矣,四时则已变矣,其在天地之中者,莫不更始焉,以是象之也。''然则何以三年也?'曰:'加隆焉尔也,焉使倍之,故再期也。''由九月以下何也?'曰:'焉使弗及也。故三年以为隆,缌小功以为杀,期九月以为闲。'"所谓"至亲以期断"即是说增服以期为本位,期服的适用则以至亲为本位。至亲即是一体之亲。《丧服传》云:"父子,一体也;夫妻,一体也;兄弟,一体也。"三至亲即是一个血族单位,其互相为服皆是期服。由此而隆杀至九族、五服而止。所以,丧服学最核心者是亲亲之义,而尊尊之义则是在前者的基础上建立起来的。郭店楚简《六德》篇的作者指出:"父子不亲,君臣无义。是故先王之教民也,始于孝弟。"这样一种观点既保持了"义"的地位,更强调了"恩"的重要性。魏晋时人庞朼所谓"父子天性,爱由自然。君臣之交,出自义合,而求忠臣必于孝子。是以先王立礼,敬同于父,原始要终,齐于所生"[1],表达的是同样一种意思。

《礼记·檀弓》云:"事亲有隐而无犯,左右就养无方,服勤至死,致丧三年;事君有犯而无隐,左右就养有方,无勤至死,方丧三年。"郑玄注曰:"方丧,资于事父。彼以恩为制,此以义为制。"郑玄注将恩、义的区别及丧服对此的倾向性说得十分清楚了,他还补充说:"服之首主于父母。"晋人刘维所谓"五服之义,以恩为主"也是这个意思。这种以父母之恩为主的倾向性在六朝人的思想中表现得特别强烈。

如果恩、义之间发生冲突时,他们甚至公开指责重义轻恩的主张。《宋书·礼志二》曰:"汉文帝始革三年丧制。……案《尸子》,禹治水,为丧法,曰毁必杖,哀必三年。是则水不救也,故使死于陵者葬于陵,死于泽者葬于泽。桐棺三寸,制丧三日。然则圣人之于急病,必为权制也。但汉文治致升平,四海宁晏,废礼开薄,非也。"

另有一则典型史例:西晋文帝死,朝廷议论丧礼。羊祜认为应该服三年之丧,傅玄则以为三年之丧已废数百年而一旦行之恐难行也。羊祜

---

①《晋书》卷五十《庾纯传》。

退一步,让晋惠帝遂服,傅玄答:"若上不除而臣下除,此为但有父子,无复君臣,三纲之道亏矣。"史家习凿齿对傅玄之论不以为然:"傅玄知无君臣之伤教,而不知兼无父子为重,岂不蔽哉?"①东晋名相王导在上疏中明言"父子、夫妇、兄弟、长幼之序顺,而君臣之义固矣。《易》所谓正家而天下定者也"②。

然而,这种重亲亲之义的倾向到梁武帝以后似乎有了一些变化。在梁武帝亲自主持下,曾针对皇子为慈母服制问题展开争论,这场争论似乎令人费解。梁武帝议皇子为慈母服制云:"《礼》言'慈母'凡有三条:一则妾子之无母,使妾之无子者养之,命为母子,服以三年,《丧服》齐衰章所言'慈母如母'是也。二则嫡妻之子无母,使妾养之,慈抚隆至虽均乎慈爱,但嫡妻之子,妾无为母之义而恩深事重,故服以小功,《丧服》小功章所以不直言'慈母'而云'庶母慈己者',明异于三年之'慈母'也。其三则子非无母,正是择贱者视之,义同师保而不无慈爱,故亦有'慈母'之名,师保既无其服,则此慈母亦无服矣。"③

梁武帝分"慈母"为三,引《曾子问》载孔子答子游之问,证明《内则》义同师保之慈母无服,然后批评郑玄不辨三慈,混为训释,言之有据。如果细加揣摩,他似乎想从慈母之"恩"中分离出贵贱之义、师保之名,而它们已经是尊尊之义的范畴。站在这个角度来看,梁武帝大动干戈、详细讨论丧服的良苦用心,所谓醉翁之意不在酒,就显得十分明显了。何佟之也表现了与梁武帝同样的倾向:"《春秋》之旨,臣子继君亲,虽恩义有殊,而其礼则一。所以敦资敬之情,小祥抑存之礼,斯盖至爱可申,极痛宜屈耳。"④

从材料中可以知道,尽管皇侃仍然强调恩、孝的基础地位,但他已经沿着梁武帝、何佟之的方向,大力提升义、忠的重要性。他在疏释"子为

---

① 《宋书》卷十五《礼志二》。
② 《宋书》卷十四《礼志一》。
③ 《梁书》卷四十八《司马筠传》。
④ 《南齐书》卷十《礼志下》。

父隐,父为子隐"时说:"父子天性,率由自然,至情宜应相隐,若隐惜则自不为非,故云直在其中矣。若不知相隐,则人伦之义尽矣。"(《子路》)

皇侃在承认父子之亲为人伦之义的同时又提出了"君亲宜一"的观点:"夫谏之为义,义在爱惜。既在三事,同君亲宜一。若有不善,俱宜致谏。案《檀弓》云'事亲有隐无犯,事君有犯无隐',则是隐亲之失,不谏亲之过,又谏君之失,不隐君之过,并为可疑。旧通云:君亲并谏,同见《孝经》,微进善言,俱陈记传,故此云事父母几谏。而《曲礼》云为人臣之礼不显谏。郑玄曰:'合几,微谏也。'是知并宜微谏也,又若君亲焉过大,甚则亦不得不极于犯颜,故《孝经》曰:'父有争子,君有争臣。'又《内则》云:'子之事亲也,三谏不从,则号泣而随之。'又云:'臣之事君,三谏不从则逃之。'以就经记并是极犯时也,而《檀弓》所言,欲显真假本异,故其旨不同耳。何者? 父子真属,天性莫二,岂父有罪、子向他说也? 故孔子曰:'子为父隐,父为子隐,直在其中。'故云有隐也。而君臣既义合,有殊天然,若言君之过,于政有益则不得不言,唯值有益乃言之,亦不恒焉口实。若言之无益则隐也。"(《里仁》)

他进一步说:"人子之礼,移事父孝以事于君则忠,移事兄悌以事于长则从也。孝以事父,悌以事兄,还入闺门宜尽其礼。父兄天性,续莫大焉;公卿义合,厚莫重焉。"(《子罕》)

如果说皇侃在前引注疏中还是强调"君亲宜一"的话,那么他在《论语·微子》的注疏中已经明确提出大伦为君臣之义的看法:"人既生便有在三之义,父母之恩,君臣之义。……大伦谓君臣之道理也。"

综合上述有关丧礼的讨论,虽然没有脱离汉代的师法和家法,然而其现实意义却不可忽视。皇侃非常清醒地知道应该提倡什么、反对什么。父母之恩、君臣之义及其内在道德性的提扬,不仅仅在于稳定社会而直接关乎人的生存意义。穿透烦琐的礼而揭示人心之"仁",是皇侃礼学的指向。

以丧服学为核心的丧礼在六朝时期的兴盛绝非偶然,它既有内在超越的文化原因,又有外在礼制的政治原因。与此同时,六朝丧礼对恩、义倾向性的变化也预示着礼学乃至儒学向义理之学演进的某种征兆。而以皇侃等为代表的南朝梁的礼学家们在这一变化过程中作出了他们自己的贡献。

南朝礼学的繁荣是以丧服学的隆盛为标志的。上述内容仅为丧服学之一隅，但即使如此，我们也能够感觉到丧服学在当时是如何受到人们的重视，又是如何随着时代的变迁而不断变化的。就以丧服学为代表的南朝礼学的文化意义和哲学意义而言，可以从三个层面加以论述。

第一，文化认同的意义。南朝诸代偏安江南，向为文化重地的中原地区沦为夷狄之域。南朝政权的正统性及其政治制度、礼乐文化的正宗性极易招致怀疑。世居江南的土著汉人和未曾迁徙的北方汉人的支持是南朝诸代迫切需要得到的重要力量。而要得到他们的拥护，强化其文化认同感和民族归属感，不失为最好的办法之一。另一方面，拥有强大军事实力的北方少数民族统治者对于汉族高度发达的礼乐文化始终怀有慕化之心，使他们因钦慕而逐渐汉化则是维护南朝政权生存的重要手段。更有甚者，属外来文化的佛教在南朝的广泛传播影响儒学在文化领域的统治地位。在这样的现实环境下，南朝诸代的精英们将传统文化中最具文化底蕴的礼学作为应对的领域。隋唐的历史证明礼学确实发挥了精英们所期待的作用。

第二，社会整合的意义。以丧服学为代表的礼学在南朝的隆盛，一方面固然是中原文化、华夏文明认同的需要，是民族凝聚的需要；另一方面，又是社会重新整合的需要。六朝时期社会的重新整合，分裂战乱之后重新恢复秩序，一定要有社会层面伦理关系的调整，甚至深入人心的道德意识的重建。政府与精英文化层对礼学的提倡固然与民间社会的实际情况有一定的距离，但这种提倡确乎顺应了历史的潮流。关于社会关系、社会秩序的调整与重组，文化精英们只有借重于自身的文化资源，于是礼学，尤其是丧服学在这种社会需要面前得到了长足发展。

第三，道德重建的意义。六朝儒学处于一种天道失落、性道隔绝的困境。无道德根据的儒学成为一种虚伪的、外在的说教。这种状况也促使文化精英们既汲取佛家和道家的思想方法以弥补自身的不足,更试图从儒学内部的礼学中寻找道德重建的途径。从皇侃的礼学思想来看,这一努力趋势对于儒学的发展来说不是没有意义的。

第四节 皇侃与礼治思想

皇侃的政治主张是建立在其礼学基础之上的:"人君能用礼让以治国,则于国事不难。"(《里仁》)"君上若好礼则民下谁敢不敬,礼主敬故也。君上若裁断得宜则民下皆服,义者宜也。君上若好敬则民下有敬不复欺,故相与皆尽于情理也。"(《子路》)

皇侃是以礼教来看待政治的:"教者何谓也? 教者效也。上为之,下效之。民有质朴,不教不成。"[1]

上述观点是儒家对政治理论基础的共同看法,即所谓礼治。礼被视为治理国家的大纲和根本。《左传》云:"礼,经国家,守社稷,序民人,利后嗣者也。"(《左传·隐公十一年》)孔子也说:"为国以礼。"(《论语·先进》)比皇侃稍早的著名礼学家徐勉在给梁武帝的表中说:"夫礼,所以安上治人,弘风训俗,经国家、利后嗣者也。"[2]梁武帝同样将礼视为治国之大要,他在即位初就下诏曰:"礼坏乐缺,故国异家殊,实宜以时修定,以为永准。"[3]

礼治的基础是以亲亲之义为核心的宗统和以尊尊之义为核心的君统所构成的宗法社会的存在。宗统表现为亲疏、长幼等关系,君统则表现为贵贱、尊卑等关系。礼治的作用就是确认并维护这些关系,而发挥这种作用的基本方式就是规定亲与疏、长与幼、贵与贱、尊与卑之间的差别。礼通过规定差别而将亲亲、尊尊等抽象的意义落实为具体的外在现象,而表现为一种等级制度,即《礼记·丧服小记》所谓"亲亲、尊尊、长长、男女之有别,人道之大者也"。而《中庸》则引孔子答鲁

---

① 《白虎通德论》卷八《三教》。
②③ 《梁书》卷二十五《徐勉传》。

哀公的话说:"仁者人也,亲亲为大;义者宜也,尊贤为大。亲亲之杀,尊贤之等,礼所生也。"

传统社会的等级制度是礼治的基础。因此,礼治对于等级制度是极力加以维护的。孔子说:"贵贱无序,何以为国?"(《左传·昭公二十九年》)六朝人更将贵贱视为天理之当然:"若皆私之,则志过其分。上下相冒,而莫为臣妾矣。臣妾之才而不安臣妾之任,则失矣。故知君臣上下手足外内乃天理自然,岂真人之所为哉。"(郭象:《庄子·齐物论注》)

贵贱之"分"是先天禀受,是维护礼治的根据。沈约更将智愚与贵贱联系起来,认为智愚的品级与贵贱的品级是平行地更换,即因贵而智、因贱而愚,人在各各的"分"上得其性,因此,各各的智愚之"分"、贵贱之"分"都合乎自然理法。①

贵贱之"分"要求个体充分履行自己所处地位的义务,即皇侃所谓:"为风政之法,当使君行君德,故云君君也,君德谓惠也。臣当行臣礼,故云臣臣也,臣礼谓忠也。父为父法,故云父父也,父法谓慈也。子为子道,故云子子也,子道谓孝也。"(《颜渊》)君、臣、父、子各司其职,各尽其责,各行其道。只有这样,尊者之"尊"因其与卑者之"别"而呈现,卑者之"卑"亦因其与尊者之"异"而表现。亲疏关系也是如此。

维护等级制度就是对贵贱、亲疏等名分的确定,皇侃对"正名"的重要性有清楚的认识:"为政先行者正百物之名也,所以先须正名者,为时昏礼乱、言语番杂,名物失其本号,故为政必以正名为先也。"(《子路》)

皇侃还引《韩诗外传》说明"正名"的意义:"孔子侍坐季孙,季孙之宰通曰:'君使人假马,其与之不乎?'孔子曰:'君取臣谓之取,不谓之假。'季孙悟,告宰通曰:'今日以来云君有取谓之取,无曰假也。'故孔子正假马之名而君臣之义定也。"(《子路》)

在皇侃等礼学家看来,"正名"是礼治得以实行的基础,其重要性不

---

① 参见[日]吉川忠夫《六朝士大夫的精神生活》,刘俊文主编:《日本学者研究中国史论著选译》第7卷,第108—109页,北京,中华书局,1993。

言而喻。"且夫名以召实,实以应名,名若倒错不正,则当言语纰僻不得顺序也。若言不从顺序则政行触事不成也。若国事多失则礼乐之教不通行也。礼以安上治民,乐以移风易俗。若其不行则君上不安,恶风不移故有淫刑滥罚,不中于道理也。刑罚既滥,故下民畏惧刑罚之滥,所以局天束地不敢自安,是无所自措立手足也。既民无所措手足由于名之不正,故君子为政者宜正其名,必使顺序而可言也。"(《子路》)

礼治不行只会导致刑罚泛滥,从而使人民手足无措。皇侃认为不行礼治只会导致法治的盛行,而法治在他看来是不符合礼治精神的。他引时人之论曰:"政者,立常制以正民者也。刑者,兴法辟以割制物者也。制有常则可矫,法辟兴则可避,可避则违情而苟免,可矫则去性而从制;从制外正而心内未服,人怀苟免则无耻于物,其于化不亦薄乎。""立政以制物,物则矫以从之;用刑以齐物,物则巧以避之。矫则迹从而心不化,巧避则苟免而情不耻,由失其自然之性也。若导之以德,使物各得其性,则皆用心不矫其真,体其情则皆知耻而自正也。"(《为政》)

法治只会使人失去自然之性,人性是人之所以为人的根本,失去人性只会使人失去人的尊严和无限可能性,人也不成其为人了。所以说,只有导之以德而得性、齐之以礼而得情的礼治,才是最好的选择。"德者,得其性者也。得其性则本至,本至则无制而自正。"(《为政》)"用情犹尽忠也,行礼不以求敬而民自敬,好义不以服民而民自服,施信不以结心而民自尽信。"(《子路》)

我们可以看到,皇侃秉承儒家礼治思想的传统,将治政的途径引向道德修养,认为修身齐家就是为政治国:"人子在闺门当极孝于父母而极友于兄弟,若行此事,有政即亦是为政也。施行孝、友,有政,家家皆正,则邦国自然得正,亦又何用为官位乃是为政乎?"(《为政》)

东晋初期门阀士族的代表人物王导有一篇很著名的疏奏,从中可以发现六朝人对礼治的基本看法,不妨引之:

　　　夫治化之本,在于正人伦;人伦之正,存乎设庠序;庠序设而五教明，则德化洽通，彝化攸叙，有耻且格也。父子兄弟夫妇长幼之序顺，而君臣之义固矣。《易》所谓正家而天下定者也。故圣人蒙以养正，少而教之，使化沾肌骨，习以成性，有若自然。日迁善远罪而不自知，行成德立，然后裁之以位。虽王之嫡子犹与国子齿，使知道而后贵。其取才用士，咸先本之于学，故《周礼》乡大夫"献贤能之书于王，王拜而受之"，所以尊道而贵士也。人知士之所贵由乎道存，则退而修其身，修其身以及其家，正家以及于乡，学于乡以登于朝。反本复始，各求诸己。敦素之业著，浮伪之道息，教使然也。故以之事君则忠，用之莅下则仁，即孟轲所谓"未有仁而遗其亲，义而后其君者也"。①

六朝人认为，士族所以事君以忠，莅下以仁，乃是教使然也；士族之贵显在于其存道，而存道在于修身，修身仍为教使然也。少而教之则使人可以成性而有若自然。"教"是礼治实现的前提条件。在皇侃的思想中，"教"与礼治是不相区分的。他引曰："典籍辞义谓之文，孝悌恭睦谓之行，为人臣则忠，与朋友交则信，此四者，教之所先也。故以文发其蒙，行以积其德，忠以立其节，信以全其终也。"（《述而》）我们很难从以上议论中发现"教"与礼治之间有何不同。

皇侃强调"教"与礼治的密不可分，修身与为政的密不可分，其间的关键在于德行。因为德行既是"教"与修身的结果，又是礼治与为政的开始，而德行之发端，有赖于老师的启迪。正如徐复观先生所说："既不能上求之于神，也不能内求之于心，故只能求之于圣王的法（伦制），使人接受这种法的就是师。"②

既然师的作用如此重要，那么应该让有德者为人师。皇侃说："记问之学不足以为人师。师人必当温故而知新，研精久习，然后乃可为人传说耳。若听之于道路，道路仍即为人传说，必多谬妄，所以为有德者所弃

① 《宋书》卷十四《礼志一》。
② 徐复观：《中国人性论史（先秦篇）》，第217—218页。

也,亦自弃其德也。"(《阳货》)

皇侃引孙绰之释指出为人师的要求:"滞故则不能明新,希新则存故不笃,常人情也。唯心平秉一者,守故弥温,造新必通,斯可以为师者也。"(《为政》)

皇侃对师道的重视还表现在他将师与君、父并列:"夫谏之为义,义在爱惜。既在三事,同君亲宜一。若有不善,俱宜致谏。案《檀弓》云:事亲有隐无犯,事君有犯无隐……又在三有师,《檀弓》云:事师无犯无隐,所以然者,师常居明德,无可隐。无可隐故亦无犯也。"(《里仁》)

六朝的选举制度素以"上品无寒门,下品无世族"的门阀制度而闻名于世。它实际上是"等级制度在家族中的深刻表现和制度化"①。著名的九品中正制是将汉末乡间评定习惯加以制度化,综合家世、才德而定品的选举制度。一般认为这是门阀士族操纵选举以垄断仕途的工具。时人谓"台阁选举,徒塞耳目,九品访人,唯问中正。故据上品者,非公侯之子孙则当涂之昆弟也"②。九品中正制对于巩固门阀制度发挥了相当大的作用。

但到南北朝时期,门阀制度业已确立,"士庶天隔"已成为普遍性原则,所谓"士庶之别,国之章也"③就是当时人们的共识。在这样的情况下,九品等级的升降反而没有魏晋时期那样重要,因为士族进身已不必关心中正给自己的品第,问题只在于自己的血统即姓族的辨别。另一方面,世家大族为维护自己的特权地位而到了辨别姓族的地步,表明他们在政治上已经失去了与君权相抗衡的实力,而只能在社会生活中维护自己的特权。

正是在这样的时代背景下,皇侃在分析人的品第时也分为九品,但他所说的品第已经不以家世和才德为依据,而是从教化的意义上来讲的:"就人之品识大判有三,谓上、中、下也。细而分之则有九也:有上

---

① 唐长孺:《魏晋南北朝史论丛(外一种)》,第119页。
② 《晋书》卷四十八《段灼传》。
③ 《南史》卷二十三《王球传》。

上、上中、上下也,又有中上、中中、中下也,又有下上、下中、下下也。凡有九品,上上则是圣人,圣人不须教也;下下则是愚人,愚人不移亦不须教也;而可教者谓上中以下、下中以上,凡七品之人也。今云中人以上可以语上,即以上道语于上分也。中人以下不可以语上,虽不可语上,犹可语之以中及语之以下。何者? 夫教之为法恒导引分前也。圣人无须于教,故以圣人之道可以教颜,以颜之道可以教闵。斯则中人以上可以语上也。又以闵道可以教中品之上,此则中人亦可语上也。又以中品之上道教中品之中,又以中品之中道教中品之下,斯即中人亦有可语之以中也。又以中品之下道教下品之上,斯即中人以下可以语下也。又以下品之上道教下品之中,斯即中人以下可以语下也。……既有九品,则第五为正中人也,以下则六、七、八也,以上即四、三、二也。”(《雍也》)

皇侃所言“九品”完全没有九品中正制中品级所含有的政治色彩,而是为儒家教化所具有的迁善去恶、修身齐家乃至治国平天下的作用提供了充分的人性依据。他也为六朝等级制度的变化提出理论的证据,如其所言:“人乃有贵贱,同宜资教,不可以其种类庶鄙而不教之也。教之则善,本无类也。”(《卫灵公》)

由教化而言,只有善恶而无贵贱之分,教之则善,善则品必升,品升则人贵也。这一结论并非皇侃杜撰,而是历史事实。梁武帝立五经博士为五馆,“馆有数百生,给其饩廪,其射策通明者即除为吏”[1]。射策之策即试经,也可概称明经,当时的贵游子弟“明经求第,则雇人答策”[2],显然已把学馆射策得第者通称为明经。梁武帝在天监八年(509)五月诏云:“其有能通一经,始末无倦者,策实之后,选可量加叙录。虽复牛监羊肆,寒品后门,并随才试吏,勿有遗隔。”[3]梁武帝规定的制度实为后来科举制度之滥觞。国子学的生徒以修习儒经为主,而且取消了通一经后至三十

---

[1]《梁书》卷四十八《儒林传序》。
[2] 王利器:《颜氏家训集解·勉学第八》,第 148 页。
[3]《梁书》卷二《武帝纪中》。

岁才能入仕的限制。① 而且"旧国子学生,限以贵贱。(梁武)帝欲招来后进,五馆生皆引寒门隽才,不限人数"②。所有这些政策使得社会上无问贵贱,皆以循习五经而入仕的认识逐渐普及开来。

皇侃在其礼学思想和性道思想的基础上提出了以礼修身、以礼教民和以礼治国的礼治思想。虽然它是传统儒学礼乐文化的一贯主张,但皇侃是在世家大族占据统治核心(尽管已呈衰落趋势),人们存在着贵贱、贤愚是先天而且无法改变的知识背景下提出的。皇侃的礼治思想认为,人虽然存在着贵贱、贤愚的品第上的不同,但这种不同通过教化是可以改变的。

现实中的九品是以宗法家族的贵贱为前提的,所以个人品第的形成是先天而且无法改变的。皇侃主张的九品是以禀清浊之气而成的人性为前提,清浊之气是可以通过人的努力加以改变的,所以在此基础上的个人品第的评定同样是可以通过教化而改变的。

从上述分析来看,皇侃的礼治思想为梁武帝在五经博士馆诸生以及无问贵贱而通经者中选拔人才,或者说改革旧的九品选举制度提供了理论上的依据。进而言之,皇侃对于影响深远的科举制度的产生也作出了自己的贡献。

另一方面,皇侃的礼治思想对于政府在现实中不拘一格地选拔、任用门第较低的有才能者,从而团结中下层民众、凝聚社会的向心力、共同抵御外患也发挥了作用。

---

① 梁武帝天监四年诏曰:"今九流常选,年未三十,不通一经,不得解褐。若有才同甘、颜,勿限年次。"见《梁书》卷二《武帝纪中》。
②《隋书》卷二十六《百官志上》。

第十章　六朝礼学与家族之关系

关于六朝的礼乐文化，当时与后世的评价反差甚大。西晋人裴頠称之为"风教陵迟"，东晋人范宁慨叹说"礼坏乐崩"，之后学者多沿袭裴、范之说。而清代赵翼却说"六朝人最重三《礼》之学"①，沈垚云"六朝人礼学极精"②。这两种观点大相径庭，却各有道理。王葆玹先生认为，六朝礼学在学理上很发达，但在实践上却衰微了。③ 实际上，六朝的社会基础是家族，而士族最重礼法，因此家门之礼在六朝大有发展，陈寅恪、钱穆、李源澄、谷川道雄诸先生都有论述。④ 礼学借助家门的势力而在六朝兴盛，这一点已基本成为学者的共识。

王学军在《陈寅恪〈隋唐制度渊源略论稿〉"礼仪"章补论》（以下简称《补论》）一文中提出，"根据魏晋南北朝正史《儒林传》所见儒士学习礼学

---

① 〔清〕赵翼著，王树民校证：《廿二史札记校证》卷二十，第 440 页。
② 〔清〕沈垚：《落帆楼文集》卷八《与张渊甫》。
③ 参见王葆玹《今古文经学新论》，第 519 页。
④ 参见陈寅恪《隋唐制度渊源略论稿》，第 20 页，北京，商务印书馆，2011；钱穆《略论魏晋南北朝学术文化与当时门第之关系》，《中国学术思想史论丛》（三），北京，九州出版社，2011；李源澄《经学通论》，第 23 页，上海，华东师范大学出版社，2010；〔日〕谷川道雄《六朝士族与家礼——以日常礼仪为中心》，高明士编：《东亚传统家礼、教育与国法》（一），台北，台湾大学出版中心，2005。

途径统计,当时师学为最多,其次为家学,其次为自学,其次为官学",由此来反驳陈寅恪先生提出的魏晋学校沦废之后学术中心移于家族的观点。① 此说有一定的启发性,但在论证方法和结论上还多有可商榷之处。②

六朝的学术重心在于家族,当时礼学的流传与实践也与家族有着密不可分的关系。这些观点,前人论述已多,因此《补论》反驳的也不是陈氏一人之说。笔者在此并不打算重复前人的说法,而是尝试以新的论证来说明六朝礼学与家族的关系:首先,在魏晋以来贵族制社会的历史背景之下来理解礼学对于家族的意义,兼论《补论》的统计方法;其次,梳理六朝国家礼典的修定过程,论证士族在其中的枢纽地位;最后,从六朝家礼和书仪出发,来看此时的礼学实践与家族的关系。

第一节　六朝贵族制社会与礼学的发达

《补论》从六朝正史的《儒林传》中找出与礼学有关的人物,统计其学礼的途径,进而发现有"官学""家学""师学""自学"和"不详"五种,其中师学最多,家学反而较少。姑且不论其统计上偶有疏略之处,③此方法本身就存在两个问题:第一,六朝复杂的历史变动不能反映在简单的统计之中;第二,没有分别考虑南、北朝社会的不同。

①　参见王学军《陈寅恪〈隋唐制度渊源略论稿〉"礼仪"章补论》,《孔子研究》2014 年第 2 期。
②　《补论》还针对隋唐礼仪制度的渊源,强调西晋的原点意义,以此来修正陈寅恪先生的观点。此说亦不能成立,但本章主要讨论《补论》关于六朝礼学与家学之关系的相关说法,故对此略而不论。
③　比如《晋书·儒林传》的徐邈,《补论》断为"不详"。但《晋书》卷八十二《徐广传》载,徐广,"侍中邈之弟也。世好学,至广尤为精纯,百家数术,无不研览",著有《车服仪注》《答礼问》等。《宋书》卷五十五《徐广传》所载略同。徐氏"世好学",且徐邈、徐广兄弟都通礼学,若说不是出自家学,恐怕难以服人。不能因为《晋书·儒林传》没有明说徐邈的学术渊源,就断定为"不详"。另外,《魏书·儒林传》之卢景裕、《周书·儒林传》之卢光,《补论》皆断为"不详"。但据《周书》卷二十四《卢辩传》,范阳卢氏"累世儒学",其父卢靖为太常丞,乃掌礼之官;卢辩后文还有论述。在"累世儒学"之家,卢景裕、卢辩、卢光兄弟三人都精于礼学,不可谓不是家学。《补论》统计中的疏忽,只略举以上三例。

首先，从东汉末到魏晋南北朝的社会变动复杂而深刻，其间学术与家族的关系也是如此，简单的统计不足以反映复杂的历史变动，也不足以支持或否定史家的相关结论。根据六朝正史的体例，只有那些专经为学、足以名家但又不足以别立为传的儒者，才会写入《儒林传》。而那些功德较盛或出自高门盛族之人，则往往自有传，或者有家族合传，所以《儒林传》中人往往出自单家，并非偶然。另外，也并不是只有世传之经学才称得上是"家学"，六朝的家学、家风内容更加丰富，如果只讨论《儒林传》式的经学家，则不免把六朝学术的范围限定得过于狭窄。所以统计《儒林传》中的习礼之人，其样本就不够有代表性。

要深刻理解六朝礼学与家族的联系，还要深入到当时的社会结构与历史变动之中。清人沈垚曾说：

> 六朝人礼学极精，唐以前士大夫重门阀，虽异于古之宗法，然与古不相远，史传中所载多礼家精粹之言。[1]

沈氏已经注意到六朝门阀士族与礼学的关系。钱穆先生说："沈氏谓六朝以有门第而精礼，其言尤有特识。"[2]李源澄先生也说："南朝重门阀，礼为南朝士大夫所业也。"[3]六朝礼学的流传与兴盛，与门阀士族实有莫大关系。

魏晋南北朝时期贵族制占主导地位，门阀士族在国家、社会上占据枢纽的地位。当时的政治、经济、文化无不以贵族为重心，学术也赖贵族传承，而家族又系于地域，陈寅恪先生说"魏、晋、南北朝之学术、宗教皆与家族、地域两点不可分离"[4]，并非夸张。贵族为了维系自己的门第，就不得不依赖儒家的孝道和礼学，这一点钱穆先生已经有透彻的研究，他说："可谓礼法实与门第相始终，惟有礼法乃始有门第，若礼法破败，则门

---

① 〔清〕沈垚：《落帆楼文集》卷八《与张渊甫》。
② 钱穆：《略论魏晋南北朝学术文化与当时门第之关系》，《中国学术思想史论丛》（三），第230页。
③ 李源澄：《经学通论》，第23页。
④ 陈寅恪：《隋唐制度渊源略论稿》，第20页。

第亦终难保。"①史志所载六朝时《丧服》类著作就有五十余部。② 可以说,因为六朝是贵族制社会,门阀士族自然也成了学术中心;又因为维持门第的需求,士族不得不重视礼学。这两方面相互作用,才导致了"六朝人礼学极精"的局面。

六朝学术中心在于家族,是许多学者的共识。除了陈寅恪先生外,钱穆先生也说:

> 魏晋南北朝时代一切学术文化,必以当时门第背景作中心而始有其解答。当时一切学术文化,可谓莫不寄存于门第中,由于门第之护持而得传习不中断;亦因门第之培育,而得生长有发展。③

相比于陈先生,钱先生的观点并无大异,但又进一层,并经过充分论证,可以信服。除此之外,日本学者谷川道雄也说:"玄、儒、文、史都是作为中世贵族制社会的知识性果实而产生的。"④把六朝学术放在贵族制社会的背景中来理解,就不难发现其时学术与家族的联系,所以这些学者的观点都是相通的。

当然,《补论》统计出六朝礼学"师学"最多的结果,也非偶然。两汉以后,私相授受的经学传统还有一定的存留,尤其在北朝还比较繁荣,但这并不能反映整个社会的学术实况。如吕思勉先生认为六朝国学凋敝,"学术之重心,仍在私家"⑤。所谓"私家",就是私相传授的经学。但吕先生只比较了"国学"与"私家"这两个方面,而没有考虑士族的"家学",得出这样的结论也不足为怪。但后来吕先生的观点又发生了一些变化:

---

① 钱穆:《略论魏晋南北朝学术文化与当时门第之关系》,《中国学术思想史论丛》(三),第268页。
② 统计数参照章权才《魏晋南北朝隋唐经学史》,附录"魏晋南北朝隋唐经学家著述一览表",第296—300页。
③ 钱穆:《略论魏晋南北朝学术文化与当时门第之关系》,《中国学术思想史论丛》(三),第297页。
④ [日]谷川道雄:《六朝时代的名望家支配》,刘俊文主编:《日本学者研究中国史论著选译》第2卷,第164页。
⑤ 吕思勉:《吕思勉读史札记》,第997页,上海,上海古籍出版社,2005。

"当时就学之徒,实以贵游为众。不独国子、大学,即私家之门,亦复如是。而教学之风,亦为此辈所坏。"①可见吕先生也认为六朝的师学虽然比较多,但是风气浮华,不足以论学术。吕先生因为出于时事的刺激,要特别彰显"学术之兴盛,皆人民所自为"②,故对六朝门阀贵族多有批评,他不讨论贵族对于当时学术的重要地位,是可以理解的。

其次,把南、北朝混为一体来统计,也不妥当。南朝之士族、北朝之郡姓都重礼、传礼,这是其共同点;但南、北朝因为社会结构的不同,其重视礼学的侧重点又有不同。要之,南朝士族重礼法,是为了区别门第;北朝郡姓重礼法,是出于整合宗族、乡党的需要。

究其原因,则是南、北朝的大族和宗族乡里的关系不同。唐长孺先生说:"南朝士族和宗族乡里的联系日益削弱,而北朝郡姓却在较长时间保持着这种联系。"③南朝的侨姓、吴姓士族逐渐与宗族乡党脱离联系,基本上凭借门第本身与门第中人物来维持本族的政治地位。而礼法在内可以规范家族秩序、教育子弟,在外可以区别门第之高低,所以是必不可少的。北朝郡姓则自汉、魏的地方坞主、宗主延续而来,与地方的联系更为紧密,封建领主的性质也更明显。其重视礼法,则旨在团结宗族、整顿地方秩序、维护自身在地方的势力。所以,讨论六朝之礼学而不分南北,是没有意义的。

第二节 六朝国家礼典制定与家族的关系

《补论》除了统计诸史《儒林传》外,还考察了《通典》关于六朝礼典制定的一段总叙,并认为传承家族礼学可考者只有东晋荀崧、梁朝司马褧与贺瑒三人。但六朝礼典的具体制定过程,还要参考正史《礼志》及诸人本传等文献,从国家礼典的制定上更能看出当时礼学与家族的关系。

① 吕思勉:《两晋南北朝史》,第 1211 页,上海,上海古籍出版社,2005。
② 吕思勉:《吕思勉读史札记》,第 995 页。
③ 唐长孺:《门阀的形成及其衰落》,《山居存稿续编》,第 15 页,北京,中华书局,2011。

西晋初年制礼的主导者为荀顗，荀顗又选定了羊祜、任恺、庾峻、应贞、孔颢等人共同参与。至于西晋制礼的重任为何落在荀顗的身上，荀顗又何以选定羊祜等人共事，则因颍川荀氏乃经学世家，史载"(荀)顗明三礼，知朝廷大仪"①。荀顗之父荀彧也特重礼学，其曾祖荀淑"博学而不好章句"②，著有《礼传》《易传》等，可见其也曾措意于礼。至于荀顗的族曾孙荀崧，乃东晋制礼的重要人物。如果说颍川荀氏累世经学，有家传之礼学，当非虚测。

至于荀顗所选定的羊祜等五人也多出自学术世家。羊祜曾祖羊儒，汉桓帝时是太常卿，为掌礼之官；祖父羊续也被征为太常。曾祖、祖父皆被征为太常，可能也是擅礼之家。任恺之父任昊在三国时为魏之太常，专掌礼仪；其子任罕，史称"幼有门风"③。任氏也是有家学的士族。庾峻出自颍川庾氏，其祖庾乘"才学洽闻"④。庾峻本人参修晋礼，自然深于礼学，其侄庾袞也"学通《诗》《书》"⑤。颍川庾氏无疑也是经学世家。应贞家族擅长礼学、史学和文学。应贞之曾祖应奉著《后序》；族祖应劭著《汉仪》《汉官礼仪故事》，"凡朝廷制度、百官典式，多劭所立"⑥；父亲应琚、叔父应场以文章擅名于汉魏。应氏家学颇盛。应奉、应劭都是两汉礼仪、故事的专家，应贞可能就是继承此学。汝南应氏一门经学，又擅长朝仪典章，应贞参修晋礼，当也是家学之故。至于孔颢，《晋书》无传，其事迹难考。⑦ 郑冲，《晋书》荀顗本传与《南齐书·礼志》都未提及，《通典》之文

---

① 《晋书》卷三十九《荀顗传》。

② 《后汉书》卷六十二《荀淑传》。

③ 参见《晋书》卷四十五《任恺传》。

④ 《晋书》卷五十《庾峻传》。

⑤ 《晋书》卷八十八《庾袞传》。

⑥ 《续汉书》中也说："(应)劭又著《中汉辑录》《汉官仪》及《礼仪故事》，凡十一种，百三十六卷。朝廷制度、百官仪式，所以不亡者，由劭记之。"见《三国志·魏书》卷二十一《王粲传》裴松之注引。

⑦ 《南齐书》卷九《礼志上》载："晋初荀顗因魏代前事，撰为晋礼，参考古今，更其节文，羊祜、任恺、庾峻、应贞共删集，成百六十五篇。"晋初参与制礼的人员，《南齐书·礼志》与《通典》都不载孔颢，与《晋书·荀顗传》不同。

当是因袭《南齐书·礼志》而略加修改,增补郑冲。考《晋书》郑冲本传,只说贾充、羊祜等人制礼,咨询郑冲而已,他本人并未参修礼典,所以不予讨论。

综观晋初参与制礼的几人,荀顗、庾峻、应贞都出自经学世家,且荀顗、应贞当有世传之礼学。羊祜、任恺家族则世仕太常,为汉、魏礼官。荀顗选定这几人共修晋礼,并非偶然。同时也可以看出,当时礼学主要存于家族,所谓晋礼,其实是几大家族协定的结果。

东晋的礼仪,主要为荀崧、刁协制定,又经蔡谟修改。刁协因熟悉旧事制礼。蔡谟"世为著姓",其父蔡克"少好学,博涉书记"。传称蔡谟被废居家时,"杜门不出,终日讲诵,教授子弟"①,家学之盛,于斯可见。

宋朝的礼仪,《通典》只说"因循前史",其实也有撰述之人,最重要者当数王准之。史载"(王)准之究识旧仪,问无不对……撰《仪注》,朝廷至今遵用之"②。可见宋朝典章出于王准之。其曾祖王彪之,史称他"博闻多识,练悉朝仪,自是家世相传,并谙江左旧事,缄之青箱,世人谓之'王氏青箱学'"。王准之的仪注之学就是家世相传的礼学,这也是一个朝仪学存于家族的例子。

南齐礼典定于王俭,他"长礼学,谙究朝仪"③,其父王僧绰"好学有礼思,练悉朝典"④,父子都熟悉朝典,除了皆出自士族、历任枢机之外,可能还有家学的缘故。其叔父王僧虔也留意礼乐,并曾让王俭从北朝寻求遗音,以正定雅乐。可以想见,王俭的礼学当也是世传。

梁朝礼典的制定,《通典》所记较略,据徐勉《上修五礼表》可知由何佟之、伏暅先后主持。明山宾掌吉礼,严植之、伏暅、缪昭先后掌凶礼,贺玚掌宾礼,陆琏掌军礼,司马褧掌嘉礼。沈约、张充、徐勉、周舍、庾於陵

①《晋书》卷七十七《蔡谟传》。
②《宋书》卷六十《王准之传》。
③《南齐书》卷二十三《王俭传》。
④《宋书》卷七十一《王僧绰传》。

五人共参。① 但主要还是由伏暅、明山宾等七人所定，所以以下主要考察此七人。

首先是伏暅。其父伏曼容擅长礼学，曾与司马宪、陆澄共撰《丧服仪》，又撰《丧服集解》，还打算为南齐制定礼乐。伏暅"幼传父业"②，他能主持修订五礼，又继严植之掌修凶礼，和家传之学是分不开的。明山宾之父明僧绍"明经有儒术"，并在崂山"聚徒立学"；明僧绍的另一个儿子明元琳"亦传家业"③，明山宾之子明震"亦传父业"④。由此可知，明氏也是世传家学。严植之未有家学的证据。缪昭、陆琏，《梁书》俱无传，其事难考。贺玚、司马褧二人皆有家传礼学，《补论》原文已揭示，此处不再重复。

以上所考七人，继承家学的就有四人，严植之、缪昭、陆琏无明确证据，但这已足以证明梁朝制定礼典，主要还是依靠江左学门。因此说当时的学术，尤其是礼学主要存于家族，家族为当时学术的重心，殆非空言。同时，本来属于国家层面的朝仪也被世家大族掌握。

北朝则和南朝不同。前揭南朝世家大族注重门第，着重发展家法、家学等，所以盛族也往往多有学术。北朝宗族则更注重整合乡里，经学多是延续师学传统，所以为北齐修礼的阳休之、元循伯、熊安生三人无家学。但并不是说北朝礼典的制定与家学的关系就不大。比如为北周修礼的卢辩就出自经学世家。参撰北周礼典的三人中，宇文弼无考，苏绰早卒，主要是卢辩主导其事。⑤ 卢辩"累世儒学"，精于礼学，其兄卢景裕"专经为学"，其弟卢光更是"博览群书，精于《三礼》"。⑥ 卢辩主持修订北周礼典，盖得力于家学。

---

① 参见《梁书》卷二十五《徐勉传》。
②《梁书》卷五十三《伏暅传》。
③《南齐书》卷五十四《明僧绍传》。
④《梁书》卷二十七《明山宾传》。
⑤《周书》卷二十四《卢辩传》："初，太祖欲行《周官》，命苏绰专掌其事。未几而绰卒，乃令（卢）辩成之。"
⑥《周书》卷四十五《卢光传》。

至于隋朝礼典的制定,陈寅恪先生已论,此不赘。简要地说,制定隋礼的牛弘、苏威、辛彦之三人,其中苏威为苏绰之子,父子继世为北齐、隋制礼,家学渊源固然无疑。陈先生也是据苏绰之事得出了"(汉代学校废弛后)学术中心移于家族"的结论,认为苏绰出自世家,因为世传之学而为北周制礼。陈先生又据牛弘、辛彦之而按断:"公立学校之沦废,学术中心移于家族。"①此二人都出自关陇大族,熟悉其地域、家族的传统。而所谓"家学",也并非专经为学、足以名家才称得上是"家学",只要家族有其门风、学术传统,都能称为"家学"。

以上通过考察六朝礼典的修订,不难看出家族在其中发挥了决定性的作用,大多数参与制礼之人都有其家学渊源。《补论》说《通典》所列的六朝制礼之人,史书明确记载有家传礼学的仅三人,其他人都没有家学,又进而否认六朝学术中心在于家族,其实是犯了"默证"(silent evidence)的错误。史传不载,并不代表其没有家学,更何况略稽旧史,有遗绪可缀者,就已灿然在列。其他因文献不足而难以考实的,其有无家学还须存疑,虽不能断其有,但也不可必称其无。

六朝礼典朝仪之学为家族掌控,还能再作论证。如梁武帝见贺琛,说"琛殊有世业",遂使其参修礼仪。② 贺琛即贺玚之侄,会稽贺氏世传礼学,前已论述。东晋孔衍"经学深博,又练识旧典,朝仪轨制多取正焉"③。国家制礼竟然要向私家"取正",可见此时家族对朝仪学的垄断。前面提到的晋朝王彪之"练悉朝仪",并且"家世相传",世人称之为"王氏青箱学"。另外,梁朝江蒨"好学,尤悉朝仪故事,撰《江左遗典》三十卷"④。本应为王官职掌的朝仪之学,竟成为士族"家世相传"的家学,朝廷制礼也不得不倚靠这些家族,这些家族当然也可借以自重,这正是六朝贵族社会的特征。

---

① 陈寅恪:《隋唐制度渊源略论稿》,第23页。
② 参见《梁书》卷三十八《贺琛传》。
③ 《晋书》卷九十一《孔衍传》。
④ 《梁书》卷二十一《江蒨传》。

但到了隋唐大一统之后,情形就发生了变化:

> 开皇初,(隋)高祖思定典礼。太常卿牛弘奏曰:"圣教陵替,国章残缺,汉晋为法,随俗因时,未足经国庇人,弘风施化。且制礼作乐,事归元首。江南王俭,偏隅一臣,私撰仪注,多违古法。"①

朝仪本应掌于王官,但六朝礼典仪注之学却多存于家族,历代修礼的重任也都需要门阀士族来完成,朝廷很难干预。牛弘对这种情况非常不满,认为王俭只是"一臣",并无权力"私撰仪注"。从隋朝开始,修礼的权柄逐渐复归国家。

第三节　六朝家礼与书仪

六朝礼学主要存于家族,不仅体现在国家礼典的制定主要由家族来承担,还表现为家礼的兴盛。在贵族制社会的背景下,家礼的兴起是很自然的。家礼于内可以整顿宗族、维持门第,于外可以整合乡党、维系地方社会。虽然南、北朝在这两方面的侧重点有所不同,但家族之盛、家礼之兴却是相同的。

六朝士族的家礼、门风之盛,可以从《颜氏家训》所揭示的"士大夫风操"中窥其一斑:

> 及世事变改者,学达君子,自为节度,相承行之,故世号士大夫风操。而家门颇有不同,所见互称长短;然其阡陌,亦自可知。②

世家大族之所以维持不坠,受人尊敬,不仅在于其权势,还因为其有世传之礼,乃礼义之府。六朝家风之醇美,史籍所载既多,学者的研究也不少,这里只略举两例:南朝王昙首,出自琅琊王氏,史称"闺门之内,雍

---

① 《隋书》卷八《礼仪志三》。
② 王利器:《颜氏家训集解·风操第六》,第59页。

雍如也"①;北朝崔挺,出自博陵崔氏,也是"闺门之内,雍雍如也"②。两者如出一辙,并非偶然,而是因为家礼对于整顿宗族、维持门第是不可或缺的工具。

六朝重视家风、家礼,从其他方面也可以得到旁证。晋武帝服其父之丧,"既葬除丧,然犹深衣素冠,降席撤膳",群臣议当除服从吉,武帝表示"吾本诸生家,传礼来久,何心一旦便易此情于所天"③。晋武帝服国丧,不从孝道教化的角度来论证,而以其家传之礼为理由,可见家礼的正当性与影响力。无独有偶,梁武帝遭母忧,哀恸食素。对此钱穆先生说:"梁武以帝王之尊,为思亲而奉佛蔬食,就帝王身份言,可谓不知政要。然梁武亦门第中人,不忘其素,就门第风教言,仍为一种贤德。"④家礼对于士大夫,实乃行为正当性之源,对于帝王之家也不例外。

六朝家族之于礼学的重要性,还体现在其家礼的社会影响上。琅琊王氏是南朝望族,其家礼对当时的社会就颇有影响:

> (王)弘明敏有思致,既以民望所宗,造次必存礼法。凡动止施为,及书翰仪体,后人皆依仿之,谓为"王太保家法"。⑤

王氏家学繁荣,其中王弘一族尤盛,他的家礼后人都遵仿,而且世人称之为"王太保家法",足见其影响之大。除了南朝的王氏之外,北朝的范阳卢氏"闺门之礼,为世所推"⑥;博陵崔氏"闺门整肃,为当世所推"⑦;赵郡李氏家礼的社会影响,日本谷川道雄已有论述。⑧

除此之外,六朝家礼也是当时礼学的重镇,对于汉唐之间礼学的延

---

① 《宋书》卷六十三《王昙首传》。
② 《北史》卷三十二《崔挺传》。
③ 《晋书》卷二十《礼志中》。
④ 钱穆:《略论魏晋南北朝学术文化与当时门第之关系》,《中国学术思想史论丛》(三),第258页。
⑤ 《宋书》卷四十二《王弘传》。
⑥ 《北史》卷三十《卢潜传》。
⑦ 《北史》卷三十二《崔弘度传》。
⑧ 参见[日]谷川道雄《六朝时代的名望家支配》,刘俊文主编:《日本学者研究中国史论著选译》第2卷,第164页。

续、发展,实在起着枢纽的作用。这从《南史》对王昙首一族的评价就能得知:

> 王昙首之才器,王僧绰之忠直,其世禄不替也,岂徒然哉?仲宝雅道自居,早怀伊吕之志,竟而逢时遇主,自致宰辅之隆,所谓衣冠礼乐尽在是矣。齐有人焉,于斯为盛。其余文雅儒素,各禀家风,箕裘不坠,亦云美矣。①

对于王氏,说"衣冠礼乐尽在是矣",这个评价非同小可,值得注意。所谓的"衣冠礼乐",就是指王氏各族"文雅儒素"的"家风"与家礼。唐初人认为南齐的衣冠礼乐尽数保存在王氏家门之内,虽未免夸张,但如果说六朝礼学主要存于家族,有此证据,就更可信了。

六朝家礼之盛,还体现在书仪类著作的出现与兴盛上。依吾妻重二的界定,书仪"原本是'书函写法手册',后成为'私家仪注'亦即日常生活中的规则及各种礼仪的实用书之通称"②。实际上就是《仪礼》的通俗形式的延续,③也是后世家礼的前身。在魏晋之前没有此类书籍,东晋南朝时才出现,并且逐渐增多,隋唐以后更加兴盛。以下列出六朝时可以稽考的书仪类著作,④这一时期家礼的发达就不证自明了:

晋、南朝:

《内外书仪》四卷,谢玄撰;(《隋志》)

《荀氏祠制》;⑤

---

① 《南史》卷二十二《王昙首传》。
② 〔日〕吾妻重二:《朱熹〈家礼〉实证研究》,第15页,吴震编,吴震、郭海良等译,上海,华东师范大学出版社,2012。
③ 参见赵和平《敦煌写本书仪研究·序言》,台北,台湾新文丰出版社,1993。
④ 其中出自《隋书·经籍志》的,后面标注"《隋志》";出自《旧唐书·经籍志》的,标注"《旧唐志》";出自《新唐书·艺文志》的,标注"《新唐志》";别有出处的则另作注释。
⑤ 据〔清〕丁国钧《补晋书艺文志》卷二补,王承略、刘心明主编:《二十五史艺文经籍志考补萃编》第10卷,第48页,北京,清华大学出版社,2012。

《元日冬至进见仪》，刘臻妻陈氏撰；①

《家仪》一卷，徐爰撰；(《新唐志》)

《书仪》二卷，蔡超撰；(《隋志》)

《书仪》十卷，王弘撰；(《隋志》)

《吉书仪》二卷，王俭撰；(《隋志》)

《吊答仪》十卷，王俭撰；(《隋志》)

《书笔仪》二十卷，谢朓撰；(《隋志》)

《士丧仪注》九卷，何胤撰；(《隋志》)②

《书仪疏》一卷，周舍撰；(《隋志》)

《新仪》三十卷，鲍泉撰；(《隋志》)

《文仪》二卷，梁修端撰；(《隋志》)

《仪》二卷，严植之撰；(《隋志》)

《迩仪》四卷，马枢撰；(《隋志》)

《僧家书仪》五卷，释昙瑗撰；(《隋志》)

……

北朝：

《赵李家仪》十卷，李公绪撰；(《隋志》)③

《婚仪祭仪》二卷，崔浩撰；④

《女仪》，崔浩撰；⑤

---

① 据吴士鉴《补晋书经籍志》卷二补，王承略、刘心明主编：《二十五史艺文志经籍志考补萃编》第 11 卷，第 394 页，北京，清华大学出版社，2012。

② 《新唐志》作"丧服治礼仪注九卷"。佚名《新唐书艺文志注》卷二引姚振宗之说曰："似依《仪礼丧服传》之制度以为仪注，自为一家之学，在五礼之外者。"(王承略、刘心明主编：《二十五史艺文志经籍志考补萃编》第 18 卷，第 149 页，北京，清华大学出版社，2012)则此书并不属于朝廷五礼，而是针对士大夫丧礼而作的。

③ 《隋志》作"李穆叔"，"穆叔"为李公绪之字，据李正奋《补魏书艺文志》改，王承略、刘心明主编：《二十五史艺文志经籍志考补萃编》第 12 卷，第 271 页，北京，清华大学出版社，2012。

④ 据李正奋《补魏书艺文志》补，王承略、刘心明主编：《二十五史艺文志经籍志考补萃编》第 12 卷，第 271 页。

⑤ 据李正奋《补魏书艺文志》补，王承略、刘心明主编：《二十五史艺文志经籍志考补萃编》第 12 卷，第 272 页。

《家祭法》,崔浩撰;①

《王卢婚仪》,崔浩撰;②

《冠婚仪》,游肇撰;③

《士丧仪注》五卷,萧大圜撰;④

《服要记》,王褒撰;⑤

《书仪》十卷,唐瑾撰;(《隋志》)

《妇人书仪》八卷;(《隋志》)⑥

《冯熙书仪》;⑦

……

除此之外,还有家训、诫子书、教子书等各种体裁。这一时期的书仪类著作不仅数量颇丰,而且种类繁多,基本涉及了宗族礼仪冠、婚、丧、祭的各个方面。另外还有针对妇女与僧人的礼仪规范。六朝礼学之盛,主要盛在家门,从书仪的出现与发达就能看出。

对六朝时期的礼学进行整体评估,需要考虑当时社会环境的特殊性——学术文化的家门化。政治地位对于当时的门阀士族来说固然重要,但文化,特别是礼学却是其家族能够长久延续的关键因素。田余庆先生在论及东晋门阀时曾说,有些豪强固然可以通过政治、经济权力取得一定地位,称霸一方,但其地位却无法长久。而依托文化,即使出身寒微之人,也可以由于入仕而逐渐发展家族势力,跻身名流,成为世家望

---

① ② 据徐崇《补南北史艺文志》补,王承略、刘心明主编:《二十五史艺文志经籍志考补萃编》第12卷,第518页。

③ 据李正奋《补魏书艺文志》补,王承略、刘心明主编:《二十五史艺文志经籍志考补萃编》第12卷,第272页。

④ ⑤ 据徐仁甫《补周书艺文志》补,王承略、刘心明主编:《二十五史艺文志经籍志考补萃编》第12卷,第390页。

⑥ 两《唐志》作唐瑾撰,据章宗源《隋书经籍志考证》卷十一,当为两《唐志》误(王承略、刘心明主编:《二十五史艺文志经籍志考补萃编》第14卷,第214页,北京,清华大学出版社,2012)。

⑦ 据徐崇《补南北史艺文志》补,王承略、刘心明主编:《二十五史艺文志经籍志考补萃编》第12卷,第518页。

族。① 这一点，也得到了许多个案研究成果的支持。②

正如陈寅恪先生所指出的，"东汉以后学术文化，其重心不在政治中心之首都，而分散于各地之名都大邑。是以地方大族盛门乃为学术文化之所寄托。中原经五胡之乱，而学术文化尚能保持不坠者，固由地方大族之力，而汉族之学术文化变为地方化及家门化矣。故论学术，只有家学之可言，而学术文化与大族盛门常不可分离也"③。在六朝贵族制社会的背景下，家族实乃学术的重镇与枢纽。六朝礼学主要存于家族，同时，南、北朝的士族、郡姓也需要礼法来区别门第、整顿宗族乡里，这两者相辅相成。综观六朝国家礼典的修订，无不由世家大族来承担，也无不受世家大族的把持，本来应该由国家掌控的朝仪之学，也成了士族世代相传的家学，这种情况到了隋唐才得以改变。另外，六朝的家礼也很兴盛，并有很大的社会影响力，当时的礼仪制度主要保留在家门之内。与此同时，书仪类的著作也开始出现。陈寅恪先生认为魏晋以后学校废弛，"学术中心移于家族"，所论稍显笼统，但若将其说限定在东晋南朝，则实乃知味之言，未可轻易否定。

---

① 参见田余庆《东晋门阀政治》，第 354 页。
② 杨荫楼认为，中古的世家大族累数世而不衰的一个重要原因是其修家法，维护家族门风，并指出士族文化有两个方面的表现：文采辞章和经学道德。见氏著《中古时代的兰陵萧氏》，济南，山东文艺出版社，2004。毛汉光认为，形成士族的主要途径有三条，即政治、文化和经济，而琅琊王氏则是明显地依据文化上位的。见氏著《中国中古社会史论》第十章"中古大士族之个案研究——琅琊王氏"，上海，上海书店出版社，2002。此外，王大建的《东晋南朝士族家学论略》（载《山东大学学报》1995 年第 2 期）、晁成林的《近十年来六朝谢氏家族文学研究的回顾与反思》（载《山西师大学报》2010 年第 6 期）、王永平的《兰陵萧氏"皇舅房"之兴起及门风与家学述论》（载《文史哲》2007 年第 5 期）和《南朝时期河东柳氏"东眷"之家族文化风尚述论》（载《江苏大学学报》2008 年第 5 期）等论文也都以个案证明了六朝家族与文化的密切关系。
③ 陈寅恪：《金明馆丛稿初编》，第 147—148 页。

主要参考文献

（按出版年代先后顺序）

一、玄学部分

严可均. 全上古三代秦汉三国六朝文[M]. 北京：中华书局,1958.

范晔. 后汉书[M]. 李贤,等,注. 北京：中华书局,1965.

房玄龄. 晋书[M]. 北京：中华书局,1974.

肖萐父,李锦全. 中国哲学史：上[M]. 北京：人民出版社,1982.

汤一介. 郭象与魏晋玄学[M]. 武汉：湖北人民出版社,1983.

余嘉锡. 世说新语笺疏[M]. 北京：中华书局,1983.

徐公持. 阮籍与嵇康[M]. 上海：上海古籍出版社,1986.

陈伯君. 阮籍集校注[M]. 北京：中华书局,1987.

任继愈. 中国哲学发展史：魏晋南北朝[M]. 北京：人民出版社,1988.

许抗生,等. 魏晋玄学史[M]. 西安：陕西师范大学出版社,1989.

唐长孺. 魏晋南北朝隋唐史三论：中国封建社会的形成和前期的变化[M]. 武汉：武汉大学出版社,1992.

牟宗三. 中国哲学十九讲[M]. 上海：上海古籍出版社,1997.

高峰,戴洪才,雷海燕. 魏晋玄学十日谈[M]. 合肥：安徽文艺出版社,1997.

贺昌群. 魏晋清谈思想初论[M]. 北京：商务印书馆,1999.

徐斌. 魏晋玄学新论[M]. 上海：上海古籍出版社,2000.

唐长孺. 魏晋南北朝史论丛：外一种[M]. 石家庄：河北教育出版社,2000.

汤用彤. 魏晋玄学论稿[M]. 汤一介,等,导读. 上海：上海古籍出版社,2001.

陈寅恪. 金明馆丛稿初编[M]. 北京:生活・读书・新知三联书店,2001.

陈寅恪. 金明馆丛稿二编[M]. 北京:生活・读书・新知三联书店,2001.

裴传永. 王弼与魏晋玄学[M]. 济南:山东文艺出版社,2004.

余敦康. 魏晋玄学史[M]. 北京:北京大学出版社,2004.

童强. 嵇康评传[M]. 南京:南京大学出版社,2006.

王晓毅. 郭象评传[M]. 南京:南京大学出版社,2006.

冯友兰. 中国哲学史新编:中卷[M]. 北京:人民出版社,2007.

王弼. 老子道德经注校释[M]. 楼宇烈,校释. 北京:中华书局,2008.

康中乾. 魏晋玄学[M]. 北京:人民出版社,2008.

陈寿. 三国志集解[M]. 裴松之,注. 卢弼,集解. 钱剑夫,整理. 上海:上海古籍出版社,2009.

汤用彤. 魏晋玄学论稿及其他[M]. 北京:北京大学出版社,2010.

唐翼明. 中华的另一种可能性:魏晋风流[M]. 北京:民主与建设出版社,2014.

二、佛教部分

任继愈. 中国佛教史:第二卷[M]. 北京:中国社会科学出版社,1985.

任继愈. 中国佛教史:第三卷[M]. 北京:中国社会科学出版社,1988.

释慧皎. 高僧传[M]. 汤用彤,校注. 汤一玄,整理. 北京:中华书局,1992.

潘富恩,马涛. 范缜评传[M]. 南京:南京大学出版社,1996.

刘立夫. 弘道与明教:《弘明集》研究[M]. 北京:中国社会科学出版社,2004.

李小荣.《弘明集》《广弘明集》论述稿[M]. 成都:巴蜀书社,2005.

麻天祥. 中国宗教哲学史[M]. 北京:人民出版社,2006.

麻天祥. 中国禅宗思想发展史[M]. 武汉:武汉大学出版社,2007.

汤用彤. 汉魏两晋南北朝佛教史[M]. 武汉:武汉大学出版社,2008.

赖永海. 中国佛教通史:第四卷[M]. 南京:江苏人民出版社,2010.

三、儒学部分

僧祐. 弘明集[M]. 四部丛刊本.

释道宣. 广弘明集[M]. 四部丛刊本.

皇侃. 论语集解义疏[M]. 上海:世界书局,1935.

马宗霍. 中国经学史[M]. 上海:商务印书馆,1937.

皮锡瑞. 经学历史[M]. 北京:中华书局,1959.

王利器. 颜氏家训集解[M]. 北京:中华书局,1993.

余敦康. 何晏王弼玄学新探[M]. 济南:齐鲁书社,1991.

朱伯昆. 易学哲学史:第一卷[M]. 北京:华夏出版社,1995.

蒙文通. 经学抉原[M]. 成都:巴蜀书社,1995.

陈戍国. 魏晋南北朝礼制研究[M]. 长沙:湖南教育出版社,1995.

章权才. 魏晋南北朝隋唐经学史[M]. 广州:广东人民出版社,1996.

周予同. 周予同经学史论著选集[M]. 上海:上海人民出版社,1996.

王葆玹. 今古文经学新论[M]. 北京:中国社会科学出版社,1997.

后　记

魏晋南北朝卷终于完成了！

大约十年前，武汉大学中国哲学学科点接到了撰写学术版《中国哲学通史》的任务，业师郭齐勇教授担任全书主编，由前辈麻天祥教授、师兄乐胜奎副教授和我负责其中的魏晋南北朝卷。记得领到任务时，惶恐之余，更多的是踌躇满志！

麻天祥老师是中国佛教领域的研究专家，积累深厚，写起来自然是驾轻就熟、举重若轻，不到两年，他负责的佛教部分书稿即已完成。

但是，乐胜奎师兄承担的儒学部分和我承担的玄学部分，却先后遇到了麻烦。一方面，我们自身的积累不够，对于各自承担部分的了解只能算得上"浅薄"，真正着手了，才发现必须从头学习，边学边写。另一方面，客观地说，魏晋南北朝时期的玄学和儒学均属于"高冷"的知识，不仅专业性极强，而且头绪众多，因此，写作的难度也超乎我们的想象。再加上工作中、家庭里的大事小事层出不穷，书稿的写作经常被打断。就这样，拖延又拖延，我们居然用了十年时间才完成最后的书稿。愧对郭齐勇老师和出版社府总编！

全书各部分写作任务的具体承担情况如下：

导论和第一篇"《易》《老》《庄》会通的玄学"主要由武汉大学秦平副

教授完成,几位研究生参与了部分内容的写作:付子轩同学参与了第二章第一节"才性之辨"的写作,王蕾同学参与了第五章第三节"向秀、郭象的《庄子注》"的写作,孙雨楼同学参与了第六章第三节"王徽之和陶渊明"的写作,汤华臻同学参与了第七章第二节"王羲之的道教'千龄'思想"的写作。第二篇"魏晋时期的佛教哲学"由武汉大学麻天祥教授完成,其中,第十一章"三教之争之二:佛道之争"的道教部分内容由李小艳同学整理,第十二章"三教融合论"部分内容由姚彬彬同学整理。第三篇"玄化的儒家哲学与儒家经典之梳理"由湖北大学乐胜奎副教授完成,其中秦平参与了第三章"范宁《春秋穀梁传集解》"的写作,武汉大学任慧峰老师参与了第十章"六朝礼学与家族之关系"的写作。全书由秦平统稿。

书稿虽已完成,但我们深知其中粗糙、浅陋之处颇多。我们真诚地恭请学界同仁批评赐正!

秦 平

2019 年 7 月于珞珈山